AF590757

ENCYCLOPÉDIE DU DROIT

OU

RÉPERTOIRE RAISONNÉ

DE LÉGISLATION ET DE JURISPRUDENCE,

EN MATIÈRES

CIVILE, ADMINISTRATIVE, CRIMINELLE ET COMMERCIALE,

PUBLIÉ SOUS LA DIRECTION

DE

MM. SEBIRE ET CARTERET,

Avocats à la cour royale de Paris.

Extrait du quatrième volume (10e livraison).

CHEMINS VICINAUX (1). — 1. De tous les signes extérieurs de la prospérité d'un pays, il n'en est pas de plus manifeste que l'état de ses voies de communication. Partout où les voies publiques sont nombreuses, tracées avec art, entretenues avec soin, on peut être assuré, sans autre enquête, de trouver l'agriculture avancée et riche dans ses produits, l'industrie active et développée, le commerce florissant; partout, au contraire, où les voies publiques sont rares, tracées comme au hasard et mal entretenues, on trouvera l'agriculture arriérée dans ses méthodes et payant à peine les travaux du cultivateur, l'industrie nulle, le commerce languissant. Le développement de la civilisation même, de l'instruction, de la sociabilité, peut être apprécié à la vue des voies publiques d'une contrée; car tout se lie dans notre état social, et la prospérité matérielle ne saurait s'accroître sans amener graduellement avec elle tout ce qui constitue le progrès dans l'ordre moral. Travailler à augmenter la richesse d'un pays, c'est donc préparer, assurer le succès de l'œuvre moralisatrice que tout homme d'état, tout législateur doit avoir en vue, et quel moyen plus certain d'accroître la richesse d'une contrée, que de donner à l'agriculture la possibilité de transporter ses produits à moins de frais, que de favoriser la création d'établissements industriels en diminuant la dépense du transport des matières premières, que d'ouvrir au commerce, par de nouvelles voies de communication, l'accès de contrées jusqu'alors inabordables?

2. Des édits, des ordonnances, des arrêts du Conseil qui remontent à près de trois siècles, témoignent de la sollicitude constante de nos rois pour cette partie si importante de l'administration publique. A une époque plus rapprochée de nous, des lois, des décrets, des ordonnances, ont constitué dans son ensemble et réglé dans ses détails le vaste service qui embrasse la création et l'entretien des routes; mais pendant de trop longues années, on parut oublier que les voies publiques du premier ordre ne pouvaient remplir complétement leur destination, si l'on n'améliorait aussi les voies de communication secondaires, si, pour faire arriver leurs produits sur les grandes routes, l'agriculture et l'industrie devaient d'abord leur faire parcourir des chemins de traverse impraticables les trois quarts de l'année. C'est ainsi que, dans un autre ordre d'idées, l'autorité publique avait créé l'université, qu'elle l'avait dotée et de biens immenses et de nombreux priviléges, en laissant l'instruction primaire abandonnée aux soins de magisters de village. Que de siècles se sont écoulés entre l'acte qui donna naissance à *la fille aînée de nos rois*, et la loi du 28 juin 1833

(1) Article de M. Herman, ancien préfet, chef de section au ministère de l'intérieur.

qui rend les dépenses de l'instruction primaire obligatoires pour les communes et les départements! que de siècles aussi entre l'édit qui, le premier, réglementa l'établissement des *chemins royaux*, et la loi du 21 mai 1836, qui rend obligatoires les dépenses de construction et d'entretien des *chemins vicinaux!*

3. Nous ne rechercherons pas quel était, avant 1789, l'état de la législation ou de la jurisprudence administrative sur l'entretien des chemins qui servaient à la communication des communes. Les diverses provinces du royaume étaient, quant à leur administration, régies, on le sait, par des lois, des coutumes, souvent très-diverses d'une province à une autre, diversité qui tirait son origine presque toujours du maintien des lois, des coutumes de la province, avant son incorporation au royaume. Ce serait faire de l'histoire, et tel n'est pas le but de cet article ; nous nous occuperons donc, et notre tâche sera encore bien longue, nous nous occuperons seulement de la législation des chemins, postérieure à la grande époque qui a fait d'une aggrégation de provinces, un royaume dont toutes les parties devaient obéir à la même loi, aux mêmes règles administratives.

4. Deux périodes bien distinctes peuvent être marquées dans les actes de l'autorité publique qui ont eu pour objet l'entretien des chemins vicinaux. Dans la première, le législateur a paru croire qu'il suffisait de faire appel à l'intelligence et au zèle des administrations locales, et de donner aux populations rurales la possibilité d'aviser elles-mêmes et volontairement à l'un de leurs plus impérieux besoins, celui de communications viables. Dans la seconde, le législateur, reconnaissant l'impuissance pratique des principes qu'il avait posés, transforma en obligation la faculté qu'il avait accordée aux corps municipaux.

5. Ainsi une loi du 6 octobre 1791 déclara *que les chemins reconnus par le directoire de district pour être nécessaires à la communication des paroisses, seraient rendus praticables et entretenus aux dépens des communautés sur le territoire desquelles ils sont établis;* mais, pour l'application de ce principe, le législateur se borna à dire, *qu'il pourrait y avoir, à cet effet, une imposition au marc la livre de la contribution foncière.* Les administrations municipales restaient donc seules juges de la question de savoir s'il y avait lieu d'user de cette faculté. A la vérité, la même loi, dans son article suivant, donna *aux directoires des départements le droit, sur la réclamation des communautés ou des particuliers, d'ordonner l'amélioration des mauvais chemins;* mais il eût fallu compléter cette disposition en attribuant aussi aux directoires de départements le droit de donner force exécutoire à leurs décisions. La loi du 6 octobre 1791, en ce qui concerne les chemins vicinaux, ne peut donc être regardée que comme une déclaration de principes.

6. Quelques années après, un arrêté du directoire (23 messidor an V) ordonna la recherche et la reconnaissance générale de tous les chemins vicinaux ; l'administration centrale était chargée, dans chaque département, de désigner ceux qui, en raison de leur utilité, devaient être conservés, et de prononcer la suppression de ceux reconnus inutiles ; mais pour que cette mesure portât quelques fruits, il eût fallu assurer, d'une manière obligatoire, l'entretien des chemins vicinaux conservés. C'est ce que sans doute n'osa pas faire le directoire, et les administrations municipales n'usèrent que bien rarement de la faculté que leur avait donnée la loi du 6 octobre 1791.

7. Le gouvernement impérial fit plus : un décret du 4 thermidor an X, relatif aux dépenses des communes, posa le principe que *les chemins vicinaux sont à la charge des communes;* mais au lieu d'affecter à leur entretien des centimes additionnels comme la législation précédente, il prescrivit aux conseils muncipaux *d'émettre leurs vœux sur le mode le plus convenable pour parvenir à la réparation de ces chemins, et de proposer à cet effet l'organisation qui leur paraîtrait devoir être préférée pour la prestation en nature.* Cette ressource, généralement abandonnée depuis l'abolition de la corvée, était donc indiquée en premier ordre comme moyen d'entretien des chemins vicinaux ; mais ce ne fut que deux années plus tard, et par une circulaire du 7 prairial an XIII, que le ministre de l'intérieur posa les bases de l'assiette et de l'emploi de la prestation en nature. A la même époque, la loi du 9 ventôse an XIII, complétait, pour la reconnaissance des limites des chemins vicinaux et la fixation de leur largeur, les mesures indiquées par l'arrêté du directoire du 23 messidor, et ce qui était plus important encore, cette loi transportait aux conseils de préfecture le jugement des anticipations commises sur le sol des chemins vicinaux,

assurant ainsi la répression prompte et sans frais de ces contraventions.

8. Le décret du 4 thermidor an x précité n'avait pas rendu l'emploi de la prestation en nature obligatoire; mais la puissance de l'impulsion administrative suppléait souvent alors, on le sait, au silence de la loi. Aussi, dans le plus grand nombre des départements, cette ressource fut-elle appliquée à l'entretien des chemins et l'usage s'en maintint même après la chute de l'administration impériale: la loi de finances du 15 mai 1818 vint, par l'interprétation donnée à l'une de ses dispositions, mettre obstacle à l'emploi de cette ressource. Il avait été statué, par cette loi, qu'aucune imposition communale ne pourrait être recouvrée si elle n'avait été votée par le conseil municipal avec adjonction des plus imposés, et autorisée par ordonnance du roi. La prestation en nature parut devoir être rangée parmi les impositions extraordinaires des communes: en conséquence, le ministre de l'intérieur, par une circulaire du 22 mai 1818, prescrivit aux préfets de s'abstenir d'approuver aucun rôle de prestation en nature, une ordonnance du roi étant déclarée nécessaire pour rendre légal l'emploi de cette ressource.

9. De ce moment cessa complétement tout travail d'entretien des chemins vicinaux, et ces voies publiques arrivèrent graduellement à un état de dégradation tel, que, dans beaucoup de départements, la culture même des terres devenait impossible, faute de pouvoir y transporter des engrais. L'excès du mal contraignit enfin le gouvernement à revenir sur les prohibitions qu'il avait portées, et la loi du 28 juillet 1824 permit de nouveau l'emploi, pour l'entretien des chemins vicinaux, de prestations en nature qui pouvaient être votées par les conseils municipaux sans l'adjonction des plus imposés, et sous la seule autorisation des préfets. En cas d'insuffisance de deux journées de prestation dont la loi autorisait l'imposition, les conseils municipaux pouvaient, mais avec l'adjonction des plus imposés, voter une contribution extraordinaire au maximum de cinq centimes. Enfin, lorsque des travaux indispensables exigeaient l'application de ressources plus considérables, il était loisible aux conseils municipaux de voter des contributions extraordinaires au delà de cinq centimes, sous la sanction d'une ordonnance royale. Cette loi posait encore quelques principes nouveaux et en réglementait l'application. Ainsi, elle permettait de demander des subventions spéciales aux entreprises industrielles dont les transports dégradaient les chemins vicinaux; elle appelait les propriétés de l'état et de la couronne à contribuer aux dépenses de ces chemins; elle décidait que lorsqu'un chemin vicinal intéressait plusieurs communes, il serait entretenu à frais communs dans des proportions qui seraient réglées par le préfet; enfin elle donnait aux préfets le droit d'autoriser les acquisitions, aliénations et échanges ayant pour objet les chemins vicinaux, lorsque la valeur des terrains ne dépasserait pas trois mille francs.

10. La loi du 28 juillet 1824 apportait donc d'incontestables améliorations à la législation précédente, et tel était le besoin de rendre praticables des chemins si longtemps abandonnés, que pendant les premières années l'application de cette loi se fit avec zèle et produisit d'utiles résultats. Mais bientôt les contribuables, méconnaissant les avantages qu'ils pouvaient attendre de communications plus faciles, ne virent plus, dans la législation nouvelle, que les charges qu'elle leur imposait; ils se plaignaient surtout que la prestation en nature, contribution qui pèse sur l'habitant, dût toujours être recouvrée avant qu'il fût permis d'imposer la propriété par l'assiette de centimes spéciaux, bien que la propriété fût éminemment intéressée au bon état des chemins vicinaux: les faibles résultats obtenus de l'emploi, mal dirigé, des prestations discréditait d'ailleurs ce moyen de travail; enfin l'obligation de faire concourir les plus imposés au vote des centimes spéciaux était, presque partout, un obstacle à ce vote. Les conseils municipaux s'abstinrent donc graduellement de voter la prestation en nature, ce qui entraînait comme conséquence l'impossibilité de voter des impositions en argent, et on s'aperçut alors que la loi du 28 juillet 1824 était entachée du même principe d'impuissance qui avait rendu inefficaces et la la loi du 6 oct. 1791, et le décret du 4 thermidor an x. La nouvelle législation, comme les précédentes, avaient donné aux communes *la faculté* de réparer et d'entretenir leurs chemins, elle ne leur en avait pas imposé *l'obligation*; elle avait compté, de la part des contribuables et des administrations locales, sur la saine intelligence de leurs véritables intérêts, et elle avait oublié que bien rarement l'homme des champs sait faire un sacrifice

actuel, quelque faible qu'il soit, en vue d'un avantage à venir, quelque certain qu'il doive paraître; enfin elle avait donné à l'administration supérieure le droit de conseil, mais elle l'avait laissée désarmée contre les refus des conseils municipaux. Bientôt donc, l'entretien des chemins vicinaux fut complétement négligé comme il l'avait été après 1818, et peu d'années suffirent pour rendre de nouveau ces voies de communications complétement impraticables.

11. Il n'était qu'un seul remède possible à un état de choses qui excitait d'universelles réclamations; c'était de transformer une *faculté* en *obligation*, et de contraindre les communes à faire des travaux dont elles seules devaient recueillir les fruits, mais dont elles n'appréciaient pas assez les avantages pour les faire spontanément; il fallait enfin donner à l'administration supérieure, au lieu d'un droit de conseil dont l'expérience de tant d'années avait démontré l'inefficacité, un droit de coërcition qui pouvait seul vaincre la force d'inertie trop souvent opposée par les administrations locales.

C'était chose grave, il faut le reconnaître, qu'une semblable modification à introduire dans notre législation administrative. Depuis l'établissement du gouvernement représentatif en France, un principe qu'on ne saurait trop respecter voulait qu'aucune contribution publique ne fût perçue si elle n'avait été librement votée. Déroger à ce principe, transporter à l'autorité exécutive un droit réservé toujours aux assemblées délibérantes, était devenu d'autant plus difficile, peut-être, que le principe électif introduit depuis 1830 dans les conseils municipaux, semblait avoir donné à ces assemblées une puissance qui commandait, à leur égard, de plus grands ménagements. On comprend donc que le gouvernement ait longtemps hésité à proposer une semblable innovation.

12. Telles sont les circonstances dans lesquelles fut présentée et votée la loi du 21 mai 1836. Signalons à grands traits les nombreuses et importantes améliorations que cette loi a apportées à la législation précédente.

Les ressources applicables au service vicinal ont été accrues d'une manière notable, non-seulement par l'élévation du nombre des journées de prestations imposables chaque année, mais encore par l'autorisation donnée aux conseils généraux d'affecter à ce service le produit de centimes spéciaux départementaux.

Le vote des centimes spéciaux communaux n'est plus subordonné à l'emploi de la prestation en nature, et ces deux ressources peuvent être votées divisément ou concurremment selon les besoins du service; les conseils municipaux ont encore été dégagés, pour le vote, de l'obligation d'appeler le concours des plus imposés.

Le tarif du rachat de la prestation en argent n'est plus laissé à l'arbitraire de chaque conseil municipal; c'est aux conseils généraux des départements qu'est remis le soin de fixer ce tarif, chaque année, sur les propositions des conseils d'arrondissement.

Un nouvel ordre de voies publiques a été créé sous le nom de *chemins vicinaux de grande communication*. Placés à ce titre sous l'autorité du préfet, dotés d'une portion considérables des ressources des communes intéressées à leur entretien et de subventions fournies par les départements, ces chemins sont devenus le complément des routes départementales avec lesquelles ils rivalisent presque partout, soit pour l'étendue de leur parcours, soit pour leur bonne exécution.

Pour assurer le bon emploi des ressources considérables mises à la disposition de l'administration, les préfets ont été autorisés à nommer des agents voyers, hommes spéciaux, dont le concours pouvait seul garantir la bonne exécution des travaux, et suppléer, sous ce rapport, à ce que l'expérience avait démontré ne pouvoir être demandé aux fonctionnaires municipaux. Les agents voyers institués par la loi ont encore pour mission de constater les contraventions et les délits en matière vicinale.

Les droits de l'administration, en matière de reconnaissance, d'élargissement, de redressement et d'ouverture de chemins vicinaux, ont été consacrés et étendus de manière à satisfaire à toutes les nécessités de cette partie du service vicinal.

Les nombreux détails d'exécution de la législation nouvelle ne pouvant être réglés par la loi même, et d'une manière uniforme pour tout le royaume, les préfets ont reçu le droit de faire, chacun dans son département, un réglement général pour assurer cette exécution, et comme garantie contre les écarts possibles du zèle même de quelques administrateurs, l'avis du conseil général et l'approbation du ministre de l'intérieur ont été déclarés nécessaires pour que ces règlements acquissent force exécutoire.

Enfin, l'obligation pour les communes de réparer et d'entretenir les chemins vicinaux n'a plus été inscrite dans la loi, comme déclaration de principe seulement; cette obligation a été établie d'une manière précise et impérative. En indiquant les ressources au moyen desquelles les communes pourraient pourvoir aux besoins du service, ce n'est plus une simple faculté qui leur a été donnée, c'est une injonction qui leur a été faite, et comme sanction de cette injonction, les préfets ont reçu le droit d'imposer d'office, après mise en demeure des conseils municipaux, ces mêmes ressources en prestations et en centimes spéciaux que les administrations locales auraient dû et auraient négligé ou refusé de voter.

13. La loi du 21 mai 1836 fut d'autant mieux, d'autant plus promptement appréciée, qu'elle n'était pas une loi de théorie; elle n'était que la consécration de l'expérience acquise; elle consolidait, elle légalisait l'emploi de moyens déjà mis en pratique dans beaucoup de départements; elle excita donc, dans la généralité du royaume, dès son apparition, de si vives espérances, elle fit naître un tel concert d'efforts et de sacrifices de la part des populations, qu'on eût pu craindre bientôt une réaction contraire, si cette loi n'avait renfermé en elle-même un principe de vie qui devait assurer la continuité des efforts.

Dans un article consacré à la législation des chemins vicinaux, ce serait s'écarter du but, sans doute, que de rendre compte des faits; à l'administration appartient ce soin. Qu'il nous soit permis cependant, pour faire apprécier toute l'importance de cette législation et tout ce que le pays peut en attendre, qu'il nous soit permis de dire sommairement ce qui a été obtenu déjà, et nous puiserons ces renseignements dans le dernier rapport publié par le ministre de l'intérieur sur le service vicinal, celui de 1841.

Les ressources créées pendant les cinq années 1837 à 1841 se sont élevées ensemble à plus de 236 millions, dont 109 millions en prestations en nature et 127 millions en argent. Une augmentation constante a eu lieu dans le chiffre de ces ressources, car de 44 millions en 1837, il s'est élevé à plus de 53 millions en 1841.

Sur cette masse de produits, plus de 132 millions avaient été réservés aux chemins vicinaux de petite communication, et si, on ne peut se le dissimuler, cette partie du service laisse encore à désirer dans un grand nombre de départements, il en était déjà au moins la moitié où elle avait été organisée d'une manière satisfaisante et où ces voies publiques recevaient de notables améliorations.

Les chemins vicinaux de grande communication classés jusques et y compris la session de 1841, présentaient un développement d'environ 53,000 kilomètres, et pour apprécier ce chiffre, il suffit de se rappeler que nos routes royales n'ont qu'un parcours de 35,000 kilomètres, et nos routes départementales un parcours de 37,000 kilomètres. Environ 104 millions de ressources avaient été affectées, en cinq années, à la construction de ces lignes vicinales, et, à la fin de 1841, une longueur d'environ 17,000 kilomètres ou près d'un tiers était complétement achevée. Presque partout ces chemins rivalisent avec les routes départementales pour l'exécution et l'entretien, bien que la dépense faite soit généralement fort au-dessous de celle qu'entraîne la construction des routes départementales; il est des départements où cette différence est de moitié à l'avantage des chemins vicinaux de grande communication. Quant à l'importance de la création de ces voies publiques, il suffit de dire qu'il est tels cantons où jamais les transports ne s'étaient faits qu'à dos de mulet, et qui sont aujourd'hui percés de lignes carrossables, fréquentées, non pas seulement par les transports de l'agriculture, non pas seulement par le roulage, mais sur lesquelles se sont établis des services de messageries et pour lesquelles on sollicite l'établissement de relais de poste. Là même où il n'y a pas eu création de lignes nouvelles, là où l'administration s'est bornée à améliorer les chemins existants, la facilité des transports est devenue telle que le prix en a baissé d'un tiers, souvent même de moitié, et comme pour les matières encombrantes, pour les produits du sol, la dépense du transport au lieu du marché forme une partie considérable de leur valeur, l'économie obtenue a augmenté dans une forte proportion le revenu des propriétés territoriales. Quelques années encore de sacrifices et d'efforts, quelques années de paix extérieure et de calme intérieur, et la face du pays aura changé complétement sous le rapport de ses voies de communication secondaires; il sera doté partout de chemins vicinaux sans lesquels nos routes, nos canaux, nos chemins de fer ne rempliraient qu'incomplétement leur destination, car pour arriver aux routes, aux canaux, aux chemins de fer, les produits du sol, les produits de nos établissements industriels doivent parcourir d'abord des chemins vicinaux dont l'état d'entretien exerce la plus grande influence sur le prix du transport.

14. C'est donc une place importante qu'occupe dans la législation du pays la branche du service administratif à laquelle est consacré cet article ; le développement que nous devons y donner s'expliquerait par cette seule considération ; mais nous avons à faire remarquer d'ailleurs, que, dans presque toutes les matières administratives, la loi la plus récente maintient les dispositions des lois antérieures qu'elle n'abroge pas formellement. Ce n'est donc pas dans le texte de la seule loi du 21 mai 1836 que nous pouvons trouver l'ensemble des règles applicables au service vicinal, et il sera souvent nécessaire, pour établir ces règles, de conférer entre elles les dispositions non abrogées de la législation précédente. Des interprétations administratives, des décisions données non-seulement par le Conseil d'état, mais même par les cours et tribunaux, là où l'exécution de la loi tombe dans leurs attributions, forment un corps de jurisprudence et de doctrines, dans lequel les administrateurs sont souvent obligés de chercher la règle de leur conduite, dans les cas où le texte des lois peut leur laisser quelques doutes. Nous avons donc dû rechercher et reproduire souvent les ordonnances rendues en Conseil d'état, ainsi que les arrêts les plus importants rendus par la Cour de cassation, en matière vicinale, surtout lorsque ces deux hautes juridictions sont en dissidence.

15. Pour introduire dans notre travail l'ordre et la méthode qui peuvent seuls lui donner une utilité pratique, nous croyons devoir le diviser en quatre chapitres. Dans le premier, nous réunirons toutes les dispositions ayant pour objet la reconnaissance des chemins vicinaux, la fixation de leur direction et de leur largeur, ainsi que la conservation du sol vicinal. Dans le second, nous traiterons de tout ce qui a rapport à la création des ressources applicables au service vicinal et à l'emploi de ces ressources. Dans le troisième, nous rapporterons quelques règles spéciales aux chemins vicinaux de petite communication. Dans le quatrième, nous nous occuperons de tout ce qui a rapport aux chemins vicinaux de grande communication. Enfin, il nous a paru indispensable de placer à la fin de notre travail, sous forme d'appendice, quelques lignes *sur les chemins qui ne sont pas vicinaux*, ceux auxquels l'administration donne aujourd'hui le nom de *chemins ruraux*, et qui, bien que d'une importance moins grande que les chemins vicinaux, doivent cependant être conservés à la circulation comme voies publiques, tant que leur suppression n'a pas été légalement prononcée.

CHAP. 1er. — *Dispositions relatives à la reconnaissance des chemins vicinaux et à la conservation du sol de ces chemins.*

SECT. 1re. — *Définition.*

16. Les jurisconsultes qui ont écrit sur la matière ont vainement tenté de donner, du mot *chemin vicinal*, une définition nette et précise; ce qu'ils n'ont pas fait, nous n'essayerons pas de le faire. C'est qu'en effet, une foule de circonstances locales, appréciables dans la pratique, mais insaisissables pour la doctrine, feront que tel chemin public devra être considéré comme vicinal, et que tel autre ne sera pas rangé dans cette catégorie; énumérer ces circonstances, ce serait faire un long chapitre, mais non pas donner une définition. Dans un ordre de voies publiques plus élevé, il serait souvent difficile de dire quelle différence bien réelle distingue la route départementale de la route royale; reconnaissons qu'il serait souvent difficile aussi de dire pourquoi tel chemin a été déclaré vicinal et tel autre ne l'a pas été. Renonçons donc à donner la définition théorique et doctrinale du mot *chemin vicinal*, et bornons-nous à en donner la définition pratique et légale, en disant, sinon dans les propres termes, au moins dans l'esprit de l'art. 1er de la loi du 28 juillet 1824, « le chemin vicinal est celui qui a été déclaré tel par arrêté du préfet. » Nous verrons dans un des paragraphes suivants quelles sont les principales circonstances qui doivent déterminer le préfet à donner cette déclaration, et quelles sont, par conséquent, les caractères du chemin vicinal.

La législation antérieure à la loi du 21 mai 1836, notamment la loi du 28 juillet 1824, a souvent employé l'appellation de *chemin communal* dans le même sens que celui donné aujourd'hui au mot *chemin vicinal*. Nous considérerons donc ces deux expressions comme légalement synonymiques, tout en nous servant toujours de la dernière, consacrée par la législation la plus récente.

SECT. 2. — *Déclaration de vicinalité ou classement.*

§ 1er. — *Compétence.*

17. A l'autorité souveraine a toujours appartenu le droit de classer les voies de communication les plus importantes; mais l'acte par lequel elle les déclare *voies publiques* sous le nom de chemins vicinaux, de routes royales, de routes départementales, n'est qu'un acte

administratif. Les décisions à prendre pour le classement des voies secondaires nécessaires aux communications des communes étaient trop nombreuses pour qu'elles ne dussent pas être déléguées, et cette délégation d'un acte purement administratif ne pouvait rationnellement être donnée qu'à l'autorité administrative proprement dite; mais, en cette matière comme en beaucoup d'autres, les vrais principes ont été lents à s'établir, et nous aurons de nombreuses variations à constater dans la jurisprudence, avant d'arriver à l'époque où le classement des chemins vicinaux a été remis, d'une manière absolue, aux préfets. Par le mot de *classement* nous entendons ici *la déclaration de vicinalité.*

18. La loi du 6 oct. 1791, tit. 1er, sect. 6, art. 2, avait dit : « Les chemins reconnus par *le directoire de district* pour être nécessaires à la communication des paroisses, etc. ; » elle ne donnait au *directoire de département*, par son art. 3, qu'un droit de contrôle et de surveillance sur l'amélioration de ces chemins.

Ce classement appartenait donc alors à l'autorité d'arrondissement qui tenait la place actuellement occupée par le sous-préfet; l'autorité départementale restait étrangère à cette attribution.

19. Le premier acte du gouvernement qui intervint ensuite sur cette matière, l'arrêté du directoire du 23 messidor an v, enleva aux administrations de district l'attribution qui leur avait été confiée par la loi précitée du 6 oct. 1791. Cet arrêté porte, art. 1er : « que dans chaque département, l'administration centrale fera dresser un état général des chemins de son arrondissement; » art. 2 : « que cette administration constatera l'utilité de chacun des chemins portés sur cet état; » et, art. 3 : « qu'elle désignera ceux qui, à raison de leur utilité, devront être conservés, et prononcera la suppression des autres. » Le classement des chemins vicinaux se trouva donc remis à l'autorité administrative qui tenait alors la place occupée aujourd'hui par les préfets. Rappelons ici que les administrations centrales de département n'exerçaient pas seulement des fonctions administratives proprement dites, mais qu'elles avaient encore, dans leurs attributions, une partie de ce qu'on appelle *le contentieux administratif.*

20. Un nouvelle organisation de l'administration publique fut introduite par la constitution de l'an VIII ; les administrations centrales de département furent supprimées, et leurs fonctions furent partagées entre *les préfets* et *les conseils de préfecture;* mais il était difficile que ce partage d'attributions aussi nombreuses que diverses s'opérât, de prime abord, d'une manière nette et précise. La loi du 28 pluviôse an VIII avait bien posé en principe qu'aux préfets appartenait *l'administration*, et aux conseils de préfecture *le contentieux;* la limite exacte de ces attributions n'en fut pas moins, sur certaines matières, l'objet d'une assez longue hésitation dans la pratique, et nous la trouverons constatée, surtout, en matière de classement des chemins vicinaux.

21. Ce classement appartenait-il à l'administration ? rentrait-il dans le contentieux administratif ? l'incertitude sur ce point ne put qu'être augmentée par la rédaction, si vague, de la loi du 9 ventôse an XIII, portant, art. 6, « que *l'administration publique* ferait rechercher et reconnaître les anciennes limites des chemins vicinaux. »

22. Le ministère de l'intérieur regarda d'abord le classement des chemins vicinaux comme matière contentieuse, et appartenant, à ce titre, aux conseils de préfecture. Ainsi, dans une instruction du 7 prairial an XIII, qui, pour l'exécution de la loi du 9 ventôse précédent, prescrivit la recherche et la reconnaissance de tous les chemins des communes, le ministre, après avoir tracé les formes à suivre pour cette recherche, dit : « La délibération du conseil municipal sera soumise au sous-préfet; ce fonctionnaire discutera les points contentieux; il vous donnera un avis motivé d'après lequel *le conseil de préfecture approuvera ou modifiera les vues du conseil municipal*, en fixant invariablement les largeurs des différents chemins. » Le ministère de l'intérieur regardait donc comme abrogée la disposition de l'arrêté du gouvernement du 23 messidor an v, qui attribuait *aux directoires de département* la recherche et le classement des chemins vicinaux, ou bien il pensait qu'en exerçant cette attribution, les directoires de département faisaient un acte de contentieux administratif plutôt qu'un acte de pure administration.

23. Le Conseil d'état, régulateur suprême des juridictions, ne varia pas moins dans la solution de la question de savoir à quelle branche de l'autorité publique appartenait la déclaration de vicinalité des chemins nécessaires aux communications des communes.

Ainsi, un décret du 25 mars 1807 (Bottu de la Barmondière contre les communes d'Anse et de Pommières) renvoya aux tribunaux ordinaires à décider si un chemin réclamé par ces communes devait exister, comme l'avaient déclaré le préfet et le conseil de préfecture. « Considérant, est-il dit, que l'administration n'avait point à déterminer la largeur d'un chemin vicinal, ou à fixer ses limites, mais qu'il s'agissait de juger si, comme les communes le soutiennent, il a existé autrefois un chemin de voiture là où la dame de la Barmondière soutient qu'il n'y a jamais eu qu'un simple sentier pour les gens de pied, et que cette contestation présente une question de propriété et de servitude, sur laquelle les tribunaux ont seuls le droit de prononcer. » Il fut statué dans le même sens par le décret du 7 févr. 1809 (Delpech contre Mérignac), portant, « qu'au surplus, la question de savoir si le terrain en litige est un chemin vicinal ou une propriété particulière, est évidemment de la compétence de l'autorité judiciaire. » Même décision enfin, par décret du 10 mars 1809 (commune de Ploumoguer contre Desson), et par un autre du 18 oct. 1809 (Doat contre Duerne), dont les termes sont encore plus explicites. « Considérant, y est-il dit, que l'art. 6 de la loi du 9 ventôse an XIII n'a attribué à l'autorité administrative que le droit de rechercher et de reconnaître les chemins vicinaux sur l'existence desquels il n'existe aucune difficulté, et dont il s'agit seulement de vérifier les anciennes limites et de déterminer la largeur ; que, dès lors, cette disposition n'est point applicable aux chemins dont la nature est contestée et dont un particulier réclame la propriété privée ; que, dans l'espèce, le sieur Doat soutenant que le chemin dont il s'agit lui appartient et contestant le droit de passage et la servitude que le sieur Duerne a voulu établir sur son fonds, le conseil de préfecture n'était pas compétent pour statuer sur une question de propriété dont la connaissance appartenait aux tribunaux. » Les mêmes principes ont été consacrés par deux décrets des 11 avril 1810 (Comballot contre Charbonnier et commune de la Guillotière) (Dupuis contre Motte), et par ceux des 16 mai 1810 (veuve Duquesne contre Legras-Bordecotte), 7 août 1810 (Bonnet, Lecointre et autres), 23 sept. 1810 (Dauriac contre la commune d'Auxonne), 9 déc. 1810 (Robert contre Debrousse), 19 mai 1811 (Milliet contre la commune de Paracy), 18 août 1811 (Robin contre Hamelin), 17 avril 1812 (veuve Deschamps contre la commune de Chirat-l'Église), 4 août 1812 (Colonge contre la commune de Quincieux), 24 août 1812 (Foucaud contre Bardou), 18 janv. 1813 (Juchault-Desjamonières contre la commune du Cellier), et 18 mars 1813 (de Colliquet contre la commune de Seigneulles et autres). Jusque-là, donc, la jurisprudence du conseil d'état n'attribuait à l'autorité administrative le droit de déclarer la vicinalité que des chemins à l'égard desquels il n'existait aucune contestation ; mais dès qu'un particulier se prétendait propriétaire d'un chemin, c'était aux tribunaux à statuer sur la question de propriété, et la décision judiciaire statuait implicitement sur la question de vicinalité.

24. On commença, à cette époque, à reconnaître ce qu'avait de contraire au besoin si puissant des communications cette prédominance absolue de l'intérêt privé sur l'intérêt communal, et ce droit attribué à l'autorité judiciaire de supprimer, par le fait, des chemins dont le maintien pouvait être nécessaire. Dans un décret du 3 janv. 1813 (commune de Nuisement-sur-Coole contre Damas), le Conseil d'état posa pour la première fois le principe que, s'il appartient aux tribunaux de prononcer *sur la propriété du terrain* des chemins vicinaux, ainsi que sur la suppression des simples sentiers, il appartient au préfet et aux conseils de préfecture de prononcer *sur l'existence, l'utilité et la suppression des chemins vicinaux*.

Ce fut là le premier jalon de la ligne de démarcation qui devait s'établir, en matière de classement de chemins vicinaux, entre les attributions de l'autorité administrative et celles de l'autorité judiciaire : à la première, la décision sur l'existence, l'utilité et le maintien des chemins, c'est-à-dire la déclaration de vicinalité ; à la seconde, le jugement de la question de propriété, s'il en était soulevé, mais sans que ce jugement pût rétroagir sur la question de vicinalité. C'est le système que plus tard nous verrons se développer pour ne plus varier.

25. Mais en enlevant aux tribunaux toute action sur ce qui était réellement du domaine administratif, le conseil d'état parut hésiter un moment sur l'attribution, soit aux préfets, soit aux conseils de préfecture, du droit de classer les chemins vicinaux. Ainsi, un décret du 15

juin 1812 (Prestrel contre Morainville) reconnut d'abord ce droit aux conseils de préfecture. « Considérant, y est-il dit, 1° que la question se réduit à déterminer si le chemin sur lequel est situé la propriété du sieur Morainville doit être considéré comme chemin rural ou chemin vicinal; 2° qu'aux termes de la loi du 9 ventôse an XIII, toute contestation sur la reconnaissance des chemins vicinaux appartient aux conseils de préfecture : Art. 1er. L'arrêté du préfet de la Seine-Inférieure est annulé comme incompétemment rendu. Art. 2. Les parties sont renvoyées devant le conseil de préfecture pour faire prononcer *sur le classement* du chemin dit la Petite rue. » Un second décret du 2 janv. 1813 (commune de Nuisement-sur-Coole contre Damas) maintenait des arrêtés du conseil de préfecture de la Marne « en tant qu'ils prononçaient sur le maintien et la suppression des autres chemins vicinaux. »

26. Ces deux décisions ne formèrent cependant pas jurisprudence, et dès le 16 oct. 1813, un autre décret (de Jaucourt et Cuzin contre Gavet) déclara que le conseil de préfecture de Seine-et-Marne, en classant au nombre des chemins vicinaux ceux qui étaient l'objet de ces contestations, « avait excédé les bornes de sa compétence, puisque, aux termes de l'art. 6 de la loi du 9 ventôse an XIII, le droit de désigner les chemins vicinaux n'appartient qu'à l'administration publique, c'est-à-dire aux préfets. » Cette jurisprudence n'a plus varié depuis, et nous la trouvons consacrée dans dix décrets ou ordonnances dont la dernière est du 20 nov. 1822 (Ferras contre les communes de Hachon et de Campuzan).

Les attributions contestées furent, d'ailleurs, irrévocablement fixées par la loi du 28 juillet 1824, qui porte, dans son art. 1er, qu'aux préfets appartient le droit de reconnaître les chemins nécessaires aux communications des communes, en d'autres termes, de déclarer la vicinalité de ces chemins. On ne peut donc trop s'étonner qu'après une disposition législative aussi formelle, le conseil d'état ait eu, plusieurs fois encore, à annuler des décisions de conseils de préfecture portant classement de chemins vicinaux. Nous citerons sur ce point les ordonnances des 17 mars 1825 (commune de Précigné), 27 août 1828 (de Montillet), 27 août 1828 (commune d'Aiffres).

27. La loi du 21 mai 1836, la dernière qui ait été rendue sur les chemins vicinaux, n'a rien innové quant au classement de ces chemins; dans l'état actuel de la législation, c'est donc aux préfets qu'appartient le droit de déclarer la vicinalité des chemins nécessaires aux communications des communes. Nous devons, toutefois, mentionner un cas exceptionnel où le législateur a substitué, pour le classement des chemins vicinaux, l'autorité royale à l'autorité préfectorale; c'est celui où une route ou portion de route royale est abandonnée par le service des ponts-et-chaussées, et où une commune a intérêt à ce que cette voie publique soit conservée à la circulation. La loi du 24 mai 1842 a permis que, dans ce cas, et sur la demande de la commune, cette route ou portion de route royale soit classée comme chemin vicinal, et c'est par ordonnance royale que le classement est prononcé; mais on conçoit que ce n'est là qu'une exception, fondée, sans doute, sur ce que, pour opérer ce classement, il faut aliéner une portion du domaine public, aliénation qui devait être réservée à l'autorité souveraine.

§ 2. — *Formes du classement.*

28. En chargeant les directoires de district de la reconnaissance des chemins nécessaires aux communications (loi du 6 oct. 1791), en reportant cette attribution aux administrations centrales de département (arrêté du 23 messidor an V), les législateurs de l'époque s'abstinrent ou omirent d'indiquer les formalités que devait remplir l'autorité administrative, préalablement au classement des chemins, et ils n'exigèrent même pas que les conseils municipaux fussent entendus sur une mesure d'un aussi grand intérêt pour les communes. Le même silence fut gardé sur ce point par la loi du 9 ventôse an XIII, qui prescrivit à l'administration publique de rechercher et reconnaître les anciennes limites des chemins et de fixer leur largeur; mais le ministre chargé d'assurer l'exécution de cette loi (M. de Champagny) comprit qu'il était impossible que les conseils municipaux ne fussent pas consultés sur le classement des chemins vicinaux et la fixation de leur largeur. Il lui parut même que les intérêts privés devaient être mis en demeure de se faire entendre. En effet, la commune, personne civile, n'est pas toujours seule intéressée à ce que tel ou tel chemin soit ou non porté sur le tableau des chemins vicinaux, et des propriétaires, habitants ou forains, peuvent se trouver lésés, soit

par l'omission sur le tableau d'un chemin qui leur serait utile, soit par l'inscription au tableau d'un chemin qu'ils prétendraient leur appartenir à titre privé. Par son instruction du 7 prair. an XIII, le ministre de l'intérieur prescrivit donc au préfet de faire dresser, dans chaque commune, un tableau de tous les chemins qui paraîtraient devoir être classés parmi les chemins vicinaux. Ce tableau dut être déposé à la mairie pendant quinze jours; chaque propriétaire put venir en prendre connaissance et déposer ses réclamations ou ses oppositions; le conseil municipal dut ensuite donner son avis sur les unes et sur les autres, et au vu de ces pièces et de l'avis du sous-préfet, les préfets durent prendre leurs arrêtés de classement.

29. La loi du 28 juillet 1824 (art. 1er) vint rendre obligatoire le concours des conseils municipaux qui, ainsi que nous venons de le voir, n'avait été demandé jusqu'alors qu'en vertu d'une instruction ministérielle. La loi du 21 mai 1836 ne s'occupa point du classement des chemins, laissant subsister à cet égard, par conséquent, les prescriptions de la législation précédente. Dans l'instruction qu'il donna pour l'exécution de cette dernière loi, M. le comte de Montalivet, alors ministre de l'intérieur, n'eut donc à prescrire aucune formalité nouvelle pour le classement des chemins vicinaux; en rappelant celles qui avaient été indiquées dans la circulaire du 7 prair. an XIII, il porta seulement à un mois le délai du dépôt à la mairie du tableau des chemins vicinaux, et il donna le modèle du cadre de ce tableau, afin d'obtenir quelque uniformité dans le travail des différents départements.

30. Enquête, car c'est bien une enquête que l'appel fait à tous les intéressés par le dépôt à la mairie du projet de classement, examen par le conseil municipal du résultat de cette enquête et délibération de ce conseil, avis du sous-préfet, arrêté du préfet déclarant la vicinalité; telles sont donc les formalités prescrites par la loi ou par les instructions ministérielles pour le classement des chemins vicinaux, et elles paraissent présenter de suffisantes garanties, soit à l'intérêt communal, soit aux intérêts privés.

31. Nous ferons remarquer, d'ailleurs, que si la délibération du conseil municipal est un préalable indispensable, pour que le préfet puisse légalement prononcer le classement d'un chemin au nombre des chemins vicinaux d'une commune, le préfet n'est cependant pas tenu de se conformer au vœu du conseil municipal. En effet, la loi du 28 juillet 1824, la seule qui ait prescrit d'entendre les conseils municipaux sur le classement des chemins vicinaux, dit que ces chemins doivent être reconnus par arrêté du préfet, *sur* une délibération du conseil municipal, et non pas *conformément* à la délibération du conseil municipal; elle a prescrit une formalité utile, mais elle n'a pu vouloir, elle n'a pas voulu réduire l'action du préfet à une simple homologation du vote du conseil municipal; elle a réglé, mais n'a pas voulu détruire, le pouvoir donné à l'administrateur du département par l'arrêté du 23 messidor an V et par la loi du 9 ventôse an XIII; elle a compris que quelquefois le préfet devrait ne pas s'arrêter devant le vote du conseil municipal, vote dirigé tantôt par un intérêt communal trop étroit, tantôt par des intérêts privés qui ne prédominent que trop souvent dans les délibérations de ces assemblées locales. Ici, on aura proposé le classement d'un chemin qui n'est évidemment utile qu'à une fraction de la commune, à l'exploitation d'un seul domaine, peut-être; il faut que le préfet puisse refuser de prononcer ce classement, et il le peut, car la loi ne lui prescrit pas de se conformer à la délibération du conseil municipal; ailleurs, le conseil municipal aura refusé de proposer le classement d'un chemin, peu utile peut-être à la commune dont il ne traversera le territoire qu'à son extrémité, mais qui est d'une indispensable nécessité aux communications de plusieurs communes limitrophes; il faut que le préfet puisse classer ce chemin malgré l'opposition du conseil municipal; il le peut, car, encore une fois, il prononce *sur* et non *conformément* à la délibération; il le doit, car il a pour attribution générale de faire prédominer l'intérêt public sur l'intérêt de localité, il a pour attribution spéciale, en matière de chemins vicinaux (loi du 6 oct. 1791), *de reconnaître les chemins nécessaires à la communication des paroisses*, et (arrêté du 23 messidor an V) de *constater l'utilité de chaque chemin, et de désigner ceux qui, à raison de leur utilité, doivent être conservés.*

32. C'est dans cet esprit, c'est d'après ces formes protectrices des droits de tous, qu'en exécution de l'instruction ministérielle du 24 juin 1836, le classement des chemins vicinaux a été opéré là où il n'avait pas encore été fait, ou qu'il a été révisé et refait sur d'autres bases dans presque toutes les communes du

royaume. Cette vaste opération a été abordée et dirigée dans presque tous les départements avec cet esprit de suite qui pouvait seul en assurer le succès, avec cette saine appréciation des intérêts généraux ou locaux qui pouvait seule atteindre le but qu'avait eu en vue l'autorité centrale en la prescrivant. Préfets, sous-préfets, maires, conseils municipaux, tous en ont compris l'importance et la nécessité ; en présence de la législation nouvelle, ils ont compris que le classement général des chemins vicinaux n'était plus une mesure d'intérêt purement local, et que, de proche en proche, les intérêts de toutes les communes allaient se trouver liés. Aussi, dans la plupart des départements, l'autorité ne s'est-elle pas bornée à consulter isolément chaque conseil municipal ; le plus souvent, des commissions cantonales ont été formées dans le but de coordonner le travail de classement préparé dans chacune des communes du canton, et de faire, notamment, que tout chemin d'une importance réelle, classé dans une commune, trouvât sa continuation dans la commune voisine. Dans beaucoup de départements, enfin, on a, après le classement, dressé des cartes, soit communales, soit cantonales, sur lesquelles ont été tracés tous les chemins déclarés vicinaux, dans leur véritable direction, avec leur largeur légale, de manière à rendre possible et facile à l'avenir la constatation des anticipations sur le sol vicinal. Pour donner, en terminant ce paragraphe, une idée de l'étendue du travail de classement et de révision des chemins vicinaux ainsi que de son importance, nous dirons que, d'après les derniers documents officiels publiés par le ministère de l'intérieur, le classement opéré ou révisé depuis l'instruction du 24 juin 1836, dans 36,029 communes, a amené la déclaration de vicinalité de 338,529 chemins, ayant ensemble un développement d'environ 639,800 kilomètres.

33. Nous terminerons ce qui a rapport aux formalités relatives au classement des chemins vicinaux, en rapportant une ordonnance qui a statué sur un recours basé sur la non-exécution de ces formalités ; c'est celle du 17 août 1836 (Coudere contre la commune de Saint-Michel), ainsi conçue : « *Sur l'exception tirée de ce que l'utilité publique n'a pas été déclarée dans les formes prescrites par l'art. 2 de la loi du 7 juillet 1833* ; considérant que le préfet de Tarn-et-Garonne, dans son arrêté du 22 novembre 1831, s'est borné à déclarer la vicinalité, d'après l'ancienne possession du public ; qu'il n'a excipé de l'utilité publique que pour rejeter l'opposition du réclamant qui tendait à déclasser le chemin dont il s'agit ; d'où il suit qu'il n'y avait lieu, dans l'espèce, à suivre les formes prescrites pour les déclarations d'utilité publique qui ne sont applicables que dans le cas où il s'agit de créer un nouveau chemin ou de changer le tracé d'un ancien chemin ; *sur l'exception tirée du non-accomplissement des formalités prescrites pour la reconnaissance et le classement des chemins vicinaux ;* considérant que les seules formalités prescrites par les lois et règlements consistent dans l'avis préalable des conseils municipaux et l'examen des oppositions ; que les publications et affiches, utiles et pratiquées dans certains cas, ne sont pas prescrites d'une manière générale et absolue, et que, dans l'espèce, le jugement de l'opposition n'exigeait pas l'accomplissement préalable de ces formalités ; art 1er : La requête du sieur Coudere est rejetée. » Il a été statué dans le même sens par l'ordonnance du 19 avril 1837 (Asquié). Un particulier ne pourrait, non plus, fonder son recours sur ce qu'il n'aurait pas été appelé au conseil municipal pour y présenter ses moyens ; c'est ce qui résulte de l'ordonnance du 11 janvier 1837 (Jousselin contre la commune de Vienne-en-Val), ainsi conçue : Vu l'arrêté du gouvernement du 23 messidor an V, la loi du 9 ventôse an XIII, celle du 18 juillet 1824, l'instruction ministérielle du 7 prairial an XIII ; « *sur le moyen tiré de ce que le sieur Jousselin n'aurait point été appelé dans la séance du conseil municipal* ; considérant que les lois et règlements ci-dessus visés, en exigeant l'avis du conseil municipal pour la reconnaissance et le classement des chemins vicinaux, ne prescrivent point d'appeler aux délibérations dudit conseil les propriétaires opposants ; art. 1er : La requête du sieur Jousselin est rejetée. »

§ 3. — *Considérations qui doivent déterminer le classement.*

34. Nous l'avons dit plus haut, la doctrine énumérerait vainement toutes les circonstances qui paraîtraient constituer le caractère du chemin vicinal ; cette énumération, quelque longue qu'elle fût, serait un guide insuffisant, et dans la pratique, l'administration sait qu'elle ne doit se déterminer que par une seule considération qui domine, qui comprend toutes

les autres, *l'utilité du chemin*, soit pour la commune sur le territoire de laquelle il est situé, soit pour une fraction de cette commune, soit enfin pour les communes limitrophes. C'est là la règle unique donnée par la loi de 1791, par l'arrêté de l'an V, par la loi de 1824. Cette question *d'utilité, de convenance communale*, c'est d'ailleurs au préfet seul qu'il appartient de la résoudre, et le conseil de préfecture excéderait ses pouvoirs en y statuant. C'est ce qu'ont formellement déclaré deux ordonnances royale; l'une, du 1er mai 1822 (commune de Balazé contre Chatelain), porte que « s'il y a motif de remplacer ledit chemin par un chemin passant sur le terrain dit de la Coëfferie, c'est encore au préfet qu'il appartient de déclarer l'*utilité communale*; la seconde ordonnance, du 12 juin 1822 (Boulet contre Limages), est conçue à peu près dans les mêmes termes.

35. Toutefois, nous croyons devoir faire remarquer ici, que la déclaration de vicinalité ne peut jamais s'appliquer qu'à une voie de communication existante et dont le public est actuellement en jouissance, soit que cette jouissance résulte d'un titre communal, soit qu'elle dérive d'un long usage. Ainsi, ce serait, selon nous, abuser du droit de classement, que de déclarer chemin vicinal une avenue, par exemple, qui aurait été construite pour le seul usage d'un propriétaire, qui serait fermée à ses extrémités par des grilles ou des barrières, fût-elle même fréquentée par quelques personnes, par la permission du propriétaire. On ne pourrait non plus, ce nous semble, déclarer chemin vicinal un simple sentier traversant par l'effet de la tolérance du propriétaire, soit une cour de ferme, soit un champ fermé de haies ou de fossés. Ce n'est pas à dire, cependant, que si le besoin des communications l'exigeait on ne dût ouvrir à la circulation et cette avenue et ce sentier privé; mais ce ne serait plus par un simple arrêté de déclaration de vicinalité qu'il faudrait alors procéder; il serait nécessaire de recourir aux formes plus lentes de l'expropriation. Il est facile de concevoir la différence qui doit exister ici dans l'action de l'autorité. Lorsqu'un chemin existe, lorsqu'il est habituellement fréquenté par le public, l'autorité doit maintenir le public en possession du passage, sauf indemnité au propriétaire; il y a urgence. Si, au contraire, le chemin n'est pas actuellement livré au public, s'il s'agit seulement de procurer au public une communication nouvelle, il ne saurait y avoir urgence réelle, et on doit à la propriété privée de lui laisser les moyens de défense qu'elle rencontre dans les formes de l'expropriation.

36. Il est enfin une autre exception que la jurisprudence plutôt que la loi, est venue apporter au droit des préfets dans le classement des chemins vicinaux; c'est la distinction constamment faite par le Conseil d'état entre les rues et les chemins. Ainsi, pour qu'une voie publique puisse être classée parmi les chemins vicinaux, il faut qu'elle soit en rase campagne, et un préfet ne pourrait, sans excéder ses pouvoirs, déclarer chemin vicinal une rue située dans une ville ou un village. Le Conseil d'état, en effet, a depuis plus de vingt ans annulé constamment les décisions des conseils de préfecture qui appliquaient à des rues la législation répressive que les lois ont créé pour les chemins vicinaux. Nous citerons ici l'ordonnance du 11 février 1820 (Caron contre commune de Moyaux), dont les termes ne laissent aucun doute. « Considérant qu'aux termes des réglements sur la voirie urbaine, c'est aux maires, sauf l'appel devant les préfets, qu'il appartient de donner et de faire exécuter les alignements dans les rues des villes, bourgs et villages qui ne sont pas routes royales ou départementales, et que c'est aux tribunaux de police à connaître des contraventions qui pourraient avoir lieu en cette matière; d'où il suit que le conseil de préfecture du département du Calvados était incompétent pour prononcer sur l'usurpation attribuée au sieur Caron. » Le même principe a été confirmé à peu près dans les mêmes termes par une autre ordonnance du 4 septembre 1822 (commune de Lucé contre Nollet), et d'une manière plus nette encore dans celle du 4 juin 1823 (Decaen contre la commune de Saint-Piat): « Considérant qu'il ne s'agit pas de contravention sur un chemin vicinal; que le conseil de préfecture déclare lui-même qu'il s'agit d'une contravention commise dans une rue de la commune; que le conseil de préfecture était incompétent pour statuer. » Mêmes décisions, enfin, par ordonn. des 3 mars 1825 (Cretté), 27 avril 1825 (veuve Blanche contre commune de Trept), 13 juillet 1825 (commune d'Echenoz-la-Meline contre Humbert), 31 janvier 1827 (Conty), 8 avril 1829 (Guillaumont).

La Cour de cassation a adopté la même distinction entre les *rues* et les *chemins*, quant au caractère de ces voies publiques, et par suite quant à la pénalité appliquable aux divers actes qui peuvent nuire à ces voies et aux juridictions qui doivent en connaître. Dès le 20 juillet 1809, on trouve (ch. crim.) un arrêt (le ministère publ. contre Mercier) qui établit cette distinction. Le même principe est rappelé dans un autre arrêt (ch. crim.) du 2 mai 1811 (le ministère publ. contre Cheret); mais nous croyons devoir rapporter ici celui (ch. crim.) du 15 février 1828 (le min. pub. contre Davoust) qui fait connaître plus nettement le principe adopté par la Cour de cassation. « Vu l'art. 471, n° 5, du C. pénal; attendu qu'il ne faut pas confondre les *voies publiques* dont les embarras ou dégradations sont prévus et réprimés par l'art. 105 du C., du 3 brumaire an IV, et par l'art. 471, n° 4, du Code pénal, avec les *chemins publics* qui ont appelé l'attention et la sévérité du législateur dans l'art. 40, tit. 2 de la loi rurale du 6 oct. 1791; que par *voie publique* on doit entendre les rues, places et carrefours des villes et villages; que les *chemins publics* sont les communications plus ou moins importantes, suivant la classe à laquelle elles appartiennent, qui conduisent de villes en villes et qui servent dans le territoire des communes, hors de leur enceinte, à l'exploitation des propriétés rurales; que les dégradations, détériorations des *chemins publics* ou l'usurpation sur leur largeur sont punis par l'art. 40 précité de peines qui excèdent la juridiction des tribunaux de police, et rentrent dans les attributions de la juridiction correctionnelle, mais que les tribunaux de police sont seuls investis par l'art. 605 du Code, du 3 brumaire an IV, et par l'art. 471, n°s 4 et 5, du C. pénal, de la connaissance de tout embarras ou dégradation de la *voie publique* ou urbaine, dans l'intérieur des villes ou villages, de quelque nature que soit le fait ou l'entreprise qui cause cet embarras ou cette dégradation, sauf toutefois la concurrence des autorités administratives, dans les cas où les rues, places ou voies publiques seraient la continuation ou le prolongement de grandes routes.

37. Dès que, par une suite de décisions formant jurisprudence par leur uniformité, le Conseil d'état déclarait que la législation répressive applicable aux chemins vicinaux ne pouvait être appliquée aux rues, même des bourgs et villages; dès que la juridiction contentieuse avait établi ainsi une distinction nette et tranchée entre ces deux ordres de voies publiques, le ministère de l'intérieur ne pouvait qu'inviter les préfets à se conformer à cette jurisprudence, et à s'abstenir de comprendre aucune *rue* dans les tableaux de classement des *chemins vicinaux*. C'est ce qui fut dit dans l'instruction du 24 juin 1836, et cette règle fut sans doute suivie généralement; car, à notre connaissance, le ministre de l'intérieur n'a été appelé qu'une seule fois à annuler un arrêté de préfet qui avait déclaré chemin vicinal une voie publique située dans l'intérieur d'une commune, bordée d'un côté par des habitations contiguës, et de l'autre par la rive d'un fleuve. Cette décision, en date du 3 mai 1839, est motivée sur cette considération, « que les maisons qui bordent cette voie publique ne sont pas éparses ni en rase campagne; qu'elles font partie de l'agglomération de maisons qui composent la commune; que le quai qui existe est rattaché par plusieurs rues à l'intérieur de la commune; qu'enfin, lorsque celle-ci présentera son plan d'alignement, très-certainement la voie publique en question sera comprise sur ce plan.»

38. Nous savons tout ce que peut présenter de difficulté, dans la pratique, la distinction faite par le Conseil d'état et le ministère, entre des voies de communication qui ne sont le plus souvent que le prolongement les unes des autres; il doit être souvent très-difficile de dire où se termine la rue d'un village, où commence le chemin vicinal; cette distinction a eu, d'ailleurs, pour conséquence inévitable, de rendre impossible la réparation des rues des communes par les moyens donnés pour la réparation des chemins vicinaux, en sorte que la voie publique la plus fréquentée se trouve la plus délaissée, quant à son entretien. C'est à l'administration, à l'autorité législative, s'il est besoin, à apporter un remède aux inconvénients qui résultent de la jurisprudence; nous n'avons pu que la constater. Nous dirons pourtant qu'une exception y a été faite pour les chemins vicinaux de grande communication, ainsi qu'on le verra en son temps.

§ 4. — *Opposition au classement.*

39. Nous avons dit plus haut que le préfet ne serait pas tenu de s'arrêter devant l'opposition que ferait un conseil municipal au classement d'un chemin, si, du reste, il reconnaissait ce classement nécessaire dans l'intérêt

des communications; mais des oppositions d'un autre ordre peuvent surgir, et l'enquête préalable au classement a eu pour but, il faut le dire, de leur donner la facilité de se produire, pour qu'elles pussent être appréciées et légalement jugées; ce sont les oppositions formées par des particuliers qui sont ou se prétendent propriétaires du sol de la voie de communication qu'il s'agit de déclarer chemin vicinal. Quelquefois, la propriété de ce sol ne leur est pas contestée; ils ont consenti à ce que les habitants usassent du chemin, mais ils ne veulent pas qu'une déclaration de vicinalité vienne transférer la pleine possession à la commune et lui donne la faculté de faire, sur ce chemin, tels travaux qu'elle jugera utiles; d'autres fois, la propriété du sol est l'objet de contestations entre le particulier et la commune, et le premier s'oppose à ce qu'une déclaration de vicinalité vienne changer sa position vis-à-vis de la commune.

40. Le préfet doit-il s'arrêter devant ces oppositions? Lorsque la propriété privée du sol n'est pas contestée, doit-il surseoir au classement jusqu'à ce que la commune ait payé l'indemnité due au propriétaire? Lorsque la propriété est contestée, le préfet doit-il suspendre la déclaration de vicinalité, jusqu'après le jugement du litige?

Ces questions, de la plus haute gravité, puisqu'elles touchent au droit sacré de propriété, ont toutes été longuement controversées par les jurisconsultes; elles ont été longtemps, de la part du Conseil d'état luimême, l'objet de solutions diverses et contradictoires.

41. Ainsi, en 1808, époque où, comme nous l'avons vu, l'intervention du conseil de préfecture était encore admise en matière de reconnaissance des chemins vicinaux, en 1808, un décret du 21 novembre (commune de Monleydier contre Chassaigne) a été rendu en ces termes : « Vu la requête du sieur Chassaigne, qui demande l'annulation d'un arrêté du conseil de préfecture du département de la Dordogne, du 2 janvier 1808, par lequel un local, qu'il dit être entièrement sa propriété privée, a été déclaré chemin public; art. 1er : L'arrêté du conseil de préfecture du département de la Dordogne, du 2 janvier 1808, est annulé, sauf à la commune de Monleydier, dûment autorisée, à se pourvoir devant les tribunaux. » Même décision par décret du 29 novembre 1808 (Comballot contre la dame Féras); un troisième, du 7 février 1809 (Delpech contre Mérignac), est ainsi conçu : «Considérant que la question de savoir si le terrain en litige est un chemin vicinal ou une propriété particulière, est évidemment de la compétence de l'autorité judiciaire; art. 1er : L'arrêté du conseil de préfecture du département du Lot est annulé. » Dix autres décrets que nous nous abstiendrons de citer ont statué, sinon dans les mêmes termes, au moins dans le même esprit, jusqu'à celui du 24 août 1812 (Foucaud contre Bardon), ainsi conçu : « Vu la requête qui nous a été présentée par le sieur Foucaud, pour qu'il nous plaise annuler deux arrêtés du conseil de préfecture du département de la Charente-Inférieure, qui maintiennent comme chemin vicinal allant de la fontaine de Retoré au village de Gaudins, une portion de terrain dont ledit sieur Foucaud se prétend propriétaire; considérant que le sieur Foucaud s'étant toujours prétendu propriétaire du terrain sur lequel est établi le chemin de la fontaine de Retoré au village de Gaudins, on ne peut voir ici qu'une question de propriété dont la connaissance appartient aux tribunaux; art. 1er : Les arrêtés du conseil de préfecture du département de la Charente-Inférieure sont annulés, en ce qu'ils décident une question qui est du ressort de l'ordre judiciaire. »

Lorsque, vers cette époque, il fut décidé par le Conseil d'état, qu'au préfet et non au conseil de préfecture appartenait le droit de déclarer la vicinalité d'un chemin, nous trouvons encore un décret du 20 juillet 1813, (Chamborre contre commune de Clairmain) ainsi conçu : « Vu la requête à nous présentée par le sieur Chamborre, tendante à ce qu'il nous plaise annuler, pour cause d'incompétence, trois arrêtés du préfet du département de Saône-et-Loire, approuvés par notre ministre de l'intérieur, lesquels ordonnent la réparation et l'élargissement d'un chemin qu'ils ont déclaré vicinal, tandis que le requérant soutient que la propriété dudit chemin lui appartient; considérant que la propriété du terrain dont il s'agit étant contestée, il s'élevait dès lors une question de propriété dont la décision appartient exclusivement aux tribunaux ordinaires; art. 1er : Les arrêtés du préfet du département de Saône-et-Loire sont annulés, et les parties sont renvoyées devant les tribunaux. »

42. Jusqu'alors donc, le Conseil d'état avait

constamment confondu en une seule les deux questions de *déclaration de vicinalité d'un chemin* et de *propriété du sol de ce chemin*; il avait toujours subordonné la première à la seconde, et décidé qu'en cas de contestation sur la propriété du sol, l'autorité administrative ne pouvait classer un chemin parmi les chemins vicinaux, qu'après le jugement de la question de propriété, d'où la conséquence qu'elle ne pouvait déclarer vicinaux que les chemins dont les communes avaient la propriété sans contestation ; d'où encore la nécessité pour l'administration de recourir à toutes les formalités de l'expropriation lorsqu'il était besoin de déclarer vicinal un chemin dont le sol appartenait à un particulier.

43. On reconnut enfin tout ce que cette jurisprudence avait de contraire aux intérêts toujours si pressants, toujours si majeurs, de la viabilité ; on comprit que, si respect est dû au droit sacré de propriété, il n'y avait plus ici réellement qu'une question de forme ; qu'en définitive, le droit de propriété était sauvegardé par le payement de l'indemnité due au propriétaire, si la question de propriété était jugée en sa faveur, et que le public pouvait être maintenu en jouissance du chemin, sous la réserve de l'indemnité à payer ultérieurement, s'il y avait lieu. A la date du 16 octobre 1813, nous trouvons donc un premier décret (Bonnet-Dumolard), dont un des considérants est ainsi conçu : « Considérant que l'arrêté d'un préfet qui déclare un chemin vicinal ne fait pas obstacle à ce que la question concernant la propriété du terrain soit soumise aux tribunaux, car tout ce qui résulte de l'arrêté, c'est que le chemin est reconnu nécessaire et doit être maintenu, sauf à indemniser le tiers qui serait judiciairement reconnu propriétaire du terrain. » Bientôt après, le 6 février 1815, une ordonnance du roi (commune de Magné) annula un arrêté du préfet qui avait refusé de statuer sur la vicinalité d'un chemin avant le jugement de la question de propriété. « Considérant, porte cette ordonnance, que l'arrêté d'un préfet qui déclare un chemin vicinal ne fait pas obstacle à à ce que la question concernant la propriété du terrain soit soumise aux tribunaux, à l'effet, dans le cas où le chemin serait reconnu nécessaire, d'indemniser le tiers qui serait jugé propriétaire du terrain ; le roi, en son conseil, a annulé l'arrêté du préfet du département des Deux-Sèvres, comme ayant méconnu ses attributions, et envoyé la commune de Magné à procéder devant le préfet pour faire décider si le chemin dont il s'agit est vicinal, sans préjudice du recours aux tribunaux ordinaires pour les contestations qui pourraient s'élever sur la propriété de tout ou partie dudit chemin. » Une seconde ordonnance du 3 juin 1818 (Deltut contre commune de Fontanes) ne fut pas moins explicite. « Considérant, y est-il dit, que, quel que soit le jugement à intervenir, le maire de la commune de Fontanes demeure fondé à se pourvoir, si bon lui semble, devant le préfet, pour demander que le chemin de Poncès soit classé parmi les chemins vicinaux, sauf une juste et préalable indemnité envers qui de droit, s'il y a lieu. » Ici, l'ordonnance veut que l'indemnité soit *préalable*, et ce mot se retrouve dans une autre ordonnance du 17 juin 1818 (Delmas contre commune de Saint-Jean-de-Vedas), qui prononçait dans le même sens que la précédente sur le classement avant jugement ; mais il est bien évident que le mot de *préalable* ne signifiait pas que l'indemnité serait payée avant le classement, puisque l'indemnité ne pouvait être due, s'il y avait lieu, qu'après le jugement, et que l'ordonnance déclarait que le classement pouvait avoir lieu avant le jugement. Ce mot, d'ailleurs, ne se retrouve plus dans une ordonnance analogue, en date du 24 mars 1819 (Rémont et autres contre Bertrand et Gadelle).

Un retour vers l'ancienne jurisprudence du Conseil d'état semble indiqué par une ordonnance du 12 mai 1819 (Tardy contre commune de Griège), qui statua que, *pour déclarer vicinal un chemin appartenant à la dame veuve Tardy, il était nécessaire de procéder dans les formes établies par les lois sur l'expropriation pour cause d'utilité publique*; mais une autre ordonnance du 23 novembre 1825 (Robert contre commune de Saint-Martin-sur-Ouane) reconnut de nouveau que la vicinalité pouvait être déclarée nonobstant toute prétention à la propriété du sol. « Considérant, est-il dit, que la déclaration de vicinalité ne fait point obstacle à ce que les questions de propriété soient portées devant les tribunaux ; que seulement les droits de propriété se résolveraient, par cette déclaration, en un droit à indemnité, et qu'il appartient aux tribunaux de statuer, tant sur le fond du droit que sur le règlement de ladite indemnité. » Celle du 1er mars 1826 (Dervaux-Paulée contre commune de Flines) décida que les formes de l'expropriation ne devaient être suivies que pour l'ouverture d'un nouveau chemin, et que, lorsqu'il s'agissait d'un chemin déjà existant, le préfet pouvait déclarer la vicinalité; « Considérant que cette déclaration ne peut, dans aucun cas, faire obstacle à ce que la question de propriété soit portée devant les juges compétents; que seulement, lorsque la vicinalité est irrévocablement déclarée, les droits de propriété, s'ils sont reconnus, *se résolvent en une indemnité.* » Même décision par ordonnance du 7 juin 1826 (Sourzac contre commune de Lariche), portant que l'effet de la déclaration de vicinalité est de « mettre le public immédiatement en jouissance, et de résoudre tous les droits du propriétaire en un droit à une indemnité. » Ce système a été également consacré par deux autres ordonnances des 10 janvier 1827 (Coulon) et 1er juin 1828 (Chalembert). Enfin, une ordonnance du 4 mars 1829 (Cayrey contre commune de Balagnas), porte également, « que la déclaration de vicinalité ne préjuge rien sur les questions de propriété et d'indemnité, mais n'est pas subordonnée au jugement de ces questions; d'où il suit que le ministre de l'intérieur devait statuer sur le mérite de l'arrêté pris par le préfet du département des Hautes-Pyrénées, et non ordonner un sursis à l'exécution de cet arrêté, jusqu'à ce qu'il ait été statué sur la question de propriété du sol dudit chemin. »

44. Depuis cette époque, la jurisprudence du Conseil d'état n'a plus varié sur ce point, et de nombreuses ordonnances que nous nous abstiendrons de citer ont constamment prononcé que la vicinalité des chemins pouvait être déclarée avant le jugement de la question de propriété, *les droits du propriétaire se résolvant en une indemnité.*

45. Les termes mêmes des décisions rendues par le Conseil d'état depuis 1829 jusqu'en 1836 ont été adoptés par le législateur et ont servi de base à l'art. 15 de la loi du 20 mai 1836, ainsi conçu : « Les arrêtés du préfet, portant reconnaissance et fixation de la largeur d'un chemin vicinal, attribuent définitivement au chemin le sol compris dans les limites qu'ils déterminent. — Le droit des propriétaires riverains se résout en une indemnité qui sera réglée à l'amiable, ou par le juge de paix du canton, sur le rapport d'experts nommés conformément à l'art. 17. »

En présence de ce texte de loi, nulle incertitude, ce nous semble, ne saurait plus subsister sur l'étendue des droits des préfets en matière de classement des chemins, alors même que la propriété du sol est contestée à la commune.

Puisque l'arrêté de classement attribue *définitivement* le sol au chemin, le jugement à intervenir sur la question de propriété, fût-il favorable aux prétentions de l'adversaire de la commune, serait sans effet, quant à l'attribution du sol au chemin, et le droit du propriétaire se résoudrait en une indemnité. Quelle nécessité dès lors d'attendre l'issue du jugement pour prononcer le classement, puisque le jugement ne pourrait jamais empêcher cette déclaration de vicinalité? N'oublions pas, d'ailleurs, qu'il ne s'agit pas ici de *chemins à ouvrir*, cas auquel ne s'applique évidemment pas l'article 15 de la loi du 21 mai 1836; il s'agit de chemins existants, dont le public a déjà l'usage et dont il faut lui assurer la jouissance perpétuelle, moyennant indemnité au propriétaire du sol. Il n'y a donc plus qu'une seule question réellement litigieuse, le règlement de l'indemnité, si le jugement est favorable au propriétaire; mais évidemment aussi, cette question, de pure forme, ne saurait être un obstacle à l'action de l'administration, alors que cette action n'est pas arrêtée par la question de fond, le litige sur la propriété du sol. Par la même raison, le droit de classement peut encore s'exercer librement, au cas où la propriété privée du sol n'est pas contestée par la commune; le droit du propriétaire ainsi reconnu, *se résolvant en une indemnité*, il ne peut faire obstacle au classement.

46. La portée et la valeur de l'article de loi qui nous occupe ont cependant été contestées par quelques jurisconsultes, au nom d'un principe qui a droit au respect de tous. La charte, a-t-on dit, veut que toute expropriation soit précédée d'une juste et *préalable* indemnité; le classement d'un chemin dont le sol n'appartient pas à la commune, ou l'incorporation à ce chemin de parcelles prises sur les propriétés riveraines constituent une véritable expropriation; donc, en admettant que, par l'arrêté de classement, le sol soit en principe attribué au chemin, il ne peut y être incorporé de fait, il ne peut être enlevé à son propriétaire qu'après le payement de l'indemnité.

47. Cette argumentation, toute spécieuse

qu'elle puisse paraître, est évidemment inconciliable avec le texte de l'article 15 précité de la loi du 21 mai 1836. A quoi servirait-il, en effet, qu'aux termes de cet article, *le sol fût définitivement attribué au chemin*, s'il ne s'agissait là que d'une attribution *en principe*, et qu'il fallût attendre, pour consommer cette dévolution, que l'indemnité fût payée? N'est-il pas évident, d'ailleurs, que les droits de propriété n'existent plus, puisque le même article porte que *ces droits se résolvent en une indemnité?* Si le droit de propriété est éteint, sur quoi se fonderait celui qui était propriétaire du sol pour le conserver ou le reprendre? Il est donc évident que le législateur a voulu, par cet article, consacrer le système fondé par les décisions du Conseil d'état que nous avons rapportées plus haut, notamment celle du 7 juin 1826 (Sourzac contre commune de Lariche) qui porte, « que l'effet de la déclaration de vicinalité est de mettre le public immédiatement en jouissance, et de résoudre tous les droits du propriétaire du sol en un droit à indemnité. » Le législateur n'a d'ailleurs fait ici que ce qu'il avait fait précédemment dans la loi du 30 mars 1831, relative à l'expropriation des terrains nécessaires aux travaux militaires. Là aussi, dans un intérêt dont l'urgence était incontestable, il a compris qu'il pouvait, sans se mettre en opposition avec l'article 10 de la charte, autoriser la prise de possession des terrains avant le payement *effectif* de l'indemnité; ce qui a été décidé, dans ce cas, pouvait l'être également pour un intérêt toujours pressant aussi, celui du maintien d'une communication existante.

48. Au surplus, les prétentions basées sur les objections que nous avons rapportées plus haut, ont été toujours repoussées, depuis la loi du 21 mai 1836, et par le Conseil d'état, ce qui était tout naturel, puisqu'il ne faisait que confirmer sa précédente jurisprudence, et par la Cour de cassation, qu'on ne saurait accuser de ne pas se montrer soigneuse du maintien des droits sacrés de la propriété.

Ainsi, une ordonnance du 17 août 1836 (Coudere contre la commune de Saint-Michel), porte : « Considérant que la reconnaissance des anciens chemins vicinaux attribuée à l'autorité administrative, par la loi du 9 ventôse an XIII, est indépendante de la question relative à la propriété du sol, qui, lorsque la vicinalité est déclarée, se résout en un droit à indemnité. » Une autre ordonnance du 11 janvier 1837 (Jousselin contre la commune de Vienne-en-Val) est ainsi conçue : « Considérant que la reconnaissance des chemins vicinaux, attribuée à l'autorité administrative par la loi du 9 ventôse an XIII, ne préjuge rien sur les questions de propriété et d'indemnité, et n'est point subordonnée au jugement des tribunaux sur ces questions. » Le même principe est confirmé dans l'ordonnance du 10 mai 1839 (commune de Saint-Louis de Montferrand), qui déclare, de plus, que les tribunaux ne peuvent suspendre l'exécution des travaux. « Considérant qu'aux termes de l'article 15 de la loi du 21 mai 1836, ledit arrêté a attribué définitivement au chemin le sol compris dans les limites qu'il a déterminées, et que le droit des propriétaires du sol s'est résolu en une indemnité qui devait être réglée à l'amiable ou fixée par le juge de paix du canton, sur le rapport d'experts nommés conformément à l'article 17; qu'il appartenait aux propriétaires riverains qui prétendaient que leur propriété avait été comprise, en tout ou en partie, dans les limites du chemin telles qu'elles étaient déterminées par le préfet, de réclamer les indemnités dues, et, en cas de contestation sur leurs droits de propriété, de porter ladite question devant les tribunaux; mais qu'aux termes de l'article ci-dessus visé, l'autorité judiciaire ne pouvait, sans violer les règles de la séparation des pouvoirs et méconnaître les actes de l'administration, intervenir dans l'exécution de l'arrêté pris par le préfet, et défendre l'exécution des travaux ordonnés. » Enfin, une dernière ordonnance du 29 décembre 1840 (Bataille de Bellegarde contre commune du Mesnil-Jourdain) porte également « que la reconnaissance des chemins vicinaux par l'autorité administrative n'est point subordonnée au jugement des tribunaux sur la question de propriété desdits chemins. »

49. La Cour de cassation, de son côté, n'a pas exprimé en termes moins explicite les conséquences de la nouvelle législation, en ce qui concerne le classement des chemins avant le jugement des questions de propriété et l'incorporation du sol aux chemins vicinaux, avant le payement des indemnités. Un premier arrêt (ch. crim.), du 7 juin 1838 (Ministère public contre Barghon), s'exprime ainsi : « Attendu que la loi sur les chemins vicinaux a distingué entre le cas d'ouverture et de redressement de ces chemins, et celui où il s'agit seulement de fixer et de reconnaître la

largeur que doivent avoir les chemins existants; que dans le premier cas et lorsque la nouvelle direction d'un chemin doit entraîner la dépossession d'une propriété privée, l'article 16 s'en est référé, en les simplifiant, aux formes prescrites par la loi du 7 juillet 1833, sur l'expropriation pour cause d'utilité publique; mais que, dans le second cas, l'art. 15 a eu précisément pour objet d'affranchir de ces formalités l'exécution des mesures prises pour rendre ou donner aux chemins vicinaux la largeur qu'ils doivent avoir; que si ces mesures atteignent une partie de la propriété des riverains, le droit de ceux-ci se résout en une indemnité, *sans que ce droit puisse arrêter ou paralyser* l'élargissement ordonné d'une voie de communication qui doit toujours rester libre ou ouverte pour le public; que l'art. 18 assimilant les propriétaires dont une parcelle de terrain a servi à la confection du chemin, à ceux qui ont été obligés de souffrir une occupation temporaire ou une extraction de matériaux, soumet l'action en indemnité des uns et des autres, à une prescription de deux ans, d'où il suit que cette indemnité, lorsqu'elle est due, ne peut être demandée et réglée dans les formes fixées, qu'ultérieurement aux travaux autorisés par le préfet; attendu en fait, que, par arrêté du préfet de l'Allier, du 4 avril 1837, la largeur du chemin allant du bourg de Marcelles à Basset, et classé sous le n° 4 de la première de ces communes, avait été fixée à six mètres; que cet arrêté avait reçu sa pleine et complète exécution lorsque le sieur Barghon, qui se prétendait propriétaire d'une portion du terrain réuni et incorporé au chemin, a, plus tard et *sous prétexte de reprendre sa propriété*, creusé sur ce chemin un fossé de sept mètres de longueur sur vingt centimètres de largeur; que, soit, comme il le prétend, que l'élargissement du chemin ait été en partie *opéré sur son terrain*, soit, comme le soutient le maire, que la haie arrachée par ses ordres, entre le chemin et la vigne du sieur Barghon, n'ait été qu'un ancien empiétement sur le chemin, question qu'il n'appartenait pas au tribunal de police de décider, il y a eu de la part du prévenu une voie de fait constituant une détérioration *ou usurpation sur la largeur d'un chemin public*, laquelle devait être réprimée, aux termes de l'art. 479, § 11 Code pénal; qu'en jugeant le contraire et en renvoyant le sieur Barghon de la plainte, le tribunal de police a commis un excès de pouvoir, violé ledit article, ainsi que les dispositions ci-dessus citées de la loi du 21 mai 1836; par ces motifs, casse, etc. »

Dans un second arrêt (ch. civ.) du 20 août 1838 (préfet de l'Orne contre de Charencey), la Cour de cassation a également défini d'une manière précise les droits qui résultent pour l'administration, de l'art. 15 de la loi du 21 mai 1836 : « Attendu en effet, porte cet arrêt, qu'il existe dans cette loi une différence très-marquée entre les cas *de reconnaissance* et les cas *d'ouverture ou de redressement* des chemins vicinaux; que dans le cas de simple reconnaissance, ce qui suppose un état primordial auquel le chemin est ramené en vertu d'un droit préexistant, l'article 15 dispose *« que l'arrêté du préfet attribue définitivement au chemin le sol compris dans les limites que cet arrêté détermine, »* en telle sorte que, sans qu'il soit alors besoin de s'adresser aux tribunaux pour faire prononcer l'expropriation, le droit du propriétaire se résout en une indemnité qui, suivant l'art. 17, doit être réglée par trois experts, dont deux sont nommés par l'administration. »

Plus tard, dans un troisième arrêt (ch. civ.), du 8 juillet 1841 (Renaut contre la commune de Velisy), les principes ne sont pas rappelés d'une manière moins claire. « Attendu, en fait, que le terrain dont il s'agit au procès a été compris dans l'état des chemins vicinaux de la commune de Velisy, arrêté le 22 janvier 1834, par le préfet de Seine-et-Oise, et approuvé le 24 septembre 1834 par le ministre de l'intérieur; attendu que le recours formé devant le Conseil d'état contre l'arrêté du préfet et la décision du ministre de l'intérieur par le demandeur en cassation, n'était pas suspensif; attendu que, par exploit du mois d'août 1836, le demandeur a déclaré prendre pour trouble le procès-verbal dressé le 10 du même mois, par le maire de la commune de Velisy et a conclu à ce qu'il fût fait défense de le troubler dans sa possession; attendu que, si la connaissance des questions relatives à la propriété des terrains qui ont été déclarés chemins vicinaux appartient à l'autorité judiciaire, de même que l'appréciation des faits de possession antérieure aux actes administratifs qui ont déclaré la vicinalité, *nulle action en maintenue ou en renvoi en possession ne peut être considérée comme recevable lorsqu'elle est relative à des faits de possession postérieurs au classement administratif des chemins vici-*

naux; attendu, en effet, qu'on ne peut, aux termes de l'art. 2226 du Code civil, prescrire le domaine des choses qui ne sont pas dans le commerce, *et qu'un chemin vicinal, après que le sol en a été mis hors du commerce par le classement, n'est plus susceptible de possession privée*; attendu qu'en jugeant, dans ces circonstances, *que l'action en maintenue possessoire formée par Renaut contre la commune de Velisy n'était pas recevable*, le tribunal civil de Versailles, loin d'avoir méconnu les règles de sa compétence, en a fait, au contraire, une juste application, et s'est en cela exactement conformé à la loi; rejette. »

Enfin, dans un quatrième arrêt (ch. civ.), du 21 février 1842 (Dubois contre Mesnier), la Cour de cassation a encore établi avec la plus grande précision le droit de l'autorité administrative, quant au classement, nonobstant toute question de propriété, et l'obligation, pour les tribunaux, de repousser toute action en réintégrande du sol atteint par l'arrêté de classement. « Attendu que, s'il appartient aux tribunaux de statuer sur toutes les questions de propriété, il appartient à l'autorité administrative de reconnaître l'existence et déterminer la situation et les limites des chemins vicinaux; *attendu que l'effet de l'acte administratif qui déclare un chemin vicinal est de mettre le public en jouissance de ce chemin*; attendu que, s'il s'élève des questions de propriété du sol, ces questions doivent être jugées par les tribunaux, mais que les droits du propriétaire du sol devant, d'après les lois spéciales sur la matière, se résoudre en indemnité, *il en résulte que les tribunaux ne peuvent réintégrer dans la possession d'un terrain déclaré former un chemin vicinal*, sans porter atteinte à l'acte administratif qui a attribué au public la jouissance de ce chemin; attendu que, par un arrêté pris le 25 septembre 1836, qui est énoncé dans le jugement attaqué, le préfet du département d'Ille-et-Vilaine a, en exécution de la loi du 9 ventôse an XIII, déclaré qu'au nombre des chemins vicinaux de Pleurtuit, il en existait un qui conduisait par le sud du bassin appelé le Dick de Créhen à la rivière de Rance, *et que, pour procurer au public la jouissance de ce chemin*, il a ordonné que Dubois serait tenu d'abattre des talus et de combler des fossés qu'il y a fait établir; attendu qu'en maintenant et en réintégrant, en tant que de besoin, Dubois dans l'entière possession des passages et pâtures au sud et à l'est de l'ancien Dick de Créhen, le tribunal civil de Saint-Malo a porté atteinte à l'acte administratif du 25 septembre 1836, et a formellement violé l'article 13, titre 2, de la loi du 24 août 1790; sans qu'il soit besoin de statuer sur les autres moyens, casse. »

50. Après des déclarations de principe aussi précises, données simultanément par deux corps aussi haut placés que le conseil d'état et la Cour de cassation, pourrait-il rester quelques doutes sur le sens et la portée de l'art. 15 de la loi du 21 mai 1836? Pourrait-il rester quelques doutes sur l'effet de l'arrêté préfectoral qui déclare la vicinalité ou ordonne l'élargissement d'un chemin déjà déclaré vicinal, savoir : attribution immédiate du chemin au public et dépossession immédiate du propriétaire du sol, sauf règlement ultérieur de l'indemnité qui lui est due. Reprenant donc les questions que nous avions posées plus haut, nous n'hésitons pas à dire : lorsque le sol d'un chemin, qui est nécessaire aux communications, est la propriété non contestée d'un particulier, cette circonstance ne fait pas obstacle à ce que le préfet déclare la vicinalité du chemin ; lorsque la propriété du sol est contestée, entre la commune et un particulier, le préfet n'est pas tenu d'attendre le jugement de la question de propriété pour déclarer la vicinalité; dans l'un et l'autre cas, l'arrêté du préfet met immédiatement le public en jouissance du chemin ; le propriétaire n'a plus d'autre droit qu'à une indemnité, et tout obstacle qu'il apporterait à la libre circulation devrait être réprimé comme entreprise sur un chemin vicinal. Ces solutions s'appliquent d'ailleurs aux arrêtés prononçant un simple élargissement.

51. Il n'est qu'un seul cas où, selon nous, le préfet pourrait regarder comme prudent de s'arrêter devant la question de propriété ; c'est celui où la commune à la charge de laquelle devrait retomber le paiement de l'indemnité, serait évidemment hors d'état d'acquitter la dette qui serait créée contre elle. En effet, de ce qu'il n'est pas nécessaire que le payement de l'indemnité soit *préalable*, le droit du propriétaire n'en est pas moins sacré; son droit de propriété a seulement changé de nature; il s'est converti en un droit à indemnité ; mais ce serait méconnaître ce droit nouveau, ce serait l'anéantir que refuser ou ajourner indéfiniment le payement de l'in-

demnité. Le législateur a bien pu, dans l'intérêt, toujours urgent, des communications, faire exception au principe général du payement préalable, mais il n'a pas entendu, il n'a pas pu entendre que le paiement serait retardé pendant des années, sans le consentement du propriétaire.

Si donc une commune était hors d'état d'aquitter le prix du sol du chemin dont elle demande le classement; si les ressources actuelles de la commune ne lui en fournissaient pas le moyen, et que celles créées par la loi du 21 mai 1836 fussent également insuffisantes; si enfin la commune était déjà grevée d'un nombre de centimes extraordinaires, tel qu'il ne fût pas possible d'en établir d'autres pour l'acquittement de l'indemnité due, ou même si l'imposition extraordinaire ne devait permettre le paiement qu'en un grand nombre d'années; nous pensons que le préfet ferait sagement de refuser le classement demandé par la commune. Son abstention, dans ce cas, ne serait pas la négation de son droit absolu de classement; ce serait un acte de prudence, comme si, par exemple, il refusait à la commune l'autorisation d'entreprendre une construction qu'elle n'aurait pas le moyen de solder.

Ainsi donc, l'opposition fondée sur la question de propriété du sol, contestée ou non, n'est pas un obstacle à ce que le préfet prononce la vicinalité d'un chemin, si le besoin des communications l'exige. Mais il est un second moyen que les propriétaires font souvent valoir pour s'opposer au classement.

52. Nous avons dit plus haut que, pour qu'un chemin pût être déclaré vicinal, il fallait qu'il existât en nature de chemin; qu'il fallait encore que le public en eût la jouissance, ne fût-ce que par l'effet d'un long usage; or, c'est cette *publicité* du chemin que les propriétaires intéressés à contredire le classement contestent souvent, à l'appui de leur opposition : voyons à quelle autorité il appartient de juger cette question, et dans quelles formes il doit y être statué.

L'incertitude sur la question d'attribution que nous avons vu régner, pendant un temps assez long, relativement au droit de prononcer le classement, nous la retrouvons pour la déclaration de publicité du chemin.

53. La première décision administrative que nous connaissions sur ce point est le décret du 7 oct. 1807 (Matta contre Malo), portant que la connaissance de la *publicité* d'un chemin n'appartient pas aux tribunaux, mais au conseil de préfecture. « Considérant, dit le décret, que, d'après les lois des 6 oct. 1791 et 9 ventôse an XIII, à l'administration seule il appartient de reconnaître, conserver et faire entretenir les chemins vicinaux et publics, et que, dans l'espèce particulière, il s'agissait de décider *si le chemin réclamé comme public, l'était effectivement* :—Le jugement du 28 août 1806 est considéré comme non avenu, et les parties sont renvoyées devant le conseil de préfecture. » Un second décret, en date du 10 nov. 1807 (Royer contre Dantan), prononça dans le même sens, en se fondant non-seulement sur les lois des 6 oct. 1791 et 9 ventôse an XIII, mais encore sur ce que « l'arrêté du 23 messidor an V attribue aux administrations de département le droit de constater l'utilité ou l'inutilité des chemins vicinaux. »

54. Bientôt après, une solution contraire fut donnée par le conseil d'état, sur ce même point, et renvoya aux tribunaux le jugement de la question de publicité des chemins. Un décret du 4 juin 1809 (Chabrié contre commune de Villeneuve) est ainsi conçu : « Considérant, en ce qui touche la question de savoir si le chemin de Pontons doit être considéré comme vicinal, ou s'il n'est qu'un passage dont le sieur Chabrié pouvait disposer; que c'est une question de propriété dont les tribunaux seuls sont juges compétents; que la loi du 9 ventôse an XIII attribue à l'autorité administrative le droit de fixer la largeur des chemins vicinaux, *mais ne lui donne pas celui de décider qu'un chemin est vicinal, quand il y a contestation sur la vicinalité.* » Cette nouvelle jurisprudence fut confirmée par un second décret du 18 oct. 1809 (Doat contre Duerne), qui porte, « que l'art. 6 de la loi du 9 ventôse an XIII n'a attribué à l'autorité administrative que le droit de rechercher et de reconnaître les chemins vicinaux sur l'existence desquels il n'existe aucune difficulté, et dont il s'agit seulement de vérifier les anciennes limites et de déterminer la largeur; que, dès lors, cette disposition n'est point applicable aux chemins dont la nature est contestée. —Art. 1er. L'arrêté du conseil de préfecture est annulé. —Art. 2. Les parties sont renvoyées à se pourvoir devant les tribunaux. » Enfin, un troisième décret du 4 août 1812 (Colonge contre commune de Quincieux) prononça dans le même sens.

55. Nous avons vu plus haut comment, sur la compétence en matière de *classement*, le conseil d'état était revenu graduellement à rendre cette attribution à l'autorité administrative, c'est-à-dire aux préfets; ce changement de jurisprudence devait s'étendre à la question préjudicielle de *publicité* du chemin à classer; aussi, une ordonn. du 23 juin 1819 (Chausson-Lassalle contre commune de Gisnay) renvoya au préfet l'examen et le jugement d'une contestation sur la question de savoir si ce chemin était anciennement public. « Considérant, y est-il dit, que, des déclarations faites, les unes présentent ce chemin comme n'ayant aucun caractère de vicinalité, et les autres le soutiennent vicinal et indispensable aux communications; que le sieur Chausson-Lassalle soutient que, si des habitants des communes réclamantes y passaient, c'était de pure tolérance, tandis que la commune présente l'apposition des barrières comme une entreprise récente et une usurpation sur le chemin vicinal; considérant qu'en cet état, avant de statuer sur la nature et la nécessité de ce chemin, il est indispensable de vérifier les faits contredits. — Art. 1er. Il sera, par le préfet de l'Orne, pris tous les renseignements propres à constater si le chemin était anciennement vicinal. — Art. 2. Les parties seront entendues dans leurs dires. — Art. 3. Il sera, du tout, dressé procès-verbal, pour être, sur icelui, statué ce qu'il appartiendra. » Enfin, une autre ordonn. du 11 août 1819 (Martin contre commune de Monthérie) décida que c'était au préfet et non au conseil de préfecture à statuer sur la contestation relative à la vicinalité, c'est-à-dire à la publicité du chemin. « Considérant, dit cette ordonn., que le chemin litigieux a été porté sur l'état des chemins vicinaux, et que, des pièces produites par le sieur Martin, il résulte que le chemin dont il s'agit n'aurait servi qu'accidentellement de passage à travers le champ Luisant; considérant que la question de savoir si ce chemin litigieux est vicinal et doit être maintenu sur l'état des chemins vicinaux, concerne le préfet, sauf recours au ministre de l'intérieur. — Art. 1er. Les arrêtés du conseil de préfecture sont annulés pour cause d'incompétence, sauf aux parties à se pourvoir, si bon leur semble, devant le préfet, sur la question de vicinalité. »

De la législation, éclaircie et assurée par la jurisprudence du conseil d'état, il résulte donc que, lorsqu'un propriétaire opposant au classement d'un chemin conteste que le public ait ou ait eu la jouissance de ce chemin, c'est au préfet à statuer sur cette question, après avoir recueilli, à cet égard, tous les renseignements nécessaires, même au besoin par la voie de l'enquête. En d'autres termes, le préfet ne doit déclarer un chemin *vicinal* qu'après en avoir reconnu et constaté *la publicité;* en fait donc, déclarer qu'un chemin est public, déclarer qu'il doit rester public, déclarer qu'il est vicinal, ce ne sont là qu'une seule et même chose.

§ 5. — *Recours contre le classement.*

56. Lorsque le préfet a prononcé sur les oppositions formées contre le classement d'un chemin, et qu'il l'a déclaré vicinal, son arrêté est encore susceptible de recours. Cet arrêté, en effet, n'est qu'un acte administratif, et tous les actes administratifs des préfets peuvent être attaqués près de l'autorité supérieure. Il est presque superflu de dire que ce n'est pas devant le conseil de préfecture que doit être porté le recours contre l'arrêté portant déclaration de vicinalité; il est de principe, en effet, que, sauf quelques cas exceptionnels, en matière d'ateliers insalubres, par exemple, les conseils de préfecture n'ont pas à connaître des arrêtés de préfet. Cependant, comme ce recours irrégulier a été quelquefois exercé, nous croyons devoir annoter une ordonn. qui a rappelé ce principe. Elle est en date du 15 oct. 1826 (Savy), et porte : « Considérant qu'en rejetant l'opposition aux arrêtés du préfet, il (le conseil de préfecture) a justement prononcé que ces arrêtés, déclaratifs de vicinalité, ne pouvaient être déférés qu'à notre ministre de l'intérieur. » Une seconde ordonn. du 16 déc. 1831 (Dionis et consorts contre commune d'Origny-Sainte-Benoîte), a prononcé dans le même sens.

Ce n'est pas non plus devant le roi en son conseil d'état que doit être porté, tout d'abord, le recours contre l'arrêté de déclaration de vicinalité. En effet, cet arrêté est pris dans les limites de la compétence du préfet, et c'est devant le ministre de l'intérieur que doit être porté le recours contre les arrêtés de préfet compétemment rendus; c'est encore là un principe général applicable à tous les arrêtés de préfet; ce n'est que pour cause d'incompétence ou d'excès de pouvoir que le recours peut être porté directement devant le conseil d'état. En matière de déclaration de vicinalité, la nécessité de porter le recours, d'abord, devant l'autorité ministérielle, a été prononcée par le décret du 16 oct. 1813 (Bonnet-Dumolard), ainsi conçu : « Vu la requête à nous présentée par le sieur Bonnet-Dumolard, tendante à ce qu'il nous plaise annuler un arrêté rendu par le préfet du département de l'Isère, qui déclare vicinal le chemin dont il s'agit; considérant que cette décision *ayant été compétemment rendue, et n'ayant pas été attaquée devant notre ministre de l'intérieur*, ne peut, quant à présent, être soumise à notre examen. — Art. 3. La demande en annulation de l'arrêté du préfet qui déclare vicinal le chemin dont il s'agit est rejetée, sauf aux parties intéressées à l'attaquer devant notre ministre de l'intérieur, si elles s'y croient fondées. » Ce principe a été confirmé et maintenu par des ordonnances trop nombreuses pour que nous croyons devoir les citer.

Le ministre de l'intérieur a donc le droit d'annuler l'arrêté de classement, s'il reconnaît que le préfet a erré, soit dans l'appréciation de l'utilité du chemin, soit dans l'appréciation de la question de savoir si le chemin était public. Aucun délai n'est fixé pour l'exercice du recours devant le ministre; la loi est muette sur ce point, non pas seulement en matière vicinale, mais en toute matière administrative, et comme les exceptions sont toujours de droit étroit, il s'ensuit qu'on ne pourrait déclarer non-recevable le recours contre un arrêté administratif d'un préfet, par le motif du temps qui se serait écoulé depuis que cet arrêté a été pris; le droit d'annulation peut donc toujours être exercé par le ministre, et ce droit ne serait pas entravé par la circonstance que l'arrêté du préfet aurait reçu exécution de la part du conseil de préfecture, par la répression d'anticipations, par exemple. C'est ce qu'a décidé une ordonn. du 1er mars 1826 (Dervaux-Paulée contre la commune de Flenis), ainsi conçue : « Considérant que l'exécution, que l'arrêté du préfet avait reçue par la décision du conseil de préfecture, ne pouvait être que provisoire comme l'arrêté qui lui avait servi de base, et qu'ainsi elle ne faisait pas obstacle à ce que le ministre statuât sur le recours contre la déclaration de vicinalité, sauf l'appel devant nous en notre Conseil d'état. »

57. Par une conséquence toute logique, l'exécution donnée à l'arrêté de classement n'anéantit pas le droit de recours au ministre, de la part du propriétaire intéressé à contester cet arrêté. Ainsi, le recours pourrait être exercé, lors même que déjà le conseil de préfecture aurait statué sur une anticipation commise par le réclamant. C'est ce qui résulte évidemment de l'ordonn. du 25 oct. 1826 (Pauzier), ainsi conçue : « Considérant, d'ailleurs, que cette décision (du conseil de préfecture) ne fait pas obstacle à ce que sieur Pauzier, s'il s'y croit fondé, donne suite à son pourvoi devant notre ministre de l'intérieur, sur la déclaration de vicinalité. » Une seconde ordonnance, dans le même sens, a été rendue le 15 nov. 1826 (veuve Dossaris).

58. D'un autre côté, le recours au ministre contre l'arrêté préfectoral qui déclare la vicinalité n'est pas suspensif, ainsi que le dit l'ordonn. du 1er mars 1826 (Dervaux-Paulée contre la commune de Flenis). « Considérant que la déclaration faite par le préfet ne pouvait être déférée qu'au ministre que la matière concerne; qu'en effet, la dame Dervaux-Paulée s'est déjà pourvue devant notre ministre de l'intérieur; mais que, dans cette matière, un tel recours n'est pas suspensif de sa nature. » Deux autres ordonn., l'une du 15 oct. 1826 (Savy) et l'autre du 25 oct. 1826 (Pauzier), ont statué dans le même sens. Il s'ensuit que l'arrêté portant déclaration de vicinalité doit produire son effet, tant qu'il n'a pas été réformé, et que, nonobstant le recours, le conseil de préfecture doit prononcer la répression des anticipations, ainsi que l'a dit l'ordonn. du 15 nov. 1826 (veuve Dossaris). « Considérant, dit cette ordonn., qu'il est reconnu par la dame veuve Dossaris, que le chemin dont il s'agit a été compris dans l'état des chemins vicinaux de la commune de Bransat, arrêté par le préfet le 26 juillet 1825, que l'opposition formée par elle à cet arrêté ne pouvait ni en suspendre l'exécution ni conséquemment empêcher que le conseil de préfecture ne réprimât la contravention qui lui était reprochée. »

59. Pour terminer ce qui a rapport au recours contre les arrêtés de préfet portant déclaration de vicinalité, nous dirons que pendant assez longtemps les décisions ministérielles prises sur ces arrêtés pouvaient être attaquées devant le roi en son Conseil d'état. C'est ce qui résulte, soit implicitement, soit explicitement, des ordonn. que nous avons citées plus haut; implicitement, en ce qu'elles ont rejeté le recours direct au conseil d'état, par

le motif qu'il ne pouvait être exercé avant que l'arrêté ait été déféré au ministre; explicitement, en ce que plusieurs de ces ordonn., notamment celle du 1er mars 1826, ont renvoyé les réclamants devant le ministre, *sauf l'appel devant nous en notre conseil d'état*. Depuis, la jurisprudence a changé sur ce point, et une ordonn. du 14 nov. 1833 (Turodin) a prononcé en ces termes : « Considérant que la question de savoir s'il y a lieu de supprimer comme inutile un chemin vicinal ne peut nous être déférée par la voie contentieuse, et que la décision (ministérielle) attaquée ne fait pas obstacle à ce que ledit sieur Turodin se présente devant les tribunaux pour y faire statuer sur l'indemnité à laquelle il aurait droit, dans le cas où il serait reconnu propriétaire du sol dudit chemin. — Art. 1er. La requête est rejetée. »

A la vérité, une ordonnance du 7 fév. 1834 (héritiers de Barral contre commune de Saint-Étienne de Crossey) était revenue à l'ancienne jurisprudence en ces termes : « Considérant que les contestations relatives aux déclarations de vicinalité des chemins, émanées des préfets, sont de la compétence de notre ministre du commerce et des travaux publics, et que ses décisions en cette matière sont de nature à nous être déférées en notre Conseil d'état par la voie contentieuse. » Mais le 12 avril 1838, une autre ordonnance (Cholais contre commune de Joussais) a de nouveau rejeté un recours contre une décision ministérielle : « Considérant, y est-il dit, que la question de savoir s'il y a lieu de déclarer ledit chemin comme inutile aux communications de la commune, est une question purement administrative, qui ne peut nous être soumise par la voie contentieuse. » Il a été prononcé dans le même sens par l'ordonnance du 18 juillet 1838 (commune de Vertheuil contre Malvesin), et par celle du 23 déc. 1842 (Barré et consorts contre Hecquet). La jurisprudence, sur ce point, peut donc être être regardée comme fixée.

§ 6. — *Annulation du classement.*

60. Lorsque l'arrêté préfectoral, qui déclarait la vicinalité d'un chemin, est réformé par le ministre, la conséquence de cette annulation est d'annuler également tout ce qui avait été la suite de l'arrêté de classement.

Ainsi, l'arrêté qu'aurait pris un conseil de préfecture, pour réprimer une anticipation sur ce chemin, serait réformé ; c'est ce qu'a fait l'ordonnance du 25 avril 1828 (Lemonnier), ainsi conçue : « Vu la loi du 26 février 1805 (9 ventôse an XIII) ; considérant que l'arrêté du conseil de préfecture était fondé sur la déclaration de vicinalité faite par le préfet, mais que cette déclaration de vicinalité a été annulée par une décision de notre ministre de l'intérieur, laquelle décision n'a pas été attaquée ; « Art. 1er. L'arrêté pris par le conseil de préfecture du département de la Seine-Inférieure, le 11 août 1826, est annulé. » Une semblable décision a été portée à peu peu dans les mêmes termes par une autre ordonnance du 14 septembre 1830 (Dreux contre la commune de Pompone). Celle du 9 février 1837 (de Lamberville contre la commune de la Celle-Saint-Cloud) est plus explicite encore ; nous les rapporterons au paragraphe des anticipations.

61. Par analogie, les droits de passage qui auraient été basés uniquement sur l'arrêté de classement tombent avec cet arrêté s'il est annulé, ainsi que l'a dit une ordonnance du 19 juin 1828 (Dervaux-Paulée), ainsi conçue : « Considérant que l'arrêté du conseil de préfecture, dans ses dispositions confirmées par notre ordonnance du 1er mars 1826, ne statue que sur une contravention résultant de l'établissement des barrières, à une époque où le chemin en litige avait été déclaré vicinal par un arrêté du préfet, qui a dû être exécuté aussi longtemps qu'il a existé ; considérant que cet arrêté du préfet a été postérieurement annulé par une décision de notre ministre de l'intérieur, du 15 mai 1827, qui n'est point attaquée ; que, depuis cette décision, la vicinalité, déclarée par le préfet, ne subsistant plus, le droit que la dame Paulée prétend avoir de rétablir les barrières, et le droit de passage que la commune de Flinnes-les-Marchiennes pourrait y opposer, ne présentent plus que des questions de droit commun dont la connaissance appartient aux tribunaux. »

§ 7. — *Recours contre le refus de classement.*

62. Nous n'avons parlé, jusqu'ici, que du recours à exercer contre les arrêtés de préfet, portant déclaration de vicinalité; mais lorsqu'un préfet refuse de classer un chemin parmi les chemins d'une commune, cette commune, ou bien des communes voisines, quelquefois même un seul propriétaire, peuvent avoir intérêt à réclamer contre ce refus; on

conçoit, en effet, que la non-inscription de ce chemin au tableau des chemins vicinaux leur paraisse nuire au besoin des communications.

Nul doute que, dans ce cas, les parties intéressées puissent se pourvoir devant le ministre contre la décision du préfet. Ce recours ne sera exercé en vertu d'aucune des dispositions spéciales de la législation vicinale; il sera exercé en vertu du principe général que l'administration préfectorale n'agit, dans toutes ses parties, que sous le contrôle, la surveillance et la responsabilité ministérielle; que, par conséquent, tous les actes administratifs des préfets sont soumis à la censure du ministre compétent. De même donc que le ministre de l'intérieur peut annuler l'arrêté d'un préfet qui aurait, à tort, déclaré vicinal un chemin auquel le ministre ne reconnaît pas ce caractère; de même aussi, le ministre peut annuler la décision d'un préfet qui refuse de déclarer un chemin vicinal, si le ministre reconnaît que l'intérêt des communications exige que ce chemin soit porté au nombre des chemins vicinaux; il peut lui prescrire de prendre un arrêté portant déclaration de vicinalité.

63. Lorsque le ministre a ainsi fait droit aux réclamations des parties, tout se trouve terminé, car le préfet ne pourrait se pourvoir contre la décision ministérielle; mais si le ministre maintient le refus de classement fait par le préfet, ou si même le ministre décide qu'un chemin doit être déclassé, la décision ministérielle sera-t-elle susceptible de recours par la voix contentieuse? Le Conseil d'état repousse toujours de semblables recours par la fin de non-recevoir que la question est purement administrative. C'est ce qui a été statué par l'ordonnance du 18 juillet 1838 (commune de Vertheuil contre Malvesin), ainsi conçue: « Considérant que, par la décision attaquée, notre ministre de l'intérieur, en annulant l'arrêté du préfet de la Gironde, du 23 sept. 1836, a refusé de classer comme vicinaux des chemins dont le conseil municipal de Vertheuil demandait le classement à ce titre; qu'un tel refus est un acte de pure administration qui ne peut nous être déféré par la voie contentieuse. » Il a été statué sur ce point d'une manière plus explicite encore, par l'ordonnance du 16 juin 1841 (ville de Châteaudun), ainsi conçue: « Considérant que, par la décision attaquée, notre ministre de l'intérieur s'est borné à approuver les deux arrêtés du préfet du département d'Eure-et-Loir qui ont refusé de classer comme vicinaux les chemins dont il s'agit; que cette décision est un acte purement administratif qui n'est pas de nature à nous être déféré par la voix contentieuse. »

§ 8. — *Fixation de la direction des chemins vicinaux.*

64. La fixation de la direction des chemins est le complément nécessaire soit de la déclaration de vicinalité, lorsqu'il s'agit de chemins existants, soit de l'arrêté qui ordonne le redressement de ces chemins, ou l'ouverture de chemins nouveaux; cette décision complémentaire ne pouvait donc appartenir qu'à l'autorité compétente pour déclarer la vicinalité; c'est ce qui a été promptement reconnu. Dès le 6 janv. 1814, un décret (Arbilleur) décidait « que le préfet du département du Doubs, par son arrêté du 15 févr. 1813, n'ayant fait que fixer la direction que doit suivre le chemin de communication entre la commune de Saône et celle Nuizey, sauf l'indemnité des propriétaires du terrain sur lequel le nouveau chemin est établi, il s'est, dès lors, renfermé dans ses attributions, et qu'on ne peut lui reprocher aucun excès de pouvoirs. » L'incompétence des conseils de préfecture pour la détermination de la direction des chemins vicinaux a été établie non moins formellement par l'ordonnance du 14 juillet 1819 (Legoix), ainsi conçue: « Considérant que l'arrêté du conseil de préfecture a fixé la direction du chemin, ce qui ne pouvait compétemment être fait que par le préfet: Art. 1er. L'arrêté du conseil de préfecture du département de l'Eure, en date du 10 oct. 1818, est annulé pour cause d'incompétence, dans la disposition qui détermine la direction du chemin dont il s'agit. » Le droit absolu des préfets, en cette matière, a également été reconnu par l'ordonnance du 11 févr. 1820 (hospice de Joinville): « Considérant qu'il appartient aux préfets de déterminer la largeur, *la direction*, et l'abornement des chemins vicinaux; » et par celles des 15 août 1821 (Brulé contre la commune d'Orry-la-Ville), 7 avril 1824 (Martin), 23 nov. 1825 (Robert contre la commune de Saint-Martin-sur-Ouane).

65. Le droit du préfet, quant à la fixation de la direction des chemins, n'est d'ailleurs, pas plus qu'en matière de classement, arrêté ou suspendu par la question préjudicielle de propriété du sol qui serait élevée. A la vé-

rité une ordonnance du 23 avril 1818 (Ranson contre la commune de Saint-Augustin) avait paru introduire une règle différente : « Considérant, y est-il dit, que dans l'espèce il n'y avait pas lieu de statuer sur les classifications ou le redressement du chemin de Saint-Augustin à Mattes, mais qu'il s'agissait de constater, par titre ou par enquête, si ledit chemin doit contourner la terre du sieur Ranson, ou s'il doit la traverser diagonalement, et qu'une telle question, soit de servitude, soit de propriété, est du ressort exclusif des tribunaux ; » mais la même ordonnance déclarait que le jugement à intervenir ne paraliserait pas l'action du préfet : « Considérant que, quel que soit le jugement à intervenir, le maire de la commune de Saint-Aignan demeure fondé à se pourvoir, si bon lui semble, devant le préfet, pour être statué sur les améliorations dont le chemin sera jugé susceptible, et sauf une juste et préalable indemnité envers qui de droit, s'il y a lieu. »

Il ne peut donc rester aucun doute sur la compétence du préfet pour fixer la direction des chemins vicinaux. La loi du 21 mai 1836 a, d'ailleurs, confirmé à cet égard la jurisprudence précédente, en reconnaissant aux préfets, par son art. 15, le droit de classer les chemins existants, et par conséquent de maintenir leur direction, et par son art. 16, le droit d'ordonner, soit l'ouverture de nouveaux chemins, soit le redressement des anciens chemins, ce qui emporte nécessairement la fixation de la direction nouvelle.

66. Quant au recours contre les arrêtés du préfet portant fixation de la direction des chemins vicinaux, il s'exerce d'après les mêmes règles que le recours contre les arrêtés de classement, c'est-à-dire, que, comme il s'agit d'arrêtés pris dans les limites de la compétence des préfets, le recours doit être porté devant le ministre de l'intérieur, sauf recours ultérieur devant le conseil d'état. C'est ce qui résulte d'un décret déjà cité, du 6 janv. 1814 (Arbilleur). « Considérant au fond, y est-il dit, « que, si le requérant croit avoir à se plaindre de la direction donnée au chemin en question, il doit d'abord porter sa réclamation devant notre ministre de l'intérieur, et ensuite à notre conseil d'état. »

§ 9. — *Fixation de la largeur des chemins vicinaux.*

67. La fixation de la largeur des chemins vicinaux, la recherche et la détermination de leurs limites, sont encore une mesure sans laquelle la déclaration de vicinalité serait incomplète ; aussi plusieurs ordonnances ont-elles décidé que cette fixation devait être donnée comme complément de l'arrêté de classement. Nous citerons celle du 11 janv. 1829 (D'Argent), ainsi conçue : « Considérant que, par son arrêté du 5 déc. 1827, le préfet a déclaré la vicinalité des chemins litigieux, sans statuer sur sa direction ni sur sa largeur ; que cependant, aux termes de la loi du 28 févr. 1805 (9 ventôse an XIII), les préfets doivent rechercher et reconnaître les anciennes limites des chemins vicinaux, et fixer, d'après cette reconnaissance, leur largeur, suivant les localités : Art. 1er. Il est sursis à statuer jusqu'à ce que le préfet ait complété sa déclaration de vicinalité. » Mais, de même que pour le classement, la question de compétence a été lente à se préciser sur la fixation de la largeur des chemins vicinaux.

68. Dès l'origine, cependant, il a été reconnu que les tribunaux n'avaient pas à intervenir dans cette mesure. Ainsi, un décret du 16 août 1808 (Daniélou contre Legorrec) porte : « Considérant que, dans l'espèce, il s'agissait de déterminer la largeur du chemin vicinal de Crozon à Camaret ; considérant que, par la loi du 9 ventôse an XIII, l'administration peut seule rechercher et reconnaître les anciennes limites des chemins vicinaux et fixer leur largeur ; Art 2. Le jugement rendu par le tribunal de première instance de Châteaudun est considéré comme non avenu. » L'intervention des tribunaux, au surplus, doit avoir été rare, en ce qui concerne la fixation de la largeur des chemins vicinaux ; car, après le décret précité, ce n'est plus qu'en 1825 que nous trouvons une ordonnance du 22 juin (Ronet), prononçant également l'annulation d'un jugement rendu sur ce point.

69. Mais si l'incompétence des tribunaux a été constamment reconnue, il restait, comme pour la déclaration de vicinalité, à déterminer ce que la loi du 9 ventôse an XIII avait entendu par les mots, *administration publique*, et si la fixation de la largeur et la recherche des limites des chemins vicinaux devaient appartenir aux préfets comme mesure purement administrative, ou aux conseils de préfecture, comme matière contentieuse.

Un premier décret du 23 sept. 1810 (Dauriac contre la commune d'Auxonne) déclare que cette attribution appartenait aux conseils de préfecture; il est ainsi conçu : « Considérant que les conseils de préfecture sont compétents pour décider les contestations sur le plus ou le moins de largeur que les propriétaires riverains doivent laisser aux chemins vicinaux. » La même décision a été portée, d'une manière plus explicite encore, par un second décret du 9 déc. 1810 (Delaporte contre Barbet) : « Considérant, y est-il dit, que les contestations qui peuvent s'élever relativement aux limites des chemins vicinaux, ne peuvent être jugées que par les conseils de préfecture; Art. 1er. La décision du conseil de préfecture du département de la Seine-Inférieure, par laquelle il se déclare incompétent, est annulée. Art. 2. L'arrêté du préfet du même département est également annulé, comme incompétemment rendu. Art. 3. Les parties sont renvoyées à se pourvoir devant le conseil de préfecture de la Seine-Inférieure. »

70. Peu après, et à l'époque où nous avons vu la déclaration de vicinalité rendue aux préfets, la fixation de la largeur leur fut attribuée aussi, par un décret du 16 oct. 1813 (Bonnet-Dumolard), ainsi conçu : « Considérant qu'aux termes de l'art. 6 de la loi du 9 ventôse an XIII, le droit de fixer la largeur des chemins vicinaux n'appartient qu'à l'administration publique, c'est-à-dire aux préfets, sauf le recours à notre ministre de l'intérieur et ensuite à notre conseil d'état; que, sous le premier rapport, le conseil de préfecture du département de l'Isère a excédé les bornes de sa compétence, en fixant lui-même la largeur du chemin qui fait l'objet de la contestation.»

Le conseil d'état revint cependant un instant à la précédente jurisprudence, et une ordonnance du 30 août 1814 a statué en ces termes : « Considérant qu'aux termes de la loi du 9 ventôse an XIII, les conseils de préfecture sont appelés à reconnaître et fixer la largeur des chemins vicinaux. » Mais, dès le 18 janv. 1815, une autre ordonnance (Noël contre la commune de Saint-Maurice) rendait la fixation de la largeur des chemins vicinaux aux préfets, en ces termes : « Considérant que le conseil de préfecture était incompétent, attendu qu'il n'appartenait qu'au préfet de statuer sur la largeur du chemin, ainsi qu'il résulte de l'art. 6 de la loi du 9 ventôse an XIII, et du décret du 16 oct. 1813, rendu dans une espèce semblable. » C'est le décret (Bonnet-Dumolard) transcrit plus haut.

Depuis cette époque, la jurisprudence du conseil d'état n'a plus varié sur ce point, et des ordonnances, trop nombreuses pour que nous les citions, ont constamment annulé les décisions de conseils de préfecture fixant la largeur des chemins ou leurs limites, et ont renvoyé cette attribution aux préfets. Ce point de compétence était donc décidé en fait, lorsque l'article 15 de la loi du 21 mai 1836, vint consacrer cette jurisprudence et attribuer définitivement aux préfets la fixation de la largeur des chemins, tout comme la déclaration de leur vicinalité.

71. Mais le droit des préfets, quant à la fixation de la largeur des chemins vicinaux, est-il absolu et illimité? est-il, au contraire, restreint dans certaines bornes qui ne pourraient être dépassées? Pour résoudre cette question, examinons les dispositions législatives qui ont successivement régi la matière.

72. La loi du 6 oct. 1791, dont nous avons fait ressortir le vague de la rédaction en matière de classement des chemins, ne s'est occupée que d'une manière pour ainsi dire incidente de la fixation de la largeur. Dans son art. 3, après avoir chargé le directoire du département d'ordonner, sur les réclamations des communautés, l'amélioration des mauvais chemins, elle ajoute, « et il en déterminera la largeur. » Aucune règle, comme on voit, sur les formes à suivre, aucune limite au droit attribué aux directoires de département.

73. L'arrêté du gouvernement du 23 messidor an V, qui avait cependant pour objet spécial la reconnaissance générale des chemins vicinaux, est resté muet sur la fixation de leur largeur : mais, quelques années après, la loi du 9 ventôse an XIII vint restreindre le droit à peu près absolu que la législation précédente avait laissé à l'administration. L'art. 6 de cette loi est ainsi conçu : « L'administration publique fera rechercher et reconnaître les anciennes limites des chemins vicinaux, et fixera, d'après cette reconnaissance, leur largeur, suivant les localités, *sans pouvoir, cependant, lorsqu'il sera nécessaire de l'augmenter, le porter au-delà de six mètres*, ni faire aucun changement aux chemins vicinaux qui excèdent actuellement cette dimension. »

74. Deux dispositions distinctes sont comprises dans cet article de loi : 1° la recherche des anciennes limites des chemins, et la fixation de leur largeur d'après ces anciennes limites;

2° l'élargissement des chemins lorsque les anciennes limites ne donnaient qu'une voie insuffisante pour la facilité de la circulation.

Quant à la fixation de la largeur, *dans les anciennes limites*, aucune difficulté ne pouvait sans doute se présenter. Faisons remarquer, toutefois, qu'en disant qu'il ne serait fait aucun changement aux chemins vicinaux ayant actuellement une largeur de plus de six mètres, le législateur ne pouvait avoir l'intention d'empêcher, à tout jamais, de resserrer dans de justes limites un chemin dont la largeur excéderait évidemment les besoins de la circulation. Lorsque l'arrêté du directoire du 23 messidor an v avait chargé les administrations centrales *de prononcer la suppression des chemins reconnus inutiles*, peut-on penser que les rédacteurs de la loi du 9 ventôse an XIII aient voulu empêcher de rendre à l'agriculture les parcelles du chemin qui dépasseraient la largeur nécessaire à la vicinalité? Nous ne le croyons pas. Ce qu'ils ont voulu, sans doute, était d'empêcher que les riverains ne se crussent *le droit* de réduire à une largeur de six mètres seulement les chemins qui se trouvaient plus larges; mais il ne nous paraît pas douteux que, même en présence de ce texte de loi, l'administration pouvait autoriser les communes à disposer des terrains vagues qui bordaient les chemins, au-delà de la largeur de six mètres, si cette largeur était reconnue suffisante.

75. Mais, bien plus souvent, les chemins vicinaux étaient trop étroits pour les besoins de la circulation, soit qu'ils eussent été établis primitivement pour l'usage des gens de pied seulement, soit que les riverains eussent successivement anticipé sur leur largeur. Or, si les anticipations ne pouvaient être reconnues et prouvées, ou si les anciennes limites reconnues laissaient trop peu d'espace aux besoins nouveaux de la circulation, il fallait bien que l'administration pût ordonner l'élargissement de ces voies publiques sur les propriétés riveraines, et c'est ce qu'autorisa la loi du 9 ventôse an XIII. Elle ne voulut pas cependant que l'administration pût user de ce droit d'une manière arbitraire, et une largeur de six mètres ayant paru, au législateur, suffisante pour les besoins ordinaires de la vicinalité, il statua que l'administration ne pourrait exiger des propriétaires riverains que le sol nécessaire pour donner aux chemins ce maximum de largeur.

76. Les riverains étaient-ils tenus de livrer ce sol sans indemnité? avaient-ils le droit d'en demander le prix? La loi du 9 ventôse an XIII est muette sur ce point. Nous ne pensons pas, cependant, qu'il fût dans l'intention du législateur de porter une telle atteinte au droit de propriété, et bien qu'alors ce droit ne fût pas protégé par la disposition formelle introduite depuis dans l'art. 9 de la Charte, nous ne mettons pas en doute que les propriétaires auxquels on enlevait une parcelle de leur sol, pour l'incorporer à un chemin, ne fussent en droit d'en réclamer la valeur. Ce droit nous paraît avoir été reconnu par de nombreux décrets et ordonnances que nous avons eu occasion de citer plus haut, et qui, sous l'empire de la loi du 9 ventôse an XIII, admettaient l'incorporation aux chemins du sol qui était reconnus nécessaires, mais sauf indemnité après le jugement de la question de propriété. Au surplus, ce point de doctrine est peu important à discuter aujourd'hui, puisqu'il a été fixé depuis par une nouvelle législation.

77. Mais en fixant ainsi à six mètres le maximum de la largeur des chemins vicinaux, la loi du 9 ventôse an XIII faisait-elle obstacle, d'une manière absolue, à ce qu'une plus grande largeur leur fût donnée, si cela était indispensable aux besoins de la circulation, et que, les propriétaires riverains consentissent à livrer le sol nécessaire pour opérer cet élargissement? En cas de refus de ces propriétaires, l'administration était-elle dépouillée de tout moyen de satisfaire à un intérêt général, et lui était-il défendu de recourir, en matière de chemins vicinaux, à l'expropriation pour cause d'utilité publique, qu'il lui était loisible d'invoquer dans tant d'autres cas d'une urgence moins évidente?

Nous ne pensons pas qu'une interprétation aussi rigoureuse pût être donnée à la disposition législative que nous examinons ici. Nous croyons que, lorsqu'il était nécessaire d'élargir un chemin vicinal, les auteurs de la loi du 9 ventôse an XIII ont voulu que cet élargissement ne pût être prononcé que jusqu'au maximum de six mètres, par le procédé sommaire d'une simple décision administrative; c'était une garantie donnée à la propriété riveraine, contre la possibilité de l'arbitraire; mais nous ne saurions admettre que, dans le cas où une largeur plus considérable que celle de six mètres était nécessaire, l'administration fût dépouillée de la faculté de la procurer, en recourant aux formes de l'expropriation ; bien moins encore pensons-nous qu'un accord amiable avec les riverains fût défendu, pour donner aux chemins la largeur nécessaire.

78. C'est le système, au surplus, qui nous paraît avoir été consacré par l'art. 10 de la loi du 28 juillet 1824, portant que « les acquisitions, aliénations et échanges ayant pour objet les chemins vicinaux, seront autorisés par arrêtés des préfets en conseil de préfecture. » Quelles aliénations le préfet eût-il pu autoriser, si, en vertu de la loi du 9 ventôse an XIII, il eût été défendu de vendre les parcelles du sol qui excédaient la largeur nécessaire aux chemins ? Quelle acquisition le préfet eût-il eu à autoriser, s'il ne pouvait ajouter au sol des chemins vicinaux le terrain nécessaire pour leur donner plus que les six mètres qu'il pouvait leur attribuer par un simple arrêté, en vertu de la même disposition ?

79. On devait donc, dès cette époque, nous le croyons, entendre d'une manière moins restreinte les droits de l'administration en matière d'élargissement des chemins vicinaux. Voyons ce qu'a ajouté à ces droits la loi du 21 mai 1836.

L'art. 15 de cette loi est ainsi conçu dans son premier paragraphe : « Les arrêtés du préfet, portant reconnaissance et fixation de la largeur d'un chemin vicinal, attribuent définitivement au chemin le sol compris dans les limites qu'elles déterminent. » Cette disposition, comme on voit, reconnaît formellement au préfet le droit de fixer la largeur des chemins vicinaux, et n'assigne aucune limite comme maximum de largeur ; toutefois, comme elle ne prononce pas non plus l'abrogation de la règle qu'avait donnée, sur ce point, la loi du 9 ventôse an XIII, on aurait pu prétendre que cette règle subsistait toujours, et que le préfet ne pouvait, en fixant la largeur des chemins vicinaux, dépasser le maximum de six mètres ; mais l'art. 21 de la loi précitée du 21 mai 1836 contient, sur la fixation de la largeur des chemins vicinaux, une disposition qui a, implicitement sans doute, mais évidemment, selon nous, rapporté celle de la loi du 9 ventôse an XIII.

Après avoir dit, dans le premier paragraphe de cet article, que chaque préfet ferait, dans l'année qui suivrait la promulgation de la loi, un règlement général pour en assurer l'exécution, le second paragraphe ajoute : « Ce règlement *fixera*, dans chaque département, *le maximum de la largeur des chemins.* » Cette disposition serait un non-sens si elle n'avait pour objet de rapporter celle que contenait, sur le même point, la loi du 9 ventôse an XIII. Si, en effet, le maximum de la largeur des chemins vicinaux avait dû rester fixé à six mètres, comment expliquer que le préfet dût fixer ce maximum ? comment comprendre, surtout, que ce maximum de largeur pût varier dans les différents départements du royaume ? Bien évidemment le législateur de 1836 a compris que les besoins de la circulation avaient changé dans un laps de trente années ; il a compris qu'en améliorant le système général de la vicinalité, qu'en assurant d'une manière efficace et puissante l'amélioration des communications existantes, la création de communications nouvelles, il allait donner au transport des produits agricoles et industriels un développement et une activité auxquels ne suffiraient pas toujours des voies publiques resserrées dans l'étroite limite d'un maximum de six mètres. Le législateur a donc voulu que, dans chaque département, le préfet pût, avec l'avis du conseil général du département, et sous l'approbation du ministre de l'intérieur, fixer le maximum de largeur qui pourrait être donné aux chemins vicinaux ; il a entendu déroger, à cet égard, à la règle qu'avait posée, dans d'autres temps et d'autres circonstances, la loi du 9 ventôse an XIII.

80. C'est l'interprétation que, dans son instruction du 24 juin 1836, le ministre de l'intérieur a donnée aux dispositions combinées des art. 15 et 21 de la loi du 21 mai 1836. Il a recommandé, mais comme conseil, de ne pas dépasser généralement l'ancienne limite de six mètres, mais il a reconnu que cette limite n'était plus obligatoire et qu'elle pouvait être franchie toutes les fois que les besoins de la circulation le réclameraient, notamment pour les chemins vicinaux que la loi nouvelle a appelés *de grande communication*. Cette interprétation a reçu son application immédiate dans tous les départements du royaume, et nulle part, que nous sachions, elle n'a donné lieu à une contestation sérieuse. Dans le même article de leurs règlements où ils fixaient à six mètres le maximum de largeur des chemins vicinaux de petite communication, les préfets se sont généralement réservé le droit de dépasser cette limite, lorsque l'intérêt de la vicinalité l'exigerait : ils ont, partout, ajouté à la lar-

geur de la voie celle du terrain nécessaire pour l'établissement des fossés; enfin, le maximum de largeur des chemins vicinaux de grande communication a été porté à huit, même à dix mètres, sans aucune difficulté. Quelques réclamations ont pu s'élever sur la nécessité de la largeur attribuée à tel ou tel chemin vicinal, soit de petite, soit de grande communication, mais nulle part, que nous sachions, le droit du préfet, de fixer cette largeur, n'a été contesté, et nous ne connaissons aucune décision du conseil d'état, aucun arrêt de la cour de cassation qui, depuis la loi de 1836, ait élevé le moindre doute sur le pouvoir absolu donné aux préfets, quant à la fixation de la largeur des chemins vicinaux.

81. Nous n'avons pas besoin de dire, d'ailleurs, que les décisions des préfets sur ce point ne préjudicient jamais aux droits des tiers, propriétaires du sol sur lequel doit s'opérer l'augmentation de largeur des chemins vicinaux. Nous ne répéterons pas ici ce que nous avons développé plus haut, relativement au classement des chemins. L'arrêté du préfet incorpore immédiatement au chemin le sol nécessaire à la viabilité, mais le propriétaire de ce sol a droit à une indemnité qui, pour n'être pas préalable, ne lui est pas moins acquise. Nous ajouterons que, si la prise de possession du sol peut avoir lieu avant le payement de l'indemnité, il importe, cependant, que le règlement de cette indemnité précède tous travaux devant avoir pour effet de changer l'état des lieux, et qui pourraient rendre impossible ou au moins très-difficile l'évaluation de l'indemnité.

§ 10. — *Règlement des indemnités de terrain.*

82. Lorsque le sol d'un chemin déclaré vicinal, ou celui des parcelles nécessaires à l'élargissement d'un chemin vicinal, est la propriété d'un tiers, les droits de ce propriétaire, ainsi que nous l'avons vu plus haut, se résolvent en une indemnité. Par quelle autorité et dans quelle forme doit être réglée cette indemnité?

83. La loi du 6 oct. 1791, l'arrêté du gouvernement du 23 messidor an v, et la loi du 9 ventôse an xiii, n'avaient rien dit à cet égard; la loi du 28 juillet 1824, qui accordait aux préfets le droit d'autoriser jusqu'à la valeur de 3,000 fr. les acquisitions relatives aux chemins vicinaux, n'avait pas spécialement en vue le règlement des indemnités dont il s'agit. Tout à cet égard était donc resté sous l'empire du droit commun. Aussi, depuis la promulgation de la loi du 8 mars 1810, sur l'expropriation pour cause d'utilité publique, le conseil d'état renvoyait-il toujours aux tribunaux civils le règlement des indemnités dues aux propriétaires des terrains incorporés à une voie vicinale. Nous nous bornerons à citer l'ordonnance du 3 juin 1818 (Bruley-Deshalières contre la commune de Donnemarie), ainsi conçue : « Considérant que, d'après la loi du 8 mars 1810, les tribunaux sont seuls compétents pour prononcer, tant sur la propriété des terrains faisant partie des chemins vicinaux, que sur l'indemnité et les dommages qui peuvent être dus pour l'expropriation desdits terrains; considérant que, dans l'espèce, la circonstance que la propriété du terrain n'est pas contestée, n'empêche pas le tribunal de prononcer sur l'indemnité et les dommages réclamés par le sieur Bruley-Deshalières; Art. 1er, l'arrêté de conflit pris le 20 mai 1817, par le préfet du département de Seine-et-Marne, est annulé. » Plusieurs autres ordonnances postérieures ont statué dans le même sens.

84. Mais les nombreuses formalités à remplir pour arriver à ce règlement, la lenteur et les frais qu'elles entraînent, étaient aussi nuisibles aux intérêts des propriétaires qu'à ceux des communes, surtout lorsque, et c'est presque toujours le cas, il s'agit d'indemnités d'une très-faible importance. Le législateur a compris la nécessité de simplifier et de rendre à la fois plus prompte et moins dispendieuse la forme de procéder en cette matière; l'art. 15 de la loi du 21 mai 1836 a donc introduit, à cet égard, une règle nouvelle.

85. Deux cas sont prévus par cet article: celui où l'indemnité peut être réglée à l'amiable entre le propriétaire et la commune, et celui où, cet accord ne pouvant avoir lieu, il est nécessaire de recourir à une décision sur le litige.

Dans le premier cas, aucune difficulté ne peut se présenter. L'affaire peut être considérée comme une acquisition ordinaire, et comme l'art. 10 de la loi du 28 juillet 1824 n'a pas été abrogé par la législation nouvelle, le préfet, peut, en conseil de préfecture, autoriser cette acquisition; le ministre de l'intérieur, dans l'instruction du 24 juin 1836, a fait remarquer que le pouvoir du préfet n'était plus limité par le maximum de valeur de 3,000 fr., comme le prescrivait la loi précitée de 1824.

La législation nouvelle donnant aux préfets le droit d'incorporer au sol vicinal tout le terrain qui était reconnu nécessaire, il faut bien, en effet, que le préfet puisse autoriser le payement de la valeur intégrale de ce sol, à quelque somme qu'elle s'élève.

Mais si le propriétaire du sol et la commune ne peuvent s'entendre sur le montant de l'indemnité due, il devient nécessaire de faire prononcer entre les parties, et c'est au juge de paix du canton que l'art. 15 de la loi du 21 mai 1836 confie cette mission. Ce magistrat règle l'indemnité sur le rapport d'experts nommés, l'un par le propriétaire, l'autre par le sous-préfet, dans l'intérêt de la commune. En cas de discord entre les experts, un tiers-expert doit être nommé par le conseil de préfecture.

86. Cette forme de procéder est, comme on voit, simple et peu dispendieuse. Dans la pratique quelques difficultés se sont cependant présentées, pour la solution desquelles il a été nécessaire de recourir à l'autorité supérieure.

Ainsi, un propriétaire mécontent d'être contraint de céder son terrain peut refuser de nommer son expert : dans ce cas, par qui l'expert sera-t-il nommé? Un préfet avait cru pouvoir faire cette nomination d'office, et le ministre de l'intérieur avait partagé cette manière de voir. Le conseil d'état n'a pas admis cette forme de procéder, et une ordonnance du 30 déc. 1841 (Breton) a annulé en ces termes une nomination d'expert faite par un préfet. « En ce qui touche la nomination d'expert : Considérant qu'aux termes de l'article précité de la loi du 21 mai 1836, l'indemnité, si elle ne peut être fixée à l'amiable, doit être réglée par le juge de paix, sur le rapport d'experts nommés conformément à l'art 17 de ladite loi, l'un par le sous-préfet, et l'autre par le propriétaire; que le préfet, en désignant d'office l'expert du sieur Breton, a excédé ses pouvoirs; Art. 1er, la décision de notre ministre de l'intérieur et les arrêtés du préfet sont réformés, en tant qu'ils ont nommé d'office l'expert du sieur Breton. » Cette ordonnance, la seule rendue sur ce point, décide, comme on voit, qu'à l'administration n'appartient pas le droit de suppléer à la nomination que doit faire le propriétaire, et c'est avec raison, car cette nomination doit être faite d'office par le juge de paix. Cette difficulté, au surplus, doit se présenter rarement, et elle ne peut être sérieuse. En effet, par l'arrêté de classement ou de fixation de largeur d'un chemin vicinal, la commune se trouve mise en possession immédiate de ce sol. La commune n'a donc qu'un intérêt secondaire au règlement de l'indemnité. C'est le propriétaire qui a intérêt à ce règlement; c'est à lui qu'il appartient de former la demande en indemnité; il a donc intérêt à nommer son expert. S'il ne fait pas cette nomination, lui seul peut en souffrir, puisque le règlement de l'indemnité ne pourrait avoir lieu. La commune n'a qu'à attendre, et il est bien présumable que la résistance du propriétaire dépossédé ne serait pas de longue durée, car il saurait que son action, aux termes de l'art. 18 de la même loi, serait prescrite par le laps de deux années.

87. Quelques doutes se sont aussi manifestés sur la nature du discord entre la commune et le propriétaire pour la fixation de l'indemnité. On a demandé si c'était là un litige ordinaire, un procès entre une commune et un particulier, et pour lequel, par conséquent, la commune dût se faire autoriser par le conseil de préfecture; on a demandé si la décision que devait rendre le juge de paix était un véritable jugement, et si elle était susceptible d'appel.

88. Ces questions ont paru au ministre de l'intérieur assez graves pour qu'il crût devoir les soumettre au conseil d'état, et, par un avis en date du 19 mars 1840, le comité de législation les a résolues en ces termes :

« Les membres du conseil d'état composant le comité de législation, qui, sur le renvoi de M. le garde des sceaux, ministre de la justice et des cultes, ont pris connaissance de deux lettres à lui adressées sous la date des 3 et 17 février 1840, par M. le ministre de l'intérieur, à l'effet de connaître son opinion sur les questions suivantes :

» 1° Les communes qui, pour l'exécution de l'art. 15 de la loi du 21 mars 1836, ont à plaider sur la question de l'indemnité due aux propriétaires dépossédés par suite de l'élargissement des chemins vicinaux, ont-elles besoin de l'autorisation préalable du conseil de préfecture?

» 2° Les jugements rendus par les juges de paix, conformément au même art. 15 de la loi du 21 mai 1836, peuvent-ils être attaqués par la voie de l'appel, lorsque l'importance de l'indemnité réclamée excède la compétence qui leur est attribuée en dernier ressort?

» Vu l'art 15 de la loi du 21 mai 1836; les art. 47 et suiv. de la loi du 18 juill. 1837; la loi du 25 mai 1838; vu un jugement du tribunal civil de Marseille, en date du 3 janv. 1840, rendu sur l'appel formé par le sieur Janselme, contre un jugement du juge de paix du quatrième canton de cette ville, ayant pour objet de régler l'indemnité due audit sieur Janselme, à raison de l'expropriation, par suite des travaux d'un chemin vicinal de grande communication, de terrains à lui appartenant; Sur la première question; considérant que la loi du 18 juillet 1837 exige l'autorisation du conseil de préfecture, pour toute action en justice, sans distinction, qu'une commune veut introduire, ou qui est dirigée contre elle; que les communes ayant, dans le cas sur lequel le comité est appelé à délibérer, la faculté de s'entendre à l'amiable avec le propriétaire dépossédé, pour le règlement de l'indemnité, le débat qui, faute d'accord entre les parties, est porté devant le juge de paix, a le caractère d'une action judiciaire;

» Considérant, d'ailleurs, que la nécessité de l'intervention de la tutelle administrative peut donner lieu de reconnaître si les communes refusent de faire droit à des demandes d'indemnités équitables, et permettrait de les empêcher de s'exposer à des frais qu'il importe d'éviter, avec d'autant plus de soin, que les affaires de cette nature sont très-multipliées, et que chacune d'elles n'offre le plus souvent qu'un faible intérêt pécuniaire; qu'en effet, les contestations relatives aux indemnités dues, ou à leur quotité, ont le caractère d'une action judiciaire, tout aussi bien que les contestations sur le droit même de propriété;

» Sur la deuxième question;

» Considérant que le règlement d'indemnité fait par le juge de paix, dans les cas prévus par l'art. 15 de la loi du 21 mai 1836, est un jugement; que si, pour l'exercice de l'attribution spéciale qui lui est conférée par la loi précitée, le juge de paix est obligé de s'éclairer par un rapport d'experts, il n'est pas forcé d'admettre les conclusions de ce rapport, et peut faire usage de tous les autres moyens d'information qu'il est autorisé à employer dans les affaires de sa compétence administrative;

» Considérant que, d'après les principes sur lesquels repose notre organisation judiciaire, l'appel à une juridiction supérieure est de droit commun; qu'il ne peut être interdit, dans les limites générales établies par la loi, qu'autant qu'il existe, à cet égard, une prohibition expresse; que, dans la matière dont il s'agit, il n'en existe point de semblable;

» Considérant, d'ailleurs, que si, d'après l'art. 16 de la loi du 21 mai 1836, le juge de paix, assisté du jury spécial d'expropriation, statue en dernier ressort sur des demandes en indemnités qui portent ordinairement sur des sommes plus importantes que celles qui sont soumises à l'appréciation des juges de paix, aux termes de l'art. 15, il faut remarquer qu'il ne s'agit pas, dans cet article (16) d'un acte de juridiction du juge de paix, mais d'une décision du jury dont le juge de paix est l'organe, et que, dans notre organisation judiciaire, il n'y a point de tribunal qui soit le supérieur hiérarchique du jury, et auquel l'appel de ses décisions puisse être porté; que l'intervention du jury présente, dans le cas prévu par l'art. 16, des garanties spéciales qui ont paru suffisantes au législateur, et que ce n'est pas une raison pour supprimer ces garanties de droit commun, dans les cas prévus par l'art 15;

» Considérant qu'il est aussi à remarquer que l'art. 17 de la même loi, qui appelle les conseils de préfecture à faire le règlement d'indemnités souvent moins considérables que celles auxquelles peut donner lieu l'art. 15, n'a pas interdit le recours de droit au conseil d'état;

» Sont d'avis :

» Sur la première question, que l'autorisation du conseil de préfecture est nécessaire aux communes pour soutenir les actions engagées devant les juges de paix, aux termes de l'art. 15 de la loi du 21 mai 1836;

» Sur la seconde question, que, dans le silence gardé par la loi sur l'appel des jugements intervenus à l'occasion de ces actions, il n'est pas possible de refuser aux parties l'exercice d'une faculté qui est de droit commun (1). »

89. Cet avis, comme on voit, range le règlement des indemnités, lorsqu'il n'a pas lieu à l'amiable, dans la catégorie des procès ordinaires des communes, et soumet ces litiges à toutes les formes qui doivent être observées dans les procès civils. Il est permis de croire que telle n'avait pas été la pensée du législateur lorsqu'il rédigeait l'article 15 de la loi

(1) V. dans ce sens, Cass., 19 juin 1843. (S.-V. 43. 1. 484).

du 21 mai 1836. En dispensant, par cet article, de recourir aux nombreuses et lentes formalités de l'expropriation, pour la dépossession des terrains nécessaires aux chemins vicinaux existants, le législateur n'avait probablement pas eu en vue de laisser le règlement des indemnités sous l'empire de la procédure ordinaire. Il serait à regretter, dans ce cas, qu'il n'eût pas complété sa pensée; dans l'état actuel des choses, il appartiendra aux conseils de préfecture, comme l'indique l'avis du comité de législation, d'empêcher les communes de s'engager dans des procès dans lesquels les frais dépasseraient presque toujours la valeur du fond. Nous ferons remarquer, au surplus, que, s'il est à regretter, pour les communes, que le règlement des indemnités de terrain, dans le cas de l'article 15 de la loi, n'ait pas pu être ramené à des formes plus brèves, l'intérêt de la vicinalité ne peut avoir à en souffrir : en effet, l'arrêté du préfet a *définitivement attribué au chemin le sol qui devait en faire partie;* peu importe à la question vicinale que le règlement des indemnités dues aux propriétaires de ce sol soit un peu plus ou un peu moins rapide.

90. On a demandé, enfin, si les juges de paix, lorsqu'ils remplissent la mission que leur donne l'article 15 de la loi du 21 mai 1836, ont droit à une indemnité, et, dans le cas de l'affirmative, comment cette indemnité devait être réglée. M. le garde des sceaux, consulté à cet égard par M. le ministre de l'intérieur, a été d'avis que, dans ce cas, les juges de paix avaient droit à une indemnité de déplacement qui devait être calculée d'après l'art. 8 du tarif du 16 février 1807.—V. Juge de paix.

91. Lorsque l'indemnité due aux propriétaires des terrains occupés en vertu de l'article 15 de la loi, a été réglée, soit par un accord amiable, soit par une décision du juge de paix devenue définitive, le montant de cette indemnité devient une dette communale exigible; il constituerait une dépense obligatoire, et si la commune refusait d'y pourvoir, il y aurait lieu de procéder conformément aux règles tracées part l'art. 39 de la loi du 18 juill. 1837 sur l'administration municipale.—V. Communes.

92. Après avoir tracé les règles à suivre pour le règlement et le payement des indemnités, nous devons parler d'un cas qui, dans beaucoup de départements, se présente très-fréquemment, nous pourrions même dire le plus fréquemment; c'est celui où les propriétaires riverains du chemin vicinal à élargir consentent à abandonner gratuitement le terrain nécessaire à cet élargissement. Très-souvent, en effet, le peu d'importance des parcelles à céder, et une saine appréciation de l'avantage que procure une meilleure viabilité, déterminent les propriétaires riverains à ne pas exiger le montant d'indemnités dont ils auraient, en définitive, une portion à acquitter eux-mêmes, puisqu'elles devraient être acquittées par la commune. On a demandé si, dans ce cas, il était nécessaire de faire constater cet abandon par écrit. Nous pensons que cette formalité n'est pas absolument nécessaire, et que son accomplissement pourrait même porter obstacle à la réalisation des concessions gratuites de terrain. Quiconque a eu des relations fréquentes avec les petits propriétaires ruraux, sait qu'on les trouve souvent disposés à abandonner sans indemnité les faibles parcelles de terrain nécessaires pour l'élargissement d'un chemin, et à permettre verbalement l'occupation de ces parcelles, mais que, si leur consentement devait être constaté par écrit, on éprouverait beaucoup de difficulté à l'obtenir. Rappelons-nous que l'incorporation de ces parcelles au sol vicinal se trouve autorisé, de droit, par l'arrêté du préfet; les propriétaires ne pourraient s'y opposer. Si donc ils voient occuper le sol qui leur appartient et qu'ils s'abstiennent de réclamer l'indemnité à laquelle ils pourraient prétendre, tout n'est-il pas terminé par cet acquiescement tacite? La loi du 21 mai 1836 paraît même avoir eu en vue ce cas, lorsque, par son art. 18, elle a dit que « l'action en indemnité des propriétaires pour les terrains qui auront servi à la confection des chemins vicinaux, sera prescrite par le laps de deux ans. » Cette prescription ne courrait pas, sans doute, contre le propriétaire qui aurait fait régler son indemnité et qui aurait ainsi un titre contre la commune; l'article que nous venons de citer ne peut donc avoir pour objet, selon nous, que de confirmer, par la prescription de deux ans, l'abandon verbal et tacite que font beaucoup de propriétaires riverains des chemins à élargir. Nous avons lieu de croire que cette opinion a été émise par le ministre de l'intérieur dans les instructions particulières qu'il a eu à donner sur ce point.

SECT. 3e. — *Ouverture de nouveaux chemins.*

§ 1er. — *Compétence.*

93. Nous avons vu plus haut quels sont les

droits de l'autorité administrative, soit quant à la déclaration de vicinalité des chemins existants, soit quant à l'incorporation aux chemins déclarés vicinaux du terrain nécessaire pour leur donner la largeur que réclament les besoins de la circulation; nous avons vu combien sont sommaires les formalités prescrites par la loi, dans ces deux cas, pour attribuer au domaine vicinal une fraction de la propriété privée. L'urgence, et, presque toujours, le peu d'importance des parcelles de terrain à occuper, expliquent et justifient l'exception que le législateur a faite ici aux principes généraux en matière d'expropriation; mais d'autres règles sont tracées, d'autres formalités sont imposées à l'administration, d'autres garanties sont données à la propriété privée, lorsqu'il s'agit, soit de créer et d'ouvrir un nouveau chemin, soit de redresser un ancien chemin, ce qui n'est, au fond, qu'une ouverture de chemin dans des limites moins étendues. Dans ces cas, en effet, ni l'administration ni le public ne peuvent se prévaloir du motif d'urgence qui détermine la déclaration de vicinalité ou l'élargissement d'un chemin. Une voie publique n'existait pas; des besoins nouveaux font reconnaître la nécessité de la créer; ces besoins, d'un intérêt général, doivent être satisfaits, mais il importe peu que l'ancien état de choses subsiste quelques semaines, quelques mois de plus; aussi, l'ouverture des chemins vicinaux et leur redressement a-t-il été laissé, à peu près, sous l'empire du droit commun et des règles applicables à l'expropriation pour cause d'utilité publique.

94. C'est aux préfets qu'a toujours appartenu le droit, sauf recours au ministre de l'intérieur, d'ordonner l'ouverture de nouveaux chemins. Cette attribution ne pouvait, à aucun égard, être revendiquée par les tribunaux; quant aux conseils de préfecture, ils ont bien rarement prétendu l'exercer, et leurs arrêtés, en cette nature, ont toujours été annulés pour cause d'incompétence. Une ordonn. du 1er nov. 1820 (communes d'Orsy et de Coulanges) est ainsi conçue : « Vu le rapport de notre ministre secrétaire d'état de l'intérieur, tendant à ce qu'il nous plaise annuler, pour cause d'incompétence, un arrêté du 30 mars 1813, par lequel le conseil de préfecture du département de la Nièvre a ordonné l'ouverture d'un chemin vicinal qui sépare les communes d'Orsy et de Coulanges; vu la loi du 19 ventôse an XIII; considérant qu'il n'appartient qu'aux préfets d'ordonner *l'ouverture* d'un chemin vicinal et d'en fixer le classement, la largeur et la direction; — Art. 1er. L'arrêté du conseil de préfecture du département de la Nièvre, du 30 mars 1813, est annulé pour excès de pouvoir. » Le même principe se trouve confirmé dans une autre ordonnance du 18 juill. 1821 (Rigobert-Friquet et autres contre la commune de Blagnes).

95. Le droit des préfets d'ordonner l'ouverture de nouveaux chemins ne résultait pourtant encore que de la jurisprudence, car la loi du 6 oct. 1791, l'arrêté du gouvernement du 23 messid. an V, et la loi du 9 vent. an XIII, ne s'étaient occupés que des chemins existants. La loi du 28 juillet 1824 vint rendre légale, dans de certaines limites, l'action des préfets, en disant dans son art. 10, 2e §: « Seront aussi autorisés par les préfets, *dans les mêmes formes*, les travaux d'ouverture desdits chemins, qui pourront donner lieu à des expropriations pour cause d'utilité publique, en vertu de la loi du 8 mars 1810, lorsque l'indemnité due aux propriétaires pour les terrains n'excédera pas la même somme de trois mille francs. » Les formes auxquelles cet article se réfère sont relatées au paragraphe précédent, *arrêté du préfet en conseil de préfecture, après délibération des conseils municipaux intéressés, et après enquête* de commodo et incommodo.

96. La loi du 28 juillet 1824, comme celles rendues précédemment, avait en vue principalement, on pourrait presque dire uniquement, l'entretien des chemins vicinaux et leur conservation dans l'état où ils se trouvaient. A cette époque, d'ailleurs, on ne considérait la vicinalité qu'isolément, et comme restreinte au territoire de chaque commune. Il devait donc y avoir, sous l'empire de cette législation, peu d'occasions pour les préfets d'exercer l'attribution qui leur était donnée, quant à l'ouverture de nouveaux chemins; on sait en effet que, dans presque toutes les communes, le nombre des chemins n'est que trop considérable, et l'administration devait chercher à supprimer et à rendre à l'agriculture les chemins inutiles, bien plus qu'à en ouvrir de nouveaux. Mais la loi du 21 mai 1836, créant un nouveau système de vicinalité, qui devait faire sortir les communes de leur isolement et qui établissait, sous le nom de *chemins vicinaux de grande communication*, un nouvel

ordre de voies publiques d'une importance souvent égale à celle des routes départementales, cette loi devait prévoir que les chemins existants ne pourraient pas toujours, en raison de la défectuosité de leur assiette et de leur tracé, suffire aux besoins d'une circulation plus étendue, et qu'il serait souvent plus avantageux, plus économique même, de les remplacer par une voie nouvelle que de les rectifier et de les améliorer. Le législateur comprit qu'il était nécessaire non-seulement de confirmer entre les mains des préfets le droit d'ordonner l'ouverture de nouveaux chemins, mais encore d'étendre cette attribution et d'en simplifier l'action. C'est ce qui a été fait par le premier paragraphe de l'art. 16 de la loi du 21 mai 1836, ainsi conçu : « Les travaux d'ouverture et de redressement des chemins vicinaux seront autorisés par arrêtés du préfet. »

97. Ici, comme on voit, le pouvoir du préfet n'est plus restreint au cas où la valeur des terrains à occuper pour l'ouverture des chemins ne dépasserait pas trois mille francs, et, par conséquent, le préfet peut ordonner l'ouverture, quelle que soit cette valeur; ce n'est plus *en conseil de préfecture* que doit être pris l'arrêté du préfet; l'enquête *de commodo et incommodo* n'est plus exigée, et si le préfet jugeait à propos de remplir cette formalité, ce serait comme moyen d'appréciation des intérêts divers engagés dans la question, ce ne sera plus comme préalable obligé; enfin, la délibération des conseils municipaux n'est pas même mentionnée dans cet article de loi. Mais, sur ce dernier point, nous pensons que, si le législateur a omis de déclarer cette délibération nécessaire, c'est qu'il se référait à l'ensemble de la législation communale, qui ne permettrait pas qu'il fût statué sur un intérêt communal sans que le conseil municipal fût entendu. Nous ferons remarquer, toutefois, que l'avis négatif du conseil municipal ou même de plusieurs conseils municipaux, ne serait pas un empêchement légal à ce que le préfet ordonnât l'ouverture ou le redressement d'un chemin. Le paragraphe de la loi que nous venons de citer donne à ce magistrat le droit de décider contrairement à l'avis des conseils municipaux, puisque cet avis n'est pas même mentionné au nombre des formalités obligatoires. Il appartient donc au préfet d'apprécier les objections présentées, soit par des communes, soit par des particuliers, et de statuer comme lui paraîtra le commander l'intérêt de la vicinalité.

98. Il n'y a donc plus lieu dans aucun cas, aujourd'hui, de recourir à l'autorité royale pour faire autoriser l'ouverture ou le redressement d'un chemin; l'arrêté du préfet remplace pleinement, à cet égard, l'ordonnance royale nécessaire sous la législation précédente. C'est ce qu'a dit le ministre de l'intérieur dans son instruction du 24 juin 1836, et la Cour de cassation, appelée, à l'occasion de difficultés sur une expropriation pour cause d'utilité publique, à apprécier l'effet de l'arrêté qui devait servir de base à cette expropriation, n'a pas hésité à adopter l'interprétation que le ministre avait donnée à cet article de la loi. C'est ce qui résulte d'un des considérants d'un arrêt du 27 mars 1839 (ch. civ., procureur du roi de Draguignan contre Perreymond.) « La Cour, vu l'art. 16 de la loi du 21 mai 1836; attendu qu'il résulte de cet article qu'en matière de chemins vicinaux, l'arrêté du préfet qui ordonne l'ouverture ou le redressement d'un chemin vicinal, tient la place et produit les effets de l'ordonnance du roi ou de la loi qui déclarent l'utilité publique en matière de travaux publics d'un intérêt général. » Cette jurisprudence a sans doute été généralement suivie par les tribunaux, car la Cour de cassation n'a plus été dans le cas de réformer de jugement rendu en sens contraire.

99. Mais, si le préfet peut ordonner *souverainement* l'ouverture d'un nouveau chemin, l'arrêté qu'il prend à cet effet est-il définitif et sans recours possible? La loi du 21 mai 1836 est muette sur ce point; mais nous n'hésitons pas à dire que les parties qui se croiraient lésées par cet arrêté, communes ou particuliers, peuvent en demander l'annulation au ministre de l'intérieur. Dans notre système administratif et sous l'empire des principes constitutionnels qui nous régissent, les pouvoirs administratifs des préfets, ainsi que nous l'avons déjà dit, ne s'exercent que sous la surveillance, le contrôle et la responsabilité des ministres, et il n'est pas un seul des actes administratifs de ces fonctionnaires qui ne puisse être attaqué devant le ministre compétent; or, l'arrêté qui ordonne l'ouverture d'un chemin n'est qu'un simple acte d'administration; il peut donc être attaqué devant le ministre de l'intérieur, dans les attributions duquel se trouve le service vicinal. Plusieurs recours de cette nature ont été formés déjà, et

le ministre n'a pas hésité à y statuer. Ce serait à tort qu'on porterait ce recours directement au conseil d'état, car il s'agit ici d'un acte fait dans les limites de la compétence des préfets, et on sait que, dans ce cas, il faut toujours que l'arrêté préfectoral soit déféré au ministre, sauf à attaquer la décision ministérielle devant le roi en son conseil d'état, s'il y a lieu. Nous ferons remarquer encore que le recours contre l'arrêté prononçant l'ouverture d'un chemin, n'a pas d'effet suspensif; c'est là un principe général en matière administrative, et, dans la matière même qui nous occupe, ce principe a été formellement reconnu par un arrêt de la Cour de cassation en date du 27 mars 1839 (ch. civ.), que nous avons eu déjà occasion de citer (procureur du roi de Draguignan contre Perreymond). « Attendu, y est-il dit, que sans qu'il soit besoin d'examiner si un pareil arrêté est susceptible d'être réformé par l'autorité administrative supérieure, le recours dirigé contre cet acte de l'autorité du préfet ne serait point suspensif de sa nature, puisqu'il est de principe que les actes de l'autorité administrative contre lesquels le recours est autorisé par la loi sont exécutoires par provision, à moins qu'il n'ait été sursis à leur exécution par l'autorité compétente; attendu que la législation spéciale des chemins vicinaux, et notamment la loi du 21 mai 1836, n'ont point dérogé à ce principe, et qu'en jugeant le contraire, le tribunal de Draguignan a formellement violé la loi précitée; casse. »

§ 2. — *Acquisition et expropriation des terrains.*

100. Lorsque l'arrêté préfectoral ordonnant l'ouverture ou le redressement d'un chemin vicinal, est devenu définitif, soit parce qu'il n'a pas été attaqué, soit parce que, attaqué, il a été maintenu par le ministre, il y a lieu, avant tous travaux d'exécution, de procéder à l'acquisition des terrains que doit occuper la nouvelle voie publique. Ici, en effet, le service vicinal n'est plus sous l'empire des dispositions exceptionnelles relatives à la déclaration de vicinalité et à l'élargissement des chemins existants; pour l'ouverture ou le redressement d'un chemin, l'arrêté du préfet n'incorpore pas de plein droit au chemin le sol à occuper; dans ces opérations d'une importance plus grande que celles prévues par l'art. 15 de la loi du 21 mai 1836, le service vicinal a été laissé sous l'empire du droit commun, et les terrains nécessaires ne peuvent être occupés qu'après le payement de leur valeur, à moins que les propriétaires ne consentent, soit à les abandonner gratuitement, soit à les laisser occuper avant le payement de l'indemnité.

Si les parcelles de terrain que doit occuper le nouveau tracé peuvent être obtenues gratuitement, ce qui arrive très-fréquemment dans un assez grand nombre de départements, nulle difficulté ne peut se présenter. Quant aux formalités à remplir en ce cas, nous répéterons ce que nous avons dit plus haut; il ne nous paraît pas indispensable que la cession gratuite soit constatée par un acte écrit qu'il serait peut-être difficile d'obtenir des propriétaires.

101. Si les terrains ne peuvent être obtenus gratuitement, la voie de l'acquisition à l'amiable doit être tentée d'abord, et lorsque cet accord peut être obtenu, le préfet y donne son approbation par un arrêté pris en conseil de préfecture, en vertu de l'art. 10 de la loi du 28 juillet 1824, qui n'est pas abrogé. Nous pensons toutefois, en nous appuyant de l'opinion émise par le ministre de l'intérieur dans son instruction du 24 juin 1836, que l'approbation n'est plus restreinte par la limite de valeur des terrains, fixée dans cet article. En effet, lorsque, par les termes généraux du premier paragraphe de l'art. 16 de la loi du 21 mai 1836, le législateur a donné aux préfets le droit absolu d'autoriser l'ouverture ou le redressement des chemins vicinaux, sans restreindre ce droit dans aucune limite quant à la dépense, souvent considérable, qu'occasionnent les travaux, il n'est pas à penser que le législateur ait voulu ralentir l'action du préfet en l'obligeant, comme précédemment, à recourir à une ordonnance royale, toujours longue à obtenir, pour acquérir des terrains sans lesquels l'ouverture du chemin ne peut être entreprise. Nous sommes donc d'avis qu'en cas d'acquisition à l'amiable, l'approbation de cette acquisition peut être donnée par le préfet, quelle que soit la valeur des terrains.

Si, au contraire, les propriétaires des terrains à occuper refusent de les céder, ou, ce qui revient au même, si la commune n'a pu tomber d'accord avec eux sur la valeur de ces terrains, il y a nécessité de revenir à l'expropriation pour cause d'utilité publique, et pour faire connaître les formes qui doivent être aujourd'hui employées pour arriver à cette mesure, nous devons annoter les variations qu'ont subies la législation et la jurisprudence, quant à l'expropriation appliquée au service vicinal.

102. Sous l'empire de la législation vicinale, soit de 1791, soit de 1824, la longue série des formalités prescrites par les lois relatives à l'expropriation pour cause d'utilité publique devait être scrupuleusement suivie, pour vaincre la résistance du propriétaire de la moindre parcelle de terrains à occuper, soit pour l'ouverture, soit pour le redressement d'un chemin vicinal. La mauvaise volonté ou les prétentions exagérées d'un seul propriétaire suffisaient donc pour retarder, souvent pendant des années, une mesure exigée par l'intérêt si pressant de l'amélioration des communications. Le législateur reconnut la nécessité de simplifier les formes à suivre pour l'occupation des terrains nécessaires au service vicinal, et il rédigea, en ces termes, l'art. 16 de la loi du 21 mai 1836 :

« Art. 16. Les travaux d'ouverture et de redressement des chemins vicinaux seront autorisés par arrêté du préfet. »

» Lorsque, pour l'exécution du présent article, il y aura lieu de recourir à l'expropriation, le jury spécial chargé de régler les indemnités ne sera composé que de quatre jurés. Le tribunal d'arrondissement, en prononçant l'expropriation, désignera, pour présider et diriger le jury, l'un de ses membres, ou le juge de paix du canton. Ce magistrat aura voix délibérative en cas de partage. »

» Le tribunal choisira, sur la liste générale prescrite par l'art. 29 de la loi du 7 juillet 1833, quatre personnes pour former le jury spécial, et trois jurés supplémentaires. L'administration et la partie intéressée auront respectivement le droit d'exercer une récusation péremptoire. »

» Le juge recevra les acquiescements des parties. »

« Son procès-verbal emportera translation définitive de propriété. »

» Le recours en cassation, soit contre le jugement qui prononcera l'expropriation, soit contre la déclaration du jury qui réglera l'indemnité, n'aura lieu que dans les cas prévus et selon les formes déterminées par la loi du 7 juillet 1833. »

103. En traitant, dans son instruction du 24 juin 1836, de l'exécution de cet article de la loi du 21 mai 1836, le ministre de l'intérieur avait émis l'opinion qu'il résumait les seules formalités à remplir désormais, en matière d'expropriation pour le service vicinal, et qu'il n'y avait plus lieu de se reporter, pour cette mesure, aux règles tracées par la loi du 7 juillet 1833. Cette opinion avait été d'abord adoptée par la Cour de cassation, ainsi qu'on le voit dans un arrêt du 25 avril 1838 (ch. civ., préfet des Vosges contre Tollot et autres), ainsi conçu : « Vu l'art. 16 de la loi du 21 mai 1836 ; attendu que cet article n'exige, en fait d'*ouverture* et de *redressement* des chemins vicinaux, d'autre préalable au recours en expropriation qu'un arrêté du préfet qui en autorise les travaux, arrêté qui, dans l'espèce de la cause, s'appliquant à un chemin vicinal de grande communication, rentre dans les dispositions prescrites par l'art. 7 de la même loi ; qu'ainsi, pourvu qu'apparaisse au tribunal un arrêté du préfet rendu en conformité des lois et non attaqué par les parties devant l'autorité administrative supérieure, il est du devoir de l'autorité judiciaire d'y donner effet, sans imposer au demandeur l'obligation d'accomplir des formalités étrangères à la matière des expropriations relatives aux chemins vicinaux, et dont la loi n'exige l'observation que dans les cas généraux d'expropriation pour utilité publique, régis par la loi du 7 juillet 1833 ; et attendu, dans l'espèce, que le tribunal de Neufchâteau, qui, par un premier jugement interlocutoire du 22 janv. 1838, avait ordonné que le procureur du roi produirait les pièces prescrites par l'art. 2 du titre 1er, et par le titre 2 de la loi du 7 juill. 1833, a, par son jugement du 1er fév. suivant, déclaré le procureur du roi, quant à présent, non recevable, faute de les avoir produites ; qu'en cela, ce même tribunal a faussement appliqué l'art. 14 de la loi du 7 juill. 1833, et formellement violé l'art. 16 de celle du 21 mai 1836 ; la Cour donne défaut contre les défaillants non comparants, ni avocat pour eux, et, pour le profit, casse et annule les deux jugements rendus par le tribunal de première instance, séant à Neufchâteau, les 22 janv. et 1er fév. 1838. »

104. Mais la Cour de cassation n'a pas persisté dans l'interprétation qu'elle avait donnée, par l'arrêt qui précède, à la portée des modifications apportées par l'article 16 de la loi

du 21 mai 1836, au système général des formalités de l'expropriation pour cause d'utilité publique. Dès le 20 août 1838, la Cour, par un nouvel arrêt (ch. civ., préfet de l'Orne contre de Charencey), a modifié sa jurisprudence. « Attendu, en effet, y est-il dit, qu'il existe dans cette loi (celle du 21 mai 1836), une différence très-marquée entre les cas de *reconnaissance* et les cas *d'ouverture ou de redressement* des chemins vicinaux; que, *dans le cas de simple reconnaissance*, ce qui suppose un état primordial auquel le chemin est ramené, l'article 15 dispose « *que l'arrêté du préfet attribue définitivement au chemin le sol compris dans les limites que cet arrêté détermine,* » en telle sorte que, sans qu'il soit besoin alors de s'adresser aux tribunaux pour faire prononcer l'expropriation, le droit du propriétaire se résout en une indemnité qui, suivant l'art. 17, doit être réglée par trois experts, dont deux sont nommés par l'administration; qu'au contraire, lorsqu'il s'agit de REDRESSEMENT *d'un chemin déjà existant ou d'*OUVERTURE *d'un chemin nouveau*, si des conventions amiables n'interviennent pas avec les propriétaires, il y a lieu, suivant l'article 16, « de recourir à l'expropriation, » ce qui fait rentrer les parties dans le cercle obligé des formalités prescrites par la loi du 7 juillet 1833, loi fondamentale de la matière, et formant le droit commun sur l'expropriation pour cause d'utilité publique; que les garanties données par cette loi à la propriété doivent alors être rigoureusement maintenues; autrement les propriétaires seraient livrés à l'arbitraire le plus complet, puisque, dans l'absence de tout contredit de leur part, il serait toujours possible de favoriser certaines propriétés, au détriment de certaines autres; que, d'après les termes formels de la disposition finale de l'article 2, titre 1er, de la loi du 7 juillet 1833, lors même qu'une loi ou une ordonnance royale ont constaté et déclaré l'utilité publique des travaux à exécuter, *l'application n'en peut être faite à aucune propriété particulière, qu'après que les parties intéressées ont été mises en état d'y fournir leurs contredits*, selon les règles exprimées au titre 2, et qu'il serait déraisonnable d'attribuer à l'arrêté d'un préfet plus de puissance et d'étendue qu'à une loi ou à une ordonnance royale; attendu que si, en matière d'expropriation pour chemins vicinaux, la loi du 21 mai 1836, dans son article 16, à la différence de celle du 7 juill. 1833, dans son article 34, réduit à quatre, au lieu de douze, le nombre des membres du jury spécial chargé de régler l'indemnité, elle laisse subsister dans leur intégrité les autres conditions de l'expropriation, par cela seul qu'elle ne les abroge pas, et que d'ailleurs, tout en diminuant les garanties par la réduction du nombre des jurés, elle statue, par la disposition finale de cet article 16, que « le recours en cassation, soit contre le jugement d'expropriation, soit contre la déclaration du jury d'indemnité, aura lieu *dans les cas prévus* et dans les formes déterminées par la loi du 7 juillet 1833; attendu, en dernière analyse, que lorsque la nouvelle direction d'un chemin vicinal doit entraîner la dépossession d'une propriété particulière, l'article 16 s'en est référé, en les simplifiant, aux formes prescrites par la loi du 7 juillet 1833, tandis qu'il résulterait du système contraire, qu'un propriétaire pourrait, sans avoir été mis en état de fournir ses contredits, être exproprié par l'effet d'un simple arrêté du préfet, qui changerait arbitrairement la direction d'un chemin vicinal; d'où il suit que le tribunal de Mortagne, en jugeant que, faute d'accomplissement des formalités prescrites par les articles 8, 9 et 10 de la loi du 7 juillet 1833, il n'y avait lieu, quant à présent, de prononcer l'expropriation sollicitée par le préfet de l'Orne, n'a pas commis un excès de pouvoir, et que, loin d'avoir violé l'article 16 de la loi citée, il en a fait une saine et juste application; sans qu'il soit besoin de statuer sur la fin de non-recevoir; rejette.

Un second arrêt de la Cour de cassation (ch. civ.), en date du 21 août 1838 (préfet des Vosges contre Aptel et Demangeon), a statué à peu près dans les mêmes termes, sur une espèce semblable, ainsi qu'un troisième arrêt (ch. civ.) du 25 mars 1839 (de Saint-Phalle contre préfet de Seine-et-Marne).

105. La jurisprudence de la Cour régulatrice étant fixée par les trois arrêts que nous venons de citer, l'administration a dû s'y conformer, et toutes les fois qu'elle a eu, depuis, à requérir l'expropriation de terrains nécessaires au service vicinal, elle a dû remplir la série entière des formalités exigées par l'article 2 du titre 1er, et par le titre 2 de la loi du 7 juillet 1833; toutefois, l'article 12 de la loi du 3 mai 1841 sur l'expropriation pour cause d'utilité publique, est venu dispenser l'administration de quelques-unes de ces formalités.

Cet article est ainsi conçu : « Les dispositions des articles 8, 9 et 10 ne sont point applicables au cas où l'expropriation serait demandée par une commune, et dans un intérêt purement communal, non plus qu'aux travaux d'ouverture et de redressement des chemins vicinaux. »

« Dans ce cas, le procès-verbal prescrit par l'art. 7 est transmis, avec l'avis du conseil municipal, par le maire au sous-préfet, qui l'adressera au préfet avec ses observations. »

« Le préfet, en conseil de préfecture, sur le vu de ce procès-verbal, et sauf l'approbation de l'autorité supérieure, prononcera comme il est dit en l'article précédent. »

L'art. 8, cité dans celui susrelaté, prescrivait la formation d'une commission au chef-lieu de la sous-préfecture ; les art. 9 et 12 déterminaient la mission qu'elle aurait à remplir ; les dispositions de ces trois articles de la loi du 3 mai 1841 ne doivent plus, en vertu de l'art. 12, être remplies en cas d'expropriation pour le service vicinal.

106. En résumé, et en combinant entre elles les dispositions de la loi du 21 mai 1836, et de celle du 3 mai 1841, on peut établir, ainsi qu'il suit, la série des formalités que l'administration doit remplir, avant de se présenter au tribunal de l'arrondissement pour obtenir le jugement d'expropriation.

1° Enquête dans la commune ou les communes sur le territoire desquelles est situé le chemin vicinal à redresser, ou sera situé le chemin à ouvrir. Cette enquête est celle qui, aux termes de l'art. 3 de la loi du 3 mai 1841, doit précéder la loi ou l'ordonnance autorisant des travaux publics ; elle doit être faite d'après les formes prescrites par l'ordonnance royale du 18 février 1834, si le chemin traverse plusieurs communes, ou d'après celles prescrites par l'ordonnance royale du 23 août 1835, si le chemin est entièrement situé sur une seule commune.

Nous pensons toutefois que l'enquête n'est pas nécessaire lorsqu'il s'agit d'un chemin vicinal de grande communication. En effet, l'art. 7 de la loi du 21 mai 1836 donne aux conseils généraux, sur l'avis des conseils municipaux et d'arrondissement, et sur les propositions du préfet, le droit de classer les chemins vicinaux de grande communication et d'en déterminer la direction. Après les avis exigés par cet article, de quelle nécessité pourrait-il être de s'éclairer encore par la voie de l'enquête ? Quelle serait, d'ailleurs, l'utilité de cette enquête, puisque, dans aucun cas, elle ne pourrait infirmer la décision prise par le conseil général du département pour classer le chemin et en déterminer la direction ? Nous ferons remarquer, au surplus, que l'autorité judiciaire n'aurait pas à s'enquérir des formalités qui ont précédé l'émission de l'arrêté du préfet ordonnant l'ouverture ou le redressant d'un chemin, et ne pourrait repousser la demande en expropriation, par le motif que ce premier arrêté n'aurait pas été précédé d'une enquête. C'est, au moins, ce qui nous paraît résulter d'un arrêt de la Cour de cassation, en date du 14 déc. 1842 (ch. des req., (Maillier contre préfet de la Manche) portant, dans l'un de ses considérants, « qu'il n'appartient pas aux tribunaux d'examiner le mérite des actes dont l'accomplissement est confié par la loi à l'administration pour la période antérieure à la déclaration d'utilité publique. » Il s'agissait, dans l'espèce, de la preuve exigée par le tribunal, que l'ordonnance royale déclarative d'utilité publique avait été précédée d'une enquête.

2° Arrêté du préfet ordonnant l'ouverture ou le redressement du chemin vicinal (1er paragraphe de l'art. 16 de la loi du 21 mai 1836). Cet arrêté « tient la place et produit les effets de l'ordonnance du roi ou de la loi qui déclare l'utilité publique en matière de travaux publics d'un intérêt général », ainsi que l'a dit la cour de cassation dans son arrêt du 27 mars 1839 (Procureur du roi de Draguignan Perreymond) que nous avons rapporté plus haut (n° 100).

3° Levé, par les agents voyers, du plan parcellaire des terrains ou édifices dont la cession paraît nécessaire pour l'exécution des travaux (art. 4 de la loi du 3 mai 1841).

4° Dépôt du plan parcellaire, pendant huit jours, à la mairie de la commune où les propriétés sont situées (art. 5 de la même loi).

5° Avertissement donné collectivement aux parties intéressées, publié à son de trompe ou de caisse dans la commune, affiché à la porte de l'église et de la maison commune, et inséré dans l'un des journaux de l'arrondissement ou, à défaut, du département (art. 6 de la même loi).

6° Certificat, par le maire, des publications et affiches ci-dessus mentionnées ; ouverture d'un procès-verbal sur lequel sont consignées les déclarations et réclamations des parties, qu'elles sont requises de signer si elles les ont présentées verbalement, ou qui sont annexées au procès-verbal si elles sont transmises au maire par écrit (art. 7 de la même loi).

7° Transmission par le maire au sous-préfet du procès-verbal ci-dessus mentionné, ainsi que de l'avis du conseil municipal; envoi des pièces au préfet, par le sous-préfet, qui y joint ses observations (art. 12 de la même loi).

8° Arrêté motivé du préfet, pris en conseil de préfecture, sur le vu du procès-verbal ci-dessus mentionné, déterminant les propriétés qui doivent être cédées, et indiquant l'époque à laquelle il sera nécessaire d'en prendre possession. Cet arrêté est pris, sauf l'approbation de l'administration supérieure, c'est-à-dire du ministre de l'intérieur; nous ferons remarquer, toutefois, que la représentation de cette approbation n'est pas exigée par tous les tribunaux, et qu'il en est à qui il a paru suffire que l'arrêté n'ait pas été l'objet d'un recours à l'autorité supérieure (art. 11 et 12 de la même loi). V. cass., 22 mai 1843. (S-V. 43. 1. 529.)

9° Transmission au procureur du roi, dans le ressort duquel sont situées les propriétés à exproprier, de l'arrêté ordonnant l'exécution des travaux, ainsi que de toutes les autres pièces constatant l'accomplissement des formalités ci-dessus énumérées (art. 13 de la même loi).

107. Les autres formalités à remplir pour arriver à la prise de possession seront indiquées dans l'article Expropriation pour cause d'utilité publique (V. ce mot). Nous nous bornerons à faire remarquer que c'est à l'administration qu'appartient la charge de faire faire toutes les notifications que comporte la procédure devant le tribunal, ou qui sont la conséquence du jugement d'expropriation; le procureur du roi ne peut être tenu que des actes qui lui sont nominativement attribués par la loi. C'est ce qui résulte d'un avis de M. le garde des sceaux, consulté par le ministre de l'intérieur sur une difficulté de cette nature.

108. Lorsque, enfin, le jugement d'expropriation est rendu, et que le montant des indemnités dues est fixé par le jury, le payement de ces indemnités doit avoir lieu préalablement à l'occupation des terrains, à moins que les propriétaires ne consentent formellement à une prise de possession anticipée; ce payement doit s'effectuer dans les formes et sous les réserves prescrites par la loi du 3 mai 1841; il est naturellement à la charge de la commune ou des communes sur le territoire desquelles le chemin à ouvrir ou à redresser se trouve situé, puisque le sol devient leur propriété.

Malgré l'intention bien prononcée du législateur de simplifier et d'abréger, pour le service vicinal, les formes de l'expropriation, malgré les modifications que les lois des 21 mai 1836 et 3 mai 1841 ont apportées à ces formes, l'administration, comme on voit, doit encore parcourir les phases d'une procédure bien longue avant d'être mise en possession des terrains nécessaires à l'ouverture ou au redressement d'un chemin vicinal. Disons toutefois que le service souffre moins qu'on ne pourrait le croire de cet état de choses. En effet, c'est chose assez rare qu'une expropriation en matière vicinale. Il est un très-grand nombre de départements où, depuis 1836, l'administration n'a pas été contrainte une seule fois de recourir à cette mesure; dans ceux où cette nécessité a été le plus fréquente, c'est à peine si deux ou trois expropriations ont été requises chaque année. La conviction, chaque jour plus profonde, de tous les avantages que le pays retire de l'amélioration des communications vicinales, détermine les propriétaires, presque partout, à céder, sinon gratuitement, au moins à des conditions raisonnables, les terrains nécessaires à cette amélioration; l'administration, de son côté, lorsqu'elle doit acquérir des terrains, s'attache par des offres équitables à obtenir l'adhésion des propriétaires. La loi sur l'expropriation pour cause d'utilité publique n'est donc, dans beaucoup de départements, qu'une arme éventuellement réservée, mais dont on ne fait pas usage.

§ 3. — *Occupation temporaire de terrains.*

109. Pour l'élargissement et le redressement des chemins vicinaux existants, pour l'ouverture de chemins nouveaux, l'administration occupe d'une manière permanente les terrains qui lui sont nécessaires et qu'elle acquiert, soit par conventions amiables, soit par les moyens de contrainte que la loi met à sa disposition; mais ces travaux mettent souvent l'administration dans la nécessité d'occuper

temporairement des portions d'une propriété privée, soit pour en extraire les matériaux propres à la confection des chaussées, soit pour y déposer provisoirement les terres provenant des déblais.

110. Pendant longues années, l'administration a éprouvé les plus grandes difficultés pour ces occupations temporaires de terrain. Les travaux des chemins vicinaux n'étaient pas considérés comme travaux publics; on ne pouvait donc se prévaloir, pour ces travaux, des dispositions des anciens édits et règlements ou des lois plus récentes qui autorisent de semblables mesures pour les travaux que l'état fait faire. Plusieurs fois, les tentatives faites pour appliquer ces dispositions aux travaux des chemins vicinaux avaient échoué devant des décisions contraires du Conseil d'état. Ainsi, une ordonnance du 28 juillet 1820 (Bastier contre Vitrey) porte : « Considérant que la loi du 28 pluviôse an VIII attribue à l'autorité administrative la connaissance des contestations relatives aux indemnités dues aux particuliers, à raison des terrains pris ou fouillés par ordre des entrepreneurs, pour la confection des chemins, canaux ou autres ouvrages publics, mais que ces dispositions ne sont point applicables aux chemins vicinaux. » Une décision analogue se trouve dans l'un des considérants d'une ordonnance du 4 juin 1823 (Grillon). « Considérant, néanmoins, que cette disposition n'aurait pas dû être appliquée aux dommages faits en 1812, à raison de l'extraction du sable pour l'entretien des chemins de la commune, et qu'en cas de non-conciliation, sur ce point, entre la commune et le sieur Grillon, cette contestation devra être portée devant les tribunaux ordinaires. »

L'administration se trouvait donc sans pouvoir pour l'occupation temporaire de terrains, ou pour l'extraction de matériaux nécessaires aux travaux des chemins vicinaux; elle devait s'entendre à l'amiable avec les particuliers et subordonner l'intérêt public à toutes les exigences de l'intérêt privé. Les rédacteurs de la loi du 28 juillet 1824 voulurent sans doute porter remède à cet état de choses, lorsqu'ils insérèrent, dans l'article 10, ces mots : « Seront aussi autorisés par les préfets...... et l'extraction des matériaux nécessaires à leur établissement; » mais cette disposition nouvelle était énoncée en termes trop vagues, il faut le reconnaître, pour qu'elle ne laissât pas l'administration exposée à de nombreuses difficultés.

111. La loi du 21 mai 1836 est venue enfin appliquer aux travaux des chemins vicinaux les dispositions depuis longtemps applicables aux autres travaux publics, en même temps qu'elle donnait à la propriété privée toutes les garanties propres à empêcher qu'il fût abusé de cette extension des droits de l'administration. L'article 17 de cette loi est ainsi conçu :

« Les extractions de matériaux, les dépôts ou enlèvements de terre, les occupations temporaires de terrains, seront autorisés par arrêté du préfet, lequel désignera les lieux; cet arrêté sera notifié aux parties intéressées au moins dix jours avant que son exécution puisse être commencée. »

» Si l'indemnité ne peut être fixée à l'amiable, elle sera réglée par le conseil de préfecture, sur le rapport d'experts nommés, l'un par le sous-préfet, et l'autre par le propriétaire. »

« En cas de discord, le tiers expert sera nommé par le conseil de préfecture. »

Les termes de cet article sont trop précis pour avoir besoin d'un long commentaire; il est quelques points cependant qu'il semble avoir laissés indécis, mais ils trouvent leur solution, soit dans la jurisprudence antérieure relative aux travaux publics, soit dans des décisions plus récentes et qui se rapportent à la législation vicinale même.

112. Ainsi, l'article de loi qui nous occupe ne dit pas si l'arrêté que prend le préfet pour autoriser une extraction de matériaux ou une occupation temporaire de terrain, est susceptible de recours et devant quelle autorité ce recours doit être formé. Il est présumable, cependant, que le législateur n'avait pas l'intention d'excepter cet arrêté de la règle générale pour tous les actes administratifs des préfets, et de le rendre non susceptible de recours. Pour l'extraction de matériaux destinés à des travaux de routes, le recours contre l'arrêté préfectoral autorisant cette extraction doit se porter devant le conseil de préfecture, ainsi que cela résulte de l'ordonnance du 1er juillet 1840 (de Champagné-Giffart) ainsi conçue : « *Sur la compétence;* considérant qu'aux termes de l'article 4 de la loi du 28 pluviôse an VIII, c'est au conseil de préfecture qu'il appartenait de prononcer sur la réclamation formée par le requérant. » L'art. 17 de la loi du 21 mai 1836 ayant été évidem-

ment dicté par l'intention d'appliquer à l'extraction des matériaux destinés aux travaux des chemins vicinaux, la législation applicable à la même mesure pour le service des travaux de routes, il ne nous paraît pas douteux que l'ordonnance du 1er juillet 1840, que nous venons de rapporter, ne doive être appliquée, le cas échéant.

113. Il n'est pas dit, non plus, si les experts doivent prêter serment et devant quelle autorité sera prêté ce serment; mais l'obligation de prêter serment est imposée généralement à tous les experts dont le rapport doit être la base d'une décision judiciaire ou contentieuse, et il n'y a pas de motif pour en dispenser ceux qui auront à opérer dans le cas dont il s'agit. La nécessité du serment a même été rappelée dans une ordonnance récente, relative à l'appréciation d'une subvention due en vertu de l'article 14 de la loi du 21 mai 1836, par une entreprise industrielle qui avait dégradé un chemin vicinal. Cette ordonnance, en date du 30 juillet 1840 (Detouillon), est ainsi conçue : « *En ce qui touche la régularité de l'expertise*; considérant qu'il résulte de l'instruction, qu'avant de procéder aux opérations de l'expertise, l'expert n'a pas prêté serment en cette qualité; que l'omission de cette formalité substantielle est de nature à entraîner la nullité desdites opérations et de l'arrêté attaqué auquel elles ont servi de base. » Il ne nous paraît pas douteux que la même décision ne fût prise s'il s'agissait d'expertises ayant pour objet de fixer l'indemnité due pour terrains occupés ou fouillés. Quant à l'autorité devant laquelle les experts doivent prêter serment, nous pensons qu'on peut prendre pour règle les dispositions d'une ordonnance du 19 mai 1836 (Tramoy contre la commune de Membrey), qui a statué en ces termes, relativement à une expertise administrative faite également pour le service vicinal : « *En ce qui touche la prestation de serment par les experts*; considérant qu'il s'agissait, dans l'espèce, d'une expertise administrative; que les experts ont prêté serment entre les mains du sous-préfet, et que ce magistrat avait caractère pour recevoir ledit serment. »

114. La loi n'a pas déterminé non plus quelles sont les propriétés qui peuvent être soumises à l'application de l'article 17 précité, et quelles sont celles qui en sont exceptées. L'administration ne peut donc, sur ce point, que se reporter aux règles posées par la législation relative aux autres travaux publics, qui excepte de cette servitude les propriétés closes, non-seulement par des murs, mais encore par d'autres clôtures, *suivant l'usage des lieux*. Même parmi les propriétés non closes, l'administration ne peut trop s'attacher à désigner pour les extractions de matériaux ou les occupations temporaires de terrains, celles qui auront le moins à en souffrir, non-seulement par cet esprit d'équité qui règle tous les actes des administrateurs, mais encore parce que moins le dommage sera grand, moins seront élevées les indemnités à payer. Quant à la fixation de ces indemnités, les conseils de préfecture ne peuvent également que baser leurs décisions sur les règles qu'ils ont fréquemment occasion d'appliquer en matière de travaux publics, et que nous ne croyons pas nécessaire de rappeler ici.

115. Enfin, un dernier point sur lequel l'article 17 de la loi du 21 mai 1836 n'a rien statué, c'est la question de savoir si les indemnités pour terrains fouillés ou occupés temporairement, doivent ou non être acquittées préalablement. Sur ce point, nous rappellerons seulement qu'il a été plusieurs fois jugé, pour les cas analogues en matière de travaux publics, qu'il n'était pas nécessaire que l'indemnité fût préalable. On conçoit, en effet, que l'accomplissement de cette condition serait, la plupart du temps, impossible, puisqu'on ne peut apprécier l'étendue d'un dommage que lorsque ce dommage a été causé. Nous pensons donc que la seule obligation de l'administration à cet égard, c'est de faire soigneusement reconnaître et constater l'état de la propriété à occuper, avant le commencement des travaux à faire, afin que l'étendue du dommage puisse être équitablement arbitrée, lorsque les travaux seront terminés.

SECT. 4. — *Conservation du sol des chemins vicinaux.*

§ 1er. — *Maintien provisoire du passage.*

116. Nous devons faire remarquer que si la jurisprudence du conseil d'état a plusieurs fois varié sur la question de savoir si un chemin pouvait être déclaré vicinal, avant le jugement de la question de propriété, elle n'a jamais varié sur le droit, pour l'administration, de maintenir provisoirement la liberté du passage sur le chemin contesté.

117. Ainsi, un décret du 24 mars 1809 (Prousteau contre la commune de Villeroy,) portait : « Considérant que, de l'aveu du sieur Prousteau lui-même, le chemin en litige sert depuis plus de quinze ans au passage des voitures; que la commune de Villeroy doit conserver cette possession non contestée, jusqu'à ce qu'il ait été statué sur le fond de la contestation par l'autorité compétente. » La même décision a été reproduite dans deux autres décrets, l'un du 4 août 1812 (Colonge contre la commune de Quincieux), et l'autre du 24 août 1822 (Foucaud contre Bardou).

Un décret du 4 juin 1809 (Chabrié contre la commune de Villeneuve) avait également reconnu que le maire pouvait, par mesure de police, maintenir la liberté du passage : « Considérant que, puisqu'il était constaté que les habitants de la commune de Villeneuve étaient depuis longtemps en possession de l'usage de ce chemin, le maire, comme chargé de la police de la voirie, a pu prendre les mesures nécessaires pour la conservation d'un passage considéré jusqu'alors comme public, et ordonner que le sieur Chabrié serait tenu de rétablir les lieux. » Des décisions analogues se retrouvent dans plusieurs autres décrets et ordonnances de 1811, 1813, 1825 et 1830, que nous nous abstiendrons de citer. Un autre décret du 19 mai 1811 (Milhiet contre la commune de Paracy) décidait que le propriétaire intéressé ne pouvait changer l'état des lieux. « Considérant que, néanmoins, le sieur Milhiet, attendu que la commune de Paracy était en jouissance dudit chemin, n'avait le droit de l'intercepter qu'en vertu d'un jugement, et que le préfet, statuant en matière de simple voirie, pouvait ordonner d'effacer l'œuvre nouvelle et de rétablir le passage jusqu'à la décision des tribunaux sur la question de propriété. »

Le même pouvoir a été reconnu au conseil de préfecture, par un décret du 10 mai 1810 (Dupuis contre Motte), ainsi conçu : « Considérant que, si le conseil de préfecture était autorisé à ordonner, dans l'intérêt général, que le chemin restât ouvert provisoirement et jusqu'à ce qu'il intervînt un jugement. » A cette époque, on se le rappelle, les conseils de préfecture étaient encore considérés comme compétents pour la déclaration de vicinalité.

La demande en maintien provisoire du passage pouvait être formée par des habitants d'une commune; c'est ce qui résulte d'une ordonnance du 18 nov. 1818 (Andréossy contre Langlet et autres). « Considérant, sur la fin de non-recevoir, que les sieurs Langlet et consorts ont qualité pour demander, par la voie compétente, la destruction des obstacles qui nuisent au libre accès de leurs propriétés. »

118. Lorsque le préfet avait ordonné le maintien provisoire d'un chemin, le recours contre son arrêté ne pouvait être porté que devant le ministre de l'intérieur, ainsi que cela résulte de l'ordonnance du 16 févr. 1825, ainsi conçue : « Considérant que le préfet du département de l'Eure n'a pas excédé les bornes de sa compétence, en ordonnant le rétablissement provisoire dans son ancien état du chemin d'Évreux à Damville, puisque, d'un côté, il a statué sur une question de police administrative, et que de l'autre, il a renvoyé le sieur Presson à se pourvoir, s'il le jugeait convenable, devant les tribunaux compétents, pour faire décider la question de propriété; que, dès lors, l'arrêté du préfet ne pouvait être attaqué directement devant nous, mais qu'il devait être déféré, d'abord, à notre ministre de l'intérieur. »

119. Enfin, l'autorité judiciaire ne pouvait porter obstacle à l'exécution de l'arrêté ordonnant le maintien provisoire du passage, ainsi que cela résulte de l'ordonnance du 18 juillet 1821 (Peterinck contre la commune de Marquillis), ainsi conçue : « Considérant que, par décision du 24 juillet 1820, le préfet avait maintenu le public en possession du passage contesté, jusqu'à décision des tribunaux sur la question de propriété; que, dans cet état de choses, le juge de paix devait s'abstenir de prononcer sur la possession, et renvoyer les parties à se pourvoir, contre la décision du préfet, devant l'autorité administrative supérieure, si elles s'y croyaient fondées : Art. 1er. L'arrêté de conflit pris le 3 nov. 1820, par le préfet du département du Nord, est confirmé; le jugement du juge de paix sera considéré comme non-avenu. »

L'autorité judiciaire reconnaît d'ailleurs pleinement à l'administration le droit de maintenir provisoirement la liberté du passage sur les chemins contestés. Ainsi, un arrêt de la Cour de cassation (ch. crim.) du 4 avril 1835 (le minist. publ. contre Morel), porte : « Vu les art. 471, nos 5 et 15, du Code pénal; 162, 176, 194 et 368 du Code d'instr. crim.; attendu que le prévenu n'a pas obéi à l'injonction que l'autorité municipale lui a fait légalement notifier, de combler la rigole par lui ouverte, sans autorisation préalable, à travers le chemin vicinal qui conduit de Moulins-la-Marche à Bons-Moulins, d'où il suit qu'en refusant de réprimer cette contravention, le jugement dénoncé a violé ledit art. 471, nos 5 et 15, du Code pénal. » Un second arrêt (ch. crim.) du 8 octobre 1836 (le ministère public contre Hilairet) porte: «Vu l'art. 471, n° 5, du Code pénal; attendu, d'une part, que le chemin dont il s'agit au procès a été classé parmi les chemins vicinaux de la commune de Blanzais, par un arrêté du préfet de la Vienne, du 19 mai dernier; attendu, d'autre part, que la surveillance des chemins vicinaux appartient à l'autorité municipale; qu'ainsi l'arrêté du maire de Blanzais, qui enjoignait au sieur Hilairet de combler dans les vingt-quatre heures les fossés qu'il avait creusés sur ledit chemin, ayant pour objet la liberté du passage sur un chemin vicinal, était un véritable arrêté en matière de petite voirie, pris dans la limite des attributions de l'autorité municipale, et dont l'infraction devait être réprimée par l'autorité judiciaire; que de tels arrêtés sont obligatoires, quand même ils ne constitueraient pas des règlements proprement dits, et ne contiendraient que des injonctions individuelles, ainsi que cela résulte et des dispositions générales de l'art. 46, titre 1er, de la loi du 22 juillet 1791, et de la seconde disposition du n° 5 de l'art. 471 du Code pénal. »

120. Nous ne nous sommes arrêtés sur la question du maintien provisoire de la liberté du passage, que pour démontrer qu'à toutes les époques cet intérêt pressant a été protégé. Les règles nouvelles sur le classement des chemins donnent à l'autorité administrative des droits qui ne se bornent plus à une décision provisoire, ainsi que nous l'avons dit plus haut.

§ 2. — *Alignement.*

121. Lorsqu'un chemin a été déclaré vicinal, que sa largeur a été fixée et que ses limites ont été déterminées, l'autorité administrative a pour droit et pour devoir de défendre le sol vicinal de toute anticipation. Il faut avoir habité la campagne pour savoir quelle persistance, lente dans ses effets, mais incessante dans son action, tel riverain d'un chemin apporte à incorporer à son champ quelques faibles parcelles du sol de ce chemin; une bande de terrain de quelques centimètres, anticipée chaque année, lui paraît une conquête, et pour se l'assurer, il n'hésitera pas à déplacer une haie, à creuser un fossé, puis enfin, au bout de quelques années, la moitié et plus de la largeur primitive du chemin aura disparu. L'administration ne peut combattre cette disposition habituelle des riverains que par une vigilance constante, et le moyen le plus efficace qu'elle puisse employer, c'est d'obliger les propriétaires riverains à lui demander alignement pour toutes les œuvres nouvelles qu'ils veulent faire le long des chemins vicinaux, soit constructions, soit plantations ou fossés.

122. Il est douteux que, sous l'empire de la législation antérieure à la loi du 21 mai 1836, cette obligation fût imposée aux riverains des chemins vicinaux par les règlements de voirie. Les lois spéciales aux chemins vicinaux étaient restées complétement muettes sur ce point; d'un autre côté, les édits et arrêts du conseil de 1607, de 1693 et de 1755 ne sont applicables qu'aux grandes routes et aux rues des villes.

A la vérité, il semble résulter de quelques ordonnances royales en matière contentieuse, et d'un arrêt de la cour de cassation, que le conseil d'état et la cour de cassation étaient portés à considérer les règles de la voirie, en matière d'alignement, comme applicables aux chemins vicinaux. Ainsi une ordonnance du 11 juin 1817 (Lhoyez) s'exprime en ces termes: « Considérant que l'alignement de ce chemin ayant été donné par le préfet, les riverains étaient tenus de s'y conformer, sauf à eux à faire valoir leurs droits de propriété, *et à demander alignement* avant de se clore. » Une seconde ordonnance du 3 juin 1818 (Coudrai contre la commune de Genillé) semble imposer la même obligation aux riverains; elle porte: « Considérant, sur le fond, que nonobstant les trois procès-verbaux de défense signifiés par le garde champêtre, le sieur Coudray a continué et terminé les constructions par lui commencées le long de la voie publique, dans la commune de Genillé, *et qu'il n'a pas justifié de l'alignement qu'il dit avoir obtenu.* » La cour de cassation (ch. crim.), dans un arrêt du 1er février 1833 (Boudrel), semble avoir reconnu l'obligation, pour les riverains des chemins vicinaux, de demander alignement avant de construire le long de ces chemins. Toutefois, ces décisions ne nous paraissent pas assez explicites pour qu'on puisse en conclure que les édits et règlements relatifs à la voirie urbaine fussent, de droit, applicables à la voirie vicinale. Nous partageons, sur ce point, l'opinion de M. Favard, dans son Répertoire ; de M. Davenne, dans son Traité de la voirie, et de M. Garnier, dans son Traité des chemins.

123. Mais si les riverains des chemins vicinaux n'étaient pas tenus, en vertu des édits de 1607, 1693 et 1755, de demander alignement avant de construire le long de ces voies publiques, il n'est pas douteux que cette obligation pouvait leur être imposée par les maires, comme mesure de police municipale. La loi du 24 août 1790 a donné aux maires le droit de prendre les mesures nécessaires pour assurer la liberté et la sûreté de la circulation dans toutes les voies publiques; ils ont également le droit de veiller à ce qu'il ne se commette aucune anticipation sur les chemins; ils peuvent donc légalement prendre un arrêté prescrivant à tout propriétaire riverain des chemins vicinaux, de demander alignement avant d'établir aucune construction ou clôture le long de ces chemins. La cour de cassation a toujours reconnu la légalité de semblables arrêtés.

Mais en admettant même que les propriétaires riverains des chemins vicinaux ne fussent pas *tenus* de demander alignement avant de se clore, ils devaient cependant recourir fréquemment à cette mesure, au moins comme garantie qu'ils ne seraient pas recherchés pour fait d'anticipation sur la voie publique. Il était donc nécessaire qu'ils sussent à quelle autorité ils devaient s'adresser.

124. Diverses décisions du conseil d'état ont fixé la question de compétence, quant à la délivrance des alignements le long des chemins vicinaux. L'autorité judiciaire a été déclarée incompétente, en cette matière, par une ordonnance du 8 mai 1822 (Routier contre la commune de Pont-de-l'Arche), ainsi conçue : « Vu la loi du 9 ventôse an XIII; considérant que l'autorité administrative est seule compétente pour donner un alignement sur un chemin vicinal, et que, dans l'espèce, l'alignement qui fait l'objet du litige avait été administrativement donné avant le jugement du tribunal de Louviers du 21 mars 1821; considérant que le tribunal de Louviers aurait dû se borner à reconnaître si, par suite de l'alignement donné par l'administration, les demoiselles Routier devaient abandonner une partie de leur propriété, et, dans ce cas, quelle était la superficie et la valeur de la portion de terrain cédée à la voie publique; qu'ainsi, il a excédé ses attributions en déterminant les alignements à suivre par les demoiselles Routier. » Une autre ordonnance du 7 mars 1821 (commune de Canneille contre Delucq) avait également déclaré l'incompétence des conseils de préfecture en ces termes : « Considérant que le conseil de préfecture a excédé ses pouvoirs, en maintenant un alignement donné et révoqué par l'autorité administrative. » La seule attribution reconnue aux conseils de préfecture, en matière d'alignement, était de faire respecter ceux donnés par l'autorité administrative, ainsi que le porte l'ordonnance du 15 déc. 1824 (Langlois contre la commune de Chévry) : « Considérant que le conseil de préfecture, par les art. 1 et 2 de son arrêté, n'a fait que déclarer, ainsi qu'il était compétent pour le faire, que l'arrêté du préfet avait été exactement exécuté, et que les alignements réglés par lui n'avaient pas été dépassés. »

125. Des termes de cette dernière ordonnance, il résulte que les préfets étaient reconnus compétents pour donner les alignements le long des chemins vicinaux. Cette attribution avait également été reconnue appartenir aux maires par un décret du 29 janv. 1814 (Huet et consorts contre la commune de la Ferté-sous-Jouarre): « Considérant que l'alignement donné par le maire de la Ferté-sous-Jouarre était dans ses attributions. » Une autre ordonnance du 21 mai 1823 (Greliche) a également reconnu le droit des maires, sauf recours devant l'autorité supérieure. « En ce qui concerne l'alignement donné au sieur Greliche par l'adjoint de la commune de Fayet; considérant que c'est aux préfets, sauf l'approbation du ministre de l'intérieur, à statuer sur les oppositions et à fixer définitivement ledit alignement. »

126. La législation et la jurisprudence, comme on vient de le voir, offraient donc à l'administration des règles bien peu certaines en matière d'alignement le long des chemins vicinaux. La loi du 21 mai 1836 est venue fixer ces règles, et donner au sol vicinal, sous ce rapport, la protection qu'il ne trouvait pas dans les anciens édits et règlements sur la voirie urbaine.

L'art. 21 de cette loi, en chargeant les préfets de faire, dans chaque département, un règlement général pour assurer l'exécution de la nouvelle législation, porte, entre autres, *que ce règlement statuera sur tout ce qui est relatif aux alignements, aux autorisations de construire le long des chemins vicinaux, aux plantations, aux fossés.* En vertu de cette disposition, conçue en termes si étendus, les préfets, dans leurs règlements généraux sur le service vicinal, ont fait défense à tout propriétaire riverain des chemins vicinaux de faire, le long de ces chemins, aucune construction, clôture, plantation, haie ou fossé, avant d'avoir demandé et obtenu alignement. Ainsi que les y avait invités le ministre de l'intérieur, dans son instruction du 22 juin 1831, les préfets se sont réservé le droit de délivrer eux-mêmes les alignements le long des chemins vicinaux de grande communication; ils ont délégué ce droit aux maires, pour ce qui concerne les chemins vicinaux de petite communication, mais sous la condition que les alignements donnés par les maires seraient vérifiés par les sous-préfets, qui s'assureraient si la largeur légale du chemin se trouvait conservée.

127. Mais le droit donné aux préfets, par la loi du 21 mai 1836, *de statuer sur ce qui a rapport aux alignements,* ne nous paraît cependant pas avoir changé la nature de l'arrêté par lequel ils donnent alignement le long d'un chemin vicinal. Cet arrêté est toujours un simple acte administratif contre lequel les parties intéressées peuvent se pourvoir devant l'autorité supérieure. Si l'alignement a été donné par le maire, c'est d'abord devant le préfet que l'on doit se pourvoir; si l'alignement a été délivré par le préfet, ou que ce magistrat ait seulement maintenu l'arrêté du maire, c'est devant le ministre de l'intérieur que doit être porté le recours. Le pourvoi qui, dans ces circonstances, serait porté directement devant le roi en son conseil d'état contre l'arrêté du préfet, serait déclaré non-recevable, attendu que le préfet aurait statué dans les limites de sa compétence.

128. Par application des mêmes principes généraux, l'arrêté d'alignement donné par le maire ou par le préfet ne saurait préjudicier aux droits des tiers. C'est ce qui avait été déclaré par une ordonnance du 7 mars 1821 (commune de Canneille contre Delucq), ainsi conçue : « Considérant que les alignements demandés par le sieur Delucq avaient pour objet d'enclore une propriété qui, ensuite, lui a été contestée; considérant que les premiers alignements donnés par le préfet n'ont pu préjudicier aux droits des tiers. » Une autre ordonnance du 8 mai 1822 (Routier contre commune du Pont-de-l'Arche), a également décidé « que la fixation de cet alignement ne faisait pas obstacle à ce que la question de propriété fût portée devant les tribunaux. » Toutefois, la question de propriété soulevée par un riverain ne l'autoriserait pas à en faire une question préjudicielle devant les tribunaux et à soumettre à leur appréciation l'arrêté d'alignement. C'est ce qui résulte d'une ordonnance du 28 juillet 1824 (Delétang), ainsi conçue : « Considérant que, sur la demande du sieur Delétang, l'adjoint du maire de Saint-Symphorien lui a donné un alignement pour construire un mur sur un chemin qui se trouve classé au nombre des chemins vicinaux, par arrêté du préfet d'Indre-et-Loire; que, dans l'espèce et quant à présent, il ne s'agit que de savoir si l'alignement donné par l'autorité municipale doit être maintenu; qu'ainsi il appartient à l'autorité administrative seule de prononcer sur les réclamations relatives à cet alignement; art. 1er. L'arrêté de conflit pris par le préfet d'Indre-et-Loire, le 15 avril 1824, est approuvé. » Enfin, comme pour les autres arrêtés administratifs, le préfet pourrait rapporter un arrêté d'alignement, s'il le reconnaissait contraire à des droits de tiers; c'est ce qu'a décidé une ordonnance du 7 mars 1821 déjà citée (commune de Canneille contre Delucq). « Considérant que les alignements demandés par le sieur Delucq avaient pour objet d'enclore une propriété qui, ensuite, lui a été contestée; considérant que les premiers alignements donnés par le préfet n'ont pu préjudicier aux droits des tiers, et qu'aussitôt que la question de propriété a été élevée, cet administrateur a été fondé à rapporter son premier arrêté. » La loi du 21 mai 1836 ne contient rien de contraire à ces diverses décisions; elles peuvent donc être considérées comme faisant encore la règle de l'administration sur les points qu'elles ont décidés.

129. Les dispositions arrêtées par les préfets en matière d'alignement, dans leurs règlements généraux, nous paraissent devoir donner à l'autorité administrative un moyen efficace de prévenir les anticipations que les propriétaires riverains seraient tentés de com-

mettre, par les œuvres nouvelles qu'ils feraient le long des chemins vicinaux; mais, si ces propriétaires négligent de se conformer à ces règlements, s'ils font des constructions, des plantations ou des fossés sans avoir demandé alignement, comment devra-t-il être procédé à leur égard?

Pour résoudre cette question, il faut rechercher la nature des contraventions qui peuvent être commises par les propriétaires riverains qui font une œuvre nouvelle le long d'un chemin vicinal.

Si ces propriétaires ont simplement omis ou négligé de demander alignement, et que, en construisant ou plantant le long du chemin, ils n'aient pas anticipé sur le sol vicinal, il y a seulement contravention au règlement administratif qui ordonnait de demander alignement, et de ne construire ou planter qu'après l'alignement obtenu. Il y aura donc lieu de poursuivre cette contravention devant le tribunal de simple police, mais l'autorité administrative ne devra évidemment requérir, et le tribunal ne prononcera pas la destruction des travaux ou des plantations. En effet, le sol vicinal n'est pas intéressé à cette destruction, puisque aucune anticipation n'a été commise. La simple condamnation à l'amende suffit pour le maintien du principe.

Si, au contraire, en construisant ou plantant sans avoir obtenu alignement, le propriétaire riverain avait anticipé sur le sol vicinal, il y aurait là une double contravention à réprimer; contravention à l'arrêté administratif qui prescrivait de demander alignement, et elle doit être poursuivie devant le tribunal de simple police; anticipation sur le sol vicinal, qui doit être poursuivie devant le conseil de préfecture, comme nous le verrons plus bas au paragraphe des anticipations.

Il est inutile, sans doute, de dire que si le riverain avait reçu un alignement et qu'il ne s'y fût pas conformé, il y aurait lieu de procéder contre lui de la même manière. Il est évident, d'ailleurs, que ce cas emporte nécessairement qu'il y a anticipation, car le propriétaire ne peut avoir intérêt à contrevenir à l'arrêté d'alignement que pour s'emparer d'une parcelle du sol vicinal. L'autorité administrative, en effet, n'a pas pu lui donner un alignement qui le contraindrait à construire plus loin que les limites légales du chemin. Cette autorité n'aurait pas pu davantage prescrire à ce propriétaire d'avancer jusqu'à l'extrême limite du chemin, car le sol vicinal n'y est pas intéressé. Ce n'est que dans les villes, et pour la régularité des alignements, qu'une semblable obligation pourrait être imposée, et encore se réduirait-elle à la prescription de se clore le long de la rue; mais on comprend que le long des chemins vicinaux, et en rase campagne, cette régularité des alignements n'est pas nécessaire, et qu'on ne pourrait, par conséquent, contraindre un propriétaire à avancer ses constructions jusqu'au bord du chemin, s'il préfère rester en arrière.

130. Une dernière question a été soulevée à l'occasion des alignements le long des chemins vicinaux. Il s'agit de savoir si, pour arriver plus tôt à l'incorporation au sol vicinal des parcelles de terrain couvertes par des constructions existantes, l'autorité administrative aurait le droit de défendre aux propriétaires d'y faire des réparations confortatives, comme elle en a le droit en matière de grande voirie ou de voirie urbaine.

Nous n'hésitons pas à penser que le pouvoir de l'administration ne saurait aller jusque-là, dans l'état actuel de la législation.

En effet, la servitude de non-confortation des constructions existantes, l'une des plus exorbitantes qui puissent grever la propriété, cette servitude n'est fondée que sur les édits et ordonnances de décembre 1607, de novembre 1697 et du 27 février 1765; mais ces actes n'ont jamais été entendus que comme s'appliquant soit aux *grandes routes*, aujourd'hui les routes royales et départementales, soit aux rues des villes. Les articles 50 et suivants de la loi du 16 septembre 1807 ne s'appliquent également qu'aux alignements dans les villes, c'est-à-dire, dans les communes comptant une population de 2,000 habitants au moins (circulaires du ministre de l'intérieur, des 17 août 1813 et 25 octobre 1837). Ce serait donc seulement par assimilation que l'on prétendrait étendre aux chemins vicinaux la servitude que les actes ci-dessus visés imposent aux propriétés bâties le long des routes et des rues de villes; mais une servitude ne peut s'imposer par voie d'assimilation; elle doit être fondée sur un droit positif, et nous ne le trouvons pas ici.

131. On ne pourrait, selon nous, déduire ce droit non plus d'aucun des articles de la loi du 21 mai 1836, relative aux chemins vicinaux. Le seul qui ait donné à l'administration un droit nouveau qui puisse se rapporter à

l'alignement, c'est l'art. 15. Or, quel pouvoir donne cet article à l'administration ? Il permet au préfet d'incorporer immédiatement au sol vicinal, et sans autre forme d'expropriation, le terrain nécessaire à l'élargissement des chemins vicinaux. Que ce terrain soit actuellement occupé par une haie, par des plantations, par des constructions, peu importe ; il est attribué définitivement au chemin par l'arrêté du préfet, et tout ce qui le couvre doit disparaître, sauf règlement de l'indemnité ; mais ce droit d'occupation immédiate pourrait-il se convertir en un droit de menace d'occupation, si nous pouvons nous exprimer ainsi ? l'administration pourrait-elle dire au propriétaire : « Votre terrain est nécessaire au chemin ; je ne veux pas le prendre maintenant, mais je me réserve le droit de l'incorporer au chemin lorsque les constructions qui le couvrent disparaîtront, afin de n'avoir pas à en payer la valeur, et pour hâter ce moment, je vous défends de faire à ces constructions aucun travail confortatif. » Nous ne pensons pas que le droit de porter une semblable défense pût se déduire d'aucun des termes de l'article 15 précité ; il ne pourrait pas davantage être appuyé sur l'article 16, qui a pour objet principal l'acquisition, par voie d'expropriation pour cause d'utilité publique, des terrains nécessaires à l'ouverture ou au redressement des chemins ; or, l'expropriation doit toujours, comme on sait, être consommée immédiatement, et elle ne permet pas de laisser indéfiniment la propriété sous la menace d'une occupation ultérieure. En un mot, on ne pourrait appuyer la défense de faire des travaux confortatifs sur un projet d'expropriation.

Enfin, l'art. 21 de la loi du 21 mai 1836, qui donne aux préfets le droit de statuer ***sur tout ce qui est relatif aux alignements et aux autorisations de construire le long des chemins vicinaux***, ne nous paraîtrait pas non plus pouvoir être invoqué à l'appui de la défense de reconforter les constructions existantes. Une servitude aussi grave veut être appuyée sur un texte positif de loi, et si le législateur eût entendu qu'elle pût, à l'avenir, être étendue aux propriétés bâties le long des chemins vicinaux, il l'eût déclaré en termes explicites. Ce qu'il a voulu, dans cette disposition de l'article 21 précité, c'est de donner à l'administration le droit de défendre le sol vicinal des anticipations que les propriétaires riverains pourraient commettre par des constructions ou des plantations nouvelles. Quant à l'élargissement des chemins, lorsqu'il est reconnu nécessaire, l'article 15 y a pourvu en donnant à l'administration le droit d'incorporation immédiate du sol qui doit être occupé par ces voies publiques.

132. En résumé, lorsque la largeur que doit avoir un chemin vicinal a été fixée par un arrêté du préfet, et qu'une portion du sol attribué au chemin est couverte par une construction, nous reconnaissons que le préfet peut en ordonner la démolition immédiate, sauf indemnité ; mais nous ne pensons pas qu'il ait le droit, comme en matière de grande voirie et de voirie urbaine, de s'opposer à ce qu'il soit fait à cette construction toute réparation, même confortative, que le propriétaire voudra y faire. Nous croyons que, si une semblable défense était faite et qu'il y fût contrevenu, les tribunaux devant lesquels on poursuivrait le propriétaire ne verraient pas de contravention dans l'usage qu'il aurait fait de sa propriété, attendu que la défense qui lui avait été faite n'était appuyée sur aucune disposition de loi. En émettant cette opinion, nous ne méconnaissons certes pas ce que pourrait avoir d'avantageux au service vicinal l'application de la servitude de non-reconfortation aux propriétés bâties le long des chemins vicinaux ; mais nous ne faisons pas une législation, nous nous bornons à rechercher la véritable portée de la législation existante.

§ 3. — *Plantations.*

133. De toutes les parties du service vicinal, il en est peu pour lesquelles l'administration éprouvât plus le besoin de la protection d'une législation nouvelle, que la plantation le long des chemins vicinaux.

Depuis près de trois siècles, l'autorité législative, dans les formes qu'elle avait à cette époque dans le royaume, avait réglementé la plantation le long des grandes routes, et, en faisant aux riverains une obligation de planter, elle avait déterminé non-seulement la distance qui devait être laissée entre les arbres et le bord de la route, mais encore l'espacement des arbres entre eux. On avait ainsi pourvu à ce que les plantations, utiles comme produit, ne fussent pas pour les routes une cause de dégradation permanente, en empêchant l'assèchement du sol de ces voies publiques.

134. Mais les règles posées à cet égard par les anciens édits ne s'appliquaient qu'à ce qu'on appelait alors les grandes routes. Quant aux chemins des communes, à l'exception de deux ou trois provinces où des arrêts de parlement avaient réglementé également la plantation le long des chemins, il n'avait été rien statué ni sur les droits ni sur les obligations des riverains. La législation postérieure à 1789 n'avait non plus donné aucune règle sur ce point ; l'usage avait donc créé, pour les propriétaires riverains des chemins vicinaux, un quasi-droit de planter, soit des arbres, soit des haies, sur l'extrême limite de leur propriété. Dans quelques départements, les riverains s'étaient même arrogé le droit abusif de planter sur le sol même des chemins, c'est-à-dire sur un terrain qui ne leur appartenait pas. Il est vrai de dire que la rédaction fautive de l'art. 7 de la loi du 9 ventôse an XIII avait paru consacrer ce droit. « A l'avenir, dit cet article, nul ne pourra planter sur le bord des chemins vicinaux, *même dans sa propriété*, sans leur conserver la largeur qui leur aura été fixée en exécution de l'article précédent. » De ces mots, *même dans sa propriété*, on avait conclu, avec quelque apparence de raison, il faut le reconnaître, que les propriétaires riverains avaient le droit de planter *hors de leur propriété*, pourvu qu'ils conservassent au chemin sa largeur légale, que l'article précédent de la même loi fixait en maximum à six mètres. Différentes décisions judiciaires, qu'il est aujourd'hui superflu de rechercher, avaient également confirmé l'usage qui s'était ainsi introduit.

135. De nombreux et graves inconvénients étaient résultés de cet état de choses. Des arbres de haute tige plantés le long d'une route de douze ou quinze mètres de large, et convenablement espacés entre eux, sont pour cette route un objet d'ornement, sans pouvoir nuire à son assèchement ; mais, plantés sur l'extrême limite de chemins qui n'ont quelquefois que trois ou quatre mètres de large, les arbres de haute et basse tige forment bientôt une voûte que les rayons du soleil ne peuvent plus pénétrer ; les haies épaisses qui garnissent souvent l'espace laissé entre les arbres empêchent également l'action du vent ; sous l'influence de ces deux causes, les chemins devenaient et restaient des cloaques, où les matériaux qu'on répandait se perdaient bientôt dans un sol constamment détrempé. Les haies ont d'ailleurs un autre inconvénient ; elles tendent continuellement à anticiper sur la largeur des chemins, soit par la crue naturelle des rejetons, soit par le soin que mettent les propriétaires à repousser toujours les haies sur les chemins.

136. A défaut de dispositions législatives spéciales, au moyen desquelles elle pût défendre l'intérêt vicinal contre les effets désastreux de la liberté absolue en fait de plantations, l'autorité administrative avait au moins cherché à procurer aux chemins vicinaux la protection que la propriété privée trouve dans les art. 670 à 673 du Code civil, et, dans son instruction sur l'exécution de la loi du 28 juillet 1824, le ministre de l'intérieur s'était référé à ces articles, comme devant servir de règles aux plantations d'arbres et de haies le long des chemins vicinaux. Mais l'autorité judiciaire ne crut pas devoir adopter ce principe, et, dès les premières poursuites dirigées devant les tribunaux, ils décidèrent que les articles précités ne concernaient que le voisinage des propriétés privées entre elles, et que les chemins, propriétés communales ou du domaine public, n'étaient pas sous la protection de ces articles. Le Conseil d'état lui-même adopta cette doctrine dans l'ordonnance du 16 février 1826 (Quesney), ainsi conçue : « Vu les lois des 6 octobre 1791 et 28 février 1805 (9 ventôse an XIII), et le décret réglementaire du 16 décembre 1811 ; en ce qui touche la disposition de l'arrêté du conseil de préfecture, portant que le sieur Quesney sera tenu d'enlever et faire disparaître les haies et peupliers par lui plantés trop près du chemin porté sous le n° 3 du tableau des chemins vicinaux de la commune de Pont-Authou ; considérant qu'il est reconnu, en fait, que lesdites plantations ont eu lieu sur la propriété du sieur Quesney ; considérant que la loi du 28 février 1805 (9 ventôse an XIII) autorise à planter le long des chemins vicinaux sans rien prescrire pour les distances ; d'où il suit que ni les règles du droit commun, ni celles qui sont relatives aux plantations des routes royales ou départementales ne sont applicables ; considérant, d'ailleurs, que le conseil de préfecture ne s'est fondé sur aucun usage ni règlement local de police ou de voirie ; Art. 1er. L'arrêté du conseil de préfecture du département de l'Eure, en date du 4 septembre 1824, est annulé dans la disposition qui ordonne au sieur Quesney d'arracher les plan-

tations par lui faites le long du chemin porté, sous le n° 3, au tableau des chemins vicinaux de la commune de Pont-Authou. »

137. L'autorité judiciaire et l'autorité administrative avaient donc ainsi déclaré que les chemins vicinaux ne trouvaient ni dans les dispositions législatives spéciales, ni dans les règles du droit commun, aucune protection contre l'usage et l'abus du droit de planter le long de ces voies publiques. La nécessité de règles protectrices à cet égard était cependant trop bien sentie, pour que le législateur n'y avisât pas ; aussi, dans l'article 21 de la loi du 21 mai 1836, qui charge les préfets de faire, dans chaque département, un règlement pour assurer l'exécution de cette loi, trouvons-nous cette disposition : *Ce règlement statuera en même temps sur tout ce qui est relatif aux plantations, à l'élagage.*

En interprétant, dans son instruction du 24 juin 1836, cette partie de la loi, le ministre de l'intérieur considéra la disposition que nous venons de citer comme ayant créé pour l'administration un droit nouveau. Il lui parut que les préfets avaient désormais le droit de fixer la distance que les propriétaires riverains des chemins vicinaux devraient conserver entre leurs plantations, soit d'arbres, soit de haies, et les bords des chemins ; il pensa que ces magistrats pouvaient également déterminer l'espacement des arbres entre eux. Le ministre prescrivit donc aux préfets d'introduire dans leurs arrêtés les dispositions nécessaires pour réglementer les plantations de toute nature le long des chemins ; il leur recommandait d'ailleurs, dans cette application d'une législation nouvelle, de concilier, autant que possible, l'intérêt des propriétaires riverains avec celui de la vicinalité. Dans tous les règlements généraux faits par les préfets pour l'exécution de la loi du 21 mai 1836, on trouve donc une série d'articles ayant pour objet, 1° de défendre à tout propriétaire riverain des chemins vicinaux de faire aucune plantation sur le sol de ces chemins ; ce droit est réservé aux communes propriétaires du sol, lesquelles ne pourront en user que lorsque l'autorité supérieure aura reconnu et déclaré que la plantation peut se faire sans nuire aux chemins ; 2° de défendre à tout propriétaire riverain des chemins vicinaux de faire aucune plantation d'arbres ou de haies sur sa propriété, sans avoir demandé et obtenu l'alignement ; 3° de déterminer à quelle distance du bord des fossés ou des limites des chemins, les plantations, soit d'arbres, soit de haies, pourront être faites, et quel espacement devra être observé entre les arbres, d'après leur nature ; 4° enfin, de fixer les époques auxquelles l'élagage des arbres et des haies devra se faire. Une disposition transitoire a généralement dit que les plantations faites, antérieurement à la promulgation du règlement, à des distances moindres que celles fixées, pourraient être conservées jusqu'à leur dépérissement, mais qu'elles ne pourraient être renouvelées qu'en observant les distances aujourd'hui prescrites. Au moyen de ces dispositions, le sol vicinal se trouve défendu, d'abord contre l'usage abusif de planter sur le chemin même, ensuite contre les anticipations des riverains au moyen de plantations faites sur l'extrême limite des chemins, enfin contre la dégradation constante de la chaussée, résultat de l'humidité entretenue par des plantations trop rapprochées.

138. Ce n'est pas sans quelques contestations qu'a été reconnu le droit que, dans l'opinion du ministre de l'intérieur, la loi du 21 mai 1836 avait donné aux préfets de réglementer les plantations le long des chemins vicinaux. Des propriétaires, des jurisconsultes mêmes, avaient d'abord prétendu que cette loi n'avait pas innové à la législation existante, et que le seul pouvoir donné aux préfets était celui de veiller à ce que les propriétaires riverains des chemins vicinaux se conformassent, soit à cette législation, soit aux anciens usages consacrés par nos Codes. Contre la fixation de la distance à observer pour les plantations *le long des chemins vicinaux*, on se bornait à peu près à invoquer l'ancien usage, et à prétendre qu'un arrêté de préfet ne pouvait suffire pour détruire les droits nés de cet usage. Contre la défense de planter *sur le sol des chemins vicinaux*, on invoquait la loi du 28 août 1791, qui a attribué aux propriétaires riverains des chemins publics la propriété des arbres existant sur ces chemins, et on prétendait que ces propriétaires tenaient de la même loi le droit de renouveler les plantations qu'elle leur a concédées. On argumentait également du texte de l'article 7 de la loi du 9 ventôse an XIII, que nous avons rapporté plus haut.

139. De semblables prétentions ne pouvaient être admises par l'administration. L'article 21 de la loi du 21 mai 1836, disait le ministre de l'intérieur, a donné aux préfets le

droit de statuer *sur tout ce qui est relatif aux plantations*; contester à ces mots la signification qu'ils ont évidemment eue dans l'intention du législateur, c'est refuser de leur reconnaître aucune portée; soutenir que les préfets ne tiennent de cette disposition que le droit d'appliquer la législation antérieure, c'est dire que la loi nouvelle n'a rien statué. Si les préfets n'ont pas le droit de fixer la distance à observer entre les plantations et le bord des chemins vicinaux, s'ils n'ont pas le droit de déterminer l'espacement entre les arbres, s'ils n'ont pas le droit de défendre de planter sur le sol vicinal qui appartient aux communes, sur quoi donc l'article 21 de la loi du 21 mai 1836 les aurait-elle appelés à statuer? Si les préfets sont obligés de respecter tous les anciens usages, s'ils doivent laisser subsister tous les anciens abus, quelle serait donc la signification de la disposition législative qui leur donne le droit, qui leur impose même l'obligation *de statuer sur tout ce qui est relatif aux plantations*?

140. Quelque convaincu que fût le ministre de l'intérieur qu'il avait sainement interprété la législation nouvelle dans son instruction du 24 juin 1836, il crut cependant devoir, sur ce point spécial, consulter le Conseil d'état, et il soumit à son examen ces deux questions :

1° L'article 21 de la loi du 21 mai 1836 donne-t-il aux préfets le droit de régler la distance du bord des chemins vicinaux à laquelle les particuliers pourront planter sur leurs propriétés, ainsi que l'espacement des arbres entre eux?

2° Ce même article donne-t-il aux préfets le droit de défendre aux propriétaires riverains de planter sur le sol de ces chemins?

Dans un avis délibéré le 9 mai 1838, le conseil d'état a résolu ainsi ces deux questions :

« Considérant que l'art. 21 de la loi du 21 mai 1836 charge les préfets de faire des règlements pour en assurer l'exécution;

» Que ces règlements doivent statuer *sur tout ce qui est relatif aux plantations*;

» Qu'il résulte de ces expressions et du but de sa disposition, considérée dans son ensemble, qu'il appartient aux préfets d'insérer dans les règlements dont il s'agit toutes les dispositions relatives à la plantation des arbres qui sont de nature à assurer la conservation des chemins vicinaux et à en prévenir la dégradation;

» Que la loi ne pouvait prescrire aucune mesure uniforme sur des questions qui varient essentiellement avec les lieux, la nature du sol, le climat, etc.; que, notamment en ce qui concerne les plantations, certaines parties du territoire sont intéressées à ce que les routes soient garanties par les arbres contre les ardeurs du soleil, tandis que, dans d'autres, l'existence de ces arbres est une cause d'humidité et par suite de destruction; que c'est pour concilier les divers besoins de chaque localité que les préfets ont été investis du droit de faire sur ce point tous les règlements nécessaires; que le pouvoir dont ils sont investis à ce titre n'a pas d'autre limite que l'intérêt spécial de chaque localité, et qu'ainsi ils sont autorisés à prescrire toutes les mesures qui leur paraissent convenables, en se conformant du reste aux formalités établies par les dispositions ci-dessus citées;

» Est d'avis que les deux questions ci-dessus énoncées doivent être résolues affirmativement. »

141. L'autorité judiciaire n'a pas reconnu d'une manière moins formelle le droit conféré aux préfets par la législation nouvelle. Un premier arrêt de la cour de cassation (ch. crim.), en date du 20 juillet 1838 (le ministère public contre Bigot et Foucault), a statué en ces termes sur un jugement de simple police, en matière de plantation le long d'un chemin vicinal : « Attendu que le tribunal de simple police de Saint-Omer était saisi par le ministère public d'une contravention à un arrêté du préfet du Pas-de-Calais du 21 déc. 1837, pris en vertu de l'art. 21 de la loi du 21 mai 1836, et portant modification d'un précédent arrêté du 19 avril précédent; attendu que cette contravention, régulièrement constatée à la charge des sieurs Bigot et de Foucault, n'a point été contestée par eux, mais a été au contraire formellement avouée; attendu que, néanmoins, le tribunal s'est déclaré incompétent par le motif que la propriété est engagée dans la cause dont il s'agit; attendu qu'aucune exception de propriété n'a été proposée par les défendeurs; que les exceptions de ce genre ne peuvent être suppléées, et qu'il est impossible de voir la propriété engagée dans une action purement pénale, ayant trait à une plantation illégale d'arbres, sous le rapport de la distance qui devait les séparer, soit les uns des autres, soit du bord de la route; attendu, dès lors, qu'en se déclarant incom-

pétent, le tribunal de simple police de Saint-Omer a faussement interprété l'art. 17 du Code d'instruction criminelle et violé l'art. 161 du même Code, l'art. 471, § 15, du C. pén., et l'art. 21 la loi du 21 mai 1836. — Casse. »

Par un second arrêt en date du 8 février 1840 (le ministère public contre Mahieu-Duante), la cour de cassation (chamb. crim.) a consacré de nouveau les principes posés dans celui qui précède. « Attendu, dit cet arrêt, que la loi du 21 mai 1836 règle seule aujourd'hui la compétence et les attributions de l'administration publique relativement aux chemins vicinaux, puisqu'elle forme un système complet de législation sur cette matière ; qu'elle a, dès lors, virtuellement et nécessairement abrogé, selon le principe consacré par l'avis du conseil d'état des 4-8 février 1812, les art. 6 et 7 de la loi du 28 févr. 1805 (9 ventôse an XIII), notamment par son art. 21, qui confère aux préfets le pouvoir de fixer la largeur de ces chemins et les plantations des riverains, sur le bord de ces mêmes chemins. »

142. Le droit conféré aux préfets par la législation nouvelle de règlementer les plantations le long des chemins vicinaux, se trouvant ainsi formellement reconnu par l'autorité administrative et par l'autorité judiciaire dans leurs organes les plus élevés, il ne peut plus être aujourd'hui contesté. Nous pensons, toutefois, que les préfets n'ont reçu, à cet égard, qu'un pouvoir préventif, celui qui leur était nécessaire pour préserver les chemins vicinaux du tort que pourraient leur faire des plantations mal établies ; mais nous ne croyons pas que les préfets puissent, en vertu de la loi du 21 mai 1836, ordonner aux riverains de faire des plantations le long de ces chemins, ni même les empêcher de les faire sur leurs propriétés, à une distance du bord du chemin plus grande que celle fixée par le règlement. Dans ces deux cas, en effet, l'intérêt de la vicinalité n'exige pas l'intervention de l'autorité. L'établissement de plantations le long des chemins vicinaux peut, dans certains départements, et en raison du climat, être agréable à ceux qui les parcourent, mais l'entretien d'une bonne viabilité n'y est que bien médiocrement intéressé ; une suite de plantations établies sur un même alignement flatte l'œil sans doute, mais l'intérêt vicinal ne saurait être compromis par des plantations très-éloignées du bord des chemins. Sur ces deux points donc, il nous paraît que liberté entière peut être laissée aux propriétaires riverains, et nous avons lieu de croire que telle est la solution donnée par le ministre de l'intérieur à des questions qui lui avaient été posées.

143. Deux points restent à examiner, la possibilité des recours contre les arrêtés de préfet fixant la distance à observer pour les plantations le long des chemins vicinaux, et la nature des poursuites qui peuvent être exercées contre ceux qui contreviendraient à ces arrêtés.

144. Quant au recours, les règlements faits par les préfets, en vertu de l'art 21 de la loi du 21 mai 1836, ne sont que des actes administratifs faits dans la limite des attributions de ces magistrats ; il paraîtrait donc qu'ils pourraient être attaqués devant le ministre de l'intérieur. Mais il est à remarquer que ce même article de loi ne donne force exécutoire à ces arrêtés réglementaires, qu'autant qu'ils ont été approuvés par le ministre de l'intérieur ; les attaquer devant le ministre, c'est donc lui demander non pas d'annuler un arrêté de préfet, mais d'annuler sa propre décision. On peut sans doute dans ce cas, comme dans d'autres analogues, en appeler du ministre au ministre mieux informé, mais ce n'est plus là le recours contre un arrêté de préfet, comme il s'exerce ordinairement. On ne pourrait donc que déférer au conseil d'état la décision ministérielle portant approbation du règlement ; mais ce pourvoi n'aurait évidemment de chances de succès que s'il était basé sur une violation de la loi ; s'il était motivé seulement sur le tort que ferait aux riverains une distance trop grande prescrite par le règlement, entre les plantations et le bord des chemins, nous pensons que le conseil d'état rejetterait le pourvoi, attendu qu'il s'agirait là d'une question administrative qui rentre dans les attributions du ministre de l'intérieur.

145. Quant aux poursuites à exercer en cas de contravention au règlement sur les plantations le long des chemins vicinaux, il y a lieu de distinguer la nature de la contravention. Si le propriétaire riverain a planté sur le sol même du chemin, il a fait acte de propriété, il a anticipé sur le sol d'un chemin vicinal ; il y a donc lieu de le poursuivre comme pour une anticipation ordinaire, c'est-à-dire devant le conseil de préfecture. Si, au contraire, il n'a pas établi ses plantations sur le sol du chemin, qu'il les ait seulement établies plus

près du bord du chemin que ne le lui permettait le règlement, ou bien qu'il n'ait pas espacé ses arbres comme cela était prescrit, il y a là seulement contravention à un arrêté administratif, et cette contravention doit être poursuivie devant le tribunal de simple police. Nous avons vu, par les deux arrêts de la cour de cassation rapportés plus haut, que l'autorité administrative ne peut manquer d'obtenir la répression des contraventions de cette nature.

146. L'élagage des arbres et la tonte des haies sont des mesures qui, dans certains départements, sont également d'un grand intérêt pour l'assèchement des chemins. Le droit des préfets d'ordonner ces mesures et d'en fixer les époques ressort du même art. 21, qui a statué sur les plantations. S'il n'était pas obtempéré aux arrêtés que prennent les préfets, ou les maires d'après leurs instructions, l'administration aurait le droit de faire faire cette opération d'office; les contrevenants seraient ensuite traduits devant le tribunal de simple police, qui, en prononçant l'amende encourue, ne ferait nulle difficulté d'ordonner aussi le paiement des frais de l'élagage opéré d'office.

147. Nous nous abstiendrons d'examiner ici une dernière question que peuvent soulever les règles nouvelles posées par la loi du 21 mai 1836, en ce qui concerne les plantations le long des chemins vicinaux; c'est celle de la propriété des arbres plantés par des particuliers sur le sol des chemins vicinaux, avant la publication des règlements qui défendent ces plantations. D'une part, cette question est d'un intérêt peu étendu, puisque cet usage ne s'était établi que dans un petit nombre de départements; d'autre part, elle est tout entière dans le domaine des tribunaux civils, comme toutes les questions de propriété. Nous ferons remarquer, toutefois, que la propriété des arbres anciennement plantés fût-elle adjugée par les tribunaux aux riverains, il n'en résulterait pas pour eux le droit de les conserver. Si l'intérêt de la viabilité exigeait que ces plantations disparussent, l'autorité administrative pourrait l'ordonner. En effet, elle pourrait, en vertu de l'art. 15 de la loi, arrêter l'incorporation immédiate au chemin vicinal du sol nécessaire à l'élargissement du chemin, alors même que ce sol serait actuellement couvert de constructions, et sauf indemnité au propriétaire; comment n'aurait-elle pas le même droit à l'égard de plantations établies sur un sol dont la propriété n'est pas contestée au chemin, si ces plantations nuisent au chemin? Tout ce que les propriétaires des arbres, en supposant leur droit de propriété reconnu, pourraient opposer à l'ordre de les enlever, ce serait une demande en indemnité pour le dommage que leur causerait cet ordre : les tribunaux ordinaires prononceraient sur ce litige. A bien plus forte raison, le droit de propriété des arbres existants ne donnerait-il pas aux propriétaires le droit de renouveler les plantations; il y aurait là contravention aux règlements. Tout ce que pourraient faire les propriétaires serait de réclamer une indemnité pour la privation de ce qu'ils considéraient comme un droit, mais quelle que fût, sur la question d'indemnité, la décision des tribunaux civils, ces tribunaux n'autoriseraient certainement pas les particuliers à renouveler leurs plantations. La cour de cassation annulerait indubitablement de semblables décisions, s'il en était rendu.

§ 4. — *Fossés.*

148. Le droit que l'art. 21 de la loi du 21 mai 1836 a donné aux préfets de réglementer les plantations le long des chemins vicinaux, leur a été conféré par le même article pour ce qui a rapport *aux fossés et à leur curage.* Cette disposition, d'ailleurs, était indispensable, car les fossés sont presque toujours une annexe nécessaire des chemins; dans les terrains bas et humides, ils assainissent la chaussée et en empêchent la détérioration par le séjour des eaux; partout ils sont le meilleur moyen de défense contre la tendance continuelle des riverains à anticiper sur le sol des chemins vicinaux.

Des fossés peuvent être établis le long des chemins vicinaux, soit par les soins de l'administration, soit par les propriétaires riverains; nous allons examiner successivement ce qui résulte de l'un et de l'autre cas.

149. L'administration, comme nous l'avons dit, a un puissant intérêt à ce que des fossés existent le long des chemins vicinaux, et elle n'est plus, comme sous l'ancienne législation, restreinte dans le droit d'en établir par la crainte de diminuer la largeur du chemin, qui alors ne devait pas dépasser six mètres. Les préfets pouvant, aujourd'hui, en vertu de l'art. 15 de la loi du 21 mai 1836, et ainsi que nous l'avons dit plus haut, donner aux chemins vicinaux toute la largeur qui leur est nécessaire, il est évident qu'ils peuvent fixer cette lar-

geur à huit mètres, par exemple, et ordonner que, de chaque côté, il sera ouvert un fossé d'un mètre de largeur. Le sol de ces fossés se trouvant ainsi compris dans le sol vicinal, il est protégé par les mêmes règles, et toute anticipation qui tendrait à rétrécir les fossés serait poursuivie et réprimée, comme s'il s'agissait d'une anticipation sur le sol du chemin même.

150. L'ouverture des fossés, lorsqu'elle est ordonnée par l'administration, fait nécessairement partie des travaux des chemins; elle doit se faire sur les revenus affectés à ces chemins. Il en est de même du curage, et ce travail ne pourrait être mis à la charge des propriétaires riverains. Aucune disposition de loi ne permettrait de leur imposer cette dépense; mais il est des contrées où le limon qui se dépose dans les fossés peut être utilisé comme engrais, et l'administration peut, dans ce cas, autoriser les propriétaires riverains à l'enlever, à charge de curer à fond et d'entretenir le fossé dans sa largeur et profondeur. Ce n'est plus ici une obligation imposée, c'est une faculté accordée, et l'usage peut en être réglementé.

151. Lorsque l'administration ne juge pas nécessaire d'ouvrir des fossés le long des chemins vicinaux, les propriétaires riverains ont le droit d'en ouvrir, sur leur terrain, comme moyen de défense et de clôture; mais les règlements faits par les préfets sur le service vicinal doivent imposer aux riverains l'obligation de demander alignement pour l'établissement de leurs fossés, comme pour toute autre œuvre qui se fait le long des chemins vicinaux. Cette mesure est indispensable pour que l'administration puisse toujours s'assurer qu'en creusant un fossé, le propriétaire riverain n'anticipe pas sur le sol vicinal.

Nous pensons que l'alignement pour l'établissement de fossés par les riverains, doit leur être donné sur l'extrême limite du bord du chemin, et nous ne voyons pas sur quelle disposition de loi on pourrait s'appuyer pour leur prescrire de laisser un espace quelconque entre le sol du chemin et le bord du fossé. A la vérité, une disposition semblable a pu être prise pour les plantations soit d'arbres, soit de haies, le long des chemins vicinaux, ainsi que nous l'avons vu plus haut; mais, si on avait permis d'établir ces plantations sur le bord même des chemins, les branches des arbres et des haies se fussent nécessairement étendues sur le chemin et eussent gêné la circulation. Aucun motif analogue ne nous paraît pouvoir être assigné pour l'établissement des fossés, et tout ce qu'à notre avis l'administration peut prescrire, c'est que les talus des fossés bordant le chemin soient établis de manière à ne pas amener l'éboulement des terres, et par suite le rétrécissement de la voie publique. Quant au curage des fossés établis par les particuliers, l'autorité administrative pourrait l'ordonner dans l'intérêt de l'assèchement et par mesure de police. C'est ce qui résulte d'un arrêt de la Cour de cassation (ch. crim.), du 24 juillet 1835 (le ministère public contre Chenon), ainsi conçu: « Attendu que l'arrêté du maire de Blineau, n'ayant pas pour objet de forcer les propriétaires riverains des chemins communaux de creuser sur leurs terrains des fossés destinés à asssainir ces mêmes chemins, mais seulement à relever et curer les fossés déjà existants et qui, par leur mauvais état, contribuaient à entretenir la stagnation des eaux sur ces chemins; que dès lors cet arrêté a été pris sur des objets de sûreté publique confiés à la surveillance de l'autorité municipale par la loi du 24 août 1790 et celle du 22 juil. 1791; que cet arrêté, étant d'ailleurs régulier en la forme, avait droit à la sanction des lois pénales, et que les contraventions à ses dispositions étaient passibles de l'application des peines portées en l'art. 471 du Code pénal. »

152. L'administration ne pourrait cependant pas, à notre avis, régler la largeur ni la profondeur que les particuliers doivent donner à leurs fossés, car le service vicinal n'y est pas intéressé. Une mesure peut cependant être prise à cet égard, mais par voie de police, et non plus par application de la législation vicinale. Ainsi il peut arriver que, pour rendre l'entrée sur ses terres absolument impossible, un particulier ouvre le long d'un chemin vicinal un fossé d'une largeur et d'une profondeur telle qu'il en résultât un danger réel pour les hommes et les bestiaux qui parcourraient le chemin. Dans ce cas, le maire de la commune, ou le préfet, s'il s'agit d'un chemin vicinal de grande communication, peuvent évidemment, par mesure de police, prendre un arrêté prescrivant, soit la clôture de ces fossés, soit le placement de barrières qui fassent disparaître le danger. Ce droit de l'administration a été formellement reconnu par un arrêt de la cour de cassation (ch. crim.), en date du 4 janvier 1840 (le ministère public contre Lacoste),

ainsi conçu : « Vu le nº 1er de l'article 3, titre 11, de la loi des 16-24 août 1790 ; l'art. 46, titre 1er, de la loi des 19-22 juillet 1791; l'art. 4 de l'arrêté du 23 févr. 1838, dûment approuvé, par lequel le maire de Malemort a défendu aux propriétaires riverains des chemins vicinaux de creuser des fosses ou fossés d'une certaine profondeur, attenant au bord de ces chemins, pour y faire déposer les eaux, si le côté touchant au sol du chemin *n'est fermé par des pieux ou une claire-voie;* le nº 15 de l'art. 471 du Code pénal, et l'art. 161 du Code d'instruction criminelle; attendu que le procès-verbal dressé, le 29 août dernier, à la charge de Pierre Lacoste, constate que celui-ci a creusé sur sa propriété un fossé *attenant au bord du chemin* du Puch à la route de Brives à Vernesal, afin d'y faire déposer les eaux, et qu'il a refusé de se conformer à l'arrêté précité, en le fermant par des pieux ou une claire-voie; que, néanmoins, le tribunal de simple police de Brives, saisi de la contravention résultant de ce refus, s'est abstenu de la réprimer, sur le motif que la disposition dont il s'agit a été prise par le maire hors du cercle de ses attributions ; attendu, en droit, que ce tribunal a expressément méconnu, en statuant ainsi, le pouvoir attribué à l'autorité municipale par le nº 1er de l'art. 3, titre 11, de la loi des 16-24 août 1790, puisque le susdit art. 4 de l'arrêté a pour but d'assurer la sûreté de la voie publique sur le point où le fossé en question peut la compromettre; en conséquence, la Cour, faisant droit au pourvoi, casse et annule le jugement susdaté. »

Sect. 5. — *Répression des contraventions.*

§ 1er. *Anticipations.*

153. De tous les faits qui peuvent porter dommage à la vicinalité, il n'en est pas de plus fréquents que les anticipations sur le sol des chemins vicinaux, il n'en est pas qui exigent de la part de l'autorité administrative une surveillance plus constante et plus active. La tendance de la plupart des propriétaires riverains à incorporer à leurs champs de faibles parcelles de ces chemins, la persistance avec laquelle ils augmentent graduellement leurs anticipations, s'expliquerait difficilement par la valeur du sol dont ils s'emparent ; mais quelque faible que soit cette valeur, elle suffit pour qu'en peu d'années la largeur d'un chemin se trouve réduite aux dimensions d'un simple sentier, si l'autorité ne réprime constamment cette tendance.

154. A quels tribunaux appartient-il de réprimer les anticipations sur le sol des chemins vicinaux, et de contraindre les riverains à restituer à ces voies publiques le sol qu'ils leur ont enlevé ? Cette question donne lieu, depuis bien des années, à un grave conflit entre les autorités administrative et judiciaire. Nous avons à faire connaître les différentes phases et l'état actuel de ce conflit, et nous le ferons aussi brièvement que possible : mais quelques développements sont indispensables à l'occasion d'un dissentiment aussi profond que celui qui subsiste entre les deux autorités.

155. La loi du 7 sept. 1790, par son article 6, avait attribué aux tribunaux d'arrondissement la police de conservation des chemins publics, et par suite la répression des anticipations sur ces chemins ; celle du 6 oct. 1791, titre 2, article 40, maintint cette attribution aux tribunaux de police correctionnelle, pour la quotité de l'amende dont elle frappait les contrevenants. Cet article est ainsi conçu : « Les cultivateurs ou tous autres qui auront dégradé ou détérioré, de quelque manière que ce soit, des chemins publics, ou *usurpé sur leur largeur,* seront condamnés à la réparation ou à la restitution, et à une amende qui ne pourra être moindre de trois livres, ni excéder vingt-quatre livres. » En vertu de cette disposition, la répression des usurpations sur le sol des chemins vicinaux resta donc, pendant plusieurs années, dans le domaine incontesté des tribunaux, lorsque la loi du 9 ventôse an XIII (28 février 1805) vint changer ou parut changer la compétence en cette matière.

156. Les cinq premiers articles de cette loi ont pour objet des mesures exclusivement applicables aux routes ; nous n'avons pas à nous en occuper. Les articles 6, 7 et 8 sont ainsi conçus :

« Art. 6. L'administration publique fera rechercher et reconnaître les anciennes limites des chemins vicinaux, et fixera, d'après cette reconnaissance, leur largeur suivant les localités, sans pouvoir cependant, lorsqu'il sera nécessaire de l'augmenter, la porter au-delà de six mètres, ni faire aucun changement aux chemins vicinaux qui excèdent actuellement cette dimension.

» Art. 7. A l'avenir, nul ne pourra planter sur le bord des chemins vicinaux, même dans sa propriété, sans leur conserver la largeur qui leur aura été fixée en exécution de l'article précédent.

» Art. 8. Les poursuites en contravention aux dispositions de la présente loi seront portées devant les conseils de préfecture, sauf le recours au Conseil d'état. »

157. Plus de clarté eût été désirable, il faut le reconnaître, dans la rédaction de ce dernier article de la loi précitée. Il attribue sans doute, d'une manière générale, aux conseils de préfecture la répression de toutes les contraventions aux dispositions de cette loi; mais quelles sont, en matière de chemins vicinaux, les dispositions qui peuvent donner lieu à contravention? L'article 7 porte, à la vérité, défense de planter sur le bord des chemins, *sans leur conserver leur largeur*, et il n'est pas douteux que les plantations faites en contravention à cette défense ne pussent donner lieu à poursuite devant le conseil de préfecture. Ces plantations, il faut l'admettre, constituent une anticipation sur le sol vicinal; il n'est donc pas contestable que la répression des anticipations commises, au moyen de plantations illicites, se trouvaient ainsi placées dans la compétence des conseils de préfecture. En est-il de même des anticipations commises par d'autres moyens? Cela n'apparaît pas d'une manière aussi évidente. L'article 6, en effet, le seul qui traite de la largeur des chemins vicinaux, charge bien l'administration de fixer cette largeur, d'après les anciennes limites, mais elle n'exprime pas la défense aux riverains d'anticiper sur cette largeur; ce n'est donc pas cet article de loi, qui, à probablement parler, fait un délit de l'anticipation sur les chemins vicinaux, et c'est toujours, sur ce point, aux lois antérieures qu'il faut se reporter.

158. Quoi qu'il en soit, l'autorité administrative vit, dans l'article 8 de la loi du 9 ventôse an XIII, une attribution générale donnée aux conseils de préfecture pour la répression des anticipations commises sur le sol des chemins vicinaux, de quelque manière que ce fût, et, dans une instruction du 7 prair. an XIII, le ministre de l'intérieur prescrivit de poursuivre devant les conseils de préfecture ***les envahissements, empiétements et plantations d'arbres qui tendent à changer la largeur ou la direction que l'administration a fixée.*** Le Conseil d'état admit cette règle, et dès le 24 juillet 1806, un décret (Durrieu contre commune de Geaune) prononça en ces termes sur ce point de compétence : « Vu la loi du 9 ventôse an XIII; considérant que la loi précitée attribue la police de conservation des chemins vicinaux, en ce qui concerne leur direction, leur étendue et leur largeur, à l'autorité administrative, et le contentieux y relatif aux conseils de préfecture, et que, par conséquent, le juge de paix du canton de Geaune n'était pas compétent pour juger l'usurpation dont s'est plaint l'adjoint au maire de ladite commune; Art. 1er : Le jugement du juge de paix du canton de Geaune, du 31 janvier 1806, rendu sur une plainte en usurpation de chemin communal, faite par le sieur Durrieu, propriétaire de la commune de Geaune, est considéré comme non avenu. Art. 2. Le maire de la commune de Geaune se pourvoira, s'il y a lieu, devant le conseil de préfecture du département pour faire prononcer sur l'usurpation reprochée au sieur Durrieu. » Deux autres décrets, l'un du 16 août 1808 (Danièlou contre Legarrec), l'autre du 3 septembre 1808 (Godinot-Dinet), maintinrent également la compétence des conseils de préfecture, et, comme pour mieux l'établir, un décret du 21 décembre 1808 (Lhermite) décida que ces tribunaux administratifs pouvaient prononcer sur un fait d'usurpation, même en présence d'un jugement de juge de paix, qui, à la vérité, n'avait pas reçu d'exécution. Ce décret est ainsi conçu : « Considérant que le jugement rendu par le juge de paix du canton de Saint-Calais est antérieur à la loi de ventôse an XIII, sur laquelle le préfet appuie le conflit, et qui réellement attribue aux conseils de préfecture la connaissance des usurpations sur les chemins vicinaux; qu'au surplus, dès que ce jugement n'a pas été exécuté, et que le conseil de préfecture de la Sarthe, en vertu de la nouvelle loi, a pris ensuite connaissance de l'affaire, il devient inutile de statuer sur le mérite du jugement sus-énoncé. »

159. Le Conseil d'état parut, bientôt après, hésiter sur la jurisprudence qu'il avait établie. Ainsi, d'un décret du 7 août 1810 (Bonnet, Lecointre et autres), il résulterait que les conseils de préfecture ne sont pas compétents lorsqu'il y avait contestation sur la propriété du sol prétendu usurpé. Ce décret est ainsi conçu : « Considérant qu'il ne s'agissait pas de déterminer la largeur d'un chemin vicinal,

mais de décider s'il existait un chemin public; que, les sieurs Lebret et Bonnet soutenant que la portion de terrain réclamée pour faire ce chemin, étant leur propriété privée, n'avait jamais fait partie de la voie publique, la contestation ne présentait qu'une question de propriété qui ne peut être jugée que par les tribunaux ordinaires; Art. 1er : Le conflit élevé par le préfet de la Seine-Inférieure est annulé. » L'incompétence des conseils de préfecture fut déclarée d'une manière plus formelle et plus générale encore par le décret du 5 mars 1811 (Damas) ainsi conçu : « Vu le jugement interlocutoire rendu, le 24 septembre 1810, par le tribunal correctionnel de l'arrondissement de Châlons, qui se déclare compétent pour connaître de l'usurpation commise par le sieur Damas sur un chemin vicinal dont l'existence avait été précédemment reconnue par l'autorité administrative, conformément à l'article 6 de la loi du 9 ventôse an XIII; considérant que les art. 6 et 7 de la loi du 9 ventôse an XIII n'attribuent à l'autorité administrative que la reconnaissance des anciennes limites des chemins vicinaux, la fixation de leur largeur, suivant les localités; que la largeur du chemin, sur lequel le sieur Damas a exercé la voie de fait qu'on lui impute, ayant été réglée par l'autorité administrative, il ne s'agissait plus que de réprimer un délit en matière de petite voirie; que la connaissance de ces sortes d'affaires est de la compétence des tribunaux; Art. 1er : L'arrêté par lequel le préfet du département de la Marne a élevé le conflit sur le jugement du tribunal correctionnel de Châlons, relatif au délit imputé au sieur Damas, est annulé. »

160. Ces deux décisions étaient d'autant plus remarquables, que le Code pén. de 1810, qui était alors en vigueur, ne contenait aucune disposition répressive des anticipations commises sur les chemins publics, d'où on aurait pu inférer que le législateur s'en était référé, à cet égard, à la loi du 29 floréal an X pour les délits de grande voirie, et à celle du 9 ventôse an XIII pour ceux relatifs aux chemins vicinaux; mais ces deux décrets ne firent pas. jurisprudence, car, dès le 6 juin 1811, le Conseil d'état attribua de nouveau aux conseils de préfecture la répression des anticipations sur les chemins vicinaux; ce décret (Soulatre contre commune de Reuilly) est ainsi conçu : « Considérant que, s'agissant, dans l'espèce, de réprimer une anticipation faite sur un chemin vicinal et qui en rendait l'usage impraticable, le conseil de préfecture était compétent pour en connaître, aux termes de la loi du 29 floréal an X et de la loi du 9 ventôse an XIII. » Une décision semblable fut portée par un autre décret du 7 août 1812 (commune d'Amance contre Crancy), ainsi conçu : « Vu la sentence du juge de paix, qui déclare que la petite partie de terrain que la commune d'Amance prétend faire partie de la voie publique était la propriété particulière du sieur Crancy; considérant que l'existence du chemin vicinal n'est point contestée; que le maire d'Amance prétend que les terrains en litige en font partie; qu'aux termes des lois, la connaissance des anticipations sur la voie publique est réservée à l'administration, et par conséquent, que le conseil de préfecture est compétent pour prononcer sur les contestations dont il s'agit; Art. 1er : La sentence du juge de paix du canton d'Amance, sous la date du 11 nov. 1811, est déclarée nulle et non avenue; le conflit élevé par le préfet de la Haute-Saône est maintenu. Les parties sont renvoyées à se pourvoir devant le conseil de préfecture du même département. «

161. Depuis cette époque, la jurisprudence du Conseil d'état n'a plus varié sur ce point, et des ordonnances trop nombreuses pour que nous les citions, ont constamment maintenu, soit explicitement, soit implicitement, la compétence exclusive des conseils de préfecture pour la répression des anticipations commises sur les chemins vicinaux. La jurisprudence du Conseil d'état est tellement absolue, que dans un cas où l'autorité judiciaire avait été saisie, par l'erreur d'un administrateur, de la connaissance d'une anticipation, la poursuite n'en a pas moins été revendiquée pour le tribunal administratif. C'est ce qu'on voit dans l'ordonnance du 28 février 1828 (Bavoux et Pochet contre commune de Nesles), ainsi conçue : « Considérant, sur l'exception tirée de ce qu'avant l'introduction de l'instance administrative, le sous-préfet de Coulommiers aurait transmis à l'autorité judiciaire des procès-verbaux pour faire poursuivre par elle les sieurs Bavoux et Pochet; qu'en admettant ce fait, une semblable transmission n'a pu porter aucun préjudice à l'action exercée dans l'intérêt de la commune devant le conseil de préfecture, puisque, d'une part, cette action était entièrement indépendante de celles qui pouvaient être portées devant les tribunaux, et

que, d'autre part, il n'appartenait pas au sous-préfet de renoncer aux droits de la commune, lesquels ne pouvaient être exercés que par elle. »

Fréquemment aussi le Conseil d'état a eu à défendre cette attribution des conseils de préfecture contre l'administration elle-même. Ainsi, une ordonnance du 28 novembre 1821 (Grammont contre Aigobert) a annulé, en ces termes, un arrêté de préfet, qui avait statué sur une anticipation. « Considérant sur la compétence, qu'aux termes de l'article 6 de la loi du 9 ventôse an XIII, le préfet était compétent pour reconnaître et déclarer la vicinalité du chemin de Sarrant à la Briche; mais que, d'après l'article 8 de la même loi, c'était au conseil de préfecture, sauf le recours à notre Conseil d'état, à statuer sur la contravention reprochée au sieur Grammont; Art. 2 : Il (l'arrêté du préfet du département du Gers) est annulé dans les autres dispositions, et les parties sont renvoyées devant le conseil de préfecture, sur les contraventions en matière de chemins vicinaux. » Une décision semblable a été donnée dans une ordonnance du 20 février 1822 (Dervaux-Paulée contre le ministre de l'intérieur) et dans plusieurs autres que nous nous abstenons de citer, attendu qu'elles ne font que maintenir, dans les mêmes termes, les limites des attributions respectives de l'autorité administrative et des conseils de préfecture en matière d'anticipations sur le sol des chemins vicinaux.

162. Enfin, pour mieux faire ressortir le soin que mettait le Conseil d'état à défendre l'attribution qu'il faisait dériver de l'article 6 de la loi du 9 ventôse an XIII, nous rapporterons une ordonnance prononçant l'annulation d'un arrêté par lequel un conseil de préfecture s'était déclaré incompétent pour réprimer une anticipation; c'est celle du 18 juin 1823 (commune de Lambezellec), ainsi conçue : « Vu la requête à nous présentée au nom de la commune de Lambezellec, et tendante à l'annulation d'un arrêté du conseil de préfecture du Finistère, du 7 novemb. 1821, par lequel il s'est déclaré incompétent pour prononcer dans une contestation existante entre la commune de Lambezellec et le sieur Bernard, relativement à une anticipation que ladite commune prétend avoir été commise par le sieur Bernard sur le chemin vicinal dit Prat-ar-Raty; vu l'arrêté du préfet du Finistère, du 29 juillet 1821, lequel reconnaît et classe ledit chemin parmi les chemins vicinaux de la commune de Lambezellec; considérant que le préfet a reconnu, après une enquête, que le chemin dit Prat-ar-Raty était public de temps immémorial; qu'aux termes de la loi du 9 ventôse an XIII, le conseil de préfecture était compétent pour prononcer sur l'anticipation que la commune de Lambezellec prétend avoir été commise sur ledit chemin par le sieur Bernard; Art 1er : L'arrêté du conseil de préfecture du Finistère, du 7 novembre 1821, est annulé, et les parties sont renvoyées devant ledit conseil de préfecture pour y faire prononcer sur la question d'anticipation dont il s'agit. » Des décisions semblables ont été portées dans les ordonnances des 9 juin 1824 (Dillingham), 25 avril 1828 (ministre de l'intérieur) et 19 août 1829, (commune de Sérignan contre Vincenti). Il a même été statué par une ordonnance du 28 février 1828 (Bavoux et Pochet contre commune de Nesles) que l'action du conseil de préfecture, quant à la répression d'une anticipation, n'était pas éteinte par un jugement correctionnel qui aurait réprimé la dégradation du chemin; cette ordonnance est ainsi conçue : « Considérant, sur l'exception de la chose jugée, tirée de l'arrêt de notre Cour royale de Paris, rendu le 9 mars 1822, entre notre procureur général et le sieur Bavoux, qu'il résulte du texte de la citation du 5 mars 1822, donnée à la requête de notre procureur général audit sieur Bavoux, que ce dernier n'était cité que pour voir statuer sur les délits à lui imputés; qu'il résulte du texte dudit arrêt que notredite Cour royale n'a statué que sur l'action correctionnelle et la plainte du ministère public; qu'en réservant à la commune l'action civile de propriété, ledit arrêt n'a pas jugé l'action administrative résultant de la loi du 27 février 1805 (9 ventôse an XIII), laquelle ne lui était pas soumise et ne pouvait être portée que devant le conseil de préfecture, et dont ladite commune pouvait d'autant moins être dépouillée par ledit arrêt, qu'elle n'y était pas même partie. »

163. Mais la Cour de cassation n'a jamais reconnu la compétence des conseils de préfecture pour la répression des usurpations commises sur le sol des chemins vicinaux, et, dès le 30 janvier 1807, elle rendait (chambre criminelle) un arrêt de doctrine (le ministère public contre Duplessis) ainsi conçu : « Vu l'art. 40 de la loi du 28 sept. 1791, titre 2; et attendu

qu'il est déclaré constant en fait, par le jugement attaqué, que le sieur Duplessis, de son autorité, a fait creuser un fossé sur la largeur du chemin vicinal allant de la commune de Saint-Aventin à un port établi sur la rivière du Cher, et qu'il a fait labourer et couvrir de terre un autre chemin, tendant de la même commune à une forêt nationale et à des habitations que couvre cette forêt ;

» Attendu que c'était la simple répression de ces voies de fait que réclamait le commissaire de police près le tribunal de police du canton de Tours ;

» Attendu que la loi du 9 ventôse an XIII, qui donne compétence en certains cas, en matière de voirie, au conseil de préfecture, n'a aucune disposition qui puisse s'appliquer à de pareilles voies de fait, cette loi de ventôse an XIII ne s'occupant que des plantations à faire sur la largeur des chemins publics, qui intéressent essentiellement l'administration générale ;

» Que si le sieur Duplessis prétendait que les chemins sur lesquels il s'est permis des voies de fait fussent d'une trop grande largeur, ou qu'ils dussent même être supprimés, il devait solliciter de l'autorité compétente un arrêté favorable, mais non agir par voie de fait de sa propre autorité ;

» Que, se l'étant permis, il s'est rendu justiciable, par ce fait purement possessoire, des tribunaux de police établis par la loi pour la répression de semblables délits ;

» Que dès lors, en renvoyant la connaissance de cette répression au conseil de préfecture du département d'Indre-et-Loire, le tribunal de police du canton de Tours a donné une fausse interprétation, et faussement appliqué les dispositions de la loi du 9 ventôse an XIII. »

Le Code pénal de 1810 laissa, par la rédaction de l'art. 471, n° 4, subsister l'incertitude sur la compétence en matière de répression des anticipations sur les chemins vicinaux ; il n'y est parlé, en effet, que des dépôts de matériaux et autres embarras de la voie publique. L'autorité administrative, d'une part, et l'autorité judiciaire, de l'autre, durent donc continuer à appliquer les lois antérieures comme elles les comprenaient, l'une défendant la compétence des conseils de préfecture, l'autre celle des tribunaux ordinaires. Nous croyons devoir rapporter ici un second arrêt de doctrine, rendu par la Cour de cassation (chambre criminelle), le 7 avril 1827 (le ministère public contre Choisnard), et qui est plus explicite encore que celui du 30 janvier 1807 :

« Vu l'art. 40, titre 2, de la loi du 6 oct. 1791 ; vu l'art. 1er de la loi du 29 floréal an X ; vu les art. 6, 7 et 8 de la loi du 9 ventôse an XIII ;

» Attendu qu'aux termes de l'art. 40, titre 2, de la loi du 6 oct. 1791, *toutes dégradations et détériorations de chemins publics, ou anticipations sur leur largeur*, sont de la compétence des tribunaux judiciaires, doivent être poursuivis devant eux, et punis des peines déterminées par cet article ;

» Attendu que la règle générale posée par cet article a souffert, par des dispositions subséquentes, deux exceptions : l'une, établie en matière de grande voirie par la loi du 29 floréal an X, portant que toutes contraventions dans cette matière seront réprimées et poursuivies par voie administrative ; l'autre, par l'art. 8 de la loi du 9 ventôse an XIII, qui attribue aux conseils de préfecture la connaissance des contraventions aux dispositions de cette loi ;

» Attendu que les seules dispositions de cette dernière loi, relatives à la petite voirie, sont contenues dans l'art. 6, qui charge l'administration publique de faire rechercher et connaître les anciennes limites des chemins vicinaux et d'en fixer la largeur, et dans l'art. 7, qui défend de planter des arbres sur le bord des chemins vicinaux, sans leur conserver la largeur fixée en exécution de l'article précédent ;

» Attendu que, de la combinaison de ces trois articles, il résulte que la compétence des conseils de préfecture est restreinte aux discussions que peut faire naître l'exécution des règlements des préfets sur la largeur des chemins vicinaux, leur direction et la plantation des arbres qui les bordent ;

» Attendu que toute juridiction exceptionnelle doit être renfermée dans ses plus étroites limites ;

» Attendu que, hors les cas précis pour lesquels cette juridiction est établie, il faut se hâter de rentrer sous l'empire du droit commun ; que ce droit est spécialement reconnu et établi par l'article 40 du titre 2 de la loi du 6 oct. 1791, qui attribue au pouvoir judiciaire les connaissances et les poursuites de toutes contraventions commises sur les chemins publics, par dégradation, détérioration, ou usurpation sur leur largeur ;

» D'où il suit que le tribunal correctionnel de Mortagne, en se déclarant compétent pour connaître de l'action intentée contre Choisnard, pour encombrement d'un chemin public qui ne faisait pas partie de la grande voirie, et à l'égard duquel rien n'annonce d'ailleurs qu'il ait été procédé conformément à l'art. 6 de la loi du 9 ventôse an XIII, a régulièrement procédé, et s'est conformé aux règles établies par l'article 40, titre 2, de la loi du 6 oct. 1791, et que le tribunal d'Alençon, en rejetant le déclinatoire proposé par le ministère public, et en confirmant la décision des premiers juges, *en ce qui concernait une prétendue usurpation sur le chemin public de Mortagne à Maurès*, a lui-même statué suivant les règles de compétence, et s'est exactement conformé aux lois. » Un autre arrêt rappelant les mêmes principes a été rendu (le ministère public contre Halliez) le 20 fév. 1829.

164. Un nouvel argument a été fourni à l'autorité judiciaire par l'addition au Code pénal, lors de sa révision en 1832, d'une disposition ainsi conçue, art. 479, n° 11 : « Seront punis d'une amende de 11 à 15 francs... ceux qui auront dégradé ou détérioré de quelque manière que ce soit les chemins publics, *ou qui auront usurpé sur leur largeur.* » L'autorité judiciaire a vu, dans les derniers mots de cette disposition du Code pénal, l'abrogation *formelle* de l'art. 8 de la loi du 9 vent. an XIII, quant à l'attribution qu'avait donnée cet article aux conseils de préfecture pour la répression des anticipations commises sur les chemins vicinaux; elle y a vu la continuation de cette attribution aux tribunaux de simple police.

165. Des doutes peuvent cependant être élevés sur la portée donnée par les tribunaux à la disposition ajoutée au Code pénal en 1832. Nous connaissons en France, en effet, trois catégories distinctes de chemins publics; 1° les routes royales et départementales; 2° les chemins vicinaux; 3° les chemins qui, sans avoir été déclarés vicinaux, sont cependant à l'usage du public. Ces derniers ont pu ne pas être déclarés vicinaux, tantôt par omission, tantôt et plus souvent, parce que quelque utiles qu'ils soient à une partie de la commune, pour l'exploitation des terres, par exemple, cette utilité n'est cependant pas assez étendue pour que leur entretien soit mis à la charge de la commune, ce qui serait une conséquence nécessaire de la déclaration de vicinalité. La commune a pourtant un intérêt réel à conserver intact le sol de ces chemins et à le défendre contre toute anticipation de la part des riverains; or, la répression de ces anticipations n'appartenant pas aux conseils de préfecture, qui ne connaissent, en vertu de la loi du 9 ventôse an XIII, que de celles commises sur les *chemins vicinaux*, il fallait pourvoir à cette répression, en ce qui concerne *les chemins publics non vicinaux*, et c'est ce qui aurait été fait pour la nouvelle disposition du Code pénal. On peut ajouter que, depuis 1832, les conseils de préfecture ont continué, sans contestation, à connaître exclusivement, en vertu de la loi du 29 floréal an X, des empiétements commis sur les routes royales et départementales. Comment le Code pénal de 1832 aurait-il abrogé l'art. 8 de la loi du 9 ventôse an XIII et non pas la loi du 29 floréal an X? comment les tribunaux revendiquent-ils la connaissance des anticipations commises sur les chemins publics appelés *chemins vicinaux*, et ne revendiquent-ils pas celles des anticipations commises sur les chemins publics appelés *routes royales et départementales?*

166. Ces considérations, et d'autres encore peut-être, ont déterminé le Conseil d'état à ne pas admettre l'interprétation donnée par l'autorité judiciaire à la nouvelle disposition introduite dans l'art. 479 du Code pénal; et de 1832 à 1836, plusieurs ordonnances, que nous nous abstenons de citer, ont maintenu, comme auparavant, la compétence exclusive des conseils de préfecture pour la répression des anticipations sur le sol des chemins vicinaux.

167. La préparation d'une législation nouvelle sur les chemins vicinaux eût été une occasion favorable pour faire cesser le conflit subsistant alors entre l'autorité administrative et l'autorité judiciaire; mais des motifs qui ne nous sont pas connus déterminèrent le gouvernement à garder le silence sur ce point, et le projet devenu la loi du 21 mai 1836, tout en déclarant l'imprescriptibilité des chemins vicinaux, ne contient aucune disposition sur la répression des anticipations. Nous devons cependant relever, dans la discussion de cette loi, une circonstance qui paraît militer en faveur de la jurisprudence maintenue par le conseil d'état.

Dans la séance de la chambre des députés du 7 mars 1836, un membre de cette chambre proposa un amendement qui avait pour objet d'attribuer, en termes formels, aux tribunaux ordinaires, la connaissance exclusive des contraventions et délits de toute espèce qui pourraient être commis sur les chemins vicinaux et sur les objets qui en dépendent; or, il est à croire que l'auteur et les défenseurs de cet amendement pensaient que son adoption était nécessaire pour dépouiller les conseils de préfecture de l'attribution que leur avait donnée la loi du 9 ventôse an XIII. Après une assez longue discussion dans laquelle fut clairement démontré l'avantage qu'il y avait à *laisser* les conseils de préfecture investis de cette attribution, l'amendement fut rejeté. Ne faut-il pas en conclure que la chambre des députés ne crut pas utile d'attribuer aux tribunaux ordinaires la connaissance des usurpations sur les chemins vicinaux, et qu'elle a voulu, au contraire, la laisser aux conseils de préfecture? Les opposants à l'amendement, en effet, ont constamment argumenté de l'existence actuelle de la disposition de la loi du 9 ventôse an XIII qui conférait aux conseils de préfecture la répression des anticipations sur les chemins vicinaux, et du danger de changer cette disposition. La chambre était donc parfaitement éclairée sur l'effet que devait avoir le rejet de l'amendement proposé, et en le repoussant, elle a bien entendu maintenir l'art. 8 de la loi précitée.

Dans la séance du lendemain, 8 mars, un autre membre proposa un amendement qui tendait à partager, entre les conseils de préfecture et les tribunaux ordinaires, la connaissance des diverses espèces de contraventions qui peuvent se commettre sur les chemins *vicinaux et communaux*, comme ils étaient appelés dans le projet de loi alors en discussion. Après quelques explications, l'amendement ne fut pas admis, et cette décision, combinée avec la discussion de la veille, indique évidemment, selon nous, que la chambre des députés ne crut pas nécessaire de confirmer par une loi nouvelle les dispositions de celle du 9 ventôse an XIII, qu'elle regardait comme étant toujours en vigueur.

Enfin, la chambre des pairs regarda tellement ces dispositions comme existantes, et elle eut tellement l'intention qu'elles continuassent à être exécutées, que ce fut là le motif qui la détermina à ne pas admettre la distinction des chemins en *communaux* et *vicinaux*, telle que portait le projet de loi sorti de l'autre chambre. La chambre des pairs craignit que la dénomination de *chemins communaux* ne trouvât pas son application formelle dans la loi du 9 ventôse an XIII, qui ne parle que de chemins vicinaux, et que, par là, les conseils de préfecture ne se trouvassent dépouillés de la connaissance des anticipations sur les chemins qui devaient être appelés *communaux;* c'est ce qui résulte évidemment de la discussion de l'art. 1er, dans la séance du 28 août 1836.

Sans doute, les discussions qui ont lieu dans les chambres ne forment pas une règle absolue, et lorsqu'une loi est rendue, c'est son texte seul qu'il faut appliquer; mais toujours ces discussions servent de commentaire à la loi, et on y puise d'utiles explications sur les articles qui peuvent laisser quelques doutes : or, il en est peu, à ce qu'il nous paraît, où la discussion ait mieux fait ressortir l'état actuel de la législation.

168. La loi du 21 mai 1836 resta donc muette sur la compétence pour la répression des anticipations; mais, dans l'instruction qu'il donna le 24 juin 1836 pour l'exécution de cette loi, le ministre de l'intérieur ne pouvait, en ce qui concerne la répression des anticipations, qu'adopter la jurisprudence constante du conseil d'état, et l'opinion émise par la majorité dans les deux chambres. Le ministre posa donc en principe que les conseils de préfecture étaient seuls compétents pour réprimer ces anticipations, et il invita formellement les préfets à veiller à ce que tous les procès-verbaux constatant ces contraventions fussent déférés à ces tribunaux administratifs. Quoi qu'il en soit, les tribunaux de simple police n'en persistèrent pas moins à statuer sur les anticipations qui leur étaient dénoncées occasionnellement, et la cour de cassation maintint leur compétence par un arrêt du 2 mars 1837 (Boullay), dans lequel elle établit que les tribunaux de simple police sont *aujourd'hui* seuls compétents pour réprimer les dégradations et *usurpations* commises sur les chemins vicinaux, et que la juridiction attribuée à cet égard aux conseils de préfecture, par la loi du 9 ventôse an XIII, a été *transportée* aux tribunaux de police par le n° 11 de l'art. 479 du Code pénal modifié. Le conseil d'état, de son côté, continua à maintenir dans ses décisions la compétence exclusive des conseils de préfecture, et un dissentiment complet se trouva ainsi établi entre l'autorité administrative et l'autorité judiciaire sur une attribution qu'il eût été d'autant plus à désirer de voir nettement déterminée, que la loi du 21 mai 1836, en donnant une nouvelle activité à toutes les parties du service vicinal, devait amener la

constatation d'une foule d'anticipations que, jusque-là, on laissait sans répression.

169. En 1838, le conseil d'état donna à sa jurisprudence une interprétation nouvelle, ou plutôt il chercha à concilier les dispositions de la loi du 9 ventôse an XIII et celles du Code pénal de 1832, et, dans une ordonnance du 23 juillet 1838 (Hébrard), il établit que les conseils de préfecture devaient réprimer l'usurpation, c'est-à-dire, faire réintégrer le sol usurpé, et les tribunaux de police punir les contrevenants, c'est-à-dire appliquer l'amende. Le texte de l'ordonnance que nous allons reproduire trace de la manière la plus claire ce nouveau système de répression.

« Louis-Philippe, etc.; sur le rapport du comité de législation et de justice administrative; vu la lettre de notre ministre de l'intérieur, en date du 8 janvier 1838, enregistrée au secrétariat général de notre conseil d'état le 19 avril 1838, laquelle nous a déféré, en notre conseil d'état, le règlement du conflit négatif résultant de la double déclaration d'incompétence rendue par le conseil de préfecture du Lot et le juge de paix du canton de la Bastide (Lot), à l'occasion d'une usurpation de chemins vicinaux imputée aux sieurs Hébrard;

» Vu le jugement du juge de paix du canton de la Bastide, en date du 13 juillet 1837;

» Vu l'arrêté du conseil de préfecture du Lot, du 7 décembre 1837;

» Vu les autres pièces produites;

» Ouï M. Marchand, maître des requêtes, remplissant les fonctions du ministère public;

» Considérant, en fait, que suivant procès-verbal du 24 févr. 1837, les sieurs Hébrard ont construit, sur un chemin public du village de Lagarrouets, un four qui en obstrue le passage;

» Que, par sentence du 13 juillet 1837, le juge de paix du canton de la Bastide, devant lequel ils avaient été traduits en raison de cette contravention, s'est déclaré incompétent pour en connaître, et les a renvoyés devant la juridiction administrative;

» Que le conseil de préfecture du Lot, saisi à son tour aux fins dudit procès-verbal, s'est également déclaré incompétent, par arrêté du 7 décembre 1837;

» Considérant, en droit, que les contraventions aux dispositions de la loi du 9 ventôse an XIII, relatives aux usurpations commises sur les chemins vicinaux, doivent, aux termes de l'art. 8 de la loi, être poursuivis devant les conseils de préfecture;

» Que la compétence établie par cette loi se rattache aux pouvoirs généraux qui appartiennent à l'autorité administrative, chargée d'assurer la libre circulation des citoyens et la viabilité publique;

» Que cette compétence n'a été changée par aucune loi;

» Que l'art. 479 du Code pénal, n° 11, tel qu'il a été modifié par la loi du 28 avril 1832, s'est borné à reproduire la disposition de la loi du 6 oct. 1791, art. 40, sans rapporter la loi du 9 ventôse an XIII, et dans le seul but de placer parmi les contraventions de simple police les infractions prévues par ledit article;

» Que l'art. 479, n° 11, du Code pénal doit se combiner avec la loi du 9 ventôse an XIII, en ce sens que les conseils de préfecture sont chargés de faire cesser les usurpations commises sur les chemins vicinaux, et les juges de police de prononcer les amendes;

» Que cette combinaison attribue à chaque autorité les pouvoirs qui lui appartiennent, en réservant à l'autorité administrative les mesures de conservation de la voie publique, et à l'autorité judiciaire l'application des pénalités;

» Qu'il suit de ce qui précède que, dans l'espèce, c'est à tort que le conseil de préfecture du Lot a refusé de statuer sur les mesures propres à faire cesser l'usurpation imputée aux frères Hébrard, et que le juge de paix du canton de la Bastide a refusé de prononcer, s'il y avait lieu, l'amende par eux encourue;

» Notre conseil d'état entendu;

» Nous avons ordonné et ordonnons ce qui suit:

» Art. 1er. L'arrêté du conseil de préfecture du département du Lot, en date du 7 déc. 1837, est annulé dans l'intérêt de la loi, et la sentence du juge de paix du canton de la Bastide, du 13 juillet 1837, est considérée comme non avenue. »

Le conseil a tracé les mêmes règles dans plusieurs ordonnances postérieures, des 2 sept. 1840 (Mahieu-Decante), 26 déc. 1840 (Gruter contre la commune d'Orgeval), 4 sept. 1841 (ministre de l'intérieur contre Maguillat, Clet et Bonnier).

170. Comme doctrine, le système mixte de répression indiqué par le conseil d'état peut, sans doute, paraître une juste combinaison de deux lois qui semblent se contredire; mais il était difficile d'espérer que, dans la pratique,

ce système atteignît le but que le conseil d'état avait en vue, la cessation du conflit existant entre l'autorité administrative et l'autorité judiciaire. Il faut reconnaître, d'abord, que c'est quelque chose d'inusité dans nos formes judiciaires, que ces poursuites distinctes et successives instituées devant deux tribunaux différents, pour un seul et même fait. D'ailleurs, la décision judiciaire ne se trouverait-elle pas ainsi subordonnée à la décision administrative prise, en premier lieu, par le conseil de préfecture, puisque, si ce dernier prononçait qu'il y a anticipation, le tribunal de police se trouverait contraint, sans autre examen, de prononcer la condamnation à l'amende?

171. Aussi l'autorité judiciaire n'admit-elle pas le mode de répression indiqué par l'ordonnance ci-dessus relatée du 23 juillet 1838. La cour de cassation persista à établir la compétence exclusive et entière des tribunaux de police, et dans un arrêt (ch. cr.) du 10 septembre 1840 (le ministère public contre Rissel), la cour repoussa même formellement l'application du système de l'ordonnance, « attendu, en droit, y est-il dit, que la loi du 21 mai 1836, qui contient un système complet de législation sur la matière des chemins vicinaux, a virtuellement et nécessairement abrogé les articles 6 et 7 de celle du 9 ventôse an XIII, et, par voie de conséquence, l'article 8 de cette même loi, quant à la compétence qu'il attribuait spécialement à l'autorité administrative relativement aux plantations faites sur ces chemins; que les usurpations qui peuvent y être être commises, *de quelque œuvre* qu'elles résultent, ne constituent donc plus aujourd'hui qu'une contravention au règlement général fait par les préfets, en exécution de l'article 21 de ladite loi de 1836; d'où il suit que les tribunaux de simple police doivent seuls en connaître et les réprimer; que l'action exercée contre les prévenus a été, dès lors, mal à propos portée devant le conseil de préfecture; *que les arrêtés par lesquels ce conseil leur a ordonné de remettre les lieux en l'état où ils étaient, et les a renvoyés devant les tribunaux ordinaires, quant à l'amende qu'ils peuvent avoir encourue, ne sauraient lier le tribunal de simple police, et l'obliger, par cela seul qu'ils ont été produits devant lui, à prononcer la peine portée par la loi.* »

La Cour de cassation s'est exprimée d'une manière plus formelle encore dans un arrêt (ch. crim.) du 26 juin 1841 (Guérard), dont la rédaction, quant au point de compétence, a évidemment eu pour objet de répondre à l'opinion émise par le Conseil d'état dans l'ordre ci-dessus transcrite, du 23 juillet 1838 (Hérard) : « Attendu, dit l'arrêt, que l'article 138 du Code d'instruction criminelle, auquel il n'a pas été dérogé en cela par la loi du 21 mai 1836, attribue compétence au tribunal de simple police pour le jugement de toutes les contraventions; que la loi du 28 avril 1832, en révisant l'article 479, n° 11, du Code pénal, a donné une nouvelle force à cette disposition et implicitement restreint les dispositions de l'article 8 de la loi du 9 ventôse an XIII (28 février 1805) aux contraventions de grande voirie; que cet article 8 n'est point applicable à la voirie municipale; que l'arrêté du préfet de Seine-et-Marne, relatif à la police des chemins vicinaux, *n'a pas pu déroger à l'ordre des juridictions, ni réduire les tribunaux de police à la nécessité de prononcer des peines sur des faits dont la constatation serait dévolue au conseil de préfecture; que l'indépendance des tribunaux en serait altérée et que le principe de la séparation des pouvoirs s'oppose à un tel partage des juridictions.* »

172. Le dissentiment entre le Conseil d'état et la Cour de cassation est donc plus profond que jamais sur la compétence en matière d'anticipations sur les chemins vicinaux, et désormais une disposition législative peut seule le faire cesser. Il serait vivement à désirer que cette disposition intervînt promptement, pour faire cesser un conflit qui jette fréquemment dans une fâcheuse incertitude les fonctionnaires chargés de constater les anticipations et d'en poursuivre la répression. Toutefois, comme la jurisprudence du Conseil d'état fait nécessairement la règle de l'autorité administrative et des conseils de préfecture, le ministre de l'intérieur prescrit aux préfets, dans toutes ses instructions, générales ou particulières, de considérer l'art. 8 de la loi du 9 ventôse an XIII comme toujours en vigueur, et de saisir les conseils de préfecture de la répression des anticipations sur les chemins vicinaux, sauf le renvoi aux tribunaux ordinaires pour l'application de l'amende, comme l'a prononcé l'ordonnance du 23 juillet 1838.

Nous allons examiner maintenant quelles règles doivent diriger les conseils de préfecture, dans l'exercice de la juridiction qui leur est dévolue.

173. La première condition nécessaire pour que les conseils de préfecture exercent l'attribution que leur donne l'article 8 de la loi du 9 ventôse an XIII, c'est que le chemin sur lequel l'anticipation a été constatée ait été déclaré vicinal. On comprend, en effet, que ces tribunaux administratifs n'ayant à connaître que *par exception* des anticipations sur les chemins publics, leur compétence soit rigoureusement restreinte à la catégorie de chemins pour lesquels elle a été établie, *les chemins vicinaux*. Aussi, le Conseil d'état n'a-t-il jamais hésité à annuler les arrêtés des conseils de préfecture qui avaient statué sur des anticipations commises sur le sol de chemins qui n'avaient pas été déclarés vicinaux. Ainsi, une ordonnance du 3 juin 1818 (Delteil contre commune de Fontanes) a prononcé en ces termes : « Vu l'arrêté du conseil de préfecture du département du Lot, du 30 août 1817, qui condamne le sieur Delteil à rétablir le chemin de Poncès dans son état primitif, et, à défaut de le faire, charge le maire de la commune de Fontanes d'y pourvoir aux frais dudit sieur Delteil ; considérant qu'il n'appartient qu'à l'administration, c'est-à-dire au préfet, de classer les chemins vicinaux ; que le chemin de Poncès n'étant pas rangé dans cette classe, le conseil de préfecture n'était pas autorisé à connaître des contestations relatives audit chemin ; Art. 1er : L'arrêté du conseil de préfecture du département du Lot, du 30 août 1817, est annulé pour cause d'incompétence. » Ce principe est plus clairement exprimé encore dans une autre ordonnance du 17 juin 1818 (Delmas contre commune de Saint-Jean de Vedas). « Considérant qu'il n'est pas justifié par le maire de la commune de Saint-Jean de Vedas que le préfet ait, aux termes de la loi du 9 ventôse an XIII, statué sur la qualification et le classement des chemins vicinaux de cette commune ; considérant que, d'après la même loi, les conseils de préfecture doivent connaître des dégradations et empiétements faits ou prétendus faits sur les chemins reconnus vicinaux, mais que, dans l'espèce, *et à défaut de classement des chemins contentieux*, le conseil de préfecture du département de l'Hérault a été prématurément saisi de la contestation ; Art. 1er : L'arrêté du conseil de préfecture du département de l'Hérault est annulé pour cause d'incompétence et d'excès de pouvoirs. » Un assez grand nombre d'ordonnances que nous nous abstiendrons de citer ont prononcé dans le même sens, et la jurisprudence du Conseil d'état ne pourrait varier sur ce point, puisqu'il résulte de l'application du texte même de la loi du 9 ventôse an XIII. L'incompétence d'un conseil de préfecture a même été déclarée par ordonnance du 24 octobre 1827 (Vochelet contre commune de Brionne), relativement à une anticipation commise sur un embranchement d'un chemin vicinal, lequel embranchement n'avait pas été compris dans le classement. « Vu la loi du 6 octobre 1791 et la loi du 28 février 1805 (9 ventôse an XIII) ; considérant qu'un chemin, partant de l'ancien chemin de Bernay pour aller à Aclou, a été inscrit sous le n° 27, au tableau des chemins et sentiers publics de la ville de Brionne, *et que cette définition n'est pas applicable à l'embranchement contesté* ; que ce fait est confirmé par le plan des lieux et le procès-verbal, et que dès lors le conseil de préfecture était incompétent pour connaître de la contestation. »

174. Mais si, pour que le conseil de préfecture puisse être saisi de la connaissance d'une anticipation, il est indispensable que le chemin sur lequel elle a été commise ait été préalablement déclaré vicinal, il n'est pas nécessaire, pour établir la compétence du conseil de préfecture, que l'anticipation ait été commise depuis l'arrêté de classement ; ce tribunal serait également compétent pour prononcer sur une anticipation antérieure à cet arrêté. Ainsi, dans l'affaire sur laquelle il a été statué par l'ordonnance déjà citée du 18 juin 1823 (commune de Lambezellec), il résulte des pièces que l'anticipation reprochée au sieur Bernard avait été commise antérieurement à l'arrêté de classement, et c'est cette circonstance qui avait déterminé le conseil de préfecture à se déclarer incompétent ; l'arrêté a cependant été annulé, et les parties renvoyées devant le même conseil pour y faire prononcer sur la question d'anticipation dont il s'agit. Ce principe est établi d'une manière plus explicite dans l'ordonnance du 23 novembre 1832 (de Contenson), ainsi conçue : « Vu la loi du 9 ventôse an XIII ; considérant que le chemin vicinal de la Condimine a été déclaré vicinal par arrêté du préfet de Saône-et-Loire, *en date du 19 août* 1830 ; que cette déclaration ne constitue pas un fait nouveau, mais constate seulement la vicinalité préexistante ; que ce n'est que le 25 *octobre suivant* que le conseil de

préfecture a prononcé sur l'usurpation constatée par le procès-verbal du garde champêtre de la commune, *en date du 17 juillet précédent;* que, dès lors, le conseil de préfecture a agi dans les limites de sa compétence. » Ici, comme on voit, l'anticipation constatée remontait à une époque antérieure au classement. Peu de mots expliqueront cette apparente rétroactivité donnée à la compétence du conseil de préfecture.

175. Toute anticipation sur le sol d'un chemin public, vicinal ou non vicinal, est une contravention, et, dans l'intérêt de la viabilité, elle doit être réprimée. Si l'anticipation avait été constatée avant la déclaration de vicinalité, le contrevenant eût été, en vertu de la loi du 6 octobre 1791, et aujourd'hui en vertu de l'article 479, n° 11, du Code pénal, il eût été, disons-nous, poursuivi devant les tribunaux ordinaires. Mais, de ce que l'anticipation n'aurait pas été constatée avant l'arrêté portant déclaration de vicinalité, il ne peut s'ensuivre que cet arrêté ait éteint la contravention préexistante; il faut, dans l'intérêt de la viabilité, que l'anticipation soit réprimée; seulement, la répression ne peut plus en être poursuivie que devant le conseil de préfecture, puisque, d'après la loi du 9 vent. an XIII et la jurisprudence du Conseil d'état, le conseil de préfecture est seul compétent pour connaître des anticipations sur le sol des chemins vicinaux. Il n'y a donc pas rétroactivité dans la poursuite, puisque l'anticipation constituait une contravention, même commise sur le sol d'un chemin non encore déclaré vicinal; il y a seulement, par le fait de la déclaration de la vicinalité postérieurement à l'anticipation, transport d'un tribunal à un autre de la compétence pour la répression de la contravention.

Il est à remarquer qu'alors même qu'un conseil de préfecture a prononcé la répression d'une anticipation sur un chemin vicinal, si le chemin vient à être déclassé avant l'exécution de l'arrêté du conseil de préfecture, cet arrêté tombe par le fait. C'est une conséquence toute naturelle du principe que l'effet cesse avec la cause. Il a été statué en ce sens par l'ordonnance du 9 février 1837 (de Lamberville contre commune de la Celle-Saint-Cloud) ainsi conçue : « Considérant que le chemin dont il s'agit avait été classé comme chemin vicinal par arrêté du préfet de Seine-et-Oise, du 16 janvier 1828; qu'ainsi, c'est avec raison que le conseil de préfecture a ordonné l'enlèvement des bornes plantées en contravention sur ledit chemin, et a condamné le sieur de Lamberville au paiement des frais de la constatation de la contravention; mais, considérant que depuis, et par arrêté du préfet du 13 novembre 1835, approuvé par le ministre de l'intérieur, le chemin a été déclassé; que, dès lors, les arrêtés attaqués ne peuvent plus recevoir leur exécution dans la disposition qui ordonne l'enlèvement des bornes. »

176. Si la *vicinalité* du chemin est une condition indispensable pour donner ouverture à l'action répressive qui, d'après la jurisprudence du Conseil d'état, continue d'appartenir aux conseils de préfecture en vertu de la loi du 9 ventôse an XIII, cette circonstance, on le comprend, est sans importance pour les tribunaux ordinaires, lorsqu'ils se trouvent saisis, d'une manière ou d'une autre, de l'attribution qu'ils revendiquent en vertu du Code pénal. En effet, qu'un chemin ait été ou non déclaré vicinal, s'il est public, toute anticipation sur le sol de ce chemin est une contravention, et les tribunaux doivent la réprimer. Il est à remarquer, toutefois, que si le chemin avait été déclaré vicinal par arrêté du préfet, cette déclaration établirait pour le tribunal la *publicité* du chemin, et que le contrevenant ne serait pas admis, dans sa défense, à prétendre que l'anticipation n'a pas été commise sur un chemin public : il pourrait seulement élever, s'il y avait lieu, l'exception de propriété du sol, et nous verrons plus bas quelle serait l'issue de cette question préjudicielle. Si, au contraire, le chemin n'était pas compris au nombre des chemins vicinaux de la commune, le tribunal admettrait le contrevenant à discuter la *publicité* du chemin, puisque ce fait ne résulterait, pour le tribunal, d'aucun acte administratif dont il serait tenu d'admettre l'effet et la valeur. C'est ce qui résulte d'un arrêt de la Cour de cassation (ch. crim.), du 4 janv. 1828 (le min. publ. contre Rémond), ainsi conçu : « Vu l'art. 40, tit. 2, de la loi du 6 oct. 1791; vu l'art. 6 de la loi du 9 ventôse an XIII; attendu que si, aux termes de l'article précité de la loi du 9 ventôse an XIII et des lois précédemment portées en cette matière, il appartient à l'administration publique de rechercher et reconnaître l'existence et les anciennes limites des chemins vicinaux, cette attribution est une conséquence nécessaire des pouvoirs et de la surveillance confiés exclu-

sivement à l'administration en tout ce qui intéresse l'existence, l'ouverture, la sûreté et la viabilité des chemins destinés à faciliter les communications et les débouchés qui donnent la vie à l'agriculture et au commerce ; attendu que cette attribution, qui a pour unique objet l'intérêt public et général, ne fait nul obstacle, alors surtout que l'administration n'en réclame pas l'exercice, à ce que les tribunaux répressifs, dans le cas où la *publicité* d'un chemin sur lequel un crime ou délit a été commis forme l'une des circonstances caractéristiques ou aggravantes de l'infraction, prononcent eux-mêmes sur l'existence et la réalité de cette circonstance; que, dans ces cas, les magistrats appelés à juger le mérite de l'action publique, sont juges naturels et compétents de l'exception tendant à faire disparaître l'Infraction ou à en écarter la circonstance aggravante de la publicité du lieu ; qu'ainsi qu'un grand criminel, dans le cas prévu par l'art. 383 du Code pénal, lorsqu'il s'agit d'une accusation de vol commis sur *un chemin public*, l'appréciation de la circonstance aggravante de la *publicité* du chemin qui a été le théâtre du vol appartient exclusivement aux jurés et à la Cour d'assises, de même, en matière correctionnelle, l'examen du fait allégué par le prévenu de *non-publicité* du chemin sur lequel le délit a eu lieu est uniquement dévolu aux magistrats chargés de prononcer sur l'action et sur l'exception qui lui est opposée, sans que, dans l'un ou l'autre cas, l'administration publique doive être consultée sur une question purement judiciaire, dont le résultat ne peut être qu'une condamnation ou une absolution que les tribunaux seuls peuvent prononcer; qu'au surplus, les tribunaux en pareille circonstance peuvent et doivent user de tous les modes d'instruction pour parvenir à la connaissance de la vérité ; que la publicité d'un chemin, en cas d'absence d'une déclaration de l'administration à cet égard, peut être appréciée par des titres, cadastres, rapports d'experts et tous autres éléments de preuves que les tribunaux croient devoir admettre ; attendu, dans l'espèce, que l'exception proposée par Rémond de la non-publicité du chemin sur lequel il reconnaît lui-même l'anticipation ou usurpation qui est l'objet de la prévention devait, comme l'action elle-même intentée par le ministère public, sur la demande et réquisition de l'adjoint au maire de la commune de Cry, être soumise exclusivement à l'investigation et à l'examen du tribunal d'Auxerre; que d'ailleurs la vicinalité du chemin n'était pas alléguée, et que, s'il appartient aux préfets seuls de déclarer l'existence de cette vicinalité, parce qu'elle est le résultat d'une opération administrative à laquelle concourent les Conseils municipaux par leurs délibérations, et qu'elle repose sur l'appréciation d'actes administratifs, il n'en est pas de même du fait de la publicité, qui peut être prouvé par enquête, par titres, par possession et autres moyens de droit commun ; attendu que ce tribunal devait d'autant moins renvoyer cet examen à l'administration qu'il s'y mêlait des questions de propriété, puisque la provocation de la vindicte publique par l'adjoint au maire avait pour fondement la plainte de propriétaires lésés par l'entreprise du prévenu dans l'intérêt de l'exploitation de leurs propriétés ; attendu enfin que le jugement attaqué pourrait avoir pour résultat de laisser sans solution la question qu'il a renvoyée à la décision de l'administration, puisqu'il ne s'explique pas sur celle des parties qui aurait le droit, l'obligation ou la faculté de provoquer et d'obtenir cette décision dont le retard ou l'absence éterniserait la contestation et arrêterait le cours de la justice, saisie par l'action du ministère public ; d'où il suit que le tribunal d'Auxerre, par le sursis qu'il a prononcé jusqu'à ce qu'il ait été statué par l'administration sur la publicité ou non-publicité du chemin dont il s'agit, a violé les règles de sa juridiction. »

177. Si la déclaration de vicinalité est un préalable nécessaire pour donner ouverture à la compétence des conseils de préfecture, en matière d'anticipation sur les chemins, une autre condition indispensable pour que ces tribunaux puissent exercer l'attribution qui leur est donnée, c'est que le préfet ait fixé la largeur du chemin vicinal. On comprend, en effet, que de la détermination de cette largeur dépend seule la question de savoir s'il y a ou non anticipation sur le sol du chemin. C'est ce qui est clairement établi dans l'ordonnance du 23 juin 1819 (Chapuis contre commune de Mantry), ainsi conçue : « Considérant qu'il s'agit d'une contravention pour cause d'anticipation sur un chemin vicinal; qu'aux termes de la loi du 9 ventôse an XIII, les conseils de préfecture ne sont compétents pour statuer en matière de contravention sur la largeur des chemins vicinaux, qu'autant

que les préfets ont préalablement recherché, reconnu et fixé la largeur desdits chemins; considérant que, dans l'espèce, le préfet n'a pas déterminé la largeur que doit avoir le chemin dont il s'agit devant la propriété du sieur Chapuis, et qu'ainsi la décision du conseil de préfecture est prématurée; — Art. 1er : Les arrêtés du conseil de préfecture du département du Jura, des 24 avril et 26 mai 1818, sont annulés, sauf à la commune de Mantry à se pourvoir devant le préfet, pour faire déterminer la largeur du chemin en litige. » Plusieurs ordonnances postérieures ont prononcé dans le même sens et à peu près dans les mêmes termes; nous citerons celle du 17 déc. 1823 (Peydèvre contre commune d'Ardes). « Vu la loi du 28 février 1805 (9 ventôse an XIII), et notamment les articles 5, 6 et 7; considérant que la vicinalité du chemin de Brives à Ardes est contestée; considérant que le préfet n'a pas encore fait rechercher et reconnaître, aux termes de la loi du 28 février 1805 (9 ventôse an XIII), les anciennes limites des chemins vicinaux du canton d'Ardes; avant faire droit; — Art. 1er : Les parties sont renvoyées devant le préfet du département du Puy-de-Dôme, pour voir procéder, en ce qui concerne le chemin dont il s'agit, à l'exécution des dispositions prescrites par l'art. 6 de la loi du 28 février 1805 (9 ventôse an XIII). » Un assez grand nombre d'ordonnances postérieures, que nous nous abstiendrons de citer, ont statué dans le même sens.

Un conseil de préfecture ne pourrait pas non plus, en réprimant une anticipation, attribuer au chemin une largeur autre que celle fixée par l'arrêté du préfet. C'est ce qui résulte de l'ordonnance du 21 avril 1832 (Ledard et Vidmer), ainsi conçue « : Considérant qu'il n'appartient qu'à l'administration de déterminer la largeur des chemins vicinaux, et que le conseil de préfecture du département du Calvados, en donnant au chemin Haussey une largeur autre que celle qui a été fixée par l'arrêté du préfet, a excédé ses pouvoirs. » Il a été prononcé de même par l'ordonnance du 1er mars 1833 (de Rogemont).

178. Nous terminerons, sur ce point, en recherchant si les conseils de préfecture sont également compétents pour réprimer les anticipations sur les excédants de largeur des chemins vicinaux, c'est-à-dire sur les terrains contigus à ces voies publiques, en dehors de la largeur fixée. Cette question a été diversement résolue. Ainsi, la compétence de ces conseils n'a pas été admise lorsque le terrain sur lequel l'anticipation avait eu lieu était tout à fait indépendant du chemin, comme dans le cas sur lequel a prononcé l'ordonnance du 6 nov. 1817 (Lamiraud contre commune de Bréville), ainsi conçue : « Considérant que le terrain vague et communal dit le Pas-de-Recette des Motais, situé le long du chemin de Cognac à Bréville, forme une propriété indépendante dudit chemin, laquelle est susceptible de culture et de clôture, et qu'on ne peut l'assimiler aux excédants de largeur des chemins vicinaux dont il est fait mention dans l'arrêté du préfet du 3 avr. 1812; considérant qu'une partie de cette pièce de terre a été séparée du chemin par un fossé qui laisse audit chemin une largeur plus grande que celle qui a été fixée par ledit arrêté, et que, s'il y a eu usurpation de la part du sieur Lamiraud, cette usurpation aurait eu lieu sur le terrain du Pas-de-Recette des Motais, et non sur le chemin vicinal de Cognac à Bréville; considérant que, dans l'espèce, il s'agit de savoir si le terrain en litige dépend d'une propriété particulière ou d'une propriété communale; que c'est une question de propriété qui ne peut être jugée que par les tribunaux; — Art. 1er : Les arrêtés du conseil de préfecture du département de la Charente, des 21 déc. 1814 et 23 juillet 1816, sont annulés. » Il a été statué dans le même sens par une seconde ordonnance du 10 janvier 1827 (Coulon), prononçant sur un cas à peu près semblable, et par une autre ordonnance du 16 février 1825 (Ostalet contre commune d'Ancarville), relativement à une prétendue anticipation qui n'avait pas diminué la largeur du chemin. « Considérant que les conseils de préfecture sont compétents pour statuer dans les cas d'usurpation commise sur les chemins vicinaux, mais que, dans l'espèce, il est reconnu par le conseil de préfecture que le sieur Ostalet, en construisant le mur dont il s'agit, n'a point diminué la largeur du chemin d'Ancarville; considérant qu'en ordonnant la démolition de ce mur, et en condamnant le sieur Ostalet à rendre à la commune le terrain désigné par la lettre D du plan n° 3, lequel est situé en dehors du chemin, le conseil de préfecture a prononcé sur les questions de propriété; que, par conséquent, sous tous les rapports, son arrêté est incompétemment rendu. »

Il a été statué de même par l'ordonnance du 26 déc. 1839 (ministre de l'intérieur), ainsi conçue : « Vu les lois des 9 ventôse an VIII et 21 mai 1836 ; considérant qu'il résulte de l'instruction que le terrain dont il s'agit n'est pas compris dans les limites du chemin vicinal de Frettemolle à Fourcigny, telles qu'elles ont été fixées par l'arrêté de classement du 5 nov. 1824 ; que, dès lors, le conseil de préfecture de la Somme, en renvoyant, par son arrêté du 17 avril 1837, les parties devant les tribunaux ordinaires, n'a commis aucune violation des lois en matières de chemins vicinaux. »

Au contraire, la compétence du conseil de préfecture a été maintenue lorsque le terrain sur lequel l'anticipation avait été commise était réellement une dépendance du chemin, bien qu'en dehors de la largeur fixée, ainsi qu'on le voit dans l'ordonnance du 16 mai 1827 (Amyot contre commune de Fontaine-la-Soret), ainsi conçue : « Considérant que le chemin dont il s'agit est porté sur le tableau des chemins vicinaux de la commune de Fontaine-la-Soret, sous le n° 12, et que sa largeur a été fixée à 4 mètres 60 centimètres, sauf à maintenir les excédants de largeur qui peuvent s'y trouver ; considérant qu'il résulte de l'instruction de l'affaire qu'en avant de l'ancienne haie du sieur Amyot il existait des arbres isolés sur l'alignement desquels la nouvelle haie a été plantée, d'où il suit que la largeur primitive n'a pas été conservée ; que, dès lors, le conseil de préfecture a justement réprimé ce rétrécissement de la voie publique. »

179. Dans le cas où un tribunal de simple police se trouverait saisi de la répression d'une anticipation sur le sol d'un chemin vicinal, il est à présumer qu'il suivrait, sur le point qui nous occupe, des règles analogues à celles que suivent les conseils de préfecture, c'est-à-dire que, si la largeur du chemin avait été fixée par arrêté du préfet, cette largeur légale servirait de base à la recherche du fait d'anticipation. En effet, la valeur de cet acte administratif ne pourrait être contestée par le tribunal. Si, au contraire, l'arrêté portant déclaration de vicinalité ne fixait pas la largeur du chemin, il est présumable que le tribunal, avant de prononcer sur le fait de l'anticipation, renverrait à l'autorité administrative pour cette fixation. C'est ce qui résulte implicitement, mais assez clairement, d'un arrêt de la Cour de cassation (ch. crim.) du 13 nov. 1841 (le minist. public contre Bellonet), ainsi conçu : « Attendu que le sieur Bellonet était poursuivi pour avoir construit, sans aucune autorisation, le long d'un chemin vicinal, un mur qui dans une partie de son étendue ne lui laisse pas toute sa largeur ; que ce fait est prévu et puni de peines de simple police, non-seulement sous le rapport du défaut d'autorisation, mais aussi sous celui de l'usurpation, puisque la loi du 21 mai 1836, formant un système complet de législation sur les chemins vicinaux, a virtuellement abrogé les lois précédentes sur la même matière, notamment les art. 7 et 8 de celle du 9 ventôse an XIII, et par suite, soumis les contraventions relatives à ces chemins aux règles ordinaires de compétence établies par les art. 137 et 138 du Code d'instruction criminelle ; que le prévenu, en soutenant pour sa défense qu'il avait, lors de la construction de son mur, respecté la largeur du chemin fixée par le préfet, n'a point élevé une question préjudicielle qui sortît de la compétence du tribunal de police ; qu'en effet, tout ce qui est attribué exclusivement à l'autorité administrative par la législation en vigueur, c'est le classement des chemins vicinaux et le classement de leur largeur ; mais que, lorsque ces deux points ont été, comme dans l'espèce, réglés par un arrêté du préfet préexistant, lorsque la question de savoir s'il y a eu usurpation *ne dépend point d'une fixation encore à faire* de la largeur qui doit appartenir au chemin, cette question ne porte plus que sur un simple fait matériel que le juge chargé de la réprimer doit vérifier et constater lui-même. »

180. Le moyen de défense que présentent le plus fréquemment les propriétaires riverains des chemins vicinaux poursuivis pour anticipation sur le sol de ces chemins, c'est de prétendre que la parcelle de terrain dont ils se sont emparés est leur propriété. Les conseils de préfecture doivent-ils s'arrêter devant cette exception, et avant de statuer sur le fait d'anticipation, renvoyer la question préjudicielle de propriété devant les tribunaux ordinaires, seuls juges de toutes les questions de propriété ?

181. Cette difficulté a été résolue diversement, à différentes époques, comme nous l'avons vu précédemment pour la question analogue, celle de savoir si un chemin pouvait être déclaré vicinal avant le jugement sur la propriété du sol.

Ainsi, en 1810, époque où la compétence des conseils de préfecture pour la répression des anticipations n'était pas encore complétement reconnue par le Conseil d'état, le sursis était imposé aux tribunaux de police lorsque la question de propriété était soulevée; cette règle est posée dans un décret du 7 août 1810 (Bonnet, Lecointre et autres). « Considérant que le tribunal de police aurait dû surseoir à prononcer sur l'action intentée par l'adjoint du maire, comme remplissant les fonctions du ministère public auprès de ce tribunal, jusqu'à ce que la question de propriété eût été jugée ; que ce tribunal n'était compétent que pour prononcer sur le fait de la contravention en matière de petite voirie; — Art. 1er : Le conflit élevé par le préfet de la Seine-Inférieure est annulé. Art. 2. Le jugement du tribunal de police, en ce qu'il prononce sur une question de propriété, est infirmé. Art. 3. Les parties sont renvoyées devant les tribunaux civils, pour faire décider si le terrain réclamé est une propriété particulière. » Une décision analogue a été donnée dans un second décret, du 15 juin 1812 (Vannier et Maubuisson), ainsi conçu : « Vu l'arrêté en date du 30 août 1811, par lequel le préfet de l'Eure a élevé le conflit d'attribution au sujet des poursuites dirigées devant le tribunal de police correctionnelle de Louviers, contre les sieurs Vannier et Maubuisson, à raison des prétendues usurpations par eux commises sur un chemin vicinal, maintenu par décision de l'autorité administrative; vu les jugements interlocutoires rendus les 12 juin, 14 août et 13 novembre 1811, par lesquels ce tribunal, en se reconnaissant compétent pour statuer sur le délit d'usurpation, a néanmoins accordé aux prévenus un délai pour faire prononcer sur la question de propriété par eux alléguée, et attendu le conflit, a sursis à prononcer jusqu'à décision de l'autorité supérieure; considérant que les sieurs Maubuisson et Vannier ont prétendu, tant devant le tribunal correctionnel que devant le préfet, être propriétaires du terrain sur lequel est établi le chemin sus-mentionné; qu'ils ont affirmé que dans aucun temps leur fonds n'a été traversé par un chemin public; qu'il en résulte ainsi une question de propriété qui doit être préalablement jugée par les tribunaux, et que, dans tous les cas, l'autorité administrative serait incompétente pour apppliquer les peines résultant du fait d'usurpation prétendue; — Art. 1er : L'arrêté du 30 août 1811, par lequel le préfet de l'Eure a élevé le conflit d'attribution dans l'affaire des sieurs Vannier et Maubuisson est annulé, et les parties sont renvoyées devant les tribunaux. »

182. Mais plus tard, et lorsque le contentieux des chemins vicinaux eut été mieux étudié, le conseil d'état décida que la répression des anticipations était distincte et indépendante du jugement de la question préjudicielle de propriété du sol, et que le contrevenant pouvait être condamné à restituer le sol, sous la réserve de ses droits à une indemnité, s'il y avait lieu. C'était le corollaire de la jurisprudence adoptée relativement à la déclaration de vicinalité, et d'après laquelle un chemin peut être déclaré vicinal alors même que le sol de ce chemin est une propriété particulière. Ainsi, une ordonnance du 11 juin 1817 (Lhoyez) a prononcé en ces termes : « Vu la requête tendante à ce qu'il nous plaise annuler un arrêté du conseil de préfecture du département de la Seine, du 6 mai 1816, qui a condamné le réclamant à supprimer un fossé et une clôture par lui établie sur le chemin conduisant de la barrière du Mont-Parnasse à la Chaussée du Maine, *dans une partie qu'il prétend lui appartenir*; considérant que l'arrêté du conseil de préfecture ne préjuge rien sur l'indemnité qui pourrait être due au sieur Lhoyez dans le cas où, par l'effet de l'alignement, il viendrait à être privé d'une portion de terrain de la propriété duquel il justifierait : — Art. 1er : La requête du sieur Lhoyez est rejetée. » Une seconde ordonnance, du 27 août 1817 (Chesneau-Blancler contre commune de Saint-Hilaire-Saint-Florent) est plus explicite encore dans sa rédaction. « Considérant que le conseil de préfecture du département de Maine-et-Loire, par son arrêté du 3 juin 1816, n'a statué que sur le fait de l'anticipation commise par ledit sieur Chesneau-Blancler sur le chemin vicinal non contesté de Saint-Florent à Marson, sans rien préjuger à l'égard de la propriété en litige de partie dudit chemin, et que, dès lors, il n'a point excédé les bornes de sa compétence; — Art. 1er : La requête du sieur Chesneau-Blancher est rejetée. »

De ces deux ordonnances, il résulte incontestablement que, lorsque les conseils de préfecture étaient saisis d'une poursuite pour anticipation sur la largeur d'un chemin vicinal, ils devaient prononcer sur cette contravention, nonobstant toute exception préjudicielle de propriété, qui pourrait être soulevée par le contrevenant. Cette jurisprudence a été consacrée par plusieurs ordonnances subséquentes que nous nous abstiendrons de citer, et elle est demeurée invariable.

183. Il peut, au premier coup d'œil, paraître bizarre qu'un particulier puisse être poursuivi et condamné à restituer, comme l'ayant usurpé, un terrain que, peu après peut-être, un tribunal civil va déclarer être la propriété de ce particulier; mais, en se pénétrant de l'esprit de la législation, on voit bientôt disparaître cette apparente contradiction, entre un jugement du conseil de préfecture, qui décide qu'il y a usurpation sur le sol vicinal, et un jugement du tribunal civil, qui prononce que celui qui a saisi le terrain qu'il est déclaré avoir usurpé, en est légitime propriétaire. Rappelons-nous, en effet, que l'arrêté du préfet qui classe un chemin parmi les chemins vicinaux, qui en détermine la largeur, ou qui en ordonne l'élargissement, *attribue définitivement au chemin le sol compris dans les limites de l'arrêté.* Ce principe, écrit dans l'article 15 de la loi du 21 mai 1836, n'a pas été créé par cette loi, ainsi que nous l'avons dit plus haut en traitant du classement; il était mis en pratique, depuis près de vingt années, par l'effet de la jurisprudence du Conseil d'état, et il a été seulement consacré par la législation nouvelle. Lors donc qu'un arrêté portant classement ou élargissement d'un chemin vicinal comprend, dans les limites légales de ce chemin, une parcelle de terrain qui appartient à un particulier, celui-ci se trouve, virtuellement et à l'instant, dessaisi de ce terrain; son droit de propriété sur le sol est éteint; il est remplacé par un droit à indemnité pour la valeur du terrain qu'il doit céder. Par une conséquence toute logique, si ce particulier refuse de livrer le sol dont il est légalement dépossédé, s'il commet une voie de fait pour le ressaisir, ce n'est plus sa propriété qu'il reprend, car il a cessé d'être propriétaire; il s'empare d'un terrain *définitivement attribué au chemin*, tandis qu'il n'avait plus que le droit de se pourvoir en règlement d'indemnité. C'est donc à juste titre que cette voie de fait est qualifiée d'*anticipation* et réprimée comme telle, absolument comme si le contrevenant n'avait jamais été propriétaire de ce sol.

Dès qu'il était reconnu que la question préjudicielle de propriété ne pouvait arrêter les poursuites intentées à l'occasion d'une anticipation, il en résultait naturellement que le contrevenant ne pouvait être admis à les suspendre par une demande au possessoire. C'est ce qu'a déclaré l'ordonnance du 28 fév. 1828 (Parent et Feuilleret), ainsi conçue : « Vu la loi du 28 février 1805 (9 ventôse an XIII), la loi du 7 septembre 1795 (21 fructidor an III), l'arrêté du 4 novembre 1801 (10 brum. an X), et l'ordonnance royale du 12 déc. 1821; considérant que l'ancien chemin qui conduisait, de la route royale n° 39, au domaine de Plaisance, était au nombre des chemins vicinaux de la commune de Nogent-sur-Marne; que le sieur Feuilleret ne produit aucun acte de l'autorité administrative qui l'ait autorisé à établir un nouveau chemin, à supprimer l'ancien et à le réunir à sa propriété; qu'ainsi il appartenait au conseil de préfecture de réprimer l'usurpation des sieurs Feuilleret et Parent, et d'ordonner le rétablissement de l'ancien chemin; que, dès lors, l'appel introduit par le sieur Feuilleret ne tend qu'à reproduire devant les tribunaux des questions compétemment jugées par le conseil de préfecture, dans son arrêté du 11 novembre 1822; — Art. 1er : L'arrêté de conflit est confirmé. »

Il a été statué dans le même sens par l'ordonnance du 5 septembre 1836 (Lavaud contre commune de Bergerac), ainsi conçu : « *En ce qui touche la compétence;* considérant que les chemins vicinaux reconnus comme tels, étant de leur nature imprescriptibles, ne sont pas susceptibles d'une possession privée et ne peuvent être l'objet d'actions possessoires portées devant les juges de paix; qu'il appartient exclusivement à l'autorité administrative de maintenir le public en jouissance desdits chemins; considérant, d'ailleurs, qu'il avait été excipé de l'arrêté du conseil de préfecture devant le tribunal de Bergerac, tant par le préfet dans son déclinatoire que par le maire de la commune dans ses conclusions, et qu'en présence de cet arrêté qui maintenait le public en possession dudit chemin, le tribunal de Bergerac aurait dû s'arrêter et renvoyer les parties à se pourvoir contre ledit arrêté devant l'autorité supérieure. »

184. Mais si l'autorité judiciaire ne peut pas, en admettant une action au possessoire, porter atteinte à la chose jugée par le conseil de préfecture, l'autorité administrative ne pourrait pas, de son côté non plus, revendiquer, par la voie d'une poursuite en antici-

pation, un terrain qu'une décision judiciaire passée en force de chose jugée aurait déclaré être la propriété d'un particulier. C'est ce qu'a déclaré l'ordonnance du 23 janv. 1820 (Vauchel contre commune des Loges), ainsi conçue : « Vu l'arrêté attaqué du conseil de préfecture du département de la Seine-Inférieure, du 7 mars 1818, portant que le sieur Vauchel est tenu de restituer, dans le délai d'un mois, la portion de terrain par lui anticipé, et de rendre aux chemins des Loges à Cuverville, et de Gerville à Etreta, leur ancienne largeur, et qu'à défaut par lui de le faire, le maire est autorisé à placer des ouvriers aux frais dudit sieur Vauchel; considérant que, par le jugement du juge de paix du canton de Criquetot-lès-Neval, du 17 fructidor an VI, d'après le désistement du maire de la commune des Loges et du commissaire du pouvoir exécutif, le sieur Vauchel a été maintenu en possession du terrain dont il s'agit; que ledit terrain était dès lors entouré de haies vives, et que le sieur Vauchel en a joui sans interruption depuis l'an VI jusqu'en 1818; — Art. 1er : L'arrêté du conseil de préfecture du département de la Seine-Inférieure, du 7 mars 1818, est annulé. Art. 2 : Les héritiers Vauchel resteront en possession du terrain antérieurement concédé à leur auteur. » Il est évident que dans l'espèce à laquelle se rapporte cette ordonnance, c'est à tort que l'autorité administrative avait intenté des poursuites en anticipation, puisque aucun acte administratif n'était venu changer la largeur légale du chemin depuis les décisions judiciaires qui avaient prononcé sur la propriété. Si donc il était reconnu nécessaire d'incorporer au chemin une portion du terrain appartenant au sieur Vauchel, ce n'était pas par la voie d'une poursuite pour anticipation qu'il devait y être procédé; le préfet aurait dû prendre un arrêté ordonnant l'élargissement du chemin, et le sieur Vauchel se fût trouvé contraint de céder ce terrain, sauf son droit à indemnité. C'est ainsi, nous le pensons, qu'il devrait être procédé dans les cas analogues.

185. Sur l'effet de la question préjudicielle de propriété soulevée par les individus prévenus d'anticipations, l'autorité judiciaire a, jusqu'à la promulgation de la loi du 21 mai 1836, professé la même docrine qu'avait d'abord adoptée le Conseil d'état, savoir, que devant cette question préjudicielle, les tribunaux répressifs devaient surseoir jusqu'à jugement par les tribunaux civils de la prétention de propriété. Ainsi un arrêt de la Cour de cassation (ch. cr.), du 9 fructidor an X (27 août 1802.) (le ministère public contre Giron), porte : « Considérant que le citoyen Louis Giron aîné, traduit devant le tribunal de police du canton de Saint-Gilles, à raison d'une entreprise sur la voie publique, a prétendu que le terrain en question faisait partie de celui qui lui était loué par le citoyen Cabouet, et que le citoyen Cabouet était propriétaire dudit terrain; que, dès lors, la question de propriété devait d'abord être décidée par les juges compétents avant que le Tribunal de police pût prononcer relativement à la prétendue voie de fait sur le chemin public; que cependant le tribunal de police, sans égard à l'exception de la propriété, a prononcé sur l'action publique résultant de l'entreprise sur la voie publique; que, dès lors, le tribunal de police a commis une usurpation de pouvoir. » Plusieurs arrêts consécutifs rendus jusqu'en 1835 ont maintenu la même règle; nous citerons seulement celui du 20 juin 1828 (le ministère public contre Thorin), duquel il résulte que non-seulement les tribunaux répressifs ne pouvaient *condamner* les prévenus d'anticipation avant le jugement de la question préjudicielle de propriété, mais même qu'ils ne pouvaient, avant la solution de cette question, les renvoyer de la plainte. Cet arrêt est ainsi conçu, quant au point de jurisprudence dont il s'agit : « Attendu que le tribunal de Versailles a lui-même reconnu que si la possession alléguée par Thorin *était reconnue par l'autorité compétente, elle ôterait au fait incriminé tout caractère de contravention*, et a, en conséquence, *admis la question préjudicielle proposée par Thorin*; que, par suite de ce principe, il devait attendre, avant de prononcer sur la prévention, que la question préjudicielle fût résolue, qu'il fût constaté par la décision à intervenir que le fait incriminé avait ou n'avait pas le caractère de contravention; que cependant il a évacué de fait l'instance et statué sur la prévention, en déchargeant Thorin des condamnations contre lui prononcées, et en le renvoyant, quant à présent, de la poursuite. »

Il importait cependant que le sursis commandé aux tribunaux répressifs, devant la question préjudicielle de propriété, ne pût pas être indéfiniment prolongé. Aussi ces tribunaux avaient-ils le droit et le devoir de fixer le délai dans lequel les prévenus d'anticipations devaient saisir les juges civils de leurs prétentions. C'est ce qu'établit un arrêt de la Cour de cassation (ch. cr.), du 15 septembre 1826 (le ministère public contre Gauthey), ainsi conçu : « Sur le second moyen pris de ce que le tribunal de Châlons-sur-Saône, en approuvant les motifs et le dispositif de la décision des premiers juges, a déclaré *que ce n'était pas le cas de fixer un délai pour faire prononcer sur la question préjudicielle, parce qu'on ne peut pas forcer le prévenu à suivre une action civile pour sa propriété; que c'est au contraire à celui qui élève des prétentions contraires aux siennes à le faire, s'il s'y croit fondé;* attendu 2° que, s'il n'était fixé un délai au prévenu par la juridiction correctionnelle pour faire statuer sur la question de propriété, ce prévenu, en ne faisant aucune diligence devant la justice civile, s'assurerait le fruit de son usurpation, et que toute contravention ou délit de l'espèce dont il s'agit serait couvert, au gré de ce prévenu, et par le seul fait de son silence ou de son inaction, par une impunité funeste aux propriétés publiques et particulières; d'où il suit que le jugement attaqué a violé les règles de la procédure. » Deux autres arrêts des 27 juillet 1827 (le ministère public contre Germa), et 20 juin 1828 (le ministère public contre Thorin), ont prononcé dans le même sens.

Il avait été également décidé que, lorsque le particulier poursuivi pour anticipation sur un chemin vicinal soulevait la question de propriété, il n'était pas nécessaire que la commune intervînt ou fût mise en cause. C'est ce qui résulte de l'arrêt de la Cour de cassation (ch. crim.), du 20 juin 1828 (le ministère public contre Thorin), ainsi conçu, quant à ce point : « Attendu que cependant il (le tribunal) a évacué de fait l'instance et statué sur la prévention, en déchargeant Thorin des condamnations contre lui prononcées, et en le renvoyant, quant à présent, de la poursuite; qu'il a vainement essayé d'appuyer cette décision sur le fondement *que la commune de Vert-Legrand n'étant pas en cause, il n'y avait lieu d'ordonner contradictoirement avec elle le renvoi à fins civiles, ni de prononcer par voie de sursis*; que le jugement attaqué a créé, dans cette disposition, une fin de non-recevoir contre l'action du ministère public non autorisée par les lois; qu'en effet, aucune loi n'exige l'intervention ou la présence des communes ou de l'état dans les poursuites dirigées par le ministère public, à raison des délits commis sur les chemins publics, à quelque classe qu'appartiennent ces chemins; qu'il en est des délits de cette nature comme de tous ceux qui, portant atteinte à des propriété publiques ou particulières, parviennent à la connaissance du ministère public, éveillent son zèle et provoquent son action, indépendamment même des plaintes des parties intéressées; d'où il suit que le jugement attaqué, en créant une pareille fin de non-recevoir, a méconnu les attributions du ministère public et a d'ailleurs violé les règles de la compétence. »

Enfin, et comme conséquence du principe que la poursuite des anticipations appartient à l'action publique sans que les communes soient obligées d'y intervenir, il avait été décidé que c'était au particulier qui soulevait la question de propriété qu'il appartenait de prouver qu'il était propriétaire. C'est ce qu'a établi l'arrêt de la Cour de cassat. (ch. crim.), du 25 sept. 1835 (le ministère public contre Moreau), ainsi conçu : « Vu l'article 182 du Code forestier; attendu que Moreau est prévenu, d'après les procès-verbaux dressés à sa charge les 29 avril 1834 et 17 mai 1835, d'abord, d'avoir *supprimé et labouré en partie un chemin reconnu vicinal depuis un temps immémorial*, et ensuite de l'avoir *usurpé et même intercepté en son entier par cinq fossés faits de distance en distance*; qu'en s'arrêtant devant la question préjudicielle par lui élevée dans le but d'échapper à l'application de l'article ci-dessus rappelé du Code pénal, le tribunal de simple police lui a régulièrement imposé l'obligation d'en poursuivre la décision, suivant la maxime *reus accipiendo fit actor*, consacrée par l'art. 182 du Code for., et qui régit toutes les matières susceptibles de son application; que néanmoins le jugement dénoncé a sursis à statuer sur l'appel par lui déclaré recevable, *tant que la commune de Longeville-lès-Metz ou le ministère public n'aura pas prouvé qu'elle est propriétaire du chemin dont il s'agit*; en quoi il a faussement appliqué la règle *actori incumbit onus probandi*, et commis une violation expresse dudit article 182. »

186. Telle était la jurisprudence de la Cour de cassation, avant la loi du 21 mai 1836, sur l'effet de la question préjudicielle de pro-

priété, soulevée par les individus prévenus d'anticipation sur les chemins vicinaux. Depuis la promulgation de cette loi, la Cour de cassation a modifié sa jurisprudence et est entrée pleinement dans celle adoptée depuis longtemps par le Conseil d'état, savoir, que l'exception de propriété ne constituait plus dans ce cas une question préjudicielle devant laquelle les tribunaux répressifs dussent s'arrêter. C'est ce qu'a décidé un arrêt (ch. cr.) du 4 août 1836 (le ministère public contre veuve Loriferne), ainsi conçu : « Vu les art. 15 de la loi du 31 mai 1836, et 182 du Code for. ; attendu, en droit, qu'il résulte de la combinaison de ces deux dispositions, 1° que le classement d'un chemin parmi les voies vicinales a pour effet de lui attribuer définitivement le sol compris dans ses limites; 2° que le droit des riverains, lors même qu'ils en seraient ensuite déclarés propriétaires, se résout en une indemnité; 3° *qu'ils ne peuvent pas, dès lors, exciper utilement de leur prétention à sa propriété*, pour échapper aux conséquences des contraventions qu'ils y ont commises; 4° que les tribunaux devant lesquels ces contraventions sont poursuivies *doivent donc les réprimer immédiatement* quand leur existence est certaine, *puisque le jugement de l'exception proposée, fût-il favorable au prévenu, ne saurait avoir pour résultat de l'affranchir de la peine par lui encourue;* et attendu, en fait, que le préfet du département de l'Yonne, par son arrêté du 15 déc. 1834, a rangé le chemin dont il s'agit dans l'espèce, dans la classe des chemins vicinaux de la commune de Tonnerre; qu'il est établi que la veuve Loriferne *l'a fait labourer dans toute sa largeur*, vis-à-vis du champ qui lui appartient, *sur une longueur de 69 mètres, de manière à le bannir;* que l'instance qui se trouve engagée entre elle et la commune, sur la propriété dudit chemin, ne peut, quelle qu'en soit l'issue, rendre licite une telle entreprise; d'où il suit qu'en différant de la réprimer jusqu'à ce que cette instance soit vidée, le jugement dénoncé a commis une violation expresse, tant des règles de la compétence que des articles précités. » Même décision a été rendue par arrêts (ch. cr.) du 29 déc. 1837 (le ministère public contre Leroux), et 23 mai 1841 (le ministère public contre Allain).

Dans un autre arrêt (ch. cr.) du 7 juin 1838 (le ministère public contre Rarghon), que nous avons rapporté plus haut, la Cour de cassation a déclaré que si le particulier ainsi dépossédé « ressaisissait une portion du terrain réuni et incorporé au chemin, *sous prétexte de reprendre sa propriété*, il y aurait de la part du prévenu une voie de fait constituant une détérioration *ou usurpation sur la largeur d'un chemin public*, laquelle devrait être réprimée. » Dans un autre arrêt (ch. civ.) du 6 juillet 1841 (Renaut contre la commune de Velisy), également rapporté plus haut, page 75, la Cour a déclaré « qu'un chemin vicinal, après que le sol en a été mis hors du commerce par le classement, n'est plus susceptible de possession privée, et que l'action en maintenue possessoire formée par un particulier n'est pas recevable. » Enfin, dans un autre arrêt (ch. civ.) du 21 fév. 1842 (Dubois contre Mesnier), la Cour de cassation a déclaré que, lorsqu'un chemin a été classé par l'autorité administrative, « s'il s'élève des questions de propriété du sol, ces questions doivent être jugées par les tribunaux; mais que les droits du propriétaire du sol devant, d'après les lois spéciales sur la matière, se résoudre en indemnité, *il en résulte que les tribunaux ne peuvent réintégrer un particulier dans la possession d'un terrain déclaré former un chemin vicinal.* »

187. Le Conseil d'état et la Cour de cassation sont aujourd'hui donc unanimes sur ce point de jurisprudence, que l'exception préjudicielle de propriété ne peut arrêter les poursuites pour fait d'anticipation sur un chemin vicinal; mais une juste conséquence de ce principe, c'est que les droits éventuels des particuliers à une indemnité leur soient réservés, s'ils sont ultérieurement reconnus propriétaires du sol qu'ils avaient indûment ressaisi. C'est ce qui résultait implicitement d'un assez grand nombre d'ordonnances, et ce qui a été formellement déclaré dans celle du 25 octobre 1826 (Pauzier), ainsi conçue : « Considérant que cette décision (du conseil de préfecture) ne fait pas obstacle à ce que le sieur Pauzier fasse valoir devant les tribunaux son droit à la propriété du chemin en litige et à l'indemnité qui pourrait lui être due, dans le cas où ce droit de propriété serait judiciairement reconnu. » Plusieurs ordonnances subséquentes ont prononcé dans le même sens et à peu près dans les mêmes termes; ce point de jurisprudence est donc invariablement fixé.

188. Au nombre des moyens de défense que

font valoir les particuliers prévenus d'anticipation sur le sol des chemins vicinaux, se trouve quelquefois la prescription qu'ils préprétendent leur être acquise, en vertu des art. 638 et 640 du Code pénal; mais les conseils de préfecture n'auront pas à s'arrêter devant cette prétention. Déjà une ordonnance du 28 février 1828 (Bavoux et Pochet contre la commune de Nesles) avait repoussé en ces termes un semblable moyen de défense : « Considérant, sur la prescription, que les prescriptions établies par l'art. 8 de la section 7 du titre 1er de la loi du 6 oct. 1791, et par les art. 638 et 640 du Code d'instruction criminelle, ne s'appliquent qu'aux actions publiques et civiles qui naissent des délits et des contraventions de police, et non pas à l'action exercée en vertu de la loi du 28 février 1805 (9 ventôse an XIII) pour le maintien de l'acte administratif qui a déterminé la largeur des chemins vicinaux; que ladite loi du 28 février 1805 (9 ventôse an XIII) n'a pas établi de prescription spéciale pour cette action. » Plus tard, et dans une ordonnance du 16 juill. 1840 (le ministre des travaux publics contre Vidal), le Conseil d'état avait posé le principe « que l'existence de constructions faites sans autorisation le long d'une route royale constituait *une infraction permanente* et que la répression, quel que soit le laps de temps écoulé, peut et doit en être poursuivie, dans l'intérêt toujours subsistant de la grande voirie; » et, bien qu'il s'agît dans cette ordonnance d'une contravention de grande voirie, il ne pouvait être douteux que ce principe ne fût également applicable à la voirie vicinale. En effet, l'application en a été faite à ce dernier service par l'ordonnance du 4 sept. 1841 (Maguillat) ainsi conçue : « Considérant que l'art. 640 du Code d'inst. crimin., relatif aux actions pénales et aux actions en réparation civile auxquelles les contraventions de police peuvent donner naissance, et dont l'appréciation appartient aux tribunaux, ne fait pas obstacle à ce que les conseils de préfecture saisis par l'autorité administrative, conformément aux dispositions de la loi du 9 ventôse an XIII, de la connaissance desdites usurpations, ordonnent le rétablissement des lieux en l'ancien état; que, dès lors, le conseil de préfecture du département de l'Isère, en refusant de prononcer la suppression des usurpations qui lui étaient déférées, par le motif que lesdites usurpations, antérieures de plus d'un an aux poursuites, étaient couvertes par la prescription, a fait une fausse application de l'art. 640 du Code d'instruct. crimin. et a violé la loi du 9 ventôse an XIII. »

Il a même été décidé que l'abandon des procès-verbaux qui ont constaté la contravention, n'empêche pas que l'action administrative ne soit exercée postérieurement, au moyen de procès-verbaux. C'est ce qui résulte de l'ordonnance du 28 févr. 1828 (Bavoux et Pochet contre la commune de Nesles) ainsi conçue : Considérant, sur l'exception tirée de ce qu'avant l'instance introduite devant le conseil de préfecture il aurait été dressé et signifié des procès-verbaux, par suite desquels aucune action n'aurait été intentée; que cette circonstance ne peut motiver une fin de non-recevoir, puisque l'abandon des premiers procès-verbaux n'éteint pas l'action résultante de la loi du 28 février 1805 (9 ventôse an XIII), et n'empêche pas qu'elle soit introduite depuis, au moyen de nouveaux procès-verbaux. »

189. En résumé, le conseil d'état a donc adopté pour doctrine que, tant que l'anticipation subsiste, elle peut et doit être réprimée, quant à la réintégration du sol, et que la prescription ne s'applique qu'à la pénalité. Ce n'est au surplus que le maintien du principe général de l'imprescriptibilité des voies publiques, principe confirmé pour les chemins vicinaux par l'art. 10 de la loi du 21 mai 1836, mais qui existait et avait été reconnu longtemps auparavant.

190. L'autorité judiciaire, lorsqu'elle s'est trouvée saisie de poursuites relatives à des anticipations, n'a pas d'abord adopté, sur la prescription de ces contraventions, la même doctrine que le conseil d'état. Ainsi, dans un arrêt (ch. crim.) du 10 sept. 1840 (le ministère public contre Rissel), la Cour de cassation a statué sur ce point en ces termes : » Considérant que l'action dont il s'agit se trouve d'ailleurs prescrite, aux termes de l'art. 640 du Code d'instruct. crim., puisque les contraventions qui en sont l'objet furent constatées le 22 sept. 1838, et que les inculpés n'ont été cités devant ce tribunal que le 2 juillet 1840; qu'en déclarant donc la prescription acquise en leur faveur, le jugement dénoncé, lequel est régulier en la forme, n'a fait que se conformer à cet article. » Mais depuis, la Cour de cassation a paru apprécier d'une manière différente la question de prescription des anti-

cipations sur les chemins vicinaux. En effet, dans un arrêt (ch. crim.) du 10 avr. 1841 (minist. pub. contre Demonti) se trouvent les considérants suivants : « Sur l'art 640 du C. d'inst. crim. ; attendu que les *chemins vicinaux* sont *seuls* déclarés *imprescriptibles* par la loi du 21 mai 1836 ; qu'il s'agit, dans l'espèce, de trois chemins *qui n'ont pas été classés* en exécution de cette loi ; que le procès-verbal rapporté à la charge des contrevenants constate que l'usurpation qui leur est imputée a été commise depuis environ *trois ans* ; que l'action publique intentée en répression de ce fait se trouvait dès lors prescrite, aux termes de l'art. 640 du Code d'instruct. crim. » Des termes de cet arrêt il résulte, *implicitement* il est vrai, mais assez nettement, que la Cour de cassation reconnaît que la prescription établie par l'art. 640 du Code d'instr. crimin. ne s'applique pas à la répression des anticipations *sur les chemins vicinaux*, puisqu'elle déclare que ces chemins sont *imprescriptibles*. Ce principe a, d'ailleurs, été reconnu d'une manière formelle et *explicite* dans un arrêt plus récent (ch. civ.) en date du 6 juillet 1841 (Renaut contre la commune de Velisy), ainsi conçu quant à ce point : « Attendu, en fait, que le terrain dont il s'agit au procès a été compris dans l'état des chemins vicinaux de la commune de Velisy, arrêté le 22 janvier 1834 par le préfet de Seine-et-Oise, et approuvé le 24 janv. 1834 par le ministre de l'intérieur ; attendu que si la connaissance des questions relatives à la propriété des terrains qui ont été déclarés chemins vicinaux appartient à l'autorité judiciaire, de même que l'appréciation des faits de possession antérieurs aux actes administratifs qui ont déclaré la vicinalité, nulle action en maintenue ou en renvoi en possession ne peut être considérée comme recevable, lorsqu'elle est relative à des faits de possession postérieurs au classement administratif des chemins vicinaux ; attendu en effet qu'on ne peut, aux termes de l'art. 2226 du Code civil, prescrire le domaine des choses qui ne sont pas dans le commerce, et qu'un chemin vicinal, après que le sol en a été mis hors du commerce par le classement, *n'est plus susceptible de propriété privée ;* attendu qu'en jugeant dans ces circonstances que l'action en maintenue possessoire, formée par Renaut contre la com- de Velisy, n'était point recevable, le tribunal civil de Versailles, loin d'avoir méconnu les règles de sa compétence, en a fait au contraire une juste application, et s'est en cela exactement conformé à la loi. »

Il y a donc aujourd'hui concordance parfaite entre la jurisprudence du conseil d'état et celle de la cour de cassation, sur ce point que la prescription ne peut être invoquée dans les poursuites en anticipation sur le sol des chemins vicinaux, quant à la restitution du sol au chemin dont il fait partie.

191. Si la compétence des conseils de préfecture est établie par la jurisprudence du Conseil d'état, quant à l'action en restitution du sol anticipé sur les chemins vicinaux, il n'est pas moins bien établi que cette action est purement civile, et que les conseils de préfecture ne peuvent appliquer aucune peine aux contrevenants. A la vérité, une ordonnance du 11 juin 1817 (Lhoyez) avait paru reconnaître à ces tribunaux administratifs le droit de prononcer des amendes pour le fait d'anticipation sur les chemins vicinaux. « Vu la requête à nous présentée par le sieur Lhoyez, tendante à ce qu'il nous plaise annuler un arrêté du conseil de préfecture du département de la Seine, du 6 mai 1816, qui a condamné le réclamant à supprimer un fossé et une clôture par lui établie sur le chemin conduisant de la barrière du Mont-Parnasse à la Chaussée du Maine, dans une partie qu'il prétend lui appartenir, et à une amende égale à la moitié de sa contribution mobilière, comme ayant contrevenu aux règlements de de la voirie ; considérant que l'entreprise faite par le sieur Lhoyez sur un chemin public constitue un délit de voirie dont le conseil de préfecture était juge compétent ; — Art. 1er : La requête du sieur Lhoyez est rejetée. » Mais cette attribution n'a pas été maintenue aux conseils de préfecture, ainsi que cela résulte de l'ordonnance du 1er mars 1826 (Dervaux-Paulée contre commune de Flines), ainsi conçue : « Sur l'amende ; considérant que les conseils de préfecture ne sont compétents pour prononcer des amendes qu'en matière de grande voirie, mais que, relativement à la petite voirie, les amendes pour contraventions ne peuvent être prononcées que par les tribunaux. » Il a été statué dans le même sens et à peu près dans les mêmes termes, par l'ordonnance du 15 novembre 1826 (veuve Dossaris) et par plusieurs autres subséquentes ; enfin, dans l'ordonnance du 23 juillet 1838 (Hébrard), que nous avons rapportée intégralement plus haut, le Conseil d'état a for-

mellement établi qu'à l'autorité judiciaire seule appartient le droit d'appliquer aux anticipateurs l'amende prononcée par l'art. 479, n° 11 du Code pénal.

192. Nous terminerons le paragraphe relatif à la répression des anticipations sur le sol des chemins vicinaux, en rapportant quelques décisions du Conseil d'état sur des points de simple procédure.

La procédure devant les conseils de préfecture n'est, comme on sait, fixée par aucune disposition soit législative soit réglementaire. Rien n'est déterminé, notamment, sur la manière dont ces tribunaux doivent être saisis. Sur ce point, une ordonnance du 28 février 1828 (Bavoux et Pochet contre commune de Nesles) a statué en ces termes : « Considérant, sur l'exception tirée de ce que l'instance n'a été introduite devant le conseil de préfecture que par des procès-verbaux dressés par le garde champêtre sur la réquisition du maire ; que le maire avait qualité pour faire constater, dans l'intérêt de la commune, les empiétements qui auraient été pratiqués sur les chemins vicinaux, et pour transmettre les procès-verbaux à l'autorité administrative ; que le conseil de préfecture a été régulièrement saisi par la transmission qui lui a été faite des procès-verbaux notifiés avec sommation de remettre les chemins dans leur état primitif. »

193. Il a été décidé par la même ordonnance, que, bien que les procès-verbaux eussent été notifiés au fermier, le conseil de préfecture pouvait prononcer contre le propriétaire, si celui-ci avait déclaré prendre fait et cause pour son fermier : «Considérant, sur l'exception spéciale de nullité, invoquée contre l'arrêté du 17 mars 1825 et tirée de ce que cet arrêté est pris contre le sieur Bavoux, tandis que les procès-verbaux n'avaient été notifiés qu'au sieur Pochet, son fermier ; que cet arrêté vise les défenses du sieur Bavoux, en date du 25 décembre 1825 ; que, dans ses défenses, ledit sieur Bavoux, intervenant comme propriétaire, a déclaré que son fermier n'avait agi que par ses ordres et qu'il prenait son fait et cause. »

194. La même ordonnance a statué qu'un contrevenant ne pouvait plus contester la qualité de la commune, lorsqu'il lui avait signifié ses défenses. « Considérant, sur les qualités des parties dans le présent pourvoi, que les requêtes et mémoires présentés par les sieurs Pochet et Bavoux, pour obtenir l'annulation des arrêtés ci-dessus visés du conseil de préfecture de Seine et Marne, ont été signifiés en leur nom à la commune de Nesles-la-Gilberde, dans l'intérêt de laquelle avaient été pris lesdits arrêtés relatifs à trois de ces chemins vicinaux, et que les défenses de cette commune ont été présentées, en son nom, par le maire, autorisé par le conseil municipal. »

195. Enfin, la même ordonnance a rappelé le principe déjà posé dans d'autres matières, que les communes peuvent se pourvoir devant le Conseil d'état, sans avoir besoin d'y être autorisées par le conseil de préfecture. On conçoit, en effet, ce qu'il y aurait de bizarre à ce qu'un conseil de préfecture dût examiner s'il y a lieu ou non d'attaquer la décision qu'il vient de prendre. L'ordonnance précitée a statué en ces termes : « Considérant, sur l'exception tirée de ce que ladite commune n'a pas été autorisée à plaider par le conseil de préfecture, que cette autorisation n'est pas nécessaire pour procéder devant nous en notre Conseil d'état. »

§ 2. — *Dégradation.*

196. La dégradation des chemins vicinaux est une contravention dont la répression a toujours été attribuée aux tribunaux ordinaires, en vertu de l'article 40 du titre 2 de la loi du 28 septembre 1791. Une erreur de compétence sur ce point avait été réformée, dès 1807, par un décret du 18 août (Duplessis) ainsi conçu : « Vu deux procès-verbaux de l'adjoint de la commune de Saint-Avertin, remplissant les fonctions d'officier de police judiciaire, l'un à la date du 2 décembre 1806, qui constate que le sieur Duplessis avait ouvert récemment un fossé sur un chemin tirant de Saint-Avertin à la commune de Larçay ; l'autre, à la date du 5 du même mois, constatant que ledit sieur Duplessis avait obstrué et labouré, les jours précédents, un autre chemin servant aux communications des villages de Saint-Avertin, Larçay, Virets et Azay-sur-Cher ; considérant que les articles 6 et 7 de la loi du 9 ventôse an XIII n'attribuent aux conseils de préfecture, en matière de petite voirie, que la connaissance des anciennes limites des chemins vicinaux et la surveillance des plantations d'arbres qui peuvent avoir lieu sur leurs bords ; que les poursuites qui ont lieu par devant ces mêmes conseils dans les matières dont ils connaissent, sont purement civiles et ne peuvent empêcher la

répression des délits par-devant les tribunaux qui en sont spécialement chargés ; Art. 1er : L'arrêté du préfet du département d'Indre-et-Loire, du 14 mars 1807, qui revendique par-devant l'autorité administrative la connaissance des délits reprochés au sieur Duplessis, est annulé. » La même règle est rappelée, dans les mêmes termes, dans un second décret du 15 janvier 1809 (Pelletier contre le maire de Vimpelles).

A la vérité, le Conseil d'état a paru, bientôt après, vouloir attribuer aux conseils de préfecture la répression des dégradations, comme celle des anticipations commises sur les chemins vicinaux ; ainsi, un décret du 17 avril 1812 (commune de Caudival contre Rouvairolis) contient la disposition suivante : «Considérant enfin, que les dispositions du susdit arrêté du conseil de préfecture, relatives aux *dégradations* et empiétements faits ou prétendus faits sur les chemins ruraux, doivent être maintenus, attendu que de telles dispositions, étant essentiellement administratives, sont de la compétence des conseils de préfecture. » Une ordonnance du 23 avr. 1818 (commune de Ban-Saint-Martin contre Jacquin) a également dit : « Considérant que, d'après la même loi (9 ventôse an XIII) les conseils de préfecture doivent connaître des dégradations et empiétements faits ou prétendus sur lesdits chemins, mais que, dans l'espèce, il n'y a ni empiétement à réprimer, ni contravention à poursuivre. » Mais ces deux décisions isolées n'ont pas fait jurisprudence. Le Conseil d'état a même reconnu formellement la compétence des tribunaux de police, pour la répression des dégradations commises sur les chemins vicinaux, par une ordonnance du 16 avril 1823 (Laya contre commune de Mons) ainsi conçue : « Considérant que les attributions des conseils de préfecture ont été bornées, par la loi du 9 ventôse an XIII, aux plantations et aux empiétements sur la largeur desdits chemins, et que les autres contraventions sont demeurées, aux termes de l'art. 40 du titre 2 de la loi du 28 sept. 1791, à la connaissance des tribunaux de police. » Une autre ordonnance du 6 septembre 1826 (veuve d'Amonneville) a dit : « Considérant que, dans l'espèce, il ne s'agit que de dégradations et d'embarras momentanés dont la connaissance est dévolue, par la loi du 6 octobre 1791, aux tribunaux ordinaires. » La même règle a été posée dans une ordonnance du 28 février 1828 (Bavoux et Pochet contre commune de Nesles).

C'est donc devant les tribunaux ordinaires que l'administration doit poursuivre la répression des dégradations de toute espèce commises sur les chemins vicinaux, autres que les anticipations et les empêchements absolus à la libre circulation par l'établissement de barrières, fossés transversaux et autres obstacles au passage qui constituent une véritable usurpation du sol vicinal.

197. Nous devons rappeler aussi qu'à la différence de la règle que doivent suivre les conseils de préfecture pour la répression des anticipations, comme nous l'avons vu plus haut, les tribunaux de police saisis d'une contravention pour dégradation d'un chemin vicinal, s'arrêtent toujours devant l'exception de propriété du sol soulevée par le contrevenant ; ils renvoient alors le jugement de la question de propriété aux tribunaux civils, et sursoient à statuer sur la contravention jusqu'après jugement de ces tribunaux. La régularité de cette forme de procéder a été reconnue par un décret du 13 janvier 1813 (Gaudriault contre la commune de Borecq), ainsi conçu : « Vu le jugement rendu le 6 avril 1812 par le tribunal de Parthenay, qui a annulé, sur l'appel, celui du tribunal de simple police du canton d'Airvault, qui avait condamné le sieur Gaudriault à 3 fr. d'amende, comme prévenu d'avoir laissé un tas de fumier sur la voie publique ; vu l'arrêté pris le 9 mai 1812 par le préfet du département des Deux-Sèvres, par lequel il élève le conflit motivé sur ce que le tribunal de Parthenay aurait dépassé sa compétence et décidé la question de propriété qui s'est élevée dans cette affaire ; considérant que le tribunal de Parthenay n'a annulé le jugement de simple police que parce qu'il avait été incompétemment rendu, et que, loin de prononcer sur la question de propriété, il a sursis à prononcer sur le délit jusqu'à ce que cette question ait été décidée par l'autorité compétente : — Article 1er : Le conflit élevé par le préfet du département des Deux-Sèvres relativement à un jugement du tribunal de Parthenay, du 6 avril 1812, est annulé. »

198. Il ne nous paraît pas douteux toutefois que, pour la répression des dégradations commises sur les chemins vicinaux, les tribunaux modifieront leur jurisprudence sur l'effet de la question préjudicielle de propriété,

comme ils l'ont modifiée sur le même point, quant aux anticipations. Puisque la Cour de cassation, dans les arrêts que nous avons rapportés plus haut (n° 186), a reconnu que les *anticipations* sur le sol des chemins vicinaux devaient être réprimées alors même que le prévenu élevait la question de propriété, il y a évidemment même raison de décider que la dégradation de ces chemins doit être réprimée, nonobstant cette question préjudicielle. L'autorité judiciaire ayant admis qu'en vertu de l'art. 15 de la loi du 21 mai 1836, le sol compris dans les limites légales d'un chemin vicinal était définitivement attribué à cette voie publique, et que le particulier qui se prétend propriétaire de ce sol ne peut plus le ressaisir, il est évident que ce particulier commettrait un délit en dégradant le chemin, tout comme en s'emparant du terrain; et que, pas plus dans un cas que dans l'autre, l'exception de propriété ne constituerait une exception de propriété devant laquelle les tribunaux répressifs dussent s'arrêter.

§ 3. — *Obstacles à la circulation.*

199. Nous avons vu dans les précédents paragraphes comment il doit être procédé pour arriver à la répression, soit des anticipations, soit des dégradations commises sur les chemins vicinaux; nous avons à dire maintenant quels sont les droits de l'autorité administrative lorsqu'un propriétaire riverain interrompt la circulation sur un chemin vicinal, par l'établissement de barrières, de fossés ou d'autres obstacles permanents.

200. Ce fait constitue évidemment une usurpation du sol vicinal, et nous avons vu que le conseil de préfecture pouvait réprimer cette contravention, c'est-à-dire ordonner l'enlèvement des barrières ou la destruction des fossés, alors même que le contrevenant soulèverait la question de propriété; force doit être conservée en effet à l'arrêté du préfet qui a déclaré la vicinalité du chemin, sauf le paiement d'une indemnité, si le sol est reconnu la propriété du riverain. La compétence des conseils de préfecture, à cet égard, a été reconnue par l'ordonnance du 8 septembre 1824 (Maturel) ainsi conçue: «Vu la loi du 28 fév. 1805 (9 ventôse an XIII); considérant que le préfet du département de l'Isère a déclaré, le 13 mars 1818, que le chemin litigieux était vicinal; que la loi du 28 février 1805 (9 ventôse an XIII) avait ordonné qu'il ne serait rien changé à la largeur des chemins vicinaux existants; que le sieur Maturel a reconnu avoir fait des travaux sur ledit chemin; qu'ainsi, depuis les déclarations faites par ledit préfet, le conseil de préfecture était compétent pour ordonner provisoirement la destruction des travaux entrepris sur ledit chemin par le sieur Maturel, en le renvoyant devant les tribunaux pour y faire valoir les droits qu'il prétend à la propriété de la partie du chemin en litige.» Une décision semblable a été donnée par une autre ordonnance du 21 déc. 1825 (Roussel). Le droit des conseils de préfecture a encore été reconnu par une autre ordonnance du 28 déc. 1825 (Godard contre la commune de Culestre) portant: «Considérant que, par un arrêté du 21 avril 1824, le conseil de préfecture du département de la Côte-d'Or s'est borné à maintenir, comme il en avait le droit, la commune de Culestre dans l'usage du chemin dit du Château, reconnu et déclaré vicinal par le préfet, et à prescrire, en conséquence, l'enlèvement des barrières au moyen desquelles le sieur Godard en aurait interdit la libre circulation.» Il a été statué dans le même sens par l'ordonnance du 1er mars 1826 (Dervaux-Paulié contre la commune de Flines) dans le considérant qui suit: «Considérant que lesdites barrières placées aux deux extrémités du chemin dit le *Pavé-Madame*, avaient pour objet de réunir le sol dudit chemin à la propriété de la forêt, et que, sous ce rapport, le conseil de préfecture était compétent pour appliquer les dispositions de l'art. 8 de la loi du 28 fév. 1805 (9 ventôse an XIII) relatives aux empiétements et anticipations.»

201. Mais lorsque la circulation sur un chemin vicinal se trouve ainsi interceptée, l'autorité administrative ne doit pas attendre pour la rétablir l'issue de la poursuite devant le conseil de préfecture; son droit et son devoir est d'ordonner, par mesure de police, l'enlèvement immédiat de ce qui fait obstacle au passage, et de maintenir la liberté de la circulation. Ce droit a été reconnu par plusieurs décisions du Conseil d'état. Nous citerons l'ordonnance du 4 juin 1823 (Langlade contre Martoret) ainsi conçue: «En ce qui concerne la démolition des martillières et le comblement des fossés par ordre du maire d'Aubagne; considérant que le sieur Langlade a construit et reconstruit ses martillières

et autres ouvrages en dépendant sans autorisation ; que, dès lors, les mesures de police prescrites par l'ordonnance de la mairie d'Anbagne, du 24 août 1819, étaient applicables aux entreprises faites postérieurement à ladite ordonnance. » Une autre ordonnance du 22 fév. 1826 (de Mesnard) a statué dans le même sens. « Vu la loi du 6 octobre 1791 et celle du 28 fév. 1805 (9 ventôse an XIII) ; considérant que, dans son arrêté du 29 avril 1824, le préfet du département de la Marne s'est borné à confirmer celui qu'il avait pris le 30 aout 1823, et par lequel il avait reconnu la vicinalité du chemin dont il s'agit ; qu'en ordonnant l'enlèvement des arbres et le comblement des fossés, au moyen desquels ledit chemin aurait été intercepté ou obstrué, il n'a fait que prendre une mesure de police ; d'où il suit que le préfet n'a pas excédé sa compétence, et que, dans cet état, son arrêté ne pouvait être déféré qu'à notre ministre de l'intérieur. » Enfin on trouve une décision analogue dans l'ordonnance déjà citée du 1er mars 1826 (Dervaux-Paulié contre la commune de Flines). « En ce qui concerne l'enlèvement des barrières ; considérant qu'après la reconnaissance et déclaration de vicinalité, le préfet a pu, par mesure de police, ordonner, ainsi qu'il l'a fait, l'enlèvement des barrières. »

202. L'autorité judiciaire a reconnu sur ce point les droits de l'administration. Ainsi, un arrêt de la Cour de cassation (ch. crim.) du 7 fév. 1824 (le ministère public contre Contrie) porte : « Vu les lois du 24 août 1790, art. 3, n° 1er, et art. 5 du titre 11 ; du 22 juillet 1791, titre 1er, art. 46 ; du 28 pluv. an VIII, art. 13 ; vu aussi l'art. 471, n° 5, du Code pénal, et l'arrêté du préfet du départem. d'Ille-et-Vilaine, du 24 oct. 1816, concernant les chemins vicinaux ; attendu qu'au rang des objets confiés à la vigilance des corps municipaux, la loi du 26 août 1790 a placé au n° 1er, art. 3, titre 2, *tout ce qui intéresse la sûreté et la commodité du passage dans les rues, quais, places et voies publiques* ; que, par l'art. 46, tit. 1er, de la loi du 22 juillet 1791, les corps municipaux sont autorisés à faire des arrêtés pour ordonner des mesures locales sur les objets confiés à leur vigilance et à leur autorité, par la susdite loi d'août 1790 ; que les chemins vicinaux n'étant point dans la classe des grandes routes placées dans les attributions de la grande voirie, tout ce qui concerne la sûreté et la commodité du passage dans ces chemins, qui sont évidemment des voies publiques, se rattache au n° 1er, art. 3, titre 2, de la loi du 24 août 1790 ; que les règlements sur cet objet sont des règlements de petite voirie, faits dans l'exercice légal des fonctions municipales, qu'aux termes de l'art. 471, n° 5, du Code pénal, la négligence ou le refus d'exécuter les règlements ou arrêtés concernant la petite voirie, est puni d'une peine de police. » Cette déclaration générale de principe a reçu son application fréquente dans les cas d'interception de chemins vicinaux, et l'arrêt de la Cour de cassation (ch. crim.) du 4 avril 1835 (le ministère public contre Morel) en est la confirmation. « Vu les art. 471, nos 5 et 15, du Code pénal, 162, 176, 194 et 368 du Code d'instruction criminelle ; attendu, 1° que le prévenu n'a pas obéi à l'injonction que l'autorité municipale lui a fait légalement notifier, de combler la rigole par lui ouverte, sans autorisation préalable, à travers le chemin vicinal qui conduit de Moulins-la-Marche à Bons-Moulins ; d'où il suit qu'en refusant de réprimer cette contravention, le jugement dénoncé a expressément violé ledit art. 471, nos 5 et 15, du Code pénal. » Enfin, un troisième arrêt (ch. crim.) du 8 oct. 1836 (le ministère public contre Hilairet) est encore plus explicite. « Vu l'art. 471, n° 5, du C. pénal ; attendu, d'une part, que le chemin dont il s'agit au procès a été classé parmi les chemins vicinaux de la commune de Blonzais, par un arrêté du préfet de la Vienne, du 19 mai dernier ; attendu, d'autre part, que la surveillance des chemins vicinaux appartient à l'autorité municipale ; qu'ainsi l'arrêté du maire de Blonzais, du 27 mai, qui enjoignait au sieur Hilairet de combler, dans les vingt-quatre heures, les fossés qu'il avait creusés sur ledit chemin, ayant pour objet la liberté du passage sur un chemin vicinal, était un véritable arrêté en matière de petite voirie, pris dans la limite des attributions de l'autorité municipale, et dont l'infraction devait être réprimée par l'autorité judiciaire ; que de tels arrêtés sont obligatoires, quand même ils ne constitueraient pas des règlements proprements dits, et ne contiendraient que des injonctions individuelles, ainsi que cela résulte, et des dispositions générales de l'art. 46, titre 1er, de la loi du 22 juill. 1791, et de la seconde disposition du n° 5 de l'art. 471 du Code pénal ; et attendu que la Cour royale de Poitiers, sans méconnaître en fait que le

sieur Hilairet avait refusé d'exécuter l'arrêté du maire de Blanzais, l'a cependant renvoyé de l'action du ministère public, sur le motif que cet arrêté ne contenait que des injonctions particulières au prévenu; en quoi elle a formellement violé l'art. 471, n° 5, ci-dessus transcrit. »

203. Le droit de l'autorité administrative ne saurait être contesté en présence de ces décisions. Nous ajouterons que, comme les arrêtés que prendrait le préfet, soit pour ordonner l'enlèvement des obstacles à la viabilité, soit pour confirmer les arrêtés des maires, seraient pris dans les limites de sa compétence, ce serait devant le ministre de l'intérieur, et non pas directement devant le Conseil d'état, que les parties intéressées auraient à se pourvoir.

§ 4. — *Constatation des contraventions.*

204. Les contraventions et délits de toute nature commis sur les chemins vicinaux, soit qu'il s'agisse d'anticipation sur le sol du chemin ou de dégradation de la voie publique, soit qu'il s'agisse d'inobservation des règlements faits par l'autorité administrative, peuvent être constatés par tous les fonctionnaires et agents auxquels la loi a conféré la qualité d'officier de police judiciaire. C'est ce qui résulte implicitement des condamnations que prononcent journellement, soit les conseils de préfecture, soit les tribunaux ordinaires, sur des procès-verbaux rédigés par différents fonctionnaires ou agents. Une ordonnance du 6 déc. 1820 (Boudeville) a même donné sur ce point une solution formelle. « Considérant, y est-il dit, que les adjoints aux maires sont institués par les lois officiers de police judiciaire, et que, dès lors, l'adjoint de la commune de Marcilly avait qualité pour constater la contravention commise par le sieur Boudeville; considérant que ladite contravention a eu lieu sur une communication reconnue vicinale par l'administration. » Le droit des gardes champêtres a été également reconnu par une autre ordonnance du 28 février 1828 (Bavoux et Pochet contre la commune de Nesles) en ces termes: « Considérant, sur l'exception tirée de ce que l'instance n'a été introduite devant le conseil de préfecture que par des procès-verbaux dressés par le garde champêtre sur la réquisition du maire; que le maire avait qualité pour faire constater, dans l'intérêt de la commune, les empiétements qui auraient été pratiqués sur les chemins vicinaux, et pour transmettre les procès-verbaux à l'autorité administrative. »

205. Quelque étendue que fût, en droit, la catégorie des fonctionnaires et agents aptes à rédiger procès-verbal des contraventions et délits commis sur les chemins vicinaux, en fait cependant, les maires, adjoints et gardes champêtres étaient les seuls qui constatassent ces contraventions, et encore une foule de causes venaient-elles entraver leur action. Le législateur a donc cru devoir instituer un ordre d'agents qui, concurremment avec les officiers de police judiciaire, auraient le droit de rédiger procès-verbal de ces contraventions et délits. L'art. 10 de la loi du 21 mai 1836 a en conséquence permis aux préfets de nommer des agents voyers, lesquels « prêteront serment et auront le droit de constater les contraventions et délits, et d'en dresser procès-verbaux. »

206. Les procès-verbaux dressés pour le service vicinal ne sont pas affranchis des formalités prescrites pour les autres actes de même nature; ils doivent donc être présentés au visa pour timbre et à l'enregistrement, en débet, ces frais devant ensuite être payés par le contrevenant s'il est condamné. On a demandé si les procès-verbaux rédigés par les agents voyers devaient être affirmés. Le ministre de l'intérieur, consulté à cet égard, a été d'avis que cette formalité n'était pas nécessaire pour la validité de ces actes. Il a fait remarquer que *l'affirmation* n'était pas imposée par les lois d'une manière générale pour tous les procès-verbaux; que, dès lors, cette formalité ne devait être remplie que par les agents auxquels elle a été nommément imposée; or, la loi du 21 mai 1836, qui institue les agents voyers, n'a rien prescrit sur ce point. La Cour de cassation a adopté la même opinion. Un premier arrêt (ch. crim.) du 5 janv. 1838 (le ministère public contre Mayens) est ainsi conçu : « Vu l'art. 11 de la loi du 21 mai 1836 sur les chemins vicinaux; vu pareillement les art. 154 et 161 du Code d'instruction criminelle; attendu qu'il résulte, de la combinaison de ces articles, que les procès-verbaux dressés par les agents voyers n'ont pas besoin d'être préalablement affirmés par ces agents pour faire foi en justice, jusqu'à preuve contraire, des contraventions commises aux règlements concernant les chemins vicinaux; d'où il suit qu'en prononçant l'annulation du pro-

cès-verbal dont il s'agit dans l'espèce, par le motif qu'il n'a pas été soumis à la formalité de l'affirmation que l'art. 2 du décret du 18 août 1810 exige, à peine de nullité, en matière de grande voirie, le jugement dénoncé a fait une fausse application de cette article, et commis une violation expresse des dispositions ci-dessus visées. » Un second arrêt (ch. crim.) du 23 fév. 1838 (le ministère public contre Benjamin et Jacob) a prononcé dans le même sens.

207. Nous avons vu, dans le précédent paragraphe, devant quelle autorité doit être poursuivie la répression des contraventions de différente nature qui se commettent sur les chemins vicinaux ; les procès-verbaux qui constatent ces contraventions doivent donc être transmis, selon les cas, soit au préfet, si la poursuite a lieu devant le conseil de préfecture, soit au ministère public, si elle a lieu devant les tribunaux de simple police ou correctionnels. Nous ferons remarquer, toutefois, que, lorsqu'il s'agit d'une anticipation sur le sol d'un chemin, il y a lieu, avant d'envoyer le procès-verbal au préfet, de le notifier au contrevenant avec injonction de restituer le sol usurpé. En effet, la poursuite devant le conseil de préfecture ne peut avoir pour unique objet que d'obtenir cette restitution, puisque le conseil de préfecture ne peut prononcer d'amende; si donc, sur la simple notification du procès-verbal, le contrevenant restitue le sol usurpé, tout est terminé, et la poursuite devant le conseil de préfecture devient sans objet. Il n'en est pas de même des contraventions de nature à être poursuivies devant les tribunaux ordinaires, parce que, outre la réparation du dommage, une pénalité est attachée à ces contraventions. Cette pénalité est encourue dès que la contravention est constatée, et la réparation du dommage, sur la seule notification du procès-verbal, n'affranchirait pas le contrevenant de la pénalité que le tribunal aura à prononcer. L'autorité administrative peut, sans doute, notifier le procès-verbal si elle a intérêt à ce que la dégradation commise soit promptement réparée, mais cette réparation ne la dispenserait pas de déférer la contravention aux tribunaux. Il en est ici comme de tous les faits qualifiés par les lois, crimes, délits ou contraventions, et qui donnent ouverture à une action publique ; quand ils ont été reconnus et constatés, il doit nécessairement être donné cours à cette action.

SECT. 6. *Modification à l'état des chemins vicinaux.*

§ 1er. *Echange de chemins.*

208. L'amélioration de l'assiette des chemins vicinaux peut quelquefois être obtenue par une mesure moins lente et moins hérissée de formalités que l'ouverture ou le redressement ; c'est par la voie de l'échange. Souvent une commune et un propriétaire ont un égal intérêt à changer l'assiette d'un chemin ; la commune, pour donner au chemin une meilleure direction ou pour l'établir sur un sol plus ferme ; le propriétaire, pour réunir deux enclos que le chemin sépare dans sa direction actuelle. Il peut, dans ce cas, être procédé à un échange entre les parties, la commune abandonnant le chemin actuel, le propriétaire fournissant le sol du chemin nouveau. L'échange a lieu avec ou sans soulte, selon la valeur du sol ou selon les convenances des parties. Il peut, en vertu de l'art. 10 de la loi du 28 juillet 1824, être autorisé par arrêté du préfet en conseil de préfecture, après délibération du conseil municipal et après enquête *de commodo et incommodo*, lorsque la valeur des terrains à échanger n'excède pas 3,000 fr. Il nous paraît toutefois qu'avant de consommer l'échange, le préfet doit préalablement procéder au déclassement de l'ancien chemin, dans les formes indiquées plus haut. En effet, tant qu'un chemin est revêtu du caractère que lui a attribué la déclaration de vicinalité, il n'est pas susceptible d'une propriété privée ; il faut donc lui ôter ce caractère, pour qu'il cesse de faire partie du domaine public vicinal.

L'arrêté qui autorise un échange de chemin ne peut être attaqué par la voie contentieuse, ainsi que cela résulte de l'ordonnance du 10 août 1828 (Rolle) ainsi conçue : « Considérant que l'arrêté par lequel le préfet de la Loire, statuant en conseil de préfecture, aux termes de la loi du 28 juill. 1824, a autorisé un échange de chemin vicinal entre la commune de Savigneux et le sieur Rolle, est un acte administratif qui n'est pas susceptible de nous être déféré par la voie contentieuse. »

Une semblable transaction, si elle est rendue facile par l'intérêt direct des parties qui la concluent, peut cependant soulever, de la part des tiers intéressés, de graves difficultés, qui portent presque toujours sur le besoin qu'ont ces tiers de conserver le passage sur l'ancien chemin pour arriver à leurs propriétés. Nous rapporterons différentes décisions qui ont trait à de semblables difficultés.

209. Un décret du 22 sept. 1812 (Boucher contre Prévigny) est ainsi conçu : « Vu la requête en forme de tierce opposition du sr Boucher, tendante à ce qu'il nous plaise rapporter un décret qui autorise un échange d'un chemin communal, dit au Port-au-Loup ; considérant, quant au dernier moyen du sieur Boucher, qui prétend que ce chemin est le seul qui lui reste pour arriver à un de ses domaines, que c'est une question qui appartient aux tribunaux et doit se résoudre, s'il y a lieu, en indemnité : — Art. 1er : La requête du sieur Boucher est rejetée. »

Une ordonn. du 24 déc. 1823 (Lange et consorts) a rejeté en ces termes un pourvoi formé contre une ordonnance autorisant l'échange d'un chemin. « Considérant que notre ordonnance du 30 mai 1820 a pour objet une mesure d'administration publique, qui ne peut être attaquée par la voie contentieuse, et que si les requérants se croient lésés dans leurs droits ou leurs propriétés, ils peuvent nous présenter requête pour être procédé, s'il y a lieu, dans les formes prescrites par l'art. 40 du règlement du 22 juill. 1806 ; — Art. 1er : La requête est rejetée. »

Enfin, une ordonnance du 11 nov. 1830 (Brunier-Maréchal) statue ainsi qu'il suit sur une réclamation relative à des droits de vue et de sortie sur un ancien chemin : « Vu la loi du 28 juill. 1824 ; considérant que l'arrêté du 16 oct. 1829, rendu par le préfet en conseil de préfecture, ne renferme, dans son dispositif, que l'approbation d'un échange par lequel la commune d'Ecussy cède au sieur Dunod un ancien chemin, dit *des Bruyères*, contre un nouveau chemin que celui-ci consent à ouvrir sur sa propriété, et ne subordonne cette approbation qu'à des conditions relatives à la solidité du nouveau chemin ; considérant que cet arrêté est un acte de tutelle administrative qui ne peut préjudicier aux droits des tiers ni faire obstacle à ce que le sieur Brunier-Maréchal, étranger audit échange, fasse valoir devant les tribunaux, s'il s'y croit fondé, les droits de sortie et de vue qu'il prétend avoir sur l'ancien chemin des Bruyères, comme limitrophe de son habitation ; — Art. 1er : La requête est rejetée »

§ 2. *Déclassement.*

210. Tant que l'entretien des chemins vicinaux n'avait été considéré que comme une dépense purement facultative, il importait assez peu que le tableau de chaque commune présentât un nombre plus ou moins grand de ces voies de communication ; mais la loi du 21 mai 1836 en ayant rendu l'entretien obligatoire, les communes se sont trouvées intéressées à ne plus laisser le caractère de vicinalité qu'aux chemins d'une utilité réelle ; de là, la nécessité de réviser les classements anciens, et de déclasser les chemins qu'il n'était pas indispensable d'entretenir.

211. La législation est restée complétement muette sur les formalités à remplir pour le déclassement d'un chemin vicinal. Les instructions ministérielles ne pouvaient donc tracer de règles à cet égard que par analogie, et nous croyons devoir reproduire ici celles qu'a données le ministre de l'intérieur dans la circulaire qu'il a publiée le 24 juin 1836, pour l'exécution de la loi du 21 mai de la même année.

« Je n'ai pas besoin de vous dire, M. le préfet, que le déclassement d'un chemin précédemment déclaré vicinal est dans les attributions de la même autorité à laquelle appartient le droit de prononcer le classement. Il ne s'agit, en effet, que de rapporter un acte administratif, et il est de principe général que les préfets peuvent rapporter leurs arrêtés et ceux de leurs prédécesseurs, pris en matière administrative. Il n'y a d'exception à cet égard que lorsque ces arrêtés ont reçu l'approbation ministérielle ou qu'ils ont servi de base à une décision judiciaire passée en force de chose jugée.

» Vous pouvez donc prononcer, par arrêté, le déclassement d'un chemin, qu'il ait été classé par vous ou par l'un de vos prédécesseurs. Toutefois, il est nécessaire, avant de prononcer le déclassement, de remplir une formalité de plus que pour le classement, et vous allez en comprendre la nécessité. Lorsqu'il s'agit d'admettre une communication au rang des chemins vicinaux, une délibération du conseil municipal a suffi pour servir de base à l'arrêté du préfet, parce que le public et les communes voisines ne pouvaient trouver que de l'avantage à être mis en jouissance d'une voie de communication. Lorsque, au contraire, il s'agit de déclasser ce chemin, c'est-à-dire de lui ôter le titre de vicinal, et, par suite, de dispenser la commune de l'obligation de pourvoir à son entretien, le public et les communes voisines peuvent être intéressés à contredire un projet qui tend à les priver d'une voie de communication dont ils jouissaient. Avant donc de prononcer le déclassement d'un chemin vicinal, vous devrez en faire délibérer les conseils municipaux des communes qui peuvent avoir intérêt à la conservation de ce chemin, et, s'il n'y a pas unanimité dans les délibérations, vous ferez ouvrir une enquête dans ces mêmes communes. Vous serez ainsi parfaitement éclairé sur les véritables intérêts des localités et vous prononcerez en parfaite connaissance de cause. Ces formalités entraîneront quelques lenteurs sans doute; mais le déclassement d'un chemin ne peut jamais être une opération urgente, et les explications dans lesquelles je viens d'entrer vous auront fait comprendre qu'en pareille matière l'administration ne doit procéder qu'avec réserve, parce que la commune sur le territoire de laquelle est situé le chemin n'est plus la seule intéressée. »

212. Des considérations diverses peuvent, ce nous semble, déterminer l'administration à prononcer le déclassement d'un chemin vicinal. Quelquefois elle veut seulement exonérer la commune de l'obligation de l'entretenir, mais cependant maintenir en état de chemin une voie publique qu'il peut être utile de conserver pour l'exploitation de certaines propriétés rurales. Dans ce cas, ce chemin passe dans la catégorie des chemins qu'on pourrait appeler ruraux, et qui restent la propriété de la commune, sans qu'elle soit tenue de les entretenir. Dans d'autres cas, au contraire, le déclassement a pour but d'arriver à la suppression du chemin et à l'aliénation du sol pour le rendre à l'agriculture. Nous verrons plus bas dans quelle forme il doit être procédé à cette suite de l'arrêté de déclassement.

§ 3. *Suppression des chemins inutiles.*

213. Reconnaître et consacrer par la déclaration de vicinalité l'existence des chemins utiles aux communications, redresser ceux dont l'assiette est défectueuse, en ouvrir de nouveaux là ou le besoin l'exige, ce sont là, sans doute, les mesures auxquelles l'administration doit ses premiers soins; mais il en est un autre que l'intérêt des communes, que l'intérêt de l'agriculture réclame ensuite, c'est la suppression des chemins inutiles, et tout homme qui a habité nos communes rurales sait combien sont nombreux les chemins qui pourraient être supprimés sans dommage pour les communications. Aussi, dès l'an V, le gouvernement, dans son arrêté du 23 messidor, chargeait-il les administrations centrales des départements de *prononcer la suppression des chemins reconnus inutiles*, et cette mesure a été constamment recommandée à la sollicitude des préfets par toutes les instructions ministérielles données sur le service vicinal. Mais, en donnant à l'administration le droit de supprimer les chemins inutiles, en lui en faisant même l'injonction, l'arrêté du 23 messidor an V s'est abstenu d'indiquer les formes à suivre pour reconnaître si la suppression d'un chemin ne blessera réellement aucun des intérêts qui ont droit d'être respectés; ce n'est donc que dans la jurisprudence administrative que nous pouvons trouver les règles à suivre en cette matière.

Deux cas nous paraissent devoir être distingués tout d'abord en matière de suppression de chemins; celui où le chemin à supprimer a été précédemment déclaré vicinal, et celui où il n'avait pas reçu le caractère de la vicinalité.

214. Si le chemin est compris parmi les chemins vicinaux de la commune, il est évident qu'avant d'en prononcer la suppression, il est indispensable d'en prononcer le déclassement, dans les formes indiquées plus haut. La déclaration de vicinalité, en effet, avait fait entrer le chemin dans le domaine public vicinal; elle en avait attribué l'usage au public; pour le faire sortir du domaine vicinal, pour enlever au public le droit de s'en servir, il faut préalablement lui ôter le caractère de la vicinalité ; mais cela ne doit se faire qu'avec les formes nécessaires pour reconnaître si réellement le chemin est inutile aux communications.

215. Lorsque le chemin n'a pas été déclaré vicinal, la suppression nous paraît pouvoir en être ordonnée avec moins de formalités. L'absence de son inscription au tableau des chemins vicinaux de la commune est un premier indice qu'il n'est pas indispensable aux communications. La suppression nous paraît donc pouvoir être prononcée sur la seule proposition du conseil municipal de la commune; nous pensons toutefois qu'il est prudent que le projet de suppression soit publié à l'avance, dans la commune, afin que les tiers intéres-

sés, s'il en était, pussent présenter leurs observations.

216. La question de compétence, quant à la suppression des chemins, a été un moment indécise, comme en matière de classement. Ainsi, un décret du 3 janvier 1813 (commune de Nuisement-sur-Coole contre Damas) semblait reconnaître ce droit aux conseils de préfecture comme aux préfets. « Considérant, y est-il dit, qu'il appartient au préfet et aux conseils de préfecture de prononcer sur l'existence, l'utilité et la suppression des chemins vicinaux; — Art. 1er : Les arrêtés du conseil de préfecture du département de la Somme sont maintenus, en tant qu'ils prononcent sur le maintien et la suppression des autres chemins vicinaux. » Mais, plus tard, une ordonnance du 23 avril 1818 (commune de Bon-Saint-Martin contre Jacquin) a rétabli en ces termes les véritables principes : « Considérant que, aux termes de la loi du 9 ventôse an XIII, c'est à l'administration publique, c'est-à-dire au préfet, de prononcer sur la conservation ou la suppression des chemins et sentiers vicinaux. »

217. L'autorité judiciaire ne peut jamais avoir à intervenir dans la question de suppression d'un chemin lorsqu'il y a été statué par l'autorité administrative; c'est ce qui a été déclaré par un décret du 19 août 1808 (Monneron contre Bernier), ainsi conçu : « Vu l'arrêté de l'administration centrale de la Charente-Inférieure, du 5 fructidor an VI, qui a autorisé le sieur Monneron à supprimer et fermer un sentier transversal traversant sa propriété, à la charge de rendre ce terrain à l'agriculture; vu le jugement susdit qui renvoie devant le juge de paix de La Rochelle, pour y faire juger la possession dudit sentier; considérant que le jugement du tribunal de La Rochelle tend à remettre en question devant le tribunal judiciaire ce qui avait été décidé par l'autorité administrative; — Art. 1er : L'arrêté du préfet de la Charente-Inférieure, du 11 avril 1808 (conflit), est confirmé. Article 2. Le jugement rendu par le tribunal de première instance de La Rochelle, le 15 mars 1808, est declaré non avenu. »

218. Comme tous les actes administratifs des préfets, l'arrêté qui prononce la suppression d'un chemin peut être attaqué devant l'autorité supérieure; mais c'est au ministre de l'intérieur qu'il doit être déféré, attendu qu'un tel arrêté est pris dans les limites de la compétence du préfet. Lorsque le ministre a statué sur le recours, sa décision n'est pas susceptible de recours devant le Conseil d'état. C'est ce qui résulte notamment d'une ordonnance du 27 août 1828 (de Montillet), dont l'un des considérants est ainsi conçu : « Sur le chef du pourvoi relatif à la décision de notre ministre de l'intérieur; considérant que la question relative à la suppression, comme inutile, du chemin classé comme vicinal, est une question d'utilité publique qui est administrative, et qui ne peut nous être soumise par la voie contentieuse. »

219. Nous ferons remarquer, d'ailleurs, que l'arrêté préfectoral qui supprime un chemin ne prononce que sur la question administrative, et qu'il laisse intactes toutes les questions de propriété ou de servitude que des tiers pourraient élever. Ainsi, un décret déjà cité, du 3 janvier 1813 (commune de Nuisement-sur-Coole contre Damas), porte que « s'il appartient au préfet et aux conseils de préfecture de prononcer sur l'existence, l'utilité et la suppression des chemins vicinaux, il n'appartient qu'aux tribunaux de prononcer sur la propriété du terrain des chemins vicinaux. » Une ordonnance du 10 décembre 1817 a renvoyé aux tribunaux le jugement d'un droit de passage prétendu sur un chemin supprimé : « considérant qu'il s'agit, dans l'espèce, d'une question de servitude dont la connaissance appartient aux tribunaux. » Une ordonnance du 28 octobre 1829 (commune de Saint-Jean d'Assé contre Paillard-Ducleré) relative également à un chemin supprimé, a réservé en ces termes la question de propriété : « Considérant que, dans le cas où la commune de Saint-Jean d'Assé aurait des droits à exercer sur le sol dudit chemin, à titre de propriété ou de servitude, la décision du ministre de l'intérieur du 26 décembre 1827 ne met pas obstacle à ce qu'elle les fasse valoir devant les tribunaux, après s'y être fait autoriser préalablement par le conseil de préfecture. » Enfin, les droits de servitude que des particuliers prétendraient avoir à exercer sur un chemin supprimé ne sont pas compromis par l'arrêté de suppression, ainsi qu'il résulte d'une ordonnance du 21 juin 1826 (André contre Courbec), ainsi conçue : « Considérant qu'il s'agit, dans l'espèce, d'une portion d'un ancien chemin qui a cessé d'être voie publique et qui a été abandonnée au sieur Courbec; considérant que la question de savoir si le terrain d'une voie publique supprimée reste grevé,

envers les propriétaires limitrophes, des servitudes du genre de celles que la dame André réclame, est du ressort des tribunaux. »

§ 4. — *Aliénation.*

220. Lorqu'un chemin vicinal a été déclassé, que le besoin des communications n'exige pas qu'il soit conservé comme chemin rural, et que, par conséquent, la suppression peut en être prononcée, la mesure la plus utile que puisse prendre l'administration, c'est d'aliéner le sol de ce chemin. On restitue ainsi à l'agriculture des terrains qu'elle rend productifs; on réalise pour la commune des ressources qui ne sont pas toujours sans importance; c'est d'ailleurs le seul moyen d'empêcher que ce sol ne disparaisse graduellement par l'effet des anticipations des riverains. Il est entendu, toutefois, que cette mesure ne peut être prise que lorsque le sol du chemin supprimé est la propriété incontestée de la commune. S'il y avait contestation à cet égard, il faudrait qu'elle fût vidée devant les tribunaux avant qu'il pût être procédé à la vente.

221. Quelques doutes avaient un moment été élevés sur le droit des communes à la propriété du sol de leurs chemins, même dans le cas où cette propriété n'était pas revendiquée par des particuliers. L'administration des domaines avait, à une époque déjà reculée, prétendu que lorsque ces chemins étaient supprimés, le sol devait en faire retour au domaine public, et que ce sol ne pouvait être aliéné qu'au profit de l'état. Cette administration fondait sa prétention sur l'art. 3 de la loi du 1er déc. 1790, relative à la législation domaniale, et ainsi conçu : « Les chemins publics, les rues et les places des villes, les fleuves et rivières navigables, les rivages, lais et relais de la mer, les havres, les rades, etc., et en général toutes les portions du territoire national qui ne sont pas susceptibles d'une propriété privée, sont considérés comme dépendants du domaine public. » L'insertion dans cette énumération des mots *chemins publics, rues et places des villes*, pouvait, en effet, motiver jusqu'à un certain point l'opinion de l'administration des domaines, que le ministre avait adoptée, ainsi que le témoigne une circulaire du 4 germinal an VII.

222. Mais les droits des communes à la propriété du sol de leurs chemins et, par suite, au produit de l'aliénation de ce sol, ont été reconnus bientôt après par un décret du 24 vendémiaire an XI (16 oct. 1802) (commune de Ste-Foy contre Clavel), ainsi conçu : « Considérant que cette loi (celle ci-dessus visée) n'est relative qu'aux biens qui composaient et doivent continuer à composer le domaine national; que les chemins publics dont elle parle sont les routes faites et entretenues aux frais de la nation : que celle-ci n'a jamais entendu s'emparer des chemins vicinaux composés de terrains achetés ou échangés par les communes ou fournis gratuitement par les propriétaires pour le service particulier des communes; que les lois des 6 oct. 1791, 16 frimaire an XI et 11 frimaire an VII, qui ont laissé l'entretien des chemins à la charge des communes, sauf le cas où ils deviendraient nécessaires au service public, ne donnent point à croire qu'ils soient des propriétés nationales; considérant qu'un chemin vicinal appartient à la commune; que si des particuliers ou la commune de Ste-Foy croient avoir droit de réclamer, c'est devant le préfet qu'ils doivent se pourvoir, sauf à lui à renvoyer devant les tribunaux, s'il y a des questions de propriété entre particuliers à décider; que si l'arrêté du 7 pluviôse an VIII concède le terrain de l'ancien chemin vicinal comme domaine national, quoiqu'il soit domaine communal par sa nature, cette erreur ne vicie pas le fond de la décision, qui produit les mêmes résultats. »

Cette décision du conseil d'état était trop positive pour que les droits des communes fussent désormais contestés, et l'administration des domaines a cessé depuis lors d'élever aucune prétention à la propriété du sol des chemins vicinaux supprimés. L'aliénation de ce sol a donc pu être faite sans difficulté au profit de la commune sur le territoire de laquelle le chemin était situé.

223. Jusqu'à la promulgation de la loi du 28 juill. 1824, cette aliénation ne pouvait, comme pour toute autre partie du domaine communal, être autorisée que par une ordonnance royale, quelque faible que fût la valeur de la parcelle à aliéner. La lenteur de ce mode de procéder était un obstacle à ces transactions, et le législateur y pourvut en donnant aux préfets, par l'art. 10 de la loi du 28 juill. 1824, le droit d'autoriser les aliénations jusqu'à concurrence d'une valeur de 3,000 fr. L'arrêté du préfet doit être pris *en conseil de préfecture, après délibération des conseils municipaux intéressés et après enquête* de commodo et incommodo.

224. La loi du 21 mai 1836 n'a rien innové sur ce point, quant à l'attribution donnée aux préfets en matière d'aliénation du sol d'anciens chemins; mais elle a apporté une sage restriction aux droits des communes, quant au mode d'aliénation. En général, la bande de terrain qui compose un chemin supprimé ne peut être utilisée que par sa réunion aux propriétés riveraines. Souvent cependant de fâcheuses rivalités, trop fréquentes dans les communes rurales, avaient surgi lors de la vente aux enchères du sol d'anciens chemins. Les propriétaires riverains n'avaient pu s'en rendre acquéreurs, et d'autres particuliers venaient ainsi s'implanter au milieu de propriétés qu'il eût été utile de réunir par l'incorporation du sol de l'ancien chemin.

Le législateur a mis un terme à cette conséquence abusive du mode d'aliénation aux enchères, par l'art. 19 de la loi du 21 mai 1836, ainsi conçu : « En cas de changement de direction ou d'abandon d'un chemin vicinal, en tout ou en partie, les propriétaires riverains de la partie de ce chemin qui cessera de servir de voie de communication pourront faire leur soumission de s'en rendre acquéreurs et d'en payer la valeur, qui sera fixée par des experts nommés dans la forme déterminée par l'article 17. » Cette disposition, comme on voit, établit une préférence en faveur des propriétaires riverains, mais un droit de préférence seulement, c'est-à-dire que si ces propriétaires ne voulaient pas acquérir le sol du chemin supprimé, la commune rentrerait dans la faculté de l'aliéner d'après l'ancien mode. Il y a donc lieu de mettre les propriétaires riverains en demeure de présenter leurs soumissions, afin que la commune soit libre de passer outre en cas de refus de leur part. Si les propriétés situées sur les deux rives du chemin supprimé n'appartenaient pas au même particulier, les deux propriétaires auraient incontestablement un droit égal au sol à concéder, et s'ils ne pouvaient s'entendre sur le partage, l'administration, ce nous semble, devrait concéder à chacun la moitié de la largeur du chemin. Cette mesure serait dans le véritable esprit de l'article de loi précité, qui a évidemment eu en vue de prévenir les inconvénients qui peuvent naître de la conservation de droits de servitude sur la voie supprimée. Il importe donc que chacun des deux propriétaires riverains acquière la moitié de la largeur du chemin supprimé. Ce ne serait qu'au refus de l'un d'eux que l'administration devrait, à notre avis, concéder à l'autre la totalité du sol.

225. Une question a été soulevée à l'occasion de l'application de l'article de loi précité : c'est celle de savoir s'il confère aux propriétaires riverains d'un chemin supprimé un droit absolu d'acquérir, en ce sens que la commune soit obligée de concéder le sol du chemin supprimé. Consulté sur cette question, le ministre de l'intérieur n'a pas pensé que cet article de loi dût être entendu d'une manière aussi impérative. Il lui a paru que si la commune avait besoin de conserver, dans un intérêt communal quelconque, le sol du chemin supprimé, elle ne pouvait être contrainte de l'aliéner, et que tout ce que la loi avait voulu établir en faveur des propriétaires riverains, c'était *un simple droit de préférence en cas d'aliénation*. Tels sont les principes que le ministre a posés dans une circulaire en date du 26 mars 1838, et il n'est pas à notre connaissance qu'ils aient été sérieusement contestés.

226. Nous terminerons en faisant remarquer que l'arrêté par lequel le préfet en conseil de préfecture autorise l'aliénation du sol d'un chemin supprimé est un acte administratif susceptible de recours, mais que ce recours doit être porté d'abord devant le ministre de l'intérieur, comme pour tous les arrêtés pris dans les limites de la compétence des préfets. C'est ce qui résulte d'une ordonnance royale du 28 déc. 1825 (Goulin contre Husson) ainsi conçue : « Vu l'art. 10 de la loi du 28 juill. 1824; considérant, dans l'espèce, que l'arrêté du préfet du département de la Moselle, qui, en vertu de l'art. 10 de la loi ci-dessus-visée, a autorisé l'aliénation d'une partie d'un chemin communal, est un acte de son administration qui doit être préalablement déféré à notre ministre de l'intérieur; qu'ainsi le sieur Goulin est non recevable dans son pourvoi. »

§ 5. *Rétablissement d'anciens chemins.*

227. Si l'administration peut maintenir la circulation sur les chemins existants, elle peut également ordonner le rétablissement d'anciens chemins indûment supprimés; mais c'est au préfet et non au conseil de préfecture qu'appartiendrait ce droit. C'est ce qui résulte d'une ordonnance royale du 1er mai 1822 (commune de Balazé contre celle de Chatelais), ainsi conçue : « Considérant qu'aux termes de la loi du 9 ventôse an XIII, le préfet était seul compétent pour faire reconnaître et rétablir

l'ancien chemin vicinal, et qu'en statuant sur ce point, le conseil de préfecture a excédé les bornes de sa compétence. » Une seconde ordonnance du 12 juin 1822 (Boutel contre Limages) a prononcé dans le même sens.

228. Mais d'une autre ordonnance du 6 janv. 1830 (Dupeyron), il résulte que le rétablissement d'un ancien chemin ne peut être ordonné que si ce chemin était vicinal. Cette ordonnance est ainsi conçue : « Considérant que l'arrêté du préfet de Tarn-et-Garonne, du 10 déc. 1828, est intervenu sur un procès-verbal constatant un changement de direction opéré par le sieur Dupeyron sur un chemin que la commune de Montaigut soutient être vicinal ; considérant que le tableau des chemins vicinaux de la commune de Montaigut n'a point encore été arrêté par le préfet ; que, dès lors, ce magistrat n'était compétent que pour ordonner une enquête et prendre un arrêté sur la vicinalité du chemin contesté ; qu'il devait se borner, en attendant, à maintenir, provisoirement et par voie de police, le public en jouissance du chemin que le sieur Dupeyron avait fermé par des barrières ; mais qu'il a excédé sa compétence en ordonnant le rétablissement de l'ancien chemin dont la vicinalité n'avait point encore été déclarée et reconnue. »

229. Enfin, si la suppression du chemin datait de longues années, et que le propriéqui s'en est emparé pût s'appuyer de titres, ce ne serait plus le cas d'ordonner le *rétablissement* du chemin. Si cette voie de communication était indispensable, il serait possible sans doute de la procurer au public ; mais il faudrait procéder pour cela comme pour l'ouverture d'un nouveau chemin. C'est ce qui résulte de l'ordonnance du 8 septemb. 1819 (Fauquez contre la commune d'Echoubonlain) ainsi conçue : « Considérant que le chemin vicinal réclamé par la commune d'Echoubonlain a été compris, sous le nom de *voirie*, par les experts, dans l'estimation de la pièce n° 4, vendue au sieur Fauquez, et que, si ce mot de *voirie* n'a pas été rappelé dans les affiches et dans le procès-verbal d'adjudication, rien ne prouve qu'il ait été retranché à dessein et par suite de réclamations antérieures à la vente ; considérant d'ailleurs que le sieur Fauquez a pris possession de cette voirie, qu'il l'a fait clore, et qu'il en a joui sans trouble en cet état pendant dix-neuf ans, en présence de l'administration du domaine et de la commune d'Echoubonlain ; considérant que, si la commune est intéressée à rétablir ledit chemin vicinal, rien ne s'oppose à ce qu'elle en provoque l'ouverture, sauf indemnité envers qui de droit. »

CHAP. 2. — *Dispositions relatives à la création et à l'emploi des ressources affectées au service vicinal.*

SECT. 1re. — *Caractère obligatoire des dépenses.*

230. Donner à l'autorité administrative le droit de déclarer la vicinalité des chemins nécessaires aux communications des communes, de rechercher les limites et de fixer la largeur de ces voies publiques ; assurer la conservation du sol des chemins vicinaux et la prompte répression des anticipations, en la remettant aux conseils de préfecture, c'était sans doute poser les bases du système vicinal, mais c'était trop peu, si on ne prescrivait en même temps les mesures nécessaires pour l'entretien des chemins vicinaux en bon état de viabilité, et c'est cependant ce dont le législateur ne s'est occupé que bien tard.

231. La loi du 6 oct. 1791 avait bien dit, tit. 1er, sect. 6, art. 2 : « Que les chemins reconnus par le directoire du district pour être nécessaires à la communication des paroisses seraient rendus praticables et entretenus aux dépens des communautés sur le territoire desquelles ils sont établis, et qu'il pourrait y avoir à cet effet une imposition au marc la livre de la contribution foncière. » Mais aucune règle n'avait été tracée pour l'exécution de cette disposition, et les longs orages qui agitèrent la France ne permettaient guères, il faut le reconnaître, que l'autorité s'occupât de l'administration du pays.

232. Lorsque l'ordre fut rétabli, le gouvernement donna un instant son attention à l'amélioration des communications vicinales, et un arrêté du 4 thermidor an X permit de faire usage de la prestation en nature pour la réparation de ces chemins ; mais ce n'était encore qu'une faculté donnée aux communes.

233. La loi du 28 juillet 1824 fut donc la première tentative réelle que fit le gouvernement pour assurer l'entretien des chemins vicinaux, et elle eût pu produire l'effet qu'on en attendait, si les mesures dont elle autorisait l'emploi ne fussent restées, comme précédemment, purement facultatives. En 1824

comme en l'an x, comme en 1791, le législateur crut que les administrations municipales, que les administrés eux-mêmes comprendraient leurs vrais intérêts et se détermineraient à faire volontairement des sacrifices dont ils devaient retrouver le prix au centuple. Il fallut douze années d'expérience pour faire reconnaître au gouvernement et au pouvoir législatif combien les idées d'avenir ont peu de puissance sur la plus grande partie de nos populations rurales, et combien peu elles sont disposées à faire spontanément le moindre sacrifice actuel, en vue d'un avantage certain, mais qui ne peut être obtenu au moment même. Il fallut que l'état de dégradation des communications vicinales, dans presque tous les départements, fût arrivé au point d'être un obstacle matériel à la simple exploitation des terres et au transport de leurs produits, pour convaincre le gouvernement et les chambres qu'il fallait donner à l'administration supérieure quelque chose de plus que le droit de conseil et d'exhortation, qu'il fallait l'armer du droit de contraindre les populations rurales à faire ce que leur propre intérêt n'avait pas suffi à obtenir d'elles.

234. C'est dans ce but que fut rendue la loi du 21 mai 1836, et comme elle est, sur beaucoup de points, la reproduction de celle du 28 juillet 1824, nous les considérerons, dans l'examen que nous allons en faire, comme ne formant qu'un même ensemble de législation, tout en faisant ressortir les différences qui existent entre leurs dispositions correspondantes.

235. La loi du 28 juillet 1824 avait fixé à deux le maximum des journées de prestation qu'il serait permis d'imposer pour suppléer à l'insuffisance des revenus ordinaires des communes; celle du 21 mai 1836 a élevé ce maximum à trois journées. Elle avait exigé que la prestation en nature fût votée avant qu'il fût permis de recourir aux centimes additionnels, et ceux-ci ne pouvaient être établis qu'en cas d'insuffisance des deux journées pour faire face aux besoins du service vicinal. La loi du 21 mai 1836 permet au contraire aux conseils municipaux de voter ou des prestations ou des centimes, à leur choix, ou bien les deux ressources simultanément et concurremment. Enfin, la première des deux lois prescrivait que, pour le vote des centimes, les conseils municipaux fussent assistés des plus imposés, comme cela doit avoir lieu pour toutes les impositions extraordinaires. La dernière dispense les conseils municipaux de l'adjonction des plus imposés, parce qu'elle donne aux centimes spéciaux le caractère d'une imposition ordinaire.

On voit que, sous ces divers rapports, la loi du 21 mai 1836 a apporté à la législation précédente des changements favorables au service vicinal; mais là ne se bornent pas les modifications qu'elle y a introduites, et la plus efficace, celle qui indique avant tout la différence des deux législations, c'est le caractère obligatoire que la dernière a donné aux dépenses du service vicinal.

236. L'art. 1er de la loi du 21 mai 1836 déclare que : « Les chemins vicinaux légalement reconnus sont à la charge des communes, sauf les dispositions de l'art. 7 ci-après. »

Cette déclaration n'est que la reproduction de celle que contenait l'art. 1er de la loi du 28 juill. 1824; mais peut-être est-elle moins précise dans sa rédaction. En disant simplement : *Sont à la charge des communes*, en ne répétant pas les mots qui se trouvent dans cet article : *Sont à la charge des communes sur le territoire desquelles ils sont établis*, le législateur aurait pu laisser quelque incertitude sur cette spécialité d'obligation imposée à chaque commune sur son territoire. L'interprétation donnée par l'administration centrale au premier article de la nouvelle loi a maintenu l'application du principe posé dans la loi de 1824, et aucune difficulté n'a surgi de ce changement de rédaction.

L'article 2 de la loi du 21 mai 1836, reproduisant dans son premier paragraphe les dispositions de l'article correspondant de la loi précédente, déclare « qu'en cas d'insuffisance des revenus ordinaires des communes, il sera pourvu à l'entretien des chemins vicinaux à l'aide, soit de prestations en nature, dont le maximum est fixé à trois journées de travail, soit de centimes spéciaux en addition au principal des quatre contributions directes, et dont le maximum est fixé à cinq. » Mais ce n'est encore ici, comme dans l'ancienne législation, que l'énonciation d'une faculté donnée aux communes d'appliquer à l'entretien des chemins vicinaux, soit leurs revenus ordinaires, soit des ressources spéciales. Pour comprendre la valeur de l'art. 2 de loi du 21 mai 1836 et en connaître la portée, il ne faut pas le considérer isolément; il faut le rapprocher de l'art. 5 de la même loi portant que :

« si le conseil municipal, mis en demeure, n'a pas voté, dans la session désignée à cet effet, les prestations et centimes nécessaires, ou si la commune n'en a pas fait emploi dans les délais prescrits, le préfet pourra d'office, soit imposer la commune dans les limites du maximum, soit faire exécuter les travaux. »

237. Dans la combinaison de ces deux articles, dans le pouvoir nouveau donné aux préfets, devait se trouver et se trouve en effet l'un des principaux éléments du succès qu'a obtenu la législation nouvelle. Par l'effet de cette disposition, la dépense des chemins vicinaux cessait d'avoir ce caractère purement facultatif que lui avaient laissé toutes les lois précédentes; elle devenait *obligatoire*, et cette obligation trouvait sa sanction dans le droit attribué au préfet de substituer son action à celle des administrations municipales, lorsque celles-ci, méconnaissant leurs véritables intérêts, négligeraient ou refuseraient de créer les ressources nécessaires à l'entretien des chemins vicinaux. Dépourvue de cette sanction quasi-pénale, la loi du 21 mai 1836 fût restée, cela est indubitable, aussi inefficace que celles qui l'avaient précédée, et c'est ce que le législateur a heureusement compris; non pas, certes, qu'il admît d'avance la nécessité de recourir à une application générale du pouvoir coërcitif remis à l'administration supérieure; mais ce pouvoir était le principe salutaire qui devait donner la vie à la législation nouvelle. Nous verrons, lorsque nous nous occuperons plus spécialement de l'art. 5 de la loi, jusqu'à quel point l'administration supérieure a dû en faire usage; nous ne devions ici qu'établir que la dépense des chemins vicinaux fait aujourd'hui partie des dépenses obligatoires des communes.

238. Nous terminerons en faisant remarquer que l'art. 2 de la loi ne parle que de *l'entretien* des chemins vicinaux; mais que dans la pratique l'administration a assimilé la dépense de la *construction* des chemins à celle de l'entretien. Ce sont en effet des travaux de même nature et auxquels les mêmes principes doivent être appliqués. Cette interprétation était trop rationnelle pour n'être pas généralement admise, et il n'est pas à notre connaissance qu'elle ait soulevé aucune difficulté sérieuse.

239. Nous allons maintenant passer en revue les diverses ressourses que la loi du 21 mai 1836 affecte aux dépenses du service vicinal ainsi que les règles qui doivent être suivies pour la création et l'emploi de ces ressources, et, bien qu'il n'entre pas dans le cadre de ce travail de rendre un *compte* de cet emploi, nous croyons qu'il sera utile que nous constations le produit de chacune de ces ressources. On pourra ainsi apprécier quelle est aujourd'hui l'importance de la branche d'administration qui nous occupe.

SECTION 2. — *Ressources communales.*

§ 1er. — *Revenus des communes.*

240. L'article 2 de la loi du 21 mai 1836 indique en première ligne, ainsi que nous l'avons vu, *les revenus ordinaires des communes* comme affectés à l'entretien des chemins vicinaux, mais ce principe n'y est cependant posé qu'implicitement; ce n'est que par induction que l'on arrive à établir que, puisqu'il n'est permis de recourir aux prestations en nature et aux centimes speciaux, *qu'en cas d'insuffisance des revenus ordinaires,* les communes *sont tenues* d'entretenir les chemins vicinaux sur leurs revenus ordinaires, lorsque ces revenus peuvent y suffire. Une rédaction plus nette eût été à désirer, selon nous; toutefois, le pouvoir donné à l'administration supérieure par l'ensemble de la nouvelle législation a prévenu les difficultés qui auraient pu surgir.

La possibilité, pour les communes, de pourvoir à l'entretien de leurs chemins vicinaux sur leurs revenus ordinaires, n'est d'ailleurs qu'une rare exception. Plus des quatre cinquièmes des communes du royaume sont obligées de recourir, *annuellement* et d'une manière à peu près habituelle, à des *impositions extraordinaires* pour faire face *à leurs dépenses ordinaires* les plus urgentes. Si nous recherchons quelle est la position des communes, quant aux dépenses des chemins vicinaux, nous trouvons, dans le dernier rapport publié par le ministère de l'intérieur, qu'en 1841, sur les 37,053 communes qui composent le royaume, 31,251 n'avaient pu rien donner sur leurs revenus ordinaires pour l'entretien des chemins vicinaux; que des 5,802 qui se trouvaient dans une situation financière moins défavorable, il en est 673 seulement qui ont pu suffire aux besoins du service vicinal sur leurs revenus ordinaires. En somme, les revenus ordinaires des communes n'entrent que pour environ cinq centièmes dans la masse des ressources appliquées aux dépenses du service vicinal; toutefois, comme ces ressources sont indiquées dans la loi en première ligne, nous allons examiner quelle application est faite de cette disposition.

241. Ainsi que nous venons de le voir, l'article 2 de la loi du 21 mai 1836 a implicitement divisé les communes, quant au service vicinal, en deux catégories : celles dont les revenus suffisent aux besoins de ce service, et celles dont les revenus ne peuvent y suffire.

Quant à ces dernières, ce n'est plus une simple faculté qui leur est accordée, c'est une obligation qui leur est imposée, et elle trouve sa sanction dans l'art. 5 de la loi du 21 mai 1836, qui permet au préfet d'imposer les communes d'office; mais aussi, la limite des obligations de ces mêmes communes se trouve clairement fixée par la disposition qui restreint le droit d'imposer d'office, dans le maximum de trois journées de prestations et de cinq centimes spéciaux. Pour les communes de la première catégorie, au contraire, celles dont les revenus peuvent suffire à l'entretien des chemins, la loi s'est bornée à une énonciation de principe, mais sans donner explicitement à l'autorité le droit de coërcition, comme à l'égard des communes de la seconde catégorie, et, par conséquent, sans indiquer la limite de leurs obligations.

De ce silence de la loi, ou plutôt de cette insuffisance dans sa rédaction, sont nées, dès le début, des difficultés graves, qui deviennent moins fréquentes, sans doute, mais qui se présentent encore chaque année.

242. Des administrations municipales dont les revenus pouvaient suffire à toutes leurs dépenses ordinaires et à l'entretien des chemins vicinaux, se sont refusées à comprendre cette dernière dépense au budget communal, ou n'y ont affecté que des crédits évidemment insuffisants. L'autorité supérieure, convaincue que la loi du 21 mai 1836 a rendu l'entretien des chemins *obligatoire pour toutes les communes*, et surtout pour les communes qui pouvaient y subvenir sur leurs revenus ordinaires, usa aussitôt du droit que lui donnent, et cette loi, et l'ensemble de la législation communale; elle inscrivit d'office, au budget communal, les crédits que les conseils municipaux auraient dû et qu'ils avaient refusé d'y porter.

243. Cette mesure donna lieu à des protestations de la part des communes qu'elle atteignait, et deux moyens différents furent présentés par elles à l'appui de leurs réclamations.

Les unes, et c'était le plus petit nombre, déniaient à l'autorité supérieure, d'une manière absolue, le droit d'inscrire d'office au budget la dépense des chemins vicinaux. Cette dépense, disaient-elles, n'a pas été formellement déclarée obligatoire pour les communes par la loi spéciale du 21 mai 1836; elle n'est pas comprise non plus dans l'énumération des dépenses obligatoires des communes, que donne l'article 30 de la loi générale du 18 juillet 1837; donc elle ne peut être imposée d'office au budget communal. Les autres ne déniaient pas à l'autorité supérieure le droit d'imputer d'office au budget communal, lorsqu'il y avait des ressources, la dépense d'entretien des chemins, mais elles prétendaient que ces imputations étaient soumises aux mêmes limites que l'imposition d'office des prestations et centimes, c'est-à-dire qu'elles ne pouvaient dépasser l'équivalent de la valeur de trois journées de prestation et de cinq centimes spéciaux.

244. Le ministre de l'intérieur auquel des recours avaient été adressés dans ce sens, ne pouvait admettre ni l'une ni l'autre de ces argumentations. Dans les décisions qu'il eut à prendre pour rejeter ces recours, le ministre se fonda sur les motifs que nous trouvons développés dans sa circulaire du 29 avril 1839.

« Sur le premier point, disait-il, serait-il possible de conclure du silence de la loi que l'autorité supérieure soit laissée dépourvue, vis-à-vis des communes ayant des ressources ordinaires suffisantes, des moyens de coërcition qui lui ont été donnés par loi du 21 mai 1836 à l'égard des communes qui n'ont pas de ressources ordinaires suffisantes, et qui doivent y suppléer par des ressources spéciales? Une semblable conséquence ne saurait être invoquée sérieusement. Si le législateur n'a pas posé, dans cette loi, les règles applicables aux premières de ces communes, c'est qu'il lui suffisait de déclarer, comme principe, qu'elles devaient considérer les dépenses du service vicinal comme obligatoires; les règles générales en matière de dépenses communales viennent ensuite suppléer au silence de la loi du 21 mai 1836. C'est donc dans la loi du 18 juillet 1837, sur l'administration municipale, que l'autorité supérieure doit chercher comment il doit être procédé pour contraindre à remplir leurs obligations les communes qui ont des ressources suffisantes. »

Quant à la prétention que, pour ces communes comme pour les autres, la limite de leurs obligations se trouvait déterminée par l'article 5 de la loi du 21 mai 1836, et ne pouvait dépasser l'equivalent de trois journées de prestation et de cinq centimes spéciaux, le ministre faisait remarquer que cette assimilation n'est écrite ni même indiquée dans aucun des articles de la loi du 21 mai 1836 qui, à l'égard des communes ayant des ressources ordinaires suffisantes, s'est bornée à déclarer que la dépense du service vicinal est obligatoire pour elles. Dès lors, cette dépense prend rang avec toutes les autres dépenses déclarées obligatoires par l'article 30 de la loi du 18 juillet 1837; il doit y être pourvu par les conseils municipaux concurremment avec ces autres dépenses. Si un conseil municipal méconnaissait ses obligations à cet égard, il y aurait lieu à l'application de l'article 39 de la même loi, comme s'il s'agissait de toute autre espèce de dépense obligatoire. Toutefois, si la situation financière de ces communes ne permettait d'inscrire d'office au budget qu'une partie de la dépense du service vicinal, et qu'il fût nécessaire de recourir pour le reste à d'autres ressources, ce ne serait pas à la contribution extraordinaire prévue par le quatrième paragraphe de l'article 39 précité qu'il faudrait recourir, mais bien aux ressources spéciales, prestations et centimes, indiquées par la loi du 21 mai 1836 comme devant suppléer à l'insuffisance des ressources ordinaires. Dans ce cas particulier, il y aurait donc lieu d'appliquer à la fois l'article 39 de la loi du 18 juillet 1837 pour partie de la dépense, et l'article 5 de la loi du 21 mai 1836 pour la partie de ces dépenses que les ressources ordinaires ne pourraient fournir.»

« Relativement à la limite dans laquelle doivent se renfermer ces inscriptions d'office aux budgets communaux, le même article 39 de la loi du 18 juillet 1837 trace avec clarté la marche à suivre dans toutes les circonstances où il sera nécessaire de recourir à cette mesure. S'il s'agit d'une dépense annuelle et variable, *elle sera inscrite pour sa quotité moyenne pendant les trois dernières années ; s'il s'agit d'une dépense annuelle et fixe de sa nature ou d'une dépense extraordinaire, elle sera inscrite pour sa quotité réelle.* Il résulte de cette disposition que, s'il s'agit d'une dépense *d'entretien* des chemins vicinaux, dépense annuelle et variable, elle doit être fixée, pour l'inscription d'office au budget, *d'après sa quotité moyenne pendant les trois dernières années*; que si, au contraire, la dépense est nouvelle, comme celle de grosse réparation ou de création des chemins vicinaux, soit de grande, soit de petite communication, elle présente le caractère de dépense extraordinaire et doit être inscrite au budget communal pour sa quotité réelle. »

Quelle que fût d'ailleurs la conviction du ministre en donnant ces solutions, il avait cru devoir, en raison de l'importance de ces questions, les soumettre à l'examen du Conseil d'état, dont l'avis avait été conforme à celui du ministre et se résumait ainsi :

« 1° Les préfets ont le droit d'inscrire d'office au budget des communes les dépenses nécessitées par le service des chemins vicinaux.

» 2° Cette inscription a lieu en vertu de la loi du 18 juillet 1837.

» 3° Il doit y être procédé par le préfet en conseil de préfecture ou par ordonnance du roi, comme le veut l'art. 39 de la même loi.

» 4° Enfin, ce même article 39 a posé la règle à laquelle les préfets doivent se conformer, quant à la fixation de la quotité des dépenses »

En donnant ces instructions aux préfets, le ministre les engageait d'ailleurs, « à n'user qu'avec réserve et dans une juste mesure des pouvoirs que la loi leur attribuait en cette matière. Sans doute, ajoutait-il, la création, la réparation et l'entretien des chemins vicinaux sont au rang des dépenses les plus importantes des communes, de celles dont elles doivent retirer directement et immédiatement le plus d'avantages; mais il est des limites même pour le bien, et en plaçant les dépenses du service vicinal au premier rang des dépenses obligatoires, il ne serait pas d'une bonne administration de les faire assez prédominer pour paralyser d'autres dépenses utiles aussi. »

245. Ces instructions ont suffi pour faire disparaître les difficultés qui avaient surgi d'abord, lors de la première application de mesures coërcitives aux communes qui, ayant des revenus suffisants, négligeaient ou refusaient d'assurer les dépenses du service vicinal; à peine un ou deux recours arrivent-

ils aujourd'hui jusqu'au ministre, chaque année, et ils ne portent plus sur le principe de la mesure ; ce principe peut donc être regardé comme généralement admis.

Deux ordonnances récentes ont d'ailleurs pleinement reconnu le droit de l'administration, soit d'apprécier la possibilité pour les communes de pourvoir aux dépenses du service vicinal sur leurs ressources vicinales, soit d'inscrire ces dépenses d'office au budget communal, ou bien de frapper d'office des impositions en prestations et centimes ; elles ont également déclaré que les arrêtés pris à cet effet par les préfets, de même que les décisions confirmatives du ministre, n'étaient pas susceptibles d'être attaqués devant le roi en son conseil d'état.

La première de ces ordonnances, en date du 9 juin 1843 (ville de Vire), est ainsi conçue : « Vu la loi du 21 mai 1836 ; vu la loi du 18 juill. 1837 ; considérant qu'aux termes des art. 1 et 7 de la loi du 21 mai 1836, les chemins vicinaux de grande communication sont à la charge des communes ; qu'aux termes de l'art. 30 de la loi du 18 juill. 1837, sont obligatoires les dépenses mises à la charge des communes par une disposition de loi ; qu'ainsi la part contributive régulièrement mise à la charge de la commune de Vire, pour les frais d'établissement du chemin vicinal de grande communication de Vire à Tessy par Pontfarcy, était une dépense obligatoire ; considérant qu'aux termes des art. 33 et 39 de la loi du 18 juill. 1837, c'est aux préfets qu'il appartient de régler les budgets des communes, et d'y inscrire d'office les allocations nécessaires pour payer les dépenses obligatoires ; qu'ainsi, en inscrivant d'office une dépense obligatoire au budget de la commune de Vire par ses arrêtés des 6 févr. et 18 mars 1841, le préfet du département du Calvados n'a pas excédé les limites de ses pouvoirs ; que, dès lors, lesdits arrêtés sont des actes administratifs qui ne sauraient nous être déférés par la voie contentieuse ; d'où il suit qu'il y a lieu de rejeter le recours dirigé contre la décision de notre ministre de l'intérieur, du 17 août 1841, laquelle s'est bornée à confirmer les arrêtés précités du préfet du département du Calvados. » Bien qu'il s'agisse dans cette ordonnance d'un chemin vicinal de grande communication, les principes qui s'y trouvent posés ne s'en appliquent pas moins à l'ensemble du service vicinal, car ces voies publiques, en suivant cette dénomination, n'en restent pas moins des *chemins vicinaux*.

La seconde ordonnance, également du 9 juin 1843 (ville de Langres), et relative à une imposition d'office, est ainsi conçue : « Vu la loi du 21 mai 1836 ; considérant que le préfet, après avoir reconnu l'insuffisance des ressources votées par le conseil municipal de la ville de Langres pour pourvoir à l'entretien des chemins vicinaux à sa charge en 1841, l'a mis en demeure de satisfaire à cette obligation par le vote d'une imposition en centimes additionnels, dans les limites du maximum fixé par l'art. 2 de la loi du 21 mai 1836 ; que, faute par le conseil municipal d'avoir voté cette imposition, le préfet et le ministre de l'intérieur, après avoir reconnu l'insuffisance des ressources ordinaires de la ville, ont agi dans les limites de leurs pouvoirs, en ordonnant ou maintenant l'imposition d'office. »

246. Nous terminerons en faisant remarquer que le droit d'ouvrir d'office, aux budgets communaux, des crédits sur les revenus des communes, ne peut s'appliquer qu'aux *revenus ordinaires* ; ceux-là seuls, en effet, sont indiqués par l'article 2 de la loi comme gage des obligations des communes. Les ressources extraordinaires des communes peuvent sans doute être affectées à la dépense des chemins vicinaux, mais ce ne peut être que l'effet du vote des conseils municipaux, et non pas l'action coërcitive de l'administration supérieure.

§ 2. — *Prestation en nature.*

247. L'emploi à l'amélioration des voies publiques du *travail obligé et non salarié*, c'est-à-dire de la *prestation en nature*, n'est pas une mesure nouvelle. Sous le nom de *corvée*, elle avait été appliquée dès les premières années du dix-huitième siècle à la construction et à la réparation *des grandes routes* dans beaucoup de provinces, et telle était alors l'organisation administrative du royaume que, pour imposer cette charge aux contribuables, un acte de l'autorité supérieure n'avait pas été nécessaire ; de simples ordonnances d'intendants avaient suffi pour exiger de certaines classes de la population jusqu'à douze journées de travail par année.

Nous ne rechercherons pas quelles étaient les règles appliquées alors, soit à l'assiette, soit à l'emploi de la corvée ; nous nous bornerons à dire que ce mode de travail donna bientôt lieu à d'intolérables abus et à des doléances si nombreuses que l'autorité royale dut intervenir. Un édit de février 1776 supprima d'abord la corvée appliquée aux grandes routes et la remplaça par une contribution en argent, assise sur tous les propriétaires de biens-fonds ; mais l'établissement de ce nouvel impôt éprouva une telle résistance, que, dès le mois d'août 1776, le roi fut obligé de suspendre l'exécution de l'édit de février et de rétablir la corvée. Toutefois une instruction générale adressée à tous les intendants, en octobre 1776, en régularisa l'emploi et y apporta de grands adoucissements; au lieu, notamment, d'appeler les corvéables sur les routes et de les faire travailler à la journée, on devait répartir le travail en tâches, qui seraient imposées à chaque commune riveraine des routes, en proportion de son importance, et la commune pouvait, à son choix, ou faire exécuter les travaux par les habitants ou les faire faire par adjudication, et en solder le montant au moyen d'une imposition assise sur ces mêmes habitants : c'était, comme on voit, le rachat en argent de la prestation en nature.

248. La corvée fut supprimée en 1789, et par suite cessèrent également les travaux de même nature qui s'exécutaient sur les chemins des communes. On voulut d'abord remplacer ce moyen par une contribution en argent, dont la loi du 6 octobre 1791 permit l'établissement; mais le poids de cette imposition eût été intolérable, si elle eût dû pourvoir à toutes les dépenses à faire; aussi, dès que le gouvernement consulaire eut ramené l'ordre en France, un décret du 4 thermidor an x, après avoir rappelé que l'entretien des chemins vicinaux était une charge des communes, prescrivit-il que *les conseils municipaux émettraient leur vœu sur le mode qu'ils jugeront le plus convenable pour parvenir à leur réparation. Ils proposeront à cet effet l'organisation qui leur paraîtrait devoir être préférée pour la prestation en nature.*

Ainsi se trouvait rétabli et sanctionné un mode de travail qui avait pu exciter de justes réclamations lorsqu'on l'avait appliqué aux grandes routes, mais qui n'a rien que d'équitable lorsqu'il a pour objet la réparation des chemins appartenant aux communes. Obliger des communes à construire ou à entretenir une route par cette seule considération qu'elles en sont riveraines, c'est mettre privativement à leur charge une dépense d'intérêt général; mais, contraindre chaque commune d'entretenir les chemins qui lui sont propres, , obliger l'habitant à entretenir les voies publiques dont il se sert, et qui lui sont indispensables, ce n'est qu'appliquer le principe même de la communauté, de l'aggrégation communale.

249. Le décret du 4 thermidor an x avait seulement posé le principe de la prestation en nature, mais l'application de ce principe devait être l'objet d'un règlement général qui avait été annoncé. En l'absence de ce règlement, une circulaire du ministre de l'intérieur, en date du 7 prairial an XIII, posa les principales bases de l'assiette de la prestation, et rappela notamment que le travail imposé pouvait être racheté en argent. Ce mode de travail fut employé avec plus ou moins de succès jusqu'en 1818. A cette époque, la loi de finances du 15 mai ordonna qu'aucune imposition communale ne pourrait être établie qu'en vertu d'une délibération du conseil municipal auquel seraient adjoints les plus imposés en nombre égal aux membres du conseil; la délibération devait de plus être homologuée par une ordonnance du roi. L'administration centrale considéra alors la prestation en nature comme une imposition communale; elle prescrivit l'accomplissement des mêmes formalités pour son assiette, et, de ce moment, tout emploi de ce mode de travail cessa dans tous les départements. La dégradation absolue des chemins en fut la suite prochaine, et le mal devint bientôt si grand que le gouvernement fut obligé de rendre possible de nouveau l'emploi de la prestation en nature. C'est ce que fit la loi du 28 juill. 1824, dont nous allons suivre l'application en la combinant avec celle du 21 mai 1836.

250. L'article 2 de la loi du 21 mai 1836 permet de suppléer à l'insuffisance des revenus ordinaires des communes pour l'entretien des chemins vicinaux « à l'aide, soit de prestations en nature, dont le maximum est fixé à trois journées, soit de centimes spéciaux en addition au principal des quatre contributions directes, et dont le maximum est fixé à cinq. Le conseil municipal pourra voter l'une ou l'autre de ces ressources, ou toutes les deux concurremment. » Dans l'examen que nous avons à faire des règles applicables à la réalisation et à l'emploi de ces deux moyens,

nous nous occuperons d'abord de la prestation en nature, qui entre annuellement pour environ cinquante-cinq centièmes dans la masse des ressources créées pour le service vicinal.

251. Le principe de la prestation en nature est posé dans l'article que nous venons de citer ; c'est dans l'art. 3 que sont tracées les règles qui doivent servir de base à cette contribution ; cet article est ainsi conçu :

« Art. 3. Tout habitant, chef de famille ou d'établissement, à titre de propriétaire, de régisseur, de fermier ou de colon partiaire, porté au rôle des contributions directes, pourra être appelé à fournir chaque année une prestation de trois jours :

» 1° Pour sa personne et pour chaque individu mâle, valide, âgé de dix-huit ans au moins et de soixante ans au plus, membre ou serviteur de la famille et résidant dans la commune.

» 2° Pour chacune des charrettes ou voitures attelées, et en outre pour chacune des bêtes de somme, de trait, de selle, au service de la famille ou de l'établissement dans la commune. »

252. En comparant cet article avec celui qui y correspond dans la loi du 28 juill. 1824, on n'y trouve, à part l'augmentation d'une journée dans la prestation qui peut être imposée, que quelques changements de rédaction qui ont eu pour objet de mieux préciser les obligations des contribuables, et de lever quelques doutes que pouvait laisser l'ancienne rédaction. Ainsi, dans le paragraphe premier, l'énumération des différents titres auxquels la prestation peut être due est tellement précise qu'il doit rester peu d'incertitude sur son application. Pour en tracer les règles, nous ne croyons pouvoir mieux faire que de reproduire ce qui a été dit à cet égard par le ministre de l'intérieur, dans son instruction du 24 juin 1836.

« L'application de l'article dont nous nous occupons est facile, quelque compliquée que puisse paraître sa rédaction, lorsqu'on a bien saisi l'esprit dans lequel il a été conçu, lorsqu'on a bien compris la distinction à faire entre l'obligation imposée à l'habitant comme habitant, et en vue de sa personne seulement, et l'obligation imposée à tout individu en vue de la famille dont il est le chef, ou de l'établissement agricole ou autre dont il est propriétaire ou gérant, à quelque titre que ce soit. Dans le premier cas, l'obligation est personnelle et directe, en ce sens qu'elle atteint directement le contribuable pour sa personne seule ; dans le second cas, l'obligation est indirecte, en ce sens qu'elle n'est plus imposée au contribuable pour sa personne, mais bien pour les moyens d'exploitation de son établissement, lesquels se composent des membres de sa famille et de ses serviteurs, et encore de ses instruments de travail, tels que charrettes, voitures, bêtes de somme, de trait et de selle.

» Ainsi donc, tout habitant peut être imposé à la prestation en nature, directement et pour sa personne s'il est porté au rôle des contributions directes, mâle, valide et âgé de dix-huit ans au moins et de soixante ans au plus. Dans ce cas, l'habitant est considéré comme individu, et la prestation lui est demandée seulement comme membre de la communauté, intéressé par conséquent à tout ce qui peut contribuer à sa prospérité, notamment au bon état de ses chemins. Voilà l'obligation personnelle, l'obligation directe, résultant de la seule qualité d'habitant de la commune et abstraction faite de toute qualité de propriétaire et de chef de famille ou d'établissement.

« Mais, s'il a une famille, s'il est propriétaire, s'il gère une exploitation agricole comme régisseur, fermier ou colon partiaire, s'il administre un établissement industriel, cet habitant a nécessairement un intérêt plus étendu à la prospérité de la communauté et au bon état des communications ; d'ailleurs, l'exploitation de son établissement, quel qu'il soit, ne peut se faire sans dégrader les chemins de sa commune, et il est juste qu'il contribue à la réparation ordinaire de ces chemins dans la proportion des moyens d'exploitation qui les dégradent. La loi permet donc de lui demander la prestation en nature pour chaque membre ou serviteur de la famille, mâle, valide, âgé de dix-huit ans au moins et de soixante ans au plus, résidant dans la commune, et encore pour chaque charrette ou voiture attelée, pour chaque bête de somme, de trait ou de selle au service de la famille ou de l'établissement dans la commune. Voilà l'obligation, non plus directe et imposée personnellement en vue de la qualité de membre de la communauté, mais indirecte et imposée en vue de la famille et de l'exploitation agricole ou industrielle. A vrai dire, c'est dans ce cas l'exploitation ou l'établissement qui sont imposés à raison de leur importance et de leur intérêt présumé au bon état des chemins et de l'usage qu'ils en font, et c'est le chef de la famille, de l'exploitation agricole ou de l'établissement industriel, qui doit acquitter la contribution assise sur ce qui lui appartient ou sur ce qu'il exploite.

» Il s'ensuit donc évidemment que pour qu'une exploitation agricole ou industrielle puisse être imposée dans tous ses moyens d'action, dans tous ses instruments de travail, il n'est plus nécessaire que le chef de l'exploitation ou de l'établissement soit mâle, valide, âgé de dix-huit à soixante ans, ni même résidant dans la même commune. C'est l'exploitation agricole, c'est l'établissement industriel existant dans la commune, qui doit la prestation, abstraction faite du sexe, de l'âge et de l'état de validité du chef de l'exploitation ou de l'établissement; ce chef, sans doute, ne sera pas imposé personnellement s'il ne réunit pas les conditions nécessaires pour que sa cote personnelle lui soit demandée, mais il sera, dans tous les cas, tenu d'acquitter la prestation imposée dans les limites de la loi, pour tout ce qui dépend de l'exploitation agricole ou de l'établissement industriel situé dans la commune.

» En résumé :

» 1° La prestation en nature est due pour sa personne par tout habitant de la commune, qu'il soit célibataire ou marié, et quelle que soit sa profession, si d'ailleurs il est porté au rôle des contributions directes, mâle, valide et âgé de dix-huit ans au moins et de soixante au plus;

« 2° La prestation en nature est due par tout habitant de la commune, qu'il soit célibataire ou marié, s'il est porté au rôle des contributions directes, mâle, valide, âgé de dix-huit ans au moins et de soixante ans au plus, chef de famille ou d'établissement, à titre de propriétaire, de régisseur, de fermier ou de colon partiaire. Dans ce cas, il doit la prestation pour sa personne d'abord, puisqu'il réunit toutes les conditions nécessaires; il la doit en outre pour chaque individu mâle, valide, âgé de dix-huit ans au moins et de soixante ans au plus, membre ou serviteur de la famille et résidant dans la commune; il la doit encore pour chaque charrette ou voiture attelée, et pour chaque bête de somme, de trait ou de selle, au service de la famille ou de l'établissement dans la commune;

» 3° La prestation en nature est due par tout individu, même non porté nominativement au rôle des contributions directes de la commune, même âgé de moins de dix-huit ans et de plus de soixante ans, même invalide, même du sexe féminin, même enfin n'habitant pas la commune, si cet individu est chef d'une famille qui habite la commune, ou si, à titre de propriétaire, de régisseur, de fermier ou de colon partiaire, il est chef d'une exploitation agricole ou d'un établissement situé dans la commune. Dans ce cas, toutefois, il ne devra pas la prestation pour sa personne, puisqu'il n'est pas dans les conditions voulues par la loi, mais il la devra pour tout ce qui, personnes ou choses, dans les limites de la loi, dépend de l'établissement dont il est propriétaire ou qu'il gère à quelque titre que ce soit. »

253. Les règles que nous avons cru devoir extraire textuellement de l'instruction ministérielle parce qu'elles ne nous paraissaient pas susceptibles d'analyse, ont paru aux fonctionnaires chargés de l'assiette de la prestation en nature, assez précises pour qu'ils aient eu bien rarement occasion de consulter sur des difficultés qui ne trouvassent pas leur solution dans ces paragraphes. Nous allons également prendre dans cette instruction, mais par analyse seulement, les explications données par le ministre sur quelques mots de l'article de la loi, qui paraissaient exiger une interprétation.

254. Sur le mot *habitant*, le ministre a fait remarquer que le législateur avait évité d'employer le mot de *domicile*, afin d'éviter tout équivoque entre le domicile de fait ou réel et le domicile légal ou de droit; il s'est servi à dessein du mot *habitation*, parce que l'habitation est ce qui constitue, en premier ordre, l'intérêt au bon état des chemins et l'obligation de contribuer à leur entretien. Lors donc qu'un propriétaire a plusieurs résidences qu'il habite alternativement, et qu'il s'agit de reconnaître dans laquelle il doit être imposé à la prestation en nature *pour sa personne*, il faut rechercher quelle est celle des résidences où il a son principal établissement et qu'il habite le plus longtemps; c'est là qu'il devra être imposé. Si, dans chacune de ses résidences, ce propriétaire avait un établissement permanent en domestiques, voitures ou bêtes de somme, de trait et de selle, il devrait être imposé dans chaque commune,

dans les limites de la loi, pour ce qui lui appartient dans cette commune.

255. Cette règle a été confirmée par une ordonnance du 17 août 1837 (Lafontan), ainsi conçue : « Considérant que la cotisation dont le dégrèvement est réclamé a été fixée uniquement en raison du nombre des domestiques, animaux et charrettes qui étaient employés à l'exploitation du domaine de Mesle pendant l'année 1833 ; que, dès lors, encore bien que la demoiselle Dorniac n'ait pas habité la commune de Tayrac pendant le cours de ladite année, elle était, suivant l'article 3 de la loi sus-visée, passible de ladite cotisation, comme propriétaire dudit domaine dont l'exploitation était faite en son nom et à son profit. » Le même principe est confirmé par une autre ordonnance du 11 juin 1838 (Dotezac frères), ainsi conçue : « Considérant que, aux termes de la loi du 21 mai 1836, tout chef d'établissement doit la prestation en nature pour chaque individu attaché à l'exploitation de l'établissement et résidant dans la commune, aussi bien que pour les voitures et chevaux qui en dépendent ; qu'il résulte de l'instruction que les sieurs Dotezac possèdent dans la commune de Bayonne un établissement de messageries dirigé par un préposé résidant dans la commune, et auquel sont attachés deux postillons, dix chevaux et deux voitures ; que, dès lors, c'est avec raison qu'ils ont été imposés au rôle des prestations en nature dans la commune de Bayonne pour lesdites personnes, chevaux et voitures. » Enfin, il a été statué dans le même sens par l'ordonnance du 21 août 1838 (Ramel), ainsi conçue : « Considérant qu'il résulte de l'instruction que le requérant a un établissement dans la commune de Grisolles ; qu'ainsi c'est avec raison qu'il a été porté au rôle des prestations en nature de ladite commune. »

Si, au contraire, un propriétaire qui a plusieurs établissements ne tient pas dans chacun de ces établissements d'une manière permanente, les moyens nécessaires à leur exploitation, mais que ses domestiques, ses chevaux et ses voitures passent alternativement de l'un à l'autre, l'instruction ministérielle prescrit de n'imposer ce propriétaire que dans le lieu de son principal établissement. Cette doctrine a été confirmée par l'ordonnance du 21 juillet 1839 (Adam), ainsi conçue : « Vu la loi du 21 mai 1836 ; considérant qu'il résulte de l'instruction, qu'au 1er janvier 1838 l'établissement du sieur Adam était situé dans la commune de Vignol ; qu'à partir de la même époque, le sieur Adam n'avait plus en permanence dans la commune de Flez-Curzy qu'un seul domestique ; qu'ainsi c'est à tort qu'il a été imposé au rôle des prestations de la commune de Flez-Curzy, pour 1838, à raison de seize bœufs et quatre voitures. »

256. Au second paragraphe de l'article qui nous occupe, les mots, *membres de la famille*, ont remplacé ceux de *fils vivant avec lui*, qui se trouvaient dans la législation précédente. A l'occasion de cette modification, le ministre faisait remarquer qu'elle avait eu pour objet d'atteindre, non-seulement les fils, mais encore tous les parents du chef de famille résidant avec lui. Il a été décidé, d'ailleurs, par une ordonnance du 26 novembre 1839 (Dufour), qu'un père ne devait pas la prestation pour un fils qui n'avait pas sa résidence de fait avec lui ; elle est ainsi conçue : « Vu l'article 3 de la loi du 21 mai 1836 ; considérant qu'aux termes de l'article sus-visé de la loi du 21 mai 1836, les chefs de famille ne sont assujettis à fournir de prestations que pour les membres de la famille résidant dans la commune ; qu'il résulte de l'instruction que le sieur Dufour fils, dans le cours de l'année 1838, était étudiant à la faculté de droit de Paris et ne résidait pas dans la commune de la Souterraine ; que, dès lors, c'est à tort que le sieur Dufour père a été imposé pour son fils au rôle des prestations de ladite commune. »

257. La substitution du mot de *serviteurs* à celui de *domestiques*, a eu également pour but de permettre d'atteindre tous les individus salariés par le chef de famille ; mais le ministre faisait observer qu'on ne pouvait entendre par serviteurs, que les hommes ayant un salaire annuel et permanent ; que, quant aux ouvriers, laboureurs ou artisans travaillant à la journée ou à la tâche, ils ne pouvaient pas être compris dans la catégorie des serviteurs, ils ne devaient pas être imposés comme attachés à l'établissement pour le compte duquel ils travaillent, sauf à les imposer pour leur propre compte et en qualité d'habitants, s'ils doivent la prestation à ce titre. Cette interprétation a été confirmée par l'ordonnance du 27 août 1840 (Barsalon), ainsi conçue : « Considérant que les individus attachés à l'établissement du sieur Barsalon,

et pour lesquels il a été porté au rôle de la prestation en nature, ne peuvent être considérés comme membres ou serviteurs de la famille, et que, dès lors, il n'y avait lieu à l'application du paragraphe 1er de l'art. 3 de la loi du 21 mai 1836; — Art. 1er : L'arrêté du conseil de préfecture du département de Lot-et-Garonne, du 17 janvier 1839, est annulé. Art. 2. Il est accordé décharge au sieur Barsalon de la prestation en nature à laquelle il a été soumis pour les employés, chefs d'ateliers et maîtres-ouvriers attachés à son établissement. »

258. Quelques explications furent également données par le ministre sur les moyens d'exploitation imposables. Les charrettes et voitures ne peuvent, aux termes de la loi, être imposées que si elles sont *attelées*. Par cette expression, on devait entendre celles qui sont réellement et effectivement employées au service de la famille ou de l'établissement; celles qui ne seraient jamais ou presque jamais employées ne pourraient pas être imposées. Une distinction analogue doit être faite pour les bêtes de somme, de trait ou de selle. Pour être imposables, il faut qu'elles servent au possesseur, ou pour son usage personnel, ou pour celui de sa famille ou de son établissement, soit agricole, soit industriel. Si, au contraire, ces animaux ne sont pas destinés à cet usage, s'ils sont un objet de commerce ou s'ils sont destinés seulement à la consommation ou à la reproduction, ils ne peuvent donner ouverture à l'imposition de la prestation en nature; il en serait de même si, bien que destinés aux travaux de l'exploitation, ils étaient cependant trop jeunes pour y être encore employés.

259. Il est à remarquer d'ailleurs que les contribuables ne peuvent être imposés à la prestation en nature que pour l'espèce d'animaux et de voitures qu'ils possèdent réellement; on ne pourrait, par exemple, exiger d'eux des journées de cheval au lieu de journées de bœufs, s'ils ne possèdent pas de cheval. Ce principe se trouve confirmé implicitement par une ordonnance du 14 déc. 1837 (Davoust de la Touche), annulant un arrêté du conseil de préfecture qui avait condamné le contribuable à remplacer deux journées de charrette par deux journées de cheval. « Vu la requête du sieur Davoust de la Touche, tendant à ce qu'il nous plaise annuler un arrêté du conseil de préfecture du département de la Loire-Inférieure, du 24 juin 1836, qui, sur une réclamation par lui formée aux fins d'obtenir décharge de deux journées de charrette auxquelles il avait été imposé pour l'année 1836 au rôle des prestations en nature de la commune d'Ancenis, l'a condamné à deux journées de cheval; vu le certificat émané des mêmes fonctionnaires par lequel ils attestent que le sieur Davoust de la Touche n'a jamais eu en sa possession dans la commune d'Ancenis ni cheval de trait ni cheval de luxe; vu la loi du 28 juill. 1824; vu la loi du 21 mai 1836; considérant qu'il résulte de l'instruction que le sieur Davoust ne possède pas de cheval dans la commune d'Ancenis; que, dès lors, c'est à tort que le conseil de préfecture l'a imposé, au rôle des prestations en nature de ladite commune, à deux journées de cheval. » D'une autre ordonnance du 17 août 1841 (commune de Jégu contre Thoré), il résulte que les contribuables ne sont tenus de fournir leurs animaux qu'avec l'espèce de harnachement qu'ils ont en leur possession, selon l'usage qu'ils en font habituellement; qu'ainsi ils ne peuvent être requis de fournir un cheval équipé pour le charroi, s'ils n'emploient jamais ce cheval que comme bête de somme. « Vu la loi du 21 mai 1836, considérant que le sieur Thoré n'a été porté au rôle des prestations en nature que pour six journées d'hommes et de cheval; qu'il résulte de l'instruction qu'il a fourni deux hommes et ses deux chevaux pendant les trois jours qui lui avaient été indiqués, et que si l'administration n'a pas fait usage des chevaux mis à sa disposition, ce n'est pas par le fait du sieur Thoré; d'où il suit que sa cotisation au rôle des prestations en nature a été régulièrement acquittée, et que c'est avec raison que le conseil de préfecture l'a déclaré libéré. » Il est bien évident toutefois que la décision n'eût pas été la même si le contribuable avait employé habituellement ses chevaux comme bêtes de trait et qu'il n'eût voulu les fournir qu'avec le harnachement convenable au service de bêtes de somme.

260. Mais si les contribuables ne peuvent être imposés que pour les moyens d'exploitation qu'ils possèdent réellement, ils doivent, d'un autre côté, être imposés pour l'ensemble de ces moyens d'exploitation, hommes, animaux et voitures.

Dans un petit nombre de départements, les conseils municipaux, au lieu de se borner à voter une, deux ou trois journées de prestation et de laisser à l'administration le soin d'appliquer ce vote à tout ce que la loi atteint, hommes et choses, ces conseils, disons-nous, étaient intervenus dans l'assiette, ou plutôt, dans la répartition de la prestation en nature; ils votaient, par exemple, une journée de travail d'homme et deux ou trois journées de travail de bêtes de trait, ou bien, au contraire, un nombre moins considérable de ces dernières journées que des premières. Pour justifier cette mesure, on alléguait que l'entretien et la réparation des chemins vicinaux n'exigeaient pas partout l'emploi d'une égale proportion de journées de diverses espèces; que, par exemple, dans telle commune, la nature du sol et des travaux à faire rendait nécessaire l'emploi d'un grand nombre de journées d'hommes, tandis que les matériaux se trouvant à pied-d'œuvre, il n'est besoin que d'un petit nombre de journées de transport. Dans d'autres communes, c'est le contraire qui arrive. Si donc, ajoutait-on, le rôle de prestation est établi sur l'ensemble des bases de cette contribution, il arrivera que tantôt des journées de charrois, tantôt des journées d'hommes ne pourront être employées; il faudra forcément les laisser tomber en non-valeur; autant vaut par conséquent ne pas les imposer.

Le ministre de l'intérieur a pensé que cette manière de procéder reposait sur une interprétation erronée de l'art. 3 de la loi du 21 mai 1836, et par une circulaire du 11 avril 1839, il faisait remarquer « qu'en déterminant les bases de cette contribution, le législateur a vu dans ces bases un tout qui constitue d'une manière indivisible les obligations de chaque chef de famille ou d'établissement; en d'autres termes, chaque chef de famille ou d'établissement doit la prestation en nature pour tout ce que la loi déclare imposable, et sans que le conseil municipal ait le droit d'affranchir de la contribution une partie de ce qui en compose les bases. Il en est ici comme des centimes spéciaux, qui doivent porter sur l'ensemble des quatre contributions directes et dont les conseils municipaux ne pourraient voter l'assiette sur telle ou telle de ces quatre contributions. » Le ministre ajoutait que « si le vote, dans des proportions différentes, des différentes espèces de journées de prestation présentait en apparence quelques avantages, il avait aussi des inconvénients réels. Il ne s'attacherait pas à cette considération, qu'en procédant ainsi, les conseils municipaux pourraient arriver à favoriser telle classe de redevables au détriment de telle autre; qu'ici, par exemple, on ferait peser la charge des prestations principalement sur les journaliers, en ménageant les possesseurs de moyens de transport; qu'ailleurs, le contraire pourrait arriver; il aimait à penser que partout les conseils municipaux ne sont mus que par l'intérêt général, que tous les membres de ces assemblées savent se placer au-dessus des considérations tirées de leurs intérêts privés; mais on ne peut pourtant se dissimuler que ce mode de procéder peut avoir au moins une apparence d'arbitraire que l'administration, dans tous ses degrés, doit soigneusement éviter. On ne peut d'ailleurs se dissimuler que le vote inégal des diverses espèces de journées tend à priver le service vicinal d'une partie des ressources que la loi du 21 mai 1836 y affecte. Aux termes de cette loi, les communes dont les revenus ne suffisent pas à l'entretien des chemins vicinaux, peuvent être tenues de suppléer à cette insuffisance, en votant, pour l'ensemble du service vicinal, des prestations en nature jusqu'au maximum de trois journées. Pour le service spécial des chemins vicinaux de grande communication, le contingent de ces mêmes communes peut être porté jusqu'à deux des trois journées de prestation. Si un conseil municipal ne satisfait pas à cette obligation légale, soit pour les chemins vicinaux de petite communication, soit pour ceux de grande communication, le préfet *peut* et *doit* imposer la commune dans les limites du maximum. Les obligations des communes doivent-elles être considérées comme remplies lorsqu'il n'a été voté qu'une partie des prestations, par exemple, trois journées de main-d'œuvre et une journée de charrois? Le préfet peut-il permettre que notamment le service des chemins vicinaux de grande communication, qui exige une plus grande masse de transports, soit privé d'une partie des ressources que la loi lui assure? Évidemment non. Il se peut que, dans quelques localités placées dans une position particulière, l'obligation d'imposer un même nombre de journées d'hommes et de journées de charrois amène ce résultat; que, ainsi qu'on l'a exposé, quelques journées d'une ou d'autre espèce resteront forcément sans emploi et devront être passées en non-valeurs; mais c'est là un faible inconvénient, bien au-dessous certainement de ceux qui viennent d'être signalés. »

Par ces diverses considérations, et après avoir pris sur ce point l'avis du comité de l'intérieur, le ministre invitait les préfets à ramener la loi à son exécution régulière, l'indivisibilité du vote de la prestation en nature et son assiette sur l'ensemble des bases de cette contribution.

261. Après avoir posé les principales règles de l'assiette de la prestation en nature, le ministre s'est occupé, dans son instruction, des causes d'exemption, et il faisait remarquer que l'âge et l'invalidité étaient les seules reconnues par la loi. Il ajoutait que, cependant, l'état d'indigence devait aussi exempter de la prestation en nature; que c'était une conséquence de l'art. 12 de la loi du 21 avril 1832, d'après lequel les indigents sont exempts de toute cotisation; or, nul ne peut être compris au rôle de la prestation en nature s'il n'est porté au rôle des contributions directes.

262. Sur la question d'invalidité, il a été statué, par ordonnance du 1er août 1834 (Thomas), que pour que l'invalidité fût un motif d'exemption, il fallait que le contribuable fût hors d'état de remplir ses obligations. « Vu la loi du 28 juillet 1824; considérant que le sieur Thomas ne justifie pas de l'impossibilité où il prétend être de satisfaire aux obligations qui lui sont imposées en vertu de l'art. 3 de la loi du 28 juillet 1824, ci-dessus visée; — Art. 1er: La requête du sieur Thomas est rejetée. »

263. Nous terminerons ce qui a rapport à l'assiette de la prestation en nature, en rapportant sommairement les ordonnances qui ont été rendues sur divers cas d'exemption qui ne résultaient pas explicitement des termes de la loi. Nous ferons remarquer que les pourvois en matière de prestation en nature, toujours d'une assez faible importance, n'ont pu commencer à arriver au Conseil d'état que depuis que, par assimilation à ceux relatifs aux contributions directes, ils ont pu être formés sans le ministère d'un avocat aux conseils.

264. Les militaires en activité de service sont naturellement exempts de la prestation en nature, sans qu'il fût besoin que cette exemption fût écrite dans la loi; mais il a été décidé par une ordonnance du 18 juillet 1838 (Courtois), que cette dispense ne s'étendait pas aux officiers d'état-major et aux officiers sans troupes. « Vu les lois des 21 avril 1832 et 21 mai 1836; considérant que, par application de l'art. 14 de la loi du 21 avril 1832, le sieur Courtois, commandant de la place le fort Barraux, a été porté au rôle de la contribution personnelle et mobilière de la commune de Barraux; considérant que les taxes communales sont établies par voie de centimes additionnels au principal des contributions directes; considérant que, par l'art. 3 de la loi du 21 mai 1836, tout habitant d'une commune porté au rôle des contributions directes est appelé à fournir une prestation en nature, pour réparation des chemins vicinaux; que dès lors c'est avec raison que le sieur Courtois a été maintenu aux rôles des impositions communales et des prestations en nature, par suite de sa cotisation à la contribution personnelle et mobilière. »

265. Les maîtres de poste ont été déclarés exempts de la prestation en nature, *pour le nombre de chevaux et de postillons que les règlements les obligent d'avoir*. La première ordonnance sur ce point, en date du 27 juin 1838 (Payart), est ainsi conçue : « Vu la loi du 21 mai 1836; *relativement aux chevaux*, considérant que les règlements assujettissent chaque maître de poste à tenir un nombre déterminé de chevaux constamment et exclusivement disponibles pour le service du relais qui n'a lieu que sur la grande route; que ces chevaux ne pourraient être employés à la prestation en nature, sans compromettre ce service public; que, dès lors, les maîtres de poste ne peuvent être assujettis à la prestation que pour les chevaux qui excèdent le nombre ainsi fixé par l'administration, comme minimum, pour être affectés au service du relais; *relativement aux postillons*, considérant que les postillons titulaires ne peuvent être assimilés aux serviteurs du maître de poste, mais qu'il en est autrement des palefreniers et garçons d'écurie; — Art. 1er : L'arrêté du conseil de préfecture du département de la Marne est annulé. Art. 2. Le requérant ne sera imposé à la prestation qu'en raison, 1° des chevaux excédant le nombre fixé par l'administration, comme minimum, pour le service du relais; 2° des individus attachés au service de son établissement, en exceptant les postillons titulaires. » Trois autres ordonnances identiques ont été rendues à la même date,

et il a été statué de même, depuis, par celles des 18 juillet 1838 (Esmein) et 25 janvier 1839 (Guyot) ; le principe peut donc être considéré comme fixé.

266. Le même motif de service public a fait prononcer l'exemption de la prestation en nature pour les chevaux que certains employés sont tenus d'avoir. L'ordonnance du 6 nov. 1839 (Wuillaume) est ainsi conçue : « Vu la loi du 21 mai 1836 ; considérant qu'il résulte des renseignements transmis par notre ministre des finances, que le sieur Wuillaume, contrôleur des contributions indirectes à Nangis, est obligé, pour son service, d'entretenir un cheval; que, dès lors, il ne peut être assujetti à la prestation pour ce cheval, qui est employé à un service public. »

267. Des doutes s'étant élevés sur la question de savoir si les ecclésiastiques pouvaient et devaient être imposés à la prestation, le ministre de l'intérieur, consulté sur ce point, avait répondu ainsi qu'il suit : « La loi du 21 mai 1836 n'a établi, pour l'assiette de la prestation en nature, d'autre exception que celle résultant de l'âge ou de l'invalidité. Quels que soient les motifs de convenance qui peuvent faire désirer que les ecclésiastiques soient exemptés de cet impôt, cette exemption ne peut évidemment pas être réclamée comme un droit. Toutefois, partout où les commissions de répartition jugeront convenable d'affranchir les ecclésiastiques de la prestation en nature, l'administration n'aura, ce semble, aucun motif pour s'opposer à cette dispense. » Le Conseil d'état, qui ne pouvait statuer que sur le droit, a prononcé, par ordonnance du 21 mai 1840 (l'abbé Papin), la radiation d'un ecclésiastique du rôle de la prestation en nature, mais par le motif qu'il n'était pas imposé au rôle de la contribution directe. « Vu la loi du 21 mai 1836, article 3 ; considérant qu'il est établi par l'instruction que le réclamant ne se trouve pas dans les conditions exigées par l'article 3 de la loi du 21 mai 1836, pour être imposable au rôle des prestations en nature ; qu'ainsi, c'est à tort qu'il a été porté et maintenu audit rôle. » On pouvait inférer de cette ordonnance que si l'ecclésiastique eût été porté au rôle des contributions directes, il eût été imposable à la prestation en nature. Il a été effectivement prononcé en ce sens par l'ordonnance du 1er juillet 1840 (l'abbé Vial). « Vu la loi du 21 mai 1836, sur les chemins vicinaux ; considérant qu'il résulte de l'instruction que le sieur Vial habite la commune de Dré où il est porté au rôle des contributions directes, et qu'il ne se trouve dans aucun des cas d'exemption prévus par la loi du 21 mai 1836 ; — Art. 1er : La requête du sieur Vial est rejetée. » Plusieurs ordonnances ont statué dans le même sens.

Conversion de la prestation en argent.

268. La prestation en nature ne peut s'établir que par *journées de travail*, et c'est sur cette base que l'art. 3 de la loi du 21 mai 1836, comme la législation précédente, a réglé les obligations qui pouvaient être imposées aux contribuables; mais la faculté de se libérer, en argent, du travail demandé est inhérente à tout système de prestation. Le législateur ne pouvait donc que confirmer, à cet égard, ce qu'il trouvait établi ; c'est ce qu'il a fait par l'article 4 de la loi précitée, mais en apportant au mode d'évaluation du taux du rachat les changements dont l'expérience avait fait reconnaître la nécessité.

269. L'article 5 de la loi du 28 juillet 1824 avait chargé les conseils municipaux *de fixer le taux de la conversion des prestations en nature*. Cette disposition était en harmonie avec une loi dont l'exécution avait été remise, ou plutôt abandonnée presque entièrement aux soins de la seule autorité municipale ; mais elle n'était pas compatible avec le pouvoir que la loi nouvelle donnait à l'autorité supérieure, le droit de substituer sa propre action à l'inertie ou à la mauvaise volonté des communes. Si, en effet, les conseils municipaux fussent restés saisis de la fixation du taux de rachat de la prestation en nature, ils auraient pu, en établissant pour ce rachat un tarif excessivement bas, anéantir complétement le droit d'imposition d'office confié aux préfets. Ajoutons que chaque conseil municipal ayant le droit de faire un tarif de rachat, il en était résulté des différences considérables et nullement motivées d'une commune à une autre ; ce qui ne pouvait plus se concilier avec la solidarité d'efforts que la loi nouvelle substituait heureusement à l'ancien isolement des communes.

270. Sous tous les rapports donc, le législateur devait remettre à une autorité plus élevée, plus indépendante des influences locales, le droit de fixer le taux du rachat de la prestation en nature, et ce soin fut confié, par l'art. 4 de la loi du 21 mai 1836, *aux conseils généraux de département, sur la proposition*

des conseils d'arrondissement. C'est annuellement que les conseils généraux doivent arrêter le tarif du rachat, et cette révision était nécessaire, afin de pouvoir introduire dans ce tarif les changements dont l'expérience aurait fait reconnaître la nécessité : mais en fait, l'action annuelle des conseils généraux se borne presque toujours à maintenir le tarif arrêté l'année précédente. Il n'était pas nécessaire, non plus, qu'il n'y eût qu'un seul tarif pour toute l'étendue du département. Dans les départements où il existe entre certains cantons des différences notables dans la nature du sol, de la culture, de l'aisance même, les conseils généraux ont pu arrêter des tarifs différents, soit pour une certaine étendue de territoire, soit pour certaines catégories de communes, et c'est ce qui a été fait assez souvent.

271. En donnant, dans son instruction du 24 juin 1836, des indications pour l'exécution de cette partie de la loi, le ministre n'avait pas manqué d'appeler l'attention des conseils généraux sur l'importance de la mission qui leur était confiée. Les décisions qu'ils avaient à prendre, faisait-il remarquer, devaient exercer la plus grande influence sur l'exécution de la loi tout entière, et spécialement de la section 2 relative aux chemins vicinaux de grande communication. Tout en reconnaissant d'ailleurs que la prestation en nature était une des ressources les plus importantes qui puissent, dans certaines localités, être affectées à la réparation des chemins vicinaux, le ministre ajoutait que ce moyen d'exécution laissait encore à désirer; il pensait donc que partout on obtiendrait plus de travail effectif avec une somme inférieure à la valeur d'une journée de travail, qu'on n'en obtiendrait de la présence d'un prestataire pendant un jour sur les ateliers. Le ministre émettait donc l'avis que, sans que les tarifs de conversion fussent trop inférieurs au taux des journées de travail, il serait utile qu'ils présentassent cependant à cet égard assez d'avantage pour déterminer les contribuables à s'acquitter en argent. Les communes, ajoutait-il, y gagneraient par la possibilité d'employer des ouvriers salariés, et elles en obtiendraient à la fois une plus grande masse de travaux et des travaux mieux exécutés; les prestataires y gagneraient aussi, puisqu'ils pourraient se libérer au moyen d'un rachat inférieur au prix réel de leur journée.

272. Lorsque le ministre donnait ces conseils, on était généralement sous l'impression des faibles résultats obtenus jusqu'alors par l'emploi de la prestation en nature. On ne s'était pas rendu compte que l'inefficacité de ce mode de travail tenait surtout à l'absence de toute direction, de toute surveillance, de tout contrôle; on ne pouvait former de prévisions bien exactes sur les améliorations qu'apporteraient à l'emploi de la prestation en nature, et l'action de l'autorité supérieure, et surtout l'intervention incessante d'agents institués par la loi pour diriger toutes les parties du service vicinal. Voyons donc ce que six années d'expérience ont dû apporter de modifications aux idées alors existantes sur la prestation en nature.

273. Quant aux rachats, il a été reconnu que l'abaissement du tarif de conversion en argent n'exerçait que peu d'influence sur l'option des prestations. Dans le plus grand nombre des départements, en effet, les populations rurales préféreront toujours s'acquitter en nature. La plus faible contribution en argent, ne représentât-elle que la moitié de la valeur de la journée de travail, leur paraîtra toujours un sacrifice supérieur à celui d'un travail que l'administration prend généralement le soin de ne leur demander que dans les moments où les travaux agricoles leur laissent quelques loisirs. C'est ce que l'expérience a pleinement démontré, car dans quelques départements où les conseils généraux avaient abaissé le taux de la conversion, dans le but d'obtenir un plus grand nombre de rachats, on a vu avec étonnement que ce nombre n'augmentait presque pas. Les seuls qui profitassent de l'abaissement du tarif étaient donc les contribuables les plus aisés, qui se seraient également libérés en argent, alors même que le tarif du rachat eût été basé sur la valeur réelle de la journée de travail. La mesure prise ne produisait donc pas l'effet voulu, et de plus elle consacrait une injustice, puisqu'elle permettait à la classe la plus aisée de la société de se libérer au moyen d'un sacrifice en argent, inférieur à la valeur réelle du travail que la classe moins aisée fournissait en nature; aussi les mêmes conseils généraux se sont-ils déterminés, après un an ou deux d'essai, à élever graduellement les tarifs de conversion en argent, afin de ne pas priver le service vicinal d'une partie des ressources qu'il avait droit d'attendre du rachat des journées dans la classe qui préférera toujours se libérer en argent.

274. Une autre cause a encore déterminé ces conseils généraux, dans un assez grand nombre de départements, à ne plus tenir les tarifs de conversion en argent fort au-dessous de la valeur réelle des journées; c'est l'amélioration graduelle des résultats obtenus de l'emploi de la prestation en nature. La sur-surveillance constante des agents chargés de diriger les travaux, notamment sur les chemins vicinaux de grande communication, et la bonne volonté des prestataires, encouragés par le succès même de leurs efforts, firent bientôt reconnaître que la prestation en nature était un moyen de travail jusqu'alors mal apprécié parce qu'il avait été mal appliqué. Dès qu'il était prouvé que le travail en nature pouvait donner des résultats qui ne restaient pas beaucoup au-dessous de la valeur réelle des journées, il devenait sans objet d'attribuer à ces journées une valeur inférieure pour favoriser les rachats. Cela fut si bien compris, que, dans certains départements, les maires eux-mêmes ont demandé que les tarifs de conversion fussent rehaussés, afin de ne pas trop favoriser le rachat des journées dont le produit en travail leur paraissait préférable.

Il importait donc, on le voit, que ces faits pussent être appréciés par une autorité haut placée, et le législateur a fait une chose éminemment utile au service vicinal en transportant des conseils municipaux aux conseils généraux le droit de fixer le tarif du rachat de la prestation en nature.

275. Une autre modification non moins importante, apportée par l'art. 4 de la loi du 21 mai 1836 à la législation précédente, est l'obligation imposée aux contribuables de faire, dans certains délais, leur option pour l'acquittement de leurs cotes en nature ou en argent, et la déclaration qu'à défaut d'option exprimée dans les délais, la prestation serait de droit exigible en argent.

La loi du 28 juillet 1824, en accordant aux contribuables la faculté de s'acquitter en nature ou en argent, à leur choix, n'avait pas fixé de délai pour cette option ; les contribuables pouvaient donc ne faire connaître leur intention qu'au dernier moment, le jour même où ils étaient requis de se présenter sur les ateliers. L'autorité ignorait ainsi jusque-là si elle aurait réellement des prestataires à faire travailler ou bien si elle aurait quelques fonds à employer, et l'on comprend tout ce que cette incertitude devait ajouter d'embarras aux difficultés que présentait déjà l'emploi de la prestation en nature. En rendant l'option obligatoire dans un délai fixé, en donnant une sanction pénale à cette obligation, la nouvelle législation a mis l'autorité à portée de connaître à l'avance la nature des ressources, prestation ou argent, qu'elle aurait à faire employer dans l'année; elle lui a donné la possibilité de préparer des devis réguliers pour les travaux à faire faire à prix d'argent, et d'organiser à l'avance les ateliers en hommes et en charrois, pour l'emploi de la prestation en nature.

Il est à remarquer que la loi dans son art. 4 n'a pas fixé d'une manière explicite le délai dans lequel devait avoir lieu l'option ; elle s'est bornée à dire *dans certains délais ;* mais cette énonciation se trouve complétée dans l'art. 21 de la loi, qui charge les préfets de faire dans chaque département un règlement général pour fixer, entre autres choses, *les délais nécessaires à l'exécution de chaque mesure.* D'après les instructions données par le ministre de l'intérieur, les préfets ont fixé partout à un mois le délai d'option. Nous verrons, lorsque nous nous occuperons de l'emploi de la prestation, ce que la législation laisse encore à désirer, quant à l'option des contribuables, pour l'un ou l'autre mode d'acquittement de leurs cotes.

276. L'article de loi que nous examinons a encore innové, en permettant un mode d'emploi de la prestation en nature qui était pratiqué déjà dans un petit nombre de localités, et dont l'extension paraissait devoir présenter de grands avantages; c'est la conversion des journées en tâches. Nous nous occuperons de ce moyen de travail lorsque nous parlerons de l'emploi de la prestation en nature.

Nous allons voir maintenant quelles sont les formes employées par l'administration pour établir, au moyen d'états-matrices et de rôles, les obligations à imposer à chaque contribuable.

Établissement des états-matrices et des rôles.

277. Pour reconnaître et préciser les obligations qui peuvent être imposées à chaque contribuable, en vertu de l'art. 3 de la loi du 21 mai 1836, la première mesure à prendre par l'administration, c'est le recensement des bases de l'imposition en hommes, en bêtes de trait, de somme ou de selle, et en voitures.

A cet effet, l'instruction du 30 octobre 1824, donnée pour l'exécution de la loi du 28 juillet de la même année, prescrivit la rédaction dans chaque commune d'un état-matrice sur lequel devait être porté, en regard du nom de chaque contribuable, tout ce pourquoi, hommes et choses, il pouvait être imposé à la prestation en nature.

278. Cette mesure a été maintenue et précisée dans ses détails d'exécution par l'instruction ministérielle du 24 juin 1836. Aux termes de cette instruction, il doit être rédigé dans chaque commune un état-matrice conforme à un modèle donné, et qui présente pour chaque article : 1° le nom de l'individu sur lequel la cote est assise : 2° le nom des membres de la famille et des serviteurs qui doivent également donner lieu à imposition ; 3° le nombre des charrettes ou voitures attelées et des bêtes de somme de trait et de selle qui sont au service de la famille ou de l'établissement dans la commune. Cet état-matrice doit être rédigé par une commission composée du maire et des répartiteurs, assistés du receveur municipal. Si les répartiteurs refusaient leur concours pour la formation de l'état-matrice, ils pourraient être suppléés par des commissaires *ad hoc* que le sous-préfet nommerait sur l'indication du maire. Afin de n'être pas obligé de faire un nouvel état matrice chaque année, le cadre en a été établi de manière à pouvoir servir pour trois années.

279. Lorsque l'état-matrice est rédigé, il est déposé à la mairie pendant un mois, et les contribuables sont prévenus par une publication, faite en la forme accoutumée, qu'ils peuvent, pendant ce délai, venir en prendre connaissance, afin de présenter, s'il y a lieu, leurs réclamations contre le travail. L'instruction fait remarquer d'ailleurs que ces réclamations ne sont pas encore des demandes en dégrèvement, puisqu'il ne s'agit que des bases de l'imposition; elles ne doivent donc pas être adressées au conseil de préfecture; elles doivent, à l'expiration du mois, être soumises au conseil municipal, qui les apprécie et rectifie l'état-matrice, s'il y a lieu. Après cette formalité, l'état-matrice est transmis au préfet pour être revêtu de son approbation. Chaque année l'état-matrice doit être révisé, afin d'y apporter les modifications nécessitées par les changements survenus dans les bases de l'imposition, mais le résultat de ces révisions annuelles n'est pas soumis à l'approbation du préfet. Il y a lieu d'y recourir seulement pour la refonte totale des états-matrices, à chaque période de trois années.

280. Peu après la publication de l'instruction ministérielle du 24 juin 1836, il fut reconnu utile de faire concourir les agents de l'administration des contributions directes à l'établissement des états-matrices de la prestation en nature. Il fut donc arrêté, de concert entre les ministres de l'intérieur et des finances, que les contrôleurs des contributions directes seraient adjoints aux commissions de répartition chargées d'établir tous les trois ans et de réviser chaque année les états-matrices; ces agents remplissent à cet égard les mêmes fonctions que dans les commissions de répartition pour les contributions directes, et cette adjonction ne pouvait qu'assurer une plus exacte application des règles données par la loi pour l'assiette de la prestation en nature.

281. L'état matrice, ainsi établi, forme la base légale du rôle de prestation en nature, qui doit être rédigé en vertu de la délibération du conseil municipal, votant l'emploi de cette ressource. L'instruction du 30 octobre 1824 n'avait rien prescrit quant aux fonctionnaires ou agents qui seraient chargés de la rédaction des rôles; il s'en était suivi que, dans presque tous les départements, les rôles étaient rédigés soit par les maires, soit par les secrétaires des mairies, et l'expérience avait démontré que ce mode laissait beaucoup à désirer, en raison de la difficulté de trouver dans beaucoup de communes rurales des hommes qui eussent l'habitude d'un travail de cette nature. Lorsqu'il donna des instructions pour l'exécution de la loi du 21 mai 1836, le ministre de l'intérieur avait pensé que les percepteurs-receveurs municipaux seraient plus capables de rédiger les rôles de prestation en nature, et il avait invité les préfets à les en charger; mais cette mesure parut au ministre des finances pouvoir présenter quelques inconvénients, et bientôt après, il fut arrêté de concert entre les deux ministres que les rôles de prestation en nature seraient rédigés par les directeurs des contributions directes, et c'est ce qui se pratique encore aujourd'hui. Les états-matrices, après rédaction ou révision, sont donc remis aux directeurs des contributions directes, qui font établir les rôles d'après le nombre de journées votées par les conseils municipaux de chaque année, ou imposées d'office par les préfets. Ces rôles, établis sur un modèle

uniforme, présentent pour chaque article, 1° le nombre de journées d'homme dues pour la personne du chef de la famille ou de l'établissement, s'il y a lieu; 2° le nombre de journées d'hommes dues pour chacun des membres ou des serviteurs de la famille; 3° le nombre de journées dues par les charrettes et voitures; 4° le nombre de journées dues pour les bêtes de trait, de somme ou de selle. L'article du rôle présente également, pour chaque espèce de journée, la valeur de ces journées en argent, d'après le taux de conversion précédemment arrêté par le conseil général. Enfin, il est ménagé sur le rôle deux colonnes pour inscrire les déclarations d'option et les dates de la libération des contribuables, soit en argent soit en nature.

282. Lorsque les rôles ont été rédigés par les soins du directeur des contributions directes, ils sont remis au préfet, pour être par lui rendus exécutoires. Ils sont aussitôt renvoyés dans les communes pour être publiés dans la forme suivie pour la publication des rôles des contributions directes. L'instruction ministérielle du 24 juin 1836 avait prescrit de publier les rôles de prestation en nature le 1er janvier; mais il a été reconnu depuis que cette époque ne laissait pas, entre la publication et l'ouverture des travaux de prestation, assez de temps pour que l'administration pût remplir les formalités et prendre les mesures qui doivent précéder ces travaux. Une circulaire du 13 juin 1838, concertée entre les ministres de l'intérieur et des finances, a donc décidé que les rôles de prestation seraient rédigés de manière à pouvoir être publiés dans les premiers jours de novembre.

283. En même temps que le directeur des contributions directes fait rédiger les rôles de prestation, il fait également préparer pour chaque contribuable un avertissement indiquant la date de la délibération qui a voté la prestation, et présentant les détails portés à l'article du rôle pour établir les journées dues et leur valeur en argent. Cet avertissement se termine par l'invitation au contribuable de déclarer, dans le mois de la publication du rôle, s'il entend se libérer en nature ou en argent; mention y est faite également que, conformément à l'art. 4 de la loi du 21 mai 1836, la cote serait de droit exigible en argent si le contribuable n'avait pas déclaré son option dans le délai d'un mois.

Les avertissements sont distribués par les soins des percepteurs-receveurs municipaux au moment de la publication, et, de ce moment, court contre le contribuable le délai de la demande en dégrèvement et celui de l'option.

284. Quant aux demandes en dégrèvement, la loi du 21 mai 1836 ne s'en est pas occupée, mais celle du 28 juillet 1824, qui n'a pas été modifiée sur ce point, avait réglé que *le recouvrement des prestations en nature serait poursuivi comme pour les contributions directes, et que les dégrèvements seraient prononcés sans frais*. Il résulte de ces dispositions que les réclamations des contribuables doivent être présentées dans les trois mois de la publication du rôle, et qu'elles peuvent être formées sur papier libre. Elles sont instruites comme en matière de contributions directes et jugées par le conseil de préfecture, sauf le recours au Conseil d'état, lequel peut être formé sans le ministère d'avocat. Ce recours peut être présenté par le contribuable s'il se croit lésé par la décision du conseil de préfecture; il l'adresse au préfet pour être transmis au secrétariat général du Conseil d'état.

285. Les communes peuvent de leur côté avoir intérêt à appeler des décisions des conseils de préfecture, lorsque ces décisions paraissent avoir accordé des dégrèvements qui n'auraient pas dû l'être; dans ce cas, les maires peuvent se pourvoir contre l'arrêté, et sans ministère d'avocat; ils doivent agir par l'intermédiaire du préfet, qui transmet leur demande. Le ministre des finances avait cru pouvoir intervenir au nom des communes, mais cette intervention n'a pas été admise par le Conseil d'état: c'est ce qui a été décidé par l'ordonn. du 5 février 1841 (le ministre des finances contre Aviat), ainsi conçue: « Vu le rapport à nous présenté par notre ministre des finances, tendant à ce qu'il nous plaise annuler un arrêté du conseil de préfecture de l'Aube, du 28 nov. 1839, qui accorde au sieur Aviat, maître de poste à Arcis, décharge de la prestation en nature à laquelle il avait été imposé pour l'année 1839; vu la loi du 21 mai 1836 sur les chemins vicinaux; considérant que la prestation en nature ne constitue aucune perception en faveur du trésor public, d'où il suit que le département des finances est sans intérêt dans cette contestation;—Art. 1er: Il n'y a lieu à statuer sur le pourvoi formé par notre ministre des finances contre l'arrêté ci-dessus visé. » Il a été prononcé dans les mêmes

termes par une seconde ordonnance du 5 mars 1841 (ministre des finances contre de la Bretèche) par une autre du 21 janv. 1842 (le ministre des finances contre Lamort-Laperelle). Le principe est donc fixé. Il en résulte que le ministre de l'intérieur ni les préfets n'auraient qualité non plus pour demander l'annulation des décisions des conseils de préfecture accordant des dégrèvements en matière de prestation, puisque cette contribution est déclarée être d'intérêt purement communal; les maires seuls ont qualité pour former les recours au Conseil d'état contre ces décisions. C'est au surplus la règle posée, en matière de contributions directes, par diverses ordonnances et notamment par celle du 15 octobre 1826 (Doumergues et autres contre Rivals-Giugla), ainsi conçue : « Vu l'art. 31 de la loi du 20 juin 1799 (2 messid. an VII) sur les réclamations en matière de contribution foncière ; vu l'art. 13 de la loi du 17 février 1800 (28 pluviôse an VIII) ; considérant qu'aux termes de l'art. 31 de la loi du 20 juin 1799 ci-dessus visé, le maire seul et, à son défaut, son adjoint, ont qualité pour se pourvoir, dans l'intérêt des habitants, contre des décisions qui dégrèvent un contribuable. » La prestation en nature étant assimilée aux contributions directes pour tout ce qui a rapport au recouvrement, l'ordonnance ci-dessus trouve évidemment là son application.

286. Nous rappellerons ici que les communes n'ont pas besoin d'autorisation pour se pourvoir devant le Conseil d'état contre les décisions des conseils de préfecture ; c'est ce qui a été prononcé par diverses ordonnances, notamment celle du 16 février 1826 (commune d'Ervy contre Truchy), ainsi conçue : Considérant qu'aucune autorisation n'est nécessaire aux communes pour se pourvoir devant nous, en notre Conseil d'état, contre les arrêtés des conseils de préfecture. » Mais le maire ne pourrait se pourvoir devant le Conseil d'état sans l'autorisation du Conseil municipal ; cette règle est générale pour toutes les actions qui s'intentent dans l'intérêt des communes, et elle est évidemment applicable au cas dont nous nous occupons, puisqu'il s'agit d'un intérêt communal.

287. Nous ferons remarquer enfin que les demandes en dégrèvement des cotes de prestations n'ont pas d'effet suspensif, pas plus que celles présentées en matière de contributions directes. Si donc, avant le jugement de sa réclamation, le contribuable est requis de fournir les journées pour lesquelles il est inscrit au rôle, il est tenu d'obtempérer à la réquisition qui lui est adressée. S'il n'en était pas ainsi, en effet, on comprend que des demandes en dégrèvement seraient très-souvent présentées dans le seul but d'ajourner l'acquittement de la prestation en nature. Si, après avoir fourni ses journées, le contribuable vient à être dégrevé, en tout ou en partie, il a droit d'être remboursé en argent, d'après le taux du tarif de conversion, du nombre de journées qu'il a fournies en trop. Ce remboursement s'opère, soit sur le produit des prestations acquittées en argent, soit même sur les autres ressources communales : c'est ce qui a été réglé par diverses décisions ministérielles, et il ne pouvait en être autrement. Puisqu'en effet la commune a profité de travaux auxquels elle n'avait pas droit, il est juste qu'elle en rembourse la valeur.

288. Quant à l'option du contribuable de se libérer en nature ou en argent, elle doit être déclarée, dans le mois de la publication des rôles, devant le maire ou son adjoint délégué à cet effet. Elle est consignée sur un registre *ad hoc*, et qui, à l'expiration du mois, est clôturé par le maire, et transmis au percepteur-receveur municipal. Ce comptable transcrit alors les déclarations sur chaque article du rôle, dans la case préparée à cet effet. Les cotes pour lesquelles aucune déclaration n'a été faite sont, aux termes de l'art. 4 de la loi, exigibles en argent. Lorsque le percepteur-receveur municipal a terminé la transcription des déclarations d'option, il est tenu, d'après les instructions ministérielles, de rédiger un relevé du rôle, présentant, pour chaque contribuable, le nombre de journées de chaque espèce qu'il a déclaré vouloir acquitter en nature. Au pied de ce document, le comptable fait connaître également le montant des cotes qui seront exigibles en argent, soit en vertu de l'option du contribuable, soit par défaut d'option. Cet état ou extrait du rôle est aussitôt transmis au maire, auquel il donne les moyens de préparer l'emploi des ressources dont il aura à disposer, soit en journées de travail, soit en argent. C'est au moyen de cet état que sont préparés, à l'époque de l'ouverture des travaux, les bulletins de convocation des prestataires. Il est des départements où les préfets ont exigé des percepteurs de

leur adresser, non pas une copie textuelle de l'état remis aux maires, mais un résumé de cet état, faisant connaître, d'une part, le nombre de journées de chaque espèce qui doivent être acquittées en nature, et, d'autre part, le montant des cotes qui sont exigibles en argent. Cet état peut être d'une grande utilité aux préfets, non-seulement pour la surveillance qu'ils ont à exercer sur l'emploi de la prestation en général, mais encore pour donner aux agents voyers le moyen de préparer, à l'avance, l'organisation des ateliers de travail sur les chemins vicinaux de grande communication.

289. Nous ne dirons rien du recouvrement des cotes de prestation exigibles en argent, puisque ce recouvrement doit se faire comme en matière de contributions directes, c'est-à-dire par douzième. Les poursuites, lorsqu'il y a lieu d'en exercer, sont les mêmes également. Comme elles peuvent porter fréquemment sur des contribuables peu aisés, le ministre de l'intérieur a recommandé aux préfets, par plusieurs circulaires, d'inviter les comptables à ne jamais les pousser au delà du premier degré sans une autorisation expresse.

Convocation et libération des prestataires.

290. Pour ne pas rompre la série des formalités administratives qui se rapportent à la prestation, nous allons dire maintenant comment il est procédé, en vertu des instructions ministérielles, à la convocation des contribuables et à leur libération.

291. Faisons remarquer d'abord que l'époque des travaux de prestation en nature n'est plus laissée, comme sous l'empire de la loi du 28 juillet 1824, à l'arbitraire des maires et des conseils municipaux, qui trop souvent choisissaient, pour ces travaux, une époque peu opportune, notamment les courtes journées de l'hiver. Le service vicinal y perdait, non-seulement par le moindre nombre d'heures employées sur les chemins, mais encore parce que la saison ne permettait pas aux travaux faits de se consolider avant que la température vînt y apporter de nouvelles dégradations. C'est pour éviter cet inconvénient, que la loi du 21 mai 1836, dans son art. 21, a remis aux préfets le droit de fixer *les époques auxquelles les prestations en nature devront être faites*. Pour remplir cette mission d'une manière favorable au service vicinal, et en même temps la moins onéreuse possible aux contribuables, les préfets, dans leurs règlements, ont généralement divisé en deux saisons les travaux de prestation, en indiquant un ou deux mois dans chaque saison : ils ont choisi, suivant les localités, les époques où les travaux de l'agriculture auraient le moins à souffrir de l'emploi des journées de prestation.

Cette précaution, prescrite par l'instruction du 24 juin 1836, était toute paternelle, mais elle donna bientôt lieu à une fausse interprétation qu'il fallut rectifier. Les contribuables croyaient qu'il leur était loisible de choisir, dans la série des mois indiqués par le préfet, le jour qui leur paraîtrait le plus convenable pour leurs travaux; quelquefois ils prétendaient ne pouvoir être mis en demeure qu'à l'expiration de l'année. Une circulaire du 19 nov. 1838 condamna ces prétentions; elle fit remarquer que la prestation en nature n'est pas une contribution volontaire que le prestataire puisse acquitter à l'époque qui lui convient le mieux; que le travail que la loi permet de demander aux contribuables pour la réparation des chemins vicinaux est une véritable contribution; que c'est une dette de l'habitant envers la commune, dette exigible, non pas à la volonté du prestataire, mais à la réquisition de l'autorité locale. C'est donc à cette autorité qu'appartient le droit d'indiquer les jours qui seront consacrés aux travaux de prestation, en se renfermant dans les séries de mois déterminées par les préfets.

292. Disons maintenant comment il est procédé par les maires qui sont chargés de la convocation des prestataires.

Nous avons vu que, dans chaque commune, six semaines environ après la publication des rôles, c'est-à-dire vers la fin de décembre, le maire reçoit du percepteur-receveur municipal l'état nominatif des contribuables qui ont opté pour l'acquittement de la prestation en nature, état qui indique le nombre de journées de chaque espèce dues par chacun des prestataires. Le maire a donc pu, bien avant l'époque de l'ouverture des travaux, reconnaître le nombre de journées de chaque espèce qu'il convient d'affecter à chacun des chemins vicinaux à réparer, et répartir les journées par ateliers, composés d'une juste proportion de bras et de moyens de transport.

Quinze jours avant l'époque fixée pour l'ouverture des travaux de prestation, le maire doit faire publier, le dimanche, à l'issue des offices, et afficher à la porte de la maison commune l'avis que les travaux de prestation vont commencer dans la commune. Cette publication doit être répétée le dimanche suivant, et en même temps le maire fait remettre à chaque prestataire un avis portant réquisition de se trouver tel jour, à telle heure, sur tel chemin, pour y faire, en acquittement de sa cote, les travaux qui lui seront indiqués. Ces avis, rédigés sur des formules imprimées, sont signés par le maire, et remis sans frais aux prestataires par l'entremise du garde champêtre.

L'exécution des travaux de prestation doit avoir lieu sous la surveillance du maire, de son adjoint, ou d'un membre du conseil municipal que le maire aurait spécialement délégué à cet effet. Le fonctionnaire chargé de surveiller les travaux doit veiller à ce que les heures qui doivent être employées au travail le soient effectivement, et de la manière la plus utile à la réparation des chemins. Le garde champêtre doit être présent pour exécuter les ordres qu'il recevra du fonctionnaire chargé de la surveillance. L'instruction ministérielle conseille aux maires, dans toutes les communes où la chose est possible, de choisir un piqueur qui serait chargé de la direction matérielle des travaux, et dont le salaire ferait partie des dépenses des chemins vicinaux. Nous ne parlons pas ici de l'intervention des agents voyers; nous y reviendrons un peu plus tard.

Pour que la décharge des prestataires puisse être opérée régulièrement, le fonctionnaire chargé de la surveillance des travaux doit être muni du relevé du rôle dont il a été parlé plus haut. A la fin de chaque journée, il émarge sur ce relevé, en regard du nom de chaque prestataire, le nombre de journées de chaque espèce que ce prestataire a acquittées ou fait acquitter pour son compte; il décharge en même temps l'avis ou réquisition qui avait été envoyé au contribuable. Enfin, lorsque les travaux sont achevés, le relevé du rôle est remis au percepteur-receveur municipal, afin que ce comptable puisse émarger sur le rôle les cotes acquittées en nature; il totalise ensuite ces notes, et en inscrit le montant en un seul article sur son journal à souche; il ne détache pas le bulletin, attendu qu'il n'y a lieu de le remettre à aucune partie versante, mais il le biffe en le laissant tenir à la souche.

293. Au moyen de ces différentes formalités, la libération des prestataires se trouve dûment constatée, et le compte du percepteur-receveur municipal peut être régulièrement rendu. Les rôles de prestation, en effet, figurent en recette et en dépense au budget des communes; le compte d'emploi doit donc en être rendu comme pour les autres recettes communales. En conséquence, le percepteur-receveur municipal doit établir, d'une manière précise, le montant des recouvrements qu'il a dû faire en argent, et le montant de ce qui a dû être exécuté en travaux. Cette justification se fait par la représentation même du relevé du rôle émargé à l'époque des travaux. Les dépenses faites sur le produit des cotes recouvrées en argent sont justifiées par pièces comptables, comme pour les autres travaux communaux. Quant aux cotes acquittées en nature, le comptable en est libéré par la représentation du relevé qu'a émargé le fonctionnaire chargé de la surveillance des travaux.

294. Avant de terminer ce qui a rapport à la libération des prestataires, nous devons dire comment l'administration a pourvu à une lacune évidente dans l'article 4 de la loi du 21 mai 1836.

Cet article, comme nous l'avons vu, impose aux contribuables l'obligation de déclarer, dans les délais prescrits, leur option de s'acquitter en nature ou en argent, et il ajoute que, lorsque la déclaration n'aura pas été faite, *la prestation sera de droit exigible en argent;* mais ni cet article, ni aucun autre dans la loi, n'a prévu le cas où un prestataire, après avoir déclaré vouloir s'acquitter en nature, n'obtempérerait pas à la réquisition de se rendre sur les ateliers, ou bien, après s'y être rendu, n'y travaillerait pas comme il doit le faire.

La loi ne pouvait cependant demeurer sans exécution, et il n'était pas admissible que le prestataire négligent ou récalcitrant ne pût être atteint; c'eût été non-seulement un dommage pour le service vicinal, mais encore une injustice pour les autres contribuables. Dans son instruction du 24 juin 1836, le ministre a donc dit que toutes les fois qu'un contribuable ne se rendrait pas sur l'atelier qui lui aurait été assigné pour y acquitter sa prestation, ou qu'il ne fournirait qu'une partie des journées par lui dues, soit en manquant aux heures ou autrement, sa cote, ou le restant de sa cote, deviendrait exigible en argent; et, pour qu'il n'ignorât pas ce qu'il avait à encourir, l'avis de cette condition devait être écrit sur les réquisitions du travail. Dans ce cas, le maire doit adresser au percepteur-receveur municipal le nom du prestataire récalcitrant ou retardataire, en invitant le comptable à recouvrer la cote en argent, la déclaration d'option étant considérée comme n'ayant pas été faite.

Cette interprétation, ou plutôt, il faut le reconnaître, cette addition aux dispositions de la loi, a été admise partout, tant la nécessité en était reconnue; et il n'est pas à notre connaissance qu'aucune opposition sérieuse ait été faite au recouvrement en argent de cotes à l'égard desquelles l'option faite était ainsi déclarée périmée. Nous ne doutons pas d'ailleurs que l'autorité qui eût été appelée à statuer sur une semblable opposition, n'eût jugé inadmissible qu'un contribuable fût libéré par une simple déclaration d'option qui, par son fait, ne serait pas suivie de l'acquittement des journées en nature.

Il se pourrait toutefois qu'un empêchement légitime et grave ne permît pas au prestataire d'obtempérer à la réquisition de travail. Dans ce cas, dit l'instruction ministérielle, le maire peut accorder au prestataire un ajournement pour l'acquittement de sa cote en nature; mais ces ajournements ne doivent pas être très-prolongés, afin de ne pas nuire aux travaux; ils ne doivent, dans aucun cas, se prolonger au delà des limites fixées pour la clôture de l'exercice. Toute cote qui, par le fait du prestataire, n'aurait pas été acquittée dans ces limites, devra être définitivement considérée comme exigible en argent, et le percepteur-receveur municipal est tenu d'en effectuer le recouvrement par toutes les voies de droit.

295. Il nous reste à parler d'un mode d'acquittement de la prestation, autorisé par l'art. 4 de la loi; c'est le travail en tâches. Nous dirons plus tard quels résultats ont été obtenus de ce nouveau système; nous ne parlerons ici que des formes administratives adoptées pour l'établissement des tâches et pour la libération des prestataires.

C'est aux conseils municipaux que la loi attribue le droit de fixer les bases d'après lesquelles la prestation non rachetée en argent sera convertie en tâches; par le fait, ces conseils sont donc maîtres de décider si ce mode de travail sera ou non admis, puisqu'en s'abstenant de rédiger les tarifs de conversion en tâches, ils rendent impossible cette conversion. Comme les conseils municipaux auraient pu fixer des bases tellement faibles que les journées converties en tâches n'eussent presque rien produit, il était nécessaire que ces tarifs fussent soumis à la révision de l'autorité supérieure, et l'instruction ministérielle a dit qu'ils ne seraient exécutoires qu'après l'approbation du préfet.

Dans les communes où les conseils municipaux ont arrêté des conversions en tâches, et lorsque le maire, pour les chemins vicinaux de petite communication, et le préfet, pour les chemins vicinaux de grande communication, ont décidé que ce mode d'emploi serait admis, le prestataire en est prévenu par un bulletin ou réquisition de travail, sur lequel est portée l'indication de l'espèce et de la quotité de travaux qu'il doit faire en acquittement de ses journées. Un délai lui est assigné pour l'accomplissement de ces travaux, qu'il peut faire au moment qui lui est le plus opportun, dans les limites du délai fixé.

Lorsque les travaux sont effectués, l'autorité fait reconnaître si les tâches imposées ont été bien et dûment faites, et il est alors donné au prestataire un certificat de libération comme pour les travaux faits à la journée.

296. Nous terminerons ce qui a rapport à l'acquittement de la prestation en nature, en reproduisant quelques recommandations faites par l'instruction ministérielle, et qui se rattachent à cette partie du service.

La première a pour objet de détruire un usage qui s'était introduit dans quelques localités et qui constituait un véritable abus. Quelquefois les maires, au lieu de faire effectuer les travaux de prestation aux époques prescrites et dans l'année pour laquelle ils avaient été votés, laissaient s'arriérer ces travaux, et ensuite, au bout de deux ou trois années, ils requéraient les contribuables d'acquitter les journées arriérées. Le ministre fit remarquer qu'il y avait là violation manifeste de la lettre comme de l'esprit de la loi. En effet, la loi permet de demander à chaque contribuable jusqu'à trois journées de son temps, chaque année, pour travailler à la réparation des chemins vicinaux. En fixant ce maximum, la loi a eu pour intention évidente qu'il ne pût être exigé du contribuable de faire dans une année le sacrifice de plus de trois journées de son temps. Comment, sous le prétexte d'arrérages que le maire aurait irrégulièrement laissés s'accumuler, pourrait-il être permis de demander ensuite à ce contribuable de venir employer, dans la même année, six ou neuf journées, tant pour l'arriéré que pour le courant? Le ministre prescrivait donc de veiller à ce que les cotes de prestation acquittables en nature fussent consommées, sinon dans l'année même pour laquelle elles avaient été votées, au moins dans les délais fixés pour la clôture de l'exercice auquel ces prestations se rattachent. Cette règle a été imposée dans tous les règlements généraux faits par les préfets, en exécution de l'art. 21 de la loi du 21 mai 1836, et la stricte observation en est d'autant plus importante, que les prestataires peuvent se prétendre libérés des journées qui ne leur ont pas été demandées dans les délais voulus. C'est ce qui résulte formellement d'une ordonnance royale du 20 janv. 1843 (Mallat contre la commune de la Couronne), ainsi conçue : « Vu la requête à nous présentée par le sieur Mallat, demeurant à Barbary, commune de la Couronne, département de la Charente, tendant à ce qu'il nous plaise annuler un arrêté du conseil de préfecture du département de la Charente, en date du 10 juillet 1840, lequel a rejeté son opposition au commandement qui lui a été fait pour le recouvrement des prestations des exercices 1837 et 1838 ; vu l'art. 5 de la loi du 28 juillet 1824 ; vu l'art. 21 de la loi du 21 mai 1836 ; considérant que le règlement général sur les chemins vicinaux du département de la Charente, dressé en exécution de l'art. 21 de la loi du 21 mai 1836, porte, art. 24, *que les prestations acquittables en nature devront toujours être effectuées, sinon dans l'année même pour laquelle elles ont été votées, du moins dans les délais fixés pour la clôture de l'exercice auquel elles se rapportent*; considérant qu'il ne résulte pas des pièces jointes au dossier que le sieur Mallat ait été mis, en temps utile, en demeure de se libérer des prestations relatives aux exercices de 1837 et de 1838 ; — Art. 1er : L'arrêté du conseil de préfecture du département de la Charente sus-visé est annulé. »

297. La seconde recommandation faite par le ministre a pour objet de réserver au service vicinal des ressources que la loi n'a créées qu'en vue de ce service. Le ministre déclarait donc qu'aucune partie des prestations en nature, de même que des autres ressources réalisées à cette destination, ne devait être employée sur des chemins autres que ceux qui ont le caractère voulu par l'art. 1er de la loi du 21 mai 1836, c'est-à-dire qui ont été déclarés vicinaux par arrêté du préfet. Tout emploi, soit de fonds, soit de prestations sur un chemin non légalement reconnu, pourrait donner lieu contre le fonctionnaire qui l'aurait ordonné, disait le ministre, à une accusation de détournement de fonds, ou au moins à une action en réintégration des ressources illégalement employées. Nous ajouterons qu'un prestataire ne pourrait être légalement contraint de porter ses journées sur un chemin qui ne serait pas vicinal, et que sa résistance à la réquisition qu'il recevrait serait parfaitement légitime, puisque la prestation n'a été créée par la loi qu'en vue des travaux à faire sur les chemins vicinaux. La circonstance même que ces chemins étaient dans un état de viabilité tel que l'emploi de la prestation n'y fût pas nécessaire, ne permettrait pas de faire acquitter la prestation sur une autre voie publique, car les trois journées ne sont une dette des contribuables que pour le service des chemins vicinaux.

Vote et imposition d'office.

298. Après avoir dit quelles sont les obligations que les art. 3 et 4 de la loi du 21 mai 1836 permettent d'imposer à chaque contribuable passible de la prestation en nature, nous croyons devoir faire connaître par quelques chiffres dans quelles limites les conseils municipaux votent l'emploi de ces moyens d'entretien des chemins vicinaux; jusqu'à quelle proportion l'administration supérieure est obligée de suppléer à l'action, quelquefois insuffisante, des conseils municipaux; et enfin, quelle est l'importance des ressources que le service vicinal trouve dans la prestation en nature. Nous puiserons ces détails dans le dernier rapport publié par le ministre de l'intérieur sur l'ensemble de ce service pendant l'année 1841, et nous dirons que, bien que les chiffres que nous allons relever varient d'une année à l'autre, cependant les variations ne sont pas assez considérables pour que ceux donnés pour une année ne puissent pas servir à apprécier l'importance de cette ressource.

299. Le nombre des communes du royaume était, en 1841, de 37,053; de ce nombre, 673 avaient pu suffire sur leurs seuls revenus aux dépenses du service vicinal : il n'y avait donc pas lieu pour celles-ci de recourir à la prestation en nature, et elles restent en dehors de tout ce qui va être dit sur cette partie du service. Ces 673 communes ne sont que les 3/100 environ du nombre total des commu-

nes du royaume, mais leur population est de 5,422,688 habitants, c'est à dire les 10/100 environ de la population totale du royaume. Cette différence entre les deux proportions s'explique par cette circonstance que parmi les communes qui ne recourent pas à la prestation en nature, se trouvent généralement toutes les villes et les communes les plus populeuses.

300. Il existait des états-matrices de la prestation en 1841 dans 36,191 communes, dont la population totale était de 28,118,222 habitants. D'après ces états-matrices, le nombre des hommes qui pouvaient être imposés à la prestation était de 5,596,194; c'est environ les 24/100 de la population des communes; la partie de la population qui est passible de la prestation en nature, c'est-à-dire mâle, valide, et âgée de plus de dix-huit ans et de moins de soixante ans, forme donc environ un cinquième de la population totale. Le nombre des articles des états-matrices, en d'autres termes, le nombre des chefs de famille imposables à la prestation est de 4,418,774; en comparant ce chiffre avec celui des hommes imposables, on voit que dans chaque famille il n'y a de passible de la prestation que 1 homme 27/100, en d'autres termes, 127 hommes pour 100 familles.

301. Quant aux autres bases de prestation, c'est-à-dire les bêtes de somme, de trait et de selle les charrettes et voitures attelées, le résultat des recensements ne peut pas être regardé comme absolument certain, attendu qu'il est quelques départements où les formes de ce recensement s'écartent de celles généralement suivies; toutefois on peut considérer comme très-approximatifs les chiffres publiés dans le rapport que nous analysons : ils constatent l'existence de 2,048,685 chevaux, 240,874 mulets, 297,738 ânes, 2,309,114 bœufs et vaches, 1,694,039 voitures à deux roues et 429,684 voitures à quatre roues.

302. Si on imposait partout la prestation sur ces bases jusqu'au maximum de trois journées, et que l'on traduisît la valeur de ces journées en argent d'après les tarifs d'évaluation de chaque département, la valeur totale de la prestation en nature serait de 38,724,744 fr., et la cote moyenne de chaque chef de famille serait de 8 fr. 76 c., acquittable en argent ou en nature, au choix du contribuable.

303. Voyons maintenant ce que le service vicinal a reçu de la prestation en 1841.

Des 36,191 communes où existaient des états-matrices et qui auraient pu voter la prestation, 28,996, c'est-à-dire 80/100, ont eu spontanément recours à cette ressource.

En recherchant comment les votes de ces 28,996 conseils municipaux se sont répartis entre une et trois journées, on voit que 2,987 n'ont voté qu'une journée, 10,502 en ont voté deux, et 15,507 ont atteint le maximum de trois journées. Le taux moyen des journées votées en 1841 est de 2 et 43/100; trente-six départements étaient au-dessus de cette moyenne, cinquante étaient au-dessous. Peu de variations ont eu lieu depuis la mise à exécution de la loi de 1836 dans la moyenne des journées votées; en 1837, elle avait été de deux journées 50/100; en 1838, de deux journées 35/100; en 1839, de deux journées 37/100, et en 1840, de deux journées 39/100.

Le nombre des communes qui se sont abstenues est, comme on voit, de 7,195; mais, dans ce nombre, 2,032 ont pu pourvoir à l'entretien des chemins vicinaux par d'autres moyens, et n'avaient par conséquent pas besoin de voter de prestation. Il reste donc 5,163 communes qui se sont abstenues sans motifs connus, et qui pouvaient par conséquent être considérées comme n'ayant pas rempli les obligations que la loi leur imposait; mais, pour beaucoup de ces communes, disent les rapports des préfets, il y a eu négligence et non pas mauvais vouloir; le plus souvent même, les conseils municipaux ne se sont abstenus que parce qu'ils ont préféré laisser à l'autorité supérieure le soin d'imposer d'office les journées de prestation qu'elle croirait nécessaire d'exiger, et ce qui le prouve, c'est que nulle part l'imposition d'office n'a donné lieu à la moindre difficulté. En 1841, les préfets n'avaient imposé d'office à la prestation que 4,682 communes qui s'étaient abstenues, et 2,296 ont été atteintes comme n'ayant émis que des votes insuffisants. L'action coërcitive de l'administration supérieure s'est donc étendue sur 6,978 communes; sur ce nombre, 2,082 n'ont été imposées que jusqu'à concurrence d'une journée, 1,788 l'ont été jusqu'à concurrence de deux journées, et 3,108 l'ont été jusqu'au maximum de trois journées; la moyenne des journées de prestation imposées d'office a donc été de 2 et 29/100; elle avait été de 2 journées 30/100 en 1837, de 2 journées 32/100 en 1838, de 2 journées 19/100 en 1839, et de 2 journées 18/100 en 1840. La masse des prestations imposées d'office en 1841 est à la masse des prestations votées, dans la proportion de 19/100, c'est-à-dire de moins d'un quart; cette proportion, considérable en apparence, ne peut cependant pas, comme nous l'avons dit plus haut, faire conclure que les conseils municipaux soient défavorablement disposés pour ce mode d'entretien des chemins vicinaux; pour en trouver la véritable cause, il faudrait remonter à l'organisation même des conseils municipaux, telle que l'a faite la loi du 21 mars 1831, ce qui nous écarterait de notre sujet.

En ne formant qu'une seule masse des prestations votées et de celles imposées d'office, on trouve que cette ressource a été employée en 1841 par 35,974 communes, qui forment les 97/100 du nombre total des communes du royaume, et que la moyenne totale des journées est de 2 et 38/100. Les rôles de prestation comprenaient 13,704,540 journées d'hommes, 10,856,531 journées d'animaux et 4,794,040 journées de voitures. La valeur de ces diverses espèces de journées, d'après les tarifs arrêtés par les conseils généraux, est de 29 millions 442,106 fr.

Le nombre des chefs de famille sur lesquels cette contribution a porté en 1841 est de 4,072,770, ce qui donnerait pour la cote moyenne de chacun d'eux 7 fr. 23 c. Cette moyenne est dépassée dans trente-cinq départements; on est resté au-dessous dans cinquante et un départements. Toutefois, ce serait une erreur grave que de regarder la cote inscrite aux rôles, en argent, comme exprimant la valeur du sacrifice exigé des contribuables par l'imposition de la prestation. Cette cote, en effet, peut être acquittée en nature ou en argent, au choix du contribuable, et comme l'administration s'attache autant que possible à n'ordonner les travaux de prestation qu'aux époques de l'année où les travaux de l'agriculture laissent le plus de loisirs aux cultivateurs, la portion de la prestation qui est acquittée en nature peut à peine être regardée comme une charge. Ce n'est donc que la portion de la cote qui est acquittée en argent qui peut être considérée comme une véritable imposition; or, les données consignées au rapport que nous analysons établissent que la cote moyenne de la prestation acquittée en argent n'est que de 1 fr. 36 c., soit 19/100 de la cote totale; trente-cinq départements sont au-dessus de cette moyenne, cinquante et un sont au-dessous. Nous devons dire aussi que des différences très-considérables se remarquent d'un département à un autre, quant à la proportion des rachats. Ainsi, dans trois départements, la prestation s'acquitte presque intégralement; dans un, les rachats ne vont pas à 4/100; dans trois ensuite ils ne vont pas à 5/100: dans trente-cinq départements, au contraire, la prestation se rachète en argent dans la proportion de 20/100, 30/100 et même 50/100. Il serait difficile d'assigner des causes certaines à des différences aussi notables: le degré d'aisance des populations en est sans doute un des principaux éléments, mais les dispositions plus ou moins favorables des habitants pour les travaux de prestation contribuent davantage, nous le pensons, à rendre plus ou moins nombreux les rachats de la prestation.

En résumé, la partie de la prestation qui a dû être acquittée en nature en 1841 présentait, d'après les tarifs de conversion en argent, une valeur de 23,899,084 fr., c'est-à-dire les 81/100 de la masse totale des rôles de prestation, ou les 45/100 de la masse totale des ressources de toute espèce réalisées en 1841. Il est deux départements où la valeur de la prestation acquittée en nature dépasse 700,000 fr.: il en est six où elle dépasse 600,000 fr.: il en est huit où elle dépasse 500,000 fr.; quatorze encore où elle dépasse 400,000; enfin trente-six où elle dépasse 200,000 fr.

§ 3. — *Centimes spéciaux communaux.*

304. Aux ressources que fournit au service vicinal la prestation en nature, les conseils municipaux peuvent, aux termes de l'art. 2 de la loi du 21 mai 1836, ajouter le produit de centimes spéciaux jusqu'au maximum de cinq. Ainsi que nous l'avons fait remarquer précédemment, le vote de ces centimes n'est plus subordonné à celui des prestations; il peut avoir lieu, soit isolément, soit concurremment avec celui de la prestation en nature. Enfin, les conseils municipaux votent les centimes spéciaux sans l'adjonction des plus imposés, que prescrivait l'art. 4 de la loi du 28 juillet 1824; c'est une conséquence naturelle du système de la nouvelle législation, qui fait de la dépense des chemins vicinaux une dépense obligatoire des communes.

305. Le recouvrement des centimes spéciaux affectés au service vicinal ne peut donner lieu à aucune difficulté particulière, puis-

que ces centimes sont compris dans les rôles généraux des contributions directes, et que, fussent-ils l'objet de rôles spéciaux, ils seraient recouvrés dans la même forme que ces contributions, aux termes de l'art. 5 de la loi du 28 juillet 1824, qui n'est pas abrogée sur ce point. L'emploi du produit de ces centimes se fait d'après les règles applicables aux autres dépenses communales. Nous ne nous arrêterons donc pas sur cette matière, mais nous croyons utile de consigner ici quelques-uns des renseignements fournis par le ministre de l'intérieur, sur le vote des centimes spéciaux en 1841, dernière année pour laquelle ait été publié le rapport annuel sur le service vicinal.

306. Sur les 37,053 communes, il en est 873, comme nous l'avons vu précédemment, qui pouvaient, sur leurs seuls revenus ordinaires, pourvoir aux dépenses de l'entretien des chemins vicinaux, et qui dès lors n'auraient pu voter de centimes spéciaux; il en reste donc 36,380 qui auraient pu avoir recours à cette ressource. Sur ce nombre, 22,023 ont usé spontanément de cette faculté; c'est environ les 61/100 des communes qui auraient pu en user. Pour la prestation en nature, nous avons vu que les votes spontanés des communes ont été dans les proportions des 80/100 ; il y a donc une préférence pour la prestation en nature.

En recherchant comment les votes des communes se sont répartis entre les limites de 1 à 5 centimes, on voit que 492 communes ont voté 1 c. seulement; 1,937 ont voté 2 c.; 4,337 ont voté 3 c.; 665 ont voté 4 c.; enfin, 14,622 ont atteint le maximum de 5 c. Il en résulte que le taux moyen des centimes votés est de 4 et 23/100; 37 départements sont au-dessus de cette moyenne; 49 sont restés au-dessous. Le produit total des centimes votés a été de 5,357,026 fr. Voyons maintenant ce que les préfets y ont ajouté, en vertu du droit d'imposition d'office qu'ils tiennent de l'art. 5 de la loi du 21 mai 1836.

Nous avons dit que 36,380 communes auraient pu voter des centimes spéciaux, et que 22,023 seulement ont usé de cette faculté; il en est donc 14,357 qui se sont abstenues, mais dans ce nombre il en est 5,577 pour lesquelles il n'y avait pas indispensable nécessité de voter des centimes spéciaux, soit parce qu'elles avaient pourvu au service par d'autres moyens, soit parce que leurs chemins n'exigeaient pas de dépenses cette année. Il n'y a donc en définitive que 8,780 communes qui se soient abstenues, sans raisons appréciables, de voter des centimes spéciaux. Les préfets auraient pu imposer d'office ces 8,780 communes; ils n'ont usé de ce droit qu'à l'égard de 7,244; toutefois, ils ont dû en outre ajouter aux votes insuffisants de 2,368 communes. Sur le nombre des communes imposées d'office, 472 l'ont été pour 1 c. seulement; 1,610 l'ont été pour 2 c.; 2,750 pour 3 c. 300 pour 4 c.; enfin, 4,480 l'ont été au maximum de 5 c. Le taux moyen des centimes imposés d'office est de 3 et 71/100. Leur produit total a été de 1,685,263 fr.

En ne formant qu'une seule masse du produit des centimes spéciaux votés par les conseils municipaux, et de celui des centimes spéciaux imposés d'office, on trouve que le taux moyen de ces centimes est de 4 et 5/100. Les charges supportées par les communes, en centimes spéciaux, sont donc restées, en 1840, comme pour les prestations en nature, au-dessous du maximum qui pouvait leur être demandé. Le produit total des centimes spéciaux a été de 7,042,289 fr.; il forme environ les 13/100 de la masse des ressources réalisées, pendant la même année, pour les besoins du service vicinal.

§ 4. *Impositions d'office.*

307. Nous avons été conduits, en traitant de chacune des branches des ressources communales, à dire quelle avait été l'extension donnée par les préfets à l'application de l'article 5 de la loi du 21 mai 1836, relatif aux impositions d'office; nous croyons nécessaire de revenir sur ce sujet, et d'exposer quelles sont les règles tracées par la loi et par les instructions ministérielles pour l'exercice du pouvoir coërcitif confié par le législateur à l'administration.

L'article 5 précité est ainsi conçu :

« Si le conseil municipal, mis en demeure, n'a pas voté, dans la session désignée à cet effet, les prestations et centimes nécessaires, ou si la commune n'en a pas fait emploi dans les délais prescrits, le préfet pourra, d'office, soit imposer la commune dans les limites du maximum, soit faire exécuter les travaux.

» Chaque année, le préfet communiquera au conseil général l'état des impositions établies d'office, en vertu du présent article. »

308. En ne mentionnant dans cet article, comme pouvant donner lieu à l'inscription d'office, que les prestations en nature et les

centimes spéciaux, le législateur pourrait paraître, au premier coup d'œil, n'avoir donné à l'administration aucun moyen de surmonter l'inertie des conseils municipaux des communes dont les revenus peuvent suffire aux besoins du service vicinal, et auxquelles, par conséquent, les préfets ne pourraient pas plus imposer des prestations et des centimes, que ces conseils ne pourraient en voter eux-mêmes; mais une semblable omission dans les vues du législateur est inadmissible; c'est ce que nous avons pleinement démontré dans le paragraphe relatif aux ressources tirées des revenus des communes. Nous ne reviendrons donc pas sur ce que nous avons dit à cette occasion, et nous nous bornerons à considérer ici le droit d'imposition d'office dans son application aux communes dont la situation financière est moins favorable, et qui sont obligées, pour faire face aux besoins du service vicinal, de recourir aux prestations et aux centimes spéciaux.

309. La première condition de toute imposition d'office, et elle n'avait pas besoin d'être écrite dans la loi, c'est qu'elle soit reconnue nécessaire, et cette nécessité se constate différemment, selon qu'il s'agit de chemins de petite ou de grande communication. Pour les premiers, la reconnaissance de l'état de dégradation où ils se trouvent est la base légale de l'obligation à imposer à la commune. Cette reconnaissance peut être provoquée par les plaintes que le préfet reçoit sur le mauvais état des chemins, soit des habitants de la commune, soit même d'habitants des communes voisines qui fréquentent ces chemins; elle peut être ordonnée d'office par le préfet, et c'est ce qui se fait dans tous les départements où les agents voyers sont assez nombreux pour pouvoir donner leurs soins à la petite vicinalité. Pour les chemins vicinaux de grande communication, la reconnaissance actuelle de leur état n'est pas nécessaire; les travaux soit de construction, soit de réparation qu'ils exigent, ont été, dès longtemps avant, l'objet de projets, de devis; et la nécessité pour la commune de concourir à ces travaux résulte de la décision du conseil général, qui l'a appelée à y prendre part.

310. Lorsque le préfet a reconnu la nécessité pour une commune de créer des ressources pour le service vicinal, il doit, aux termes de l'article de loi qui nous occupe, mettre le conseil municipal *en demeure* de remplir ses obligations; on comprend, en effet, qu'il serait contraire et à la justice et à toutes les formes de l'administration de prendre des mesures coërcitives contre une commune, avant qu'elle ait été appelée à pourvoir volontairement aux dépenses qui sont à sa charge. La mise en demeure s'établit d'une manière différente encore, selon qu'il s'agit de chemins de petite ou de grande communication. Pour les derniers, le conseil municipal est suffisamment mis en demeure par la notification que le préfet fait au maire, avant la session de mai, du contingent que la commune doit fournir pour les travaux des chemins vicinaux de grande communication auxquels elle a été déclarée intéressée. Si le conseil municipal n'obtempère pas à l'invitation qui lui est faite de voter les ressources nécessaires pour pourvoir à ce contingent, le préfet est suffisamment autorisé à user du droit d'imposer d'office le montant de ce contingent. Pour les chemins vicinaux de petite communication, le ministre de l'intérieur a dit, dans son instruction du 24 juin 1836, que la mise en demeure des conseils municipaux ne pouvait pas s'établir par l'invitation générale que les préfets adressent annuellement à ces conseils de s'occuper, dans leur session de mai, des mesures à prendre pour l'entretien des chemins vicinaux. Une mise en demeure, ajoute-t-il, acte grave, puisqu'il peut être suivi de contrainte, ne peut avoir lieu que par une invitation directe et spéciale. En conséquence, les préfets doivent, par un arrêté motivé, inviter le maire à convoquer son conseil municipal dans un délai déterminé, à l'effet de délibérer sur la réparation des chemins vicinaux dont le mauvais état a été constaté.

311. Nous n'avons sans doute pas besoin de faire remarquer que la mise en demeure pour l'une ou pour l'autre catégorie de chemins vicinaux, n'a jamais pour objet le service de l'année courante, mais bien celui de l'année suivante. Dans notre système d'administration communale, les conseils municipaux s'occupent, dans leur session de mai, de l'établissement du budget de l'année suivante; il en est de même des dépenses du service vicinal, qui font partie de celles à inscrire au budget. Si, pour les chemins vicinaux de grande communication, le conseil municipal ne crée pas les ressources nécessaires pour fournir le contingent imposé à la commune; si, pour les chemins vicinaux de petite communication,

le conseil municipal n'obtempère pas à l'invitation contenue dans l'arrêté spécial de mise en demeure; si enfin, dans l'un et l'autre cas, le conseil municipal ne votait que des ressources insuffisantes, le préfet aurait alors pour droit et pour devoir de suppléer à l'action du conseil municipal et d'imposer la commune d'office.

312. L'imposition d'office doit, aux termes de la loi, se renfermer dans les limites du maximum, tel qu'il est établi par l'art. 2, c'est-à-dire trois journées de prestation et cinq centimes spéciaux. C'est là, comme nous l'avons dit, la limite extrême des obligations des communes qui ne peuvent, sur leurs ressources ordinaires, faire face aux dépenses du service vicinal. Si donc un conseil municipal avait déjà voté une portion des trois journées de prestation et des cinq centimes spéciaux que la loi fixe comme maximum, l'imposition d'office que le préfet aurait à frapper ne pourrait s'élever qu'à la quotité de journées et de centimes qui forment le complément des trois journées et des cinq centimes.

On comprend, du reste, qu'il n'est pas toujours nécessaire que l'imposition d'office atteigne les limites du maximum. Il est des cas où, soit le contingent de la commune dans la dépense des chemins vicinaux de grande communication, soit les besoins des chemins vicinaux de petite communication, n'exigent pas l'emploi de la totalité des ressources imposables. Dans ce cas, évidemment, le préfet ne doit pas dépasser, dans l'imposition d'office, la limite des besoins. Il a donc alors à examiner sur quelle nature de ressources, prestations ou centimes, il fera porter l'imposition d'office.

313. Pour guider les préfets dans ce choix, le ministre de l'intérieur leur a donné, dans son instruction du 24 juin 1836, des conseils que nous croyons devoir reproduire. Il serait plus facile, dit le ministre, de n'imposer que des centimes, dans le cas où leur produit suffirait aux travaux à faire; mais, si l'imposition d'office ne portait que sur des centimes spéciaux, il se pourrait que, par la disposition de la propriété dans la commune, ses habitants fussent presque entièrement exonérés de la charge qui doit porter sur eux, au moins en partie, et que cette charge fût reportée presque entièrement sur les propriétaires forains. La résistance qu'aurait apportée le conseil municipal à l'accomplissement d'une obligation légale triompherait dans cette hypothèse, en ce sens, que les membres du conseil, comme les autres habitants, auraient évité la charge personnelle résultant des prestations en nature, et que la charge résultant des centimes spéciaux pourrait se trouver peser sur d'autres que les habitants de la commune. L'article 5 de la loi du 21 mai 1836 se trouverait donc éludé dans son texte et encore plus dans son esprit. Au contraire, en imposant la commune en prestations et en centimes, jusqu'à due concurrence, les charges se trouveront équitablement réparties entre l'habitant et la propriété, comme le veut la loi, et le refus du conseil municipal n'aura pas eu l'effet qu'il en attendait. C'est d'après ce système que le ministre conseille d'établir les impositions d'office, et c'est ainsi, en effet, qu'il est généralement procédé.

314. Lorsque le préfet est fixé sur le nombre de journées de prestations et de centimes spéciaux qui doivent être imposés d'office sur la commune, il prend un arrêté portant que telle commune est imposée à tant de journées de prestation et tant de centimes; il notifie cet arrêté au maire, pour que la commune n'en ignore, et il en adresse une expédition au directeur des contributions directes, qui est chargé de son exécution en ce qui concerne la rédaction des rôles. Quant aux centimes spéciaux, ils doivent être compris au rôle général de la commune pour l'année suivante, et à cet effet, le préfet doit prendre son arrêté avant la rédaction de ce rôle. Ce ne serait que dans des cas extraordinaires qu'il pourrait y avoir lieu de rédiger un rôle spécial; cette mesure doit être évitée, autant que possible, pour toute espèce d'imposition communale, en raison des frais qu'elle entraîne. Quant aux journées de prestations, si elles ne sont imposées que par addition à celles déjà votées par le conseil municipal, elles doivent être comprises dans le rôle à rédiger; si, au contraire, aucune journée n'avait été votée, il y aurait nécessité de rédiger un rôle pour le nombre de journées imposées d'office par le préfet.

315. Un cas s'est présenté, qui a rendu difficile l'imposition d'office de la prestation en nature; il s'est présenté rarement, à la vérité, mais il nous paraît cependant nécessaire de faire connaître comment l'administration y a pourvu.

Dans une commune qui devait être imposée d'office à la prestation en nature, il n'existait pas d'état-matrice, et les commissaires répartiteurs, le maire et le conseil municipal refusèrent leur concours pour la rédaction de ce document. La loi ne pouvait cependant rester sans exécution; et sur le compte qui lui fut rendu de cette circonstance, le ministre de l'intérieur décida que l'état-matrice des prestations serait rédigé d'office. A cet effet, le contrôleur des contributions directes fut chargé d'opérer, de concert avec le percepteur-receveur-municipal, sur les documents administratifs qu'ils pourraient se procurer. Ainsi le tableau de recensement de la population devait leur fournir la liste nominative des chefs de famille, et le nombre des membres et serviteurs de chaque famille. Le rôle des contributions directes devait faire connaître les individus qui étaient imposables à la prestation comme contribuables. Quant aux autres bases de l'imposition, en animaux et charrettes, le percepteur pouvait connaître assez la force de chaque exploitation rurale pour que cette partie de l'état-matrice ne s'écartât pas trop de la vérité. Quelques erreurs étaient inévitables sans doute, mais elles seraient rectifiées par les demandes en dégrèvement; et d'ailleurs, les contribuables ne devraient attribuer ces erreurs qu'au refus des fonctionnaires municipaux de remplir leur mission. La forme de procéder prescrite par le ministre a eu le résultat qu'elle devait avoir; mais nous devons répéter qu'elle n'a été rendue nécessaire que par un nombre de communes infiniment restreint; la nécessité d'y recourir serait aujourd'hui d'autant plus rare, que presque toutes les communes du royaume, ainsi que nous l'avons vu précédemment, sont actuellement pourvues d'états-matrices de la prestation en nature.

316. Quand le directeur des contributions directes a rédigé, en vertu de l'arrêté du préfet, le rôle de prestation en nature, ce rôle doit être envoyé dans la commune pour y être publié dans la forme ordinaire, et servir ensuite, comme nous l'avons dit au paragraphe de la prestation, à la convocation des prestataires.

317. Presque toujours, la mise à exécution des rôles de prestation rédigés d'office éprouve aussi peu de difficulté que celle des rôles rédigés en vertu du vote du conseil municipal. Dans un petit nombre de circonstances, cependant, l'administration supérieure a éprouvé une résistance fâcheuse. Le maire refusait d'abord de publier le rôle et de faire distribuer les avertissements, ce qui rendait l'option des contribuables impossible; il refusait plus tard de convoquer les prestataires. Pour surmonter cette résistance, le préfet a dû recourir au pouvoir que lui donne l'art. 15 de la loi du 18 juillet 1837 sur l'administration municipale, et faire remplir par un délégué les formalités que le maire refusait de remplir. Le percepteur-receveur-municipal a pu être délégué par le préfet pour publier le rôle, faire distribuer les avertissements et recevoir les déclarations d'option: un agent-voyer a pu être délégué pour convoquer les prestataires, diriger leurs travaux, et leur délivrer les certificats de libération; enfin, les cotes des prestataires qui ne se sont pas rendus sur les ateliers ont été déclarées exigibles en argent, et recouvrées par les voies de droit. On voit donc que, dans aucun cas, le préfet n'est dépourvu des moyens d'assurer l'exécution de l'art. 5 de la loi du 21 mai 1836; mais répétons encore que ce n'est que bien rarement que les préfets sont obligés de recourir à ces formes rigoureuses.

318. Mais l'absence de vote des prestations et centimes nécessaires n'était pas la seule circonstance à laquelle il fût nécessaire d'aviser; souvent on avait vu, sous la législation précédente, un conseil municipal voter des journées de prestations, et le rôle dressé rester sans exécution. Le vote restait ainsi purement nominal, et les journées n'étaient pas employées: quelquefois même les centimes votés restaient également sans emploi, et on finissait, au bout de quelques années, par leur donner une destination autre que celle pour laquelle ils avaient été votés. C'est pour porter remède à ces abus que le législateur a dit, dans l'art. 5 de la loi du 21 mai 1836, *que le préfet pourra d'office faire exécuter les travaux.*

Les préfets, comme nous l'avons vu, ont désigné dans leurs règlements généraux sur le service vicinal, les mois pendant lesquels devaient se faire les travaux de prestation. Lorsque, par les comptes que doivent lui rendre les sous-préfets, le préfet apprend qu'une commune est en retard d'exécuter ces travaux, il doit, par une invitation spéciale[7], mettre le maire en demeure de les faire exécuter. S'il n'est pas obtempéré à cette invitation, le préfet prend un arrêté pour ordonner que les travaux de prestation se feront dans tel délai; il charge en même temps un agent-voyer de rédiger et faire distribuer les bulletins de convocation, et enfin de surveiller les travaux et de délivrer les certificats de libération. Si les prestataires ne se rendent pas sur les ateliers au jour indiqué, leur cote est déclarée exigible en argent et recouvrée par les voies de droit. L'administration supérieure peut donc toujours empêcher qu'un rôle de prestation voté reste sans emploi; il est bien rare, d'ailleurs, qu'elle soit obligée de remplir, pour en amener l'exécution, les formalités que nous venons d'indiquer; presque toujours une simple invitation adressée au maire suffit pour le déterminer à faire faire les travaux.

319. Quant à l'emploi du produit des centimes spéciaux, le préfet pourrait aussi ordonner d'office l'exécution des travaux, si cette exécution était trop tardive; mais le retard est dans ce cas beaucoup plus rare que pour l'emploi des prestations. Faire faire des travaux à prix d'argent est toujours chose facile, et il n'y a aucun motif pour que l'administration municipale laisse sans emploi les ressources en argent destinées à l'amélioration des chemins vicinaux, surtout lorsque les instructions données par le préfet ont bien fait comprendre que ces ressources ne peuvent, sous aucun prétexte, recevoir une destination autre que celle pour laquelle elles ont été votées.

320. En résumé, l'exécution de l'art. 5 de la loi du 21 mai 1836, que l'on avait d'abord pu craindre de trouver difficile dans beaucoup de cas, impossible même dans quelques-uns, a été rendue facile dans tous par les instructions données pour assurer cette exécution. La nécessité d'y recourir devient au surplus, comme nous l'avons déjà dit, de plus en plus rare.

§ 5. *Impositions extraordinaires.*

321. L'art. 6 de la loi du 28 juillet 1824 portait que « si des travaux indispensables exigent qu'il soit ajouté par des contributions extraordinaires au produit des prestations, il y sera pourvu, conformément aux lois, par des ordonnances royales. » Cette faculté n'a pas été retirée aux communes par la loi du 21 mai 1836, et chaque année des impositions extraordinaires viennent ajouter quelques ressources à celles que fournissent au service vicinal les centimes spéciaux et les prestations. Elles ne sont cependant que d'une importance comparative assez faible. Ainsi en 1841, 1,075 communes seulement, appartenant à 55 départements, ont voté des impositions extraordinaires, dont le produit s'est élevé à 800,578 fr.; ce produit forme environ les 2/100 de la masse générale des ressources.

Sect. 3. — *Ressources éventuelles.*

§ 1er. — *Ressources diverses.*

322. Aux ressources communales et départementales que nous venons d'énumérer viennent se joindre chaque année quelques produits de diverses origines, que nous réunirons en un seul article sous le titre de ressources éventuelles.

1° Des souscriptions volontaires sont, chaque année, réalisées dans un certain nombre de départements par des propriétaires intéressés à la construction ou à l'amélioration de certains chemins, et elles ne sont pas sans importance : ainsi, en 1841, les souscriptions volontaires réalisées dans cinquante-quatre départements se sont élevées à 564,823 fr.

2° Les propriétés de l'état productives de revenus et les propriétés de la couronne doivent, aux termes de l'art. 33 de la loi du 21 mai 1836, contribuer aux dépenses des chemins vicinaux dans les mêmes proportions que les propriétés privées; elles sont, en conséquence, imposées aux rôles des communes de leur situation, en raison du nombre des centimes spéciaux, communaux et départementaux affectés au service vicinal. D'après les renseignements recueillis en 1841, l'état possède des propriétés productives de revenus dans soixante-dix départements; elles sont réparties dans 1,804 communes, ont été imposées dans 1,788, et le montant des cotes s'est élevé à 106,542 fr. La couronne a des propriétés dans huit départements seulement; elles sont situées dans 245 communes, ont été imposées dans toutes, et le montant des cotes a été de 41,178 fr. Les cotisations des propriétés de l'état et de la couronne ont donc donné au service vicinal, en 1841, une somme de 147,720 fr.

3° Enfin, aux termes de l'art. 14 de la loi du 21 mai 1836, des subventions spéciales peuvent être demandées à certaines exploitations ou entreprises industrielles pour raison des dégradations extraordinaires qu'elles occasionnent aux chemins vicinaux. Nous allons exposer dans un paragraphe spécial quelles sont les règles propres à l'application de cet article de la loi; nous nous bornerons à dire ici que ces subventions n'ont produit en 1841 que 132,182 fr.

L'ensemble des ressources éventuelles réalisées en 1841 s'est donc élevé à 844,725 fr.; c'est environ 2/100 de la masse générale des ressources.

§ 2. — *Subventions industrielles.*

323. L'entretien des chemins vicinaux est une charge commune, et chacun doit y contribuer dans la mesure de l'usage qu'il fait ou qu'il est censé faire du chemin, mesure qui, ainsi que nous l'avons vu plus haut, est exprimée par l'importance des moyens d'exploitation de chaque habitant. Mais si un particulier fait d'un chemin vicinal un usage qui dépasse de beaucoup la fréquentation habituelle de simples exploitations rurales; si, par l'exploitation d'une usine, d'un établissement industriel, d'une carrière, d'une forêt, il fatigue et dégrade ce chemin outre mesure; si, par cette dégradation extraordinaire de la voie publique, il augmente constamment la dépense d'entretien qui est à la charge de la communauté, il paraît juste qu'il soit appelé à contribuer à l'entretien du chemin dans une proportion plus forte que les autres habitants de la commune. Nous appellerons cette contribution spéciale *subvention industrielle.*

324. Cette règle n'a pénétré que bien tard dans notre législation vicinale, sans doute parce qu'elle paraissait contraire au principe général que l'usage des voies publiques appartient à tous, qu'il est libre pour tous; aussi trouvons-nous encore, à la date du 14 janvier 1824, une ordonnance (ministre de l'intérieur contre la ville de Marseille) qui réprouvait une semblable contribution; elle est ainsi conçue : « Considérant que les chemins publics dont il s'agit sont entretenus par la ville de Marseille, et qu'ainsi ce sont de véritables chemins publics; considérant qu'aucune loi ne permet d'astreindre les voituriers qui parcourent les chemins publics à réparer le dommage fait à ces chemins par la simple fréquentation; qu'on ne peut imposer l'obligation de réparer les dommages causés auxdits chemins, que lorsque les détériorations proviennent d'entreprises illicites; que l'obligation de réparer un chemin public proportionnellement à l'usage qu'on aurait fait dudit chemin, constituerait un véritable impôt qui ne peut être établi que par la loi; qu'ainsi, le conseil de préfecture a fait une fausse application des règlements en condamnant les sieurs Venture et Diény à la réparation des chemins que leurs voituriers ont parcourus. »

325. Mais bientôt après, la loi du 28 juillet 1824 admettait le principe d'une contribution spéciale à imposer pour détérioration des chemins vicinaux, par le simple fait d'une fréquentation plus active. L'art. 7 de cette loi est ainsi conçu :

« Art. 7. Toutes les fois qu'un chemin sera habituellement ou temporairement dégradé par des exploitations de mines, de carrières, de forêts, ou de toute autre entreprise industrielle, il pourra y avoir lieu à obliger les entrepreneurs ou propriétaires à des subventions particulières, lesquelles seront, sur la demande des communes, réglées par les conseils de préfecture, d'après des expertises contradictoires. »

326. Comme les dispositions de cet article ont été reproduites, bien qu'avec quelques modifications, dans l'art. 14 de la loi du 21 mai 1836, et que ce que nous aurions à dire sur le premier devrait être en partie répété à l'occasion du second, nous croyons devoir rapporter le texte de l'art. 14 de la dernière loi, et nous borner à examiner comment l'administration fait exécuter les dispositions de la législation actuellement en vigueur.

« Art. 14. Toutes les fois qu'un chemin vicinal, entretenu à l'état de viabilité par une commune, sera habituellement ou temporairement dégradé par des exploitations de mines, de carrières, de forêts, ou de toute entreprise industrielle appartenant à des particuliers, à la couronne ou à l'état, il pourra y avoir lieu à imposer aux entrepreneurs ou propriétaires, suivant que l'exploitation ou les transports auront eu lieu pour les uns ou pour les autres, des subventions spéciales dont la quotité sera proportionnée à la dégradation extraordinaire qui devra être attribuée aux exploitations.

» Ces subventions pourront, au choix des subventionnaires, être acquittées en argent ou en prestation en nature, et seront exclusivement affectées à ceux des chemins qui y auront donné lieu.

» Elles seront réglées annuellement, sur la demande des communes, par les conseils de préfecture, après des expertises contradictoires, et recouvrées comme en matière de contributions directes.

» Les experts seront nommés suivant le mode déterminé par l'art. 17 ci-après.

» Ces subventions pourront aussi être déterminées par abonnement; elles seront réglées dans ce cas par le préfet, en conseil de préfecture. »

327. En comparant ces deux articles des lois de 1824 et de 1836, on trouve dans leur rédaction d'assez notables différences. Quelques-unes des modifications introduites dans le dernier ont eu pour but de donner aux subventionnaires des garanties dont on pouvait avoir reconnu la nécessité; d'autres ont eu pour objet de mieux assurer les droits des communes; mais nous croyons qu'en somme une expérience de six années a démontré que les difficultés d'exécution de cette partie du service vicinal avaient été considérablement augmentées par les nouvelles dispositions. On peut même dire que ces difficultés se sont trouvées telles, que dans beaucoup de départements on a renoncé aux ressources que semblait offrir l'art. 14 de la loi du 21 mai 1836. On voit en effet dans le rapport publié par le ministre de l'intérieur, sur le service vicinal de 1841, que ce n'est que dans 263 communes appartenant à 40 départements que des subventions industrielles ont été imposées dans le cours de cette année, et que la valeur totale ne s'en est élevée qu'à 92,610 fr. De si faibles résultats, comparés au nombre immense d'établissements qui eussent pu être imposés, disent assez quels obstacles présente l'application de cette partie de la loi; nous allons les indiquer en passant en revue les instructions que le ministre de l'intérieur a données pour son exécution.

328. Pour qu'une commune puisse réclamer une subvention d'un établissement industriel, l'article de la loi que nous examinons exige que le chemin en vue duquel elle est demandée soit vicinal : ce n'était là qu'une condition toute naturelle, puisque la loi tout entière ne s'applique qu'aux chemins vicinaux.

Ce point a été jugé par l'ordonnance du 3 mai 1837 (commune de Saint-Maurice-les-Charencey contre Duval), ainsi conçue : « Vu la requête du maire de la commune de Saint-Maurice-les-Charencey (Orne), agissant dans l'intérêt de ladite commune, tendante à ce qu'il nous plaise annuler un arrêté du conseil de préfecture du département de l'Orne, du 12 mars 1835, lequel a déclaré qu'il n'y avait lieu, quant à présent, d'obliger le sieur Duval, maître de forges, à contribuer à la réparation des chemins de la commune dégradés par l'exploitation de ses usines; évoquant, ordonner que le sieur Duval sera tenu de payer l'indemnité arbitrée par l'expert de la commune ou tel autre qui sera jugé convenable, avec dépens; vu la loi du 28 juillet 1824; considérant qu'il n'a point été procédé à la reconnaissance ni au classement des chemins de la commune de Saint-Maurice-les-Charencey; que l'on ne peut dès lors faire application à ces chemins des lois et règlements relatifs aux chemins vicinaux reconnus et classés; que la loi du 28 juillet 1824 n'a statué qu'à l'égard de ces derniers; art. 1er : La requête de la commune de Saint-Maurice-les-Charencey est rejetée. »

Le mot de chemins comprend d'ailleurs les ponts qui en font partie. C'est ce qui résulte de l'ordonnance du 20 juillet 1832 (ville de Troyes contre Chaumet et autres), ainsi conçue : « En ce qui touche les ponts de Brulé et de Saint-Quentin; considérant qu'ils sont situés sur les chemins ci-dessus énoncés, et que dès lors leur entretien est soumis aux mêmes règles. » Plus récemment encore, une ordonnance du 26 août 1842 (commune de Lescheroux) a condamné l'administration des forêts à fournir une subvention pour réparation de ponts situés sur des chemins vicinaux. Il est donc aujourd'hui hors de toute contestation que les ponts font partie des chemins qu'ils desservent.

L'art. 14 veut aussi que le chemin *soit entretenu à l'état de viabilité*, et cette dernière disposition, qui ne se trouvait pas dans la loi du 28 juillet 1824, a été écrite, nous le pensons, pour prévenir le retour de quelques exigences locales qui constituaient certainement un abus. Ainsi, telle commune laissait un chemin sans réparation pendant des années, puis elle venait demander une subvention à un propriétaire d'établissement industriel qui fréquentait ce chemin, mais qui souffrait le premier de l'état de dégradation où il était, et qui se trouvait quelquefois condamné à le réparer entièrement à ses frais. La condition préalable de l'entretien du chemin à l'état de viabilité est donc parfaitement juste en principe; mais dans la pratique, elle est l'une de celles qui ont le plus entravé l'action des communes. La loi n'a pas dit, en effet, comment il sera constaté qu'un chemin est entretenu. Toutefois, le ministre a pensé que cette constatation devait être faite contradictoirement entre le maire de la commune d'une part, et les subventionnaires ou leurs mandataires d'autre part. En traçant cette marche, le ministre a été déterminé par cette considération, que le règlement des subventions étant attribué au conseil de préfecture, il était nécessaire de suivre, dans la marche de ces affaires, les formes rigoureuses d'une procédure au contentieux. Lorsque les deux parties reconnaissent que le chemin était entretenu à l'état de viabilité, il doit en être dressé procès-verbal; si au contraire il y a dissentiment, et c'est ce qui arrive presque toujours, il doit être procédé à une expertise par deux experts nommés dans la forme voulue, c'est-à-dire l'un par le sous-préfet, l'autre par le subventionnaire. En cas de discord entre les deux experts, il y a lieu à faire nommer un tiers experts par le conseil de préfecture. Ces formalités doivent être remplies au commencement de *chaque année* pour les établissements permanents, et cela était indispensable puisque les subventions doivent être réglées *annuellement*; elles doivent être remplies au commencement de l'exploitation, s'il s'agit d'un établissement temporaire. Une ordonnance du 10 déc. 1840 (héritiers Coster) a annulé, en ces termes, un arrêté rendu sans l'accomplissement des formalités préalables: « Vu la requête à nous présentée par les héritiers Coster, propriétaires de la forge de Thanimont, tendant à ce qu'il nous plaise annuler un arrêté du conseil de préfecture des Vosges, rendu en matière de contributions directes relatives aux chemins vicinaux de la commune de Haut-Mongey; vu les art. 3 et 14 de la loi du 21 mai 1836; considérant qu'il résulte de l'instruction que la forge de Thanimont ni aucune de ses dépendances ne sont situées sur le territoire de la commune de Haut-Mongey; qu'ainsi les dispositions de l'art. 3 de la loi du 21 mai 1836, qui exige une instruction préalable et une décision spéciale pour que des subventions puissent être exigées d'un établissement industriel, n'ont point été remplies; art. 1er: L'arrêté du conseil de préfecture du département des Vosges, du 19 sept. 1839, est annulé. »

329. On comprend tout ce qu'a présenté de difficultés aux maires de communes rurales, peu habitués aux affaires contentieuses, la série de formalités qui doit amener la constatation préalable de l'état de viabilité des chemins pour lesquels ils réclamaient des subventions industrielles. Cependant nous ne voyons pas comment cette constatation pouvait se faire autrement, à moins d'en laisser le soin à l'autorité municipale agissant seule, et alors que devenait la garantie que le législateur avait voulu donner aux subventionnaires, et qui lui avait paru manquer à la précédente législation?

330. Mais si l'équité commandait que la commune entretînt à l'état de viabilité le chemin pour lequel elle demandait une subvention, nous devons dire que, dans plus d'un cas, le bon entretien même d'un chemin a fait obstacle au succès de la demande, en ce sens que le chemin ne présentant pas de dégradation extraordinaire, on ne pouvait plus prouver que l'établissement industriel était dans le cas d'être appelé à réparer une dégradation dont la trace avait disparu. La condition ajoutée par la loi de 1836 à celle de 1824 a donc placé les communes dans cette alternative, ou de voir repousser leurs demandes de subventions, par le motif que le chemin ne serait pas entretenu dans un état suffisant de viabilité, ou bien, si le chemin est constamment entretenu en bon état, de ne pouvoir faire constater des dégradations extraordinaires dont la trace a disparu par le fait même de l'entretien.

331. Nous ne nous arrêterons pas sur la distinction que la loi fait entre les dégradations habituelles et les dégradations temporaires. En nommant ces dernières, le législateur a voulu permettre aux communes d'atteindre les exploitations presque accidentelles, comme celle d'une coupe de bois qui ne se renouvelle qu'à un intervalle de plusieurs années, celle d'une carrière où l'on ne tirerait de la pierre que pendant quelques semaines, et autres semblables. Nous ferons seulement remarquer que dans la pratique les exploitations temporaires échappent presque toujours à toute demande de subventions; ceux qui les font ne se croient pas obligés d'aller au-devant de la demande, et la plupart du temps elles sont terminées avant que le maire ait appris qu'elles ont eu lieu, avant surtout qu'il ait pu faire remplir les nombreuses formalités qui sont nécessaires pour assurer le succès de la demande.

332. La nomenclature des établissements imposables est la même dans les articles correspondants des deux lois; mais dans celle de 1836 elle a été complétée dans son énonciation par ces mots, *appartenant à des particuliers, à des établissements publics, à la couronne* ou *à l'état*. L'addition de cette dernière énon-

ciation a eu pour but sans doute de mettre fin à la prétention de l'administration forestière que l'exploitation des forêts de l'état ne pouvait donner ouverture à des subventions envers les communes dont les chemins étaient dégradés par cette exploitation. Déjà, sous l'empire de la loi du 28 juillet 1824, cette prétention avait été condamnée par l'ordonnance du 21 oct. 1835 (min. des fin. contre la commune de Wuisse), ainsi conçue : « Vu la loi du 28 juillet 1824; considérant que, dans l'espèce, il ne s'agissait pas d'une contribution établie sur tous les habitants de la commune de Wuisse, et à laquelle l'état aurait dû concourir, conformément à l'art. 8 de la loi, dans la proportion de la contribution foncière dont la partie de la forêt de Bride située sur le territoire de la commune de Wuisse serait passible, mais d'une subvention réclamée par le conseil municipal de Wuisse, pour la réparation des chemins vicinaux dégradés par l'exploitation de la forêt de Bride, et que dès lors c'est avec raison que le conseil de préfecture a appliqué, dans l'espèce, l'art. 7 de la loi; *en ce qui touche la question de savoir si c'est à l'administration des forêts ou aux adjudicataires de coupes de bois que la commune de Wuisse doit demander l'exécution de l'arrêté du conseil de préfecture*; considérant que le droit ouvert aux communes par l'art. 7 de la loi du 28 juillet 1824 doit être exercé par elles contre les propriétaires des forêts dont l'exploitation dégrade les chemins vicinaux, sauf, s'il y a lieu, le recours de ces propriétaires contre les adjudicataires des coupes de bois, et qu'ainsi c'est avec raison que la commune de Wuisse s'est adressée à l'administration forestière pour demander l'exécution de l'arrêté du conseil de préfecture de la Meurthe. » Il a été statué de même, et d'une manière plus explicite, par l'ordonnance du 19 nov. 1837 (commune de Fontenay-le-Comte contre le min. des finances) ainsi conçue : « Vu les lois du 28 juill. 1824 et du 21 mai 1836; *en ce qui touche les conclusions de la requête de la commune de Fontenay-le-Comte*; considérant que l'art. 7 de la loi du 28 juill. 1824, aux termes duquel les propriétaires des forêts dont l'exploitation dégrade habituellement ou temporairement un chemin vicinal, peuvent être obligés à des subventions particulières, s'applique, par sa disposition générale, aux forêts qui font partie du domaine de l'état ou de la couronne, comme aux forêts des communes et des particuliers; que, dès lors, le conseil de préfecture, appelé par ledit article à régler les subventions dont il s'agit, était compétent pour fixer le montant de celle qui, dans l'espèce, pouvait être mise à la charge de l'état à raison de l'exploitation de Vouvant et de la Mocquetières. » L'administration des forêts a cessé de contester le principe de la subvention; ses réclamations n'ont plus pour objet que la quotité de la subvention qui lui est imposée.

333. Une nature d'exploitation qui a également donné lieu à de fréquentes discussions, c'est celle occasionnée par les entreprises pour construction ou entretien des routes royales ou départementales. Le transport, par les chemins vicinaux, des matériaux destinés à ces travaux est pour ces chemins, dans la plupart des cas, une cause non pas seulement de dégradations, mais même de destruction complète, soit par la fréquence du passage des voitures, soit par l'énormité des chargements. Cependant, sous l'empire de la loi de 1824, les communes avaient été déboutées de toute demande de subvention contre les entrepreneurs de travaux publics. Une première ordonnance, du 24 avril 1837 (min. des trav. publ. contre la commune de Nonant), a statué en ces termes : « Vu la loi du 28 juill. 1824; considérant que si, d'après l'art. 7 de la loi du 28 juillet 1824, toutes les fois qu'un chemin vicinal est dégradé par des exploitations de mines, de carrières, de forêts ou de toute autre entreprise industrielle, il peut y avoir lieu à obliger les entrepreneurs ou propriétaires à des subventions particulières, ledit article ne saurait être appliqué au cas où les dégradations sont commises par des voitures conduites pour l'entretien et la réparation d'une route royale; que, dès lors, c'est encore à tort que le conseil de préfecture a condamné les entrepreneurs Marie et Deschamps à payer à la commune de Nonant une subvention de 433 fr., sauf le recours desdits entrepreneurs contre l'administration des ponts et chaussées. » Une seconde ordonnance du 19 déc. 1838 (Guémy et Dervys) a prononcé dans le même sens et d'une manière plus explicite encore : « Considérant que l'art. 7 de la loi du 28 juil. 1824 n'assujettit à des subventions particulières, pour la réparation des chemins vicinaux, que les propriétaires ou entrepreneurs qui dégradent lesdits chemins par leurs exploitations de

mines, de carrières, de forêts ou de toute autre entreprise industrielle, et que l'exécution de travaux publics effectués par des entrepreneurs agissant au lieu et place de l'état, ne saurait être considérée comme une entreprise particulière. »

334. Mais la nouvelle rédaction de l'art. 14 de la loi du 21 mai 1836 donne aux communes, selon nous, le droit d'atteindre les entrepreneurs de travaux publics, puisqu'elle permet d'appeler à fournir des subventions toute entreprise industrielle appartenant à des particuliers, à la couronne ou à l'état. De deux choses l'une, en effet : ou bien les entrepreneurs de travaux publics doivent être considérés comme exploitant une entreprise industrielle ordinaire, et dans ce cas, ils sont atteints par la loi ; ou bien ils agissent, comme l'a dit l'ordonnance précitée du 19 déc. 1838, *au lieu et place de l'état*, et dans ce cas, ils peuvent encore être imposés.

Une contestation de cette nature, la première née sous l'empire de la loi du 21 mai 1836, a été récemment jugée par l'ordonnance du 9 janvier 1843 (Aubelle et autres contre la commune de Rochecorbon), ainsi conçue : « Vu la requête à nous présentée au nom des sieurs René Aubelle, Philibert Maylin et Marchand, *entrepreneurs de travaux publics*, demeurant à Tours, et tendant à ce qu'il nous plaise annuler deux arrêtés du conseil de préfecture d'Indre-et-Loire, des 18 fév. et 10 avril 1840 ; vu lesdits arrêtés, dont le premier a condamné les sieurs Aubelle, Maylin et Marchand à deux subventions, l'une de 2,776 fr. 07 c., l'autre de 2,208 fr. 80 c., au profit de la commune de Rochecorbon, et le second a déclaré non recevable l'opposition des sieurs Aubelle et de ses co-intéressés ; *en ce qui touche l'annulation des arrêtés attaqués* ; considérant qu'aux termes de l'art. 14 de la loi du 21 mai 1836, toutes les fois qu'un chemin vicinal, entretenu à l'état de viabilité par une commune, sera habituellement ou temporairement dégradé par des exploitations de carrières appartenant à des particuliers ou à l'état, il pourra y avoir lieu à imposer aux entrepreneurs des subventions spéciales dont la quotité sera proportionnée à la dégradation extraordinaire qui devra être attribuée aux exploitations; considérant qu'il n'est pas contesté que les sieurs Aubelle, Maylin et Marchand ont causé des dégradations extraordinaires aux chemins vicinaux de la commune de Rochecorbon, dans laquelle ils exploitent des carrières *en qualité d'entrepreneurs des travaux des digues submersibles de la Loire*; *en ce qui touche la nullité de l'expertise*; considérant qu'il n'est pas constaté que les experts qui ont procédé à l'évaluation des dommages causés par les sieurs Aubelle, Maylin et Marchand, aient prêté serment préalablement à leurs opérations ; que, dès lors, il y a lieu de procéder à une expertise nouvelle; — Art. 1er : Les arrêtés ci-dessus visés du conseil de préfecture d'Indre-et-Loire sont maintenus, en tant qu'ils ont déclaré que les sieurs Aubelle, Maylin et Marchand devaient être soumis à une subvention spéciale pour les dégradations extraordinaires qu'ils ont causées aux chemins vicinaux de la commune de Rochecorbon. Art. 2 : Les parties sont renvoyées devant le conseil de préfecture d'Indre-et-Loire, pour être procédé à une expertise nouvelle, conformément aux art. 14 et 17 de la loi du 21 mai 1836. Art. 3 : Le surplus des conclusions des sieurs Aubelle et consorts est rejeté. « Cette ordonnance, comme on voit, reconnaît pleinement que les *entrepreneurs de travaux publics* peuvent, comme tous les autres, être astreints au payement de subventions spéciales ; c'est une conséquence logique de la rédaction de l'art. 14 de la loi du 21 mai 1836.

335. Nous terminerons ce qui a rapport à la nomenclature des établissements imposables, en faisant remarquer que, pour qu'une commune ait droit de réclamer une subvention, il n'est pas nécessaire que l'établissement industriel soit situé sur le territoire même de cette commune. On conçoit, en effet, qu'une exploitation d'usines ou de carrières qui se fait sur le territoire de la commune A, puisse dégrader les chemins de la commune B, que cette exploitation fréquente. Il est donc juste que la commune B puisse demander une subvention pour cette dégradation. Ce droit a été reconnu une première fois par l'ordonnance du 28 oct. 1831 (Ladrey), ainsi conçue : « Vu la loi du 28 juillet 1824, et notamment l'art. 7 ; considérant qu'il résulte évidemment de l'art. 7 de la loi du 28 juillet 1824, ci-dessus visé, que les subventions particulières que les communes peuvent exiger des propriétaires ou entrepreneurs d'établissements industriels, qui dégradent habituellement ou temporairement les chemins pour l'exploitation de leurs usines, s'appliquent indistinctement aux éta-

blissements qui ont leur siége dans lesdites communes, et à ceux qui sont situés sur un autre territoire. » La même décision a été donnée, relativement à une exploitation de forêt, par l'ordonnance du 29 juin 1832 (Buser contre commune de la Pooté), ainsi conçue : « Considérant que l'art. 7 de la loi du 28 juillet 1824, en assujettissant les propriétaires de forêts, selon les circonstances, à des subventions envers les communes dont ils dégradent les chemins, n'a pas restreint cette obligation aux propriétaires de forêts situées dans l'enclave des communes où se trouvent lesdits chemins. » Ce système a été consacré par plusieurs ordonnances subséquentes, notamment celle du 16 janv. 1836 (ministre des finances contre commune de Villers-les-Nancy), relative à l'exploitation d'une forêt royale, et celle du 14 juillet 1837 (Puton contre commune de Mesnil-en-Xantois), relative à une houillère. En donnant des instructions sur ce point, le ministre de l'intérieur a fait remarquer toutefois, « que si les communes pouvaient incontestablement appeler à fournir des subventions des établissements situés hors de leur territoire, il y aurait cependant extension excessive du principe de la loi à prétendre suivre les exploitations dans toute l'étendue de la ligne que parcourent leurs transports ; qu'à mesure que ces transports s'éloignent du siége de l'exploitation, ils occasionnent des dégradations, dont la proportion est toujours décroissante, comparée aux autres causes de dégradation, et que bientôt elles seraient impossibles à apprécier ; que c'était ce que les conseils de préfecture ne perdraient sans doute pas de vue, toutes les fois qu'ils auraient à prononcer sur des demandes d'indemnité formées par des communes contre des exploitations dont le siége est dans une commune éloignée : qu'enfin, c'était ici une question d'équité, plus encore que de droit rigoureux. »

336. Un exploitant ne serait pas admis à repousser la demande de subvention par le motif que la commune possède des ressources suffisantes pour pourvoir à l'entretien de ses chemins. C'est ce qui résulte de l'ordonnance du 25 août 1835 (Wautier contre commune de Villers-sire-Nivelle), ainsi conçue : « Vu la loi du 28 juillet 1824 ; considérant qu'en accordant aux communes, dont les chemins seraient dégradés habituellement ou temporairement par des exploitations de mines, carrières, forêts, ou toute autre entreprise industrielle, le droit de faire taxer les propriétaires ou entrepreneurs de ces établissements à des subventions particulières pour les réparations desdits chemins, la loi du 28 juillet 1824 n'a pas restreint ce droit au cas où les ressources desdites communes seraient épuisées. »

337. Après avoir énuméré les établissements auxquels des subventions peuvent être imposées, l'art. 14 fait, entre les propriétaires et les entrepreneurs de ces établissements, une distinction qui ne se trouvait pas dans la loi de 1824. Aux termes de cet article, il y a lieu d'imposer les entrepreneurs ou les propriétaires, « suivant que les transports auront lieu pour les uns ou pour les autres. » L'art. 7 de la loi du 28 juillet 1824 paraissait avoir laissé aux communes l'option de s'adresser, soit aux propriétaires des établissements, soit aux exploitants, et ce droit leur avait été reconnu par l'ordonnance du 28 août 1827 (de Béthune-Charost), ainsi conçue : « Vu l'art. 7 de la loi du 28 juillet 1824 ; considérant que, des termes de cet article, il résulte que son application peut être requise par les communes, soit contre les exploitants, soit contre les propriétaires des forêts, sauf entre ceux-ci tel recours que de droit. » Il pouvait être fâcheux, sans doute, pour les propriétaires d'établissements industriels d'être quelquefois contraints de faire l'avance des subventions dues, sauf à exercer leur recours contre les exploitants ; mais il est certain que la modification introduite dans cette partie de l'art. 14 a eu pour effet d'augmenter les difficultés que les communes avaient à surmonter. Fort souvent en effet les exploitations de mines, de carrières, sont tellement passagères, que les exploitants ne peuvent que difficilement être actionnés en temps utile. Aussi, le ministre de l'intérieur, dans son instruction du 24 juin 1836, a-t-il cherché à atténuer, autant que possible, le résultat de la disposition qui nous occupe. Il a fait remarquer « que lorsqu'une mine ou une carrière, par exemple, sans être exploitée directement par son propriétaire, était livrée à l'exploitation d'un grand nombre d'individus qui venaient successivement y prendre des matériaux, ce n'étaient pas là des entrepreneurs auxquels la commune fût contrainte de s'adresser ; qu'il fallait considérer cette exploitation comme faite pour le compte du propriétaire, et que c'était à ce dernier que la commune devait s'adresser ; qu'il en était de même lorsqu'une forêt, quel

qu'en soit le propriétaire, était exploitée par voie d'adjudication et par lots : qu'enfin, il pensait que les conseils de préfecture entendraient l'article de loi dans ce sens, lorsqu'ils auraient à statuer sur des cas analogues. » L'administration des forêts a admis cette interprétation, et jusqu'à présent elle n'a pas repoussé les demandes des communes par la fin de non-recevoir qu'elles doivent s'adresser aux exploitants. Cet exemple aura peut-être entraîné l'adhésion des propriétaires de forêts : mais nous avons lieu de croire que, dans beaucoup de cas, les communes ont été rebutées par la difficulté d'obtenir des autres exploitants les subventions qu'ils devraient.

338. La quotité des subventions, dit enfin le même paragraphe de l'art. 14 de la loi du 21 mai 1836, « sera proportionnée à la dégradation extraordinaire qui devra être attribuée aux exploitations. » Cette disposition est encore une addition faite à la législation précédente. Elle est juste en principe, car on ne peut sans doute exiger de subventions spéciales pour raison de dégradations qui proviendraient de la fréquentation ordinaire des chemins. Ces dégradations se réparent au moyen des ressources ordinaires auxquelles les propriétaires d'établissements industriels concourent, comme tous les autres habitants, par la prestation et les centimes spéciaux. Il est donc équitable de ne les obliger à fournir des ressources extraordinaires, des subventions spéciales, que pour réparer les dégradations extraordinaires que causent leurs transports. Mais on comprend combien, dans la pratique, il est difficile d'apprécier quelle est la proportion pour laquelle un établissement industriel a contribué à dégrader un chemin, fréquenté d'ailleurs par un grand nombre de voitures. Aussi est-il bien rare que les experts des deux parties tombent d'accord, et de là, la nécessité de recourir à la formalité d'une tierce expertise que, fort souvent, la commune abandonne, de guerre lasse.

339. Le troisième paragraphe de l'art. 14, en maintenant aux conseils de préfecture le règlement des subventions que leur avait attribué la loi du 28 juil. 1824, a encore introduit une condition nouvelle en décidant que ces subventions seraient réglées annuellement, c'est-à-dire qu'on fixerait, chaque année, la subvention due en raison des dégradations faites dans l'année. Cette disposition était une conséquence logique de la condition imposée par le paragraphe précédent, savoir, que la quotité des subventions serait proportionnée aux dégradations. En effet, dès que l'importance de ces dégradations devait servir de base aux décisions des conseils de préfecture, il fallait qu'il intervînt une décision nouvelle chaque année, car les dégradations constatées une année ne pouvaient rien faire préjuger sur les dégradations qui auraient lieu l'année suivante. Le Conseil d'état a maintenu rigoureusement cette règle, même sous l'empire de la loi du 28 juillet 1824, qui ne prescrivait pas textuellement le règlement annuel. Ainsi, une ordonnance du 25 août 1835 (Wautier contre commune de Villers-sur-Nivelle) a annulé, en ces termes, un arrêté de conseil de préfecture qui avait réglé des subventions pour plusieurs années : « Considérant que l'art. 7 de la loi du 28 juil. 1824 a pour objet d'assujettir les propriétaires d'usines à contribuer par des subventions particulières à la réparation des chemins vicinaux qu'ils ont dégradés par l'exploitation de leurs entreprises, mais que les dispositions de cet article n'autorisent pas les conseils de préfecture, dans la prévision de dégradations éventuelles, dont l'importance et les causes sont variables de leur nature, à déterminer pour l'avenir la proportion pour laquelle lesdits propriétaires devront concourir avec la commune au paiement des dépenses : que, dès lors, c'est à tort que le conseil de préfecture du département du Nord a mis à la charge du sieur Wautier le paiement d'une subvention fixe et annuelle. » Il a été prononcé dans les mêmes termes par l'ordonnance du 21 octob. 1835 (ministre des finances contre la commune de Wuisse) et par celle du 19 nov. 1837 (commune de Fontenay-le-Comte contre le ministre des finances) : à plus forte raison, de semblables arrêtés seraient-ils annulés sous l'empire de la loi du 21 mai 1836, qui veut que le règlement des subventions soit annuel. Une ordonnance du 18 déc. 1840 (Maudet contre la commune des Iffs) a même annulé un règlement de subvention fait pour des années antérieures ; « Vu les lois des 28 juill. 1824 et 21 mai 1836 ; considérant que l'art. 14 de la loi du 21 mai 1836 porte que les subventions spéciales à imposer aux entrepreneurs ou propriétaires, à raison des dégradations des chemins vicinaux qui devraient être attribuées à leurs exploitations et transports, sont réglées annuellement

sur la demande des communes par les conseils de préfecture ; considérant que pour se conformer audit article, en statuant sur la demande formée en 1837 par la commune des Iffs, à l'effet d'imposer au sieur Maudet une subvention à raison des dégradations causées par l'exploitation de ses bois pendant les années 1835, 1836 et 1837, le conseil de préfecture, au lieu de déterminer la subvention à imposer d'après le dommage causé pendant les trois années susénoncées, aurait dû se borner à régler ladite subvention pour la dernière année, à laquelle se rapportait ladite demande; qu'ainsi la décision attaquée a contrevenu aux dispositions de la loi précitée. »

La disposition que nous venons d'examiner peut, nous le répétons, être parfaitement logique, mais elle a notablement aggravé la position des communes en les contraignant à recommencer chaque année la longue procédure nécessaire pour arriver au règlement des subventions.

340. Une conséquence toute naturelle du principe de l'appréciation annuelle des dégradations, c'est qu'un établissement dispensé à une certaine époque peut ultérieurement être appelé à contribuer. Cela avait déjà été décidé, sous l'empire de la loi du 28 juillet 1824, par une ordonnance du 30 mai 1834 (Sibend de St-Ferreol), ainsi conçue : Vu la loi du 28 juillet 1824 ; en ce qui touche la violation de l'autorité de la chose jugée ; considérant que l'établissement des bains du sieur de Saint-Ferréol a pris une extension considérable, et que l'arrêté du conseil de préfecture, du 1er nov. 1835, qui l'exemptait de toute subvention particulière, s'appliquait à un état de choses qui n'existe plus aujourd'hui »

341. D'après le même paragraphe, les conseils de préfecture ne peuvent régler la quotité des subventions que sur des expertises contradictoires, ayant pour but de déterminer l'importance des dégradations extraordinaires à attribuer à l'établissement industriel auquel une subvention est demandée. Un conseil de préfecture commettrait un excès de pouvoir s'il réglait une subvention industrielle sans que l'expertise voulue par la loi ait eu lieu, et aucun acte ne peut remplacer cette expertise: c'est ce qui résulte de l'ordonnance du 21 avr. 1830 (Michel et autres contre la commune de Reynel), ainsi conçue: « Vu la loi du 28 juill. 1824 ; considérant qu'aux termes de l'art. 7 de la loi précitée, toutes les fois qu'un chemin est habituellement ou temporairement dégradé par des exploitations de mines, de carrières, de forêts ou de toute autre entreprise industrielle, les entrepreneurs ou propriétaires peuvent être obligés à des subventions particulières, lesquelles doivent, sur la demande des communes, être réglées par les conseils de préfecture, d'après des expertises contradictoires ; considérant que l'expertise contradictoire prescrite par la loi n'a point eu lieu dans l'espèce, et que l'enquête administrative, faite par ordre du préfet avant que le conseil de préfecture ait été saisi de la contestation, n'a pu la remplacer : art. 1er : L'arrêté du conseil de préfecture du département de la Haute-Marne est annulé. » Même des expertises ordonnées par le préfet avant que le conseil de préfecture ait été saisi, ne pourraient servir de base à la décision du conseil ; c'est ce qui résulte de l'ordonnance du 22 févr. 1833 (de Vandeul) ainsi conçue : « Vu la loi du 28 juillet 1824 ; considérant que les opérations auxquelles se sont livrés les experts désignés par le préfet avant que le conseil de préfecture ait été saisi de la contestation, ne constituent qu'une enquête administrative qui ne saurait remplacer l'expertise contradictoire prescrite par la loi. » Par une autre ordonnance du 20 juillet 1832 (la ville de Troyes contre Chaumet et autres), il a été décidé qu'un arrêté de préfet qui, antérieurement à la loi du 28 juillet 1824, avait fixé la proportion dans laquelle des usiniers contribueraient à l'entretien d'un chemin, ne faisait pas obstacle à l'expertise contradictoire : « considérant que la loi du 28 juillet 1824 a attribué aux conseils de préfecture le règlement des subventions auxquelles les propriétaires d'usines peuvent être assujettis pour la réparation des chemins qu'ils dégradent ; que, dès lors, l'arrêté du préfet de l'Aube, du 29 juin 1826, ne pouvait faire obstacle à ce que le conseil de préfecture statuât sur les contestations. » D'après la même ordonnance, le conseil de préfecture ne peut chercher dans les titres des usiniers une base pour la quotité des subventions ; « considérant que ledit conseil a excédé ses pouvoirs en se livrant à l'examen des titres anciens concernant les moulins de Brulé, titres que les tribunaux seuls pouvaient apprécier. »

342. L'art. 7 de la loi du 28 juill. 1824 n'avait pas statué sur le mode de nomination des experts ; mais, par cela seul que les exper-

tises devaient être *contradictoires*, il devait être entendu qu'un des experts serait en effet nommé par le subventionnaire. C'est en effet ce qu'a décidé l'ordonnance du 22 fév. 1833 (de Vandeul) dans un cas où les deux experts avaient été désignés par l'autorité administrative: « Considérant que l'arrêté du 15 déc. 1827 n'a pas suffisamment mis les propriétaires d'usines en demeure de s'entendre sur le choix de l'expert qui, conjointement avec celui de la commune, devait faire entre tous les intéressés la répartition du montant des dépenses, et que, dès lors, l'expert désigné par cet arrêté pour opérer au nom des absents, n'a pu valablement les représenter. » La loi du 21 mai 1836 a réglé définitivement ce point, en disant que les experts seront nommés, l'un par le sous-préfet et l'autre par le propriétaire, et qu'en cas de discord, le tiers expert serait nommé par le conseil de préfecture. Le législateur n'a pas prévu le cas où, pour paralyser l'action de la loi, le propriétaire ou l'exploitant de l'établissement refuserait de nommer son expert, ou, sans s'y refuser, y mettrait un retard qui rendrait l'expertise impossible. Comme il n'était cependant pas possible que la loi demeurât sans exécution, une ordonnance du 19 mai 1835 (Tramoy contre la commune de Membray) a statué sur ce cas en ces termes: « Vu l'art. 7 de la loi du 28 juil. 1824, en ce qui touche la demande en nullité de l'expertise; considérant qu'il résulte des aveux du sieur Tramoy lui-même que l'arrêté du 12 juin 1829, par lequel une expertise contradictoire était ordonnée, lui a été notifié avec réquisition de choisir son expert; que ce n'est que le 6 mai de l'année suivante que le préfet, à son défaut, lui en a nommé un d'office, et qu'ainsi il avait été suffisamment mis en demeure. »

343. La loi du 21 mai 1836, pas plus que celle du 28 juillet 1824, n'a pas dit que les experts dussent prêter serment, mais cette formalité a été déclarée indispensable par diverses ordonnances. Celle du 23 août 1836 (Duval contre la commune de Logeard) a prononcé sur ce point en ces termes: « Vu la loi du 28 juillet 1824; considérant qu'il résulte de l'instruction qu'avant de procéder à la tierce-expertise ci-dessus visée, du 20 sept. 1833, les experts n'ont point prêté serment; que l'omission de cette formalité substantielle est de nature à entraîner la nullité de ladite expertise et de l'arrêté attaqué, auquel elle a servi de base. » Il a été statué de même et dans les mêmes termes par l'ordonnance du 14 février 1839 (bar^e de Feuchères contre la commune de Montlignon) et par celle du 30 juill. 1840 (Détouillon). Quant à l'autorité devant laquelle le serment doit être prêté, il a été statué en ces termes par l'ordonnance du 19 mai 1835 (Tramoy contre la commune de Membray); « Vu l'art. 7 de la loi du 28 juill. 1824; *en ce qui touche la prestation du serment par les experts;* considérant qu'il s'agissait dans l'espèce d'une expertise administrative; que les experts ont prêté serment entre les mains du sous-préfet, et que ce magistrat avait caractère pour recevoir ledit serment. »

344. La mission qu'ont à remplir les experts présente, on ne peut se le dissimuler, les plus graves difficultés. Sous l'empire de la loi du 28 juil. 1824, qui n'exigeait pas positivement que la quotité des subventions *fût proportionnée aux dégradations*, il était possible aux experts de prendre pour base de leur opération la plus ou moins grande fréquentation; c'est ce qui résulte d'une ordonnance du 16 janv. 1828 (Busois et Gougeon contre la commune d'Irée), ainsi conçue: « Considérant que les experts ont, d'un commun accord, pris pour base de leur estimation le nombre respectif des voitures appartenant aux communes, à l'administration forestière et aux usiniers qui parcourent les chemins réparés, en ayant égard aux chargements. » Nous doutons qu'une expertise faite sur cette même base, ou sur toute autre analogue, pût être admise aujourd'hui en présence de la disposition de l'art. 14 de la loi de 21 mai 1836, qui veut *que la quotité des subventions soit proportionnée à la dégradation extraordinaire qui devra être attribuée aux exploitations.* Ce n'est plus sur la fréquence des transports que les experts peuvent baser leur estimation, c'est sur l'état de dégradation du chemin et sur la proportion de ces dégradations qu'on peut attribuer à chaque exploitation. On conçoit tout ce qu'une semblable estimation a de délicat; aussi, en réalité, l'expertise ne peut-elle être qu'une appréciation d'équité, et c'est ce qui doit rendre plus fréquent, soit la nécessité de l'intervention d'un tiers expert, soit le recours au Conseil d'état. Le conseil de préfecture n'est d'ailleurs pas lié par le rapport des experts; cette règle est générale pour toutes les expertises, soit judiciaires, soit administratives; elle a été confirmée dans l'es-

pèce par l'ordonnance du 16 janv. 1828 (Brisois et Gougeon contre la commne d'Incé) portant que « le conseil de préfecture, en adoptant les mêmes bases, a pu en tirer des conséquences différentes. »

345. Lorsqu'après l'accomplissement de toutes ces formalités préliminaires, le conseil de préfecture a enfin prononcé et déterminé la quotité de la subvention, sa décision est un acte du contentieux administratif, soumis par conséquent, dans son exécution, à toutes les formes de la procédure des affaires contentieuses. Ainsi, à moins que les parties, c'est-à-dire la commune et le subventionnaire, ne se déclarent réciproquement qu'ils donnent leur assentiment à la décision du conseil de préfecture et consentent à l'exécuter; si, au contraire, l'une des parties, ou toutes les deux, entendent contester cette décision, il est indispensable, pour faire courir les délais du pourvoi, que l'arrêté soit régulièrement notifié par la partie qui veut en appeler à la partie adverse. Une simple notification administrative faite par le maire de la commune ne suffirait pas, ainsi que cela résulte de l'ordonnance du 25 nov. 1831 (Ferriot et Thoureau contre la commune de Selongey), ainsi conçue : « Vu le décret règlementaire du 22 juillet 1806 et la loi du 28 juillet 1824; en ce qui touche la fin de non-recevoir; considérant qu'il s'agissait dans l'espèce d'une contestation entre commune et particuliers, et que dès lors la notification administrative des deux arrêtés en question n'était pas suffisante pour faire courir le délai du recours établi par le règlement. » La notification par ministère d'huissier est également nécessaire vis-à-vis de la commune, ainsi que l'a déclaré une autre ordonnance du 20 juillet 1832 (ville de Troyes contre Chaumet et autres), ainsi conçue : « Vu le décret règlementaire du 22 juillet 1806; vu la loi du 28 juillet 1824; en ce qui touche les fins de non-recevoir; considérant qu'il n'est pas justifié que l'arrêté du 22 août 1827 ait été signifié à la ville de Troyes par ses adversaires, et que, si celui du 11 mars 1829 lui a été signifié le 12 mai, ladite ville était encore recevable à se pourvoir contre cet arrêté le 13 août, jour de l'expiration du délai. »

346. Quand la décision du conseil de préfecture est devenue définitive, soit par l'acquiescement des parties, soit par le jugement du Conseil d'état sur le recours, la subvention imposée est recouvrable, aux termes de la loi, « comme en matière de contributions directes. » Mais, par une modification à la loi de 1824, celle de 1836 donne aux subventionnaires le droit de s'acquitter, à leur choix, en argent ou en prestations en nature. Cette disposition, favorable aux subventionnaires, ne paraît pas présenter de graves inconvénients pour les communes; seulement, il était nécessaire de suppléer au silence de la loi sur le délai dans lequel les subventionnaires doivent déclarer leur option. Le ministre de l'intérieur, dans son instruction du 24 juin 1836, a pensé qu'il convenait que ce délai fût fixé à quinze jours, à partir de la notification de la décision définitive. Si, dans ce délai, les subventionnaires n'avaient pas déclaré leur option de s'acquitter en prestations en nature, ils seraient censés vouloir s'acquitter en argent, et contraints de le faire : c'est une assimilation toute rationnelle à ce que la loi a déterminé dans son art. 4 pour l'acquittement de la prestation en nature imposée aux autres contribuables. Si du reste les subventionnaires optent pour la prestation, ils sont naturellement soumis aux règles adoptées dans la commune pour l'emploi de cette ressource, soit en journées soit en tâches. En un mot, et comme l'a exprimé le ministre dans l'instruction précitée, le subventionnaire deviendrait un prestataire, et il serait agi en tout, à son égard, comme à l'égard de ceux-ci.

347. Enfin, pour l'emploi des subventions, la loi de 1836 a déterminé « qu'elles seront exclusivement affectées à ceux des chemins qui y auront donné lieu. » Cette disposition manquait à la loi de 1824, et la justice commandait de l'introduire dans la législation nouvelle, car il y avait abus véritable à faire contribuer un propriétaire d'établissement comme ayant dégradé un chemin, et d'employer la subvention sur un chemin que ne fréquentaient pas les transports du subventionnaire.

348. La longue série de formalités que nous venons d'énumérer peut cependant être évitée, lorsque les parties s'entendent pour déterminer la quotité des subventions par voie d'abonnement, qui est dans ce cas réglé par le préfet en conseil de préfecture; mais il est rare que l'administration puisse profiter de la facilité que lui donne la disposition finale de l'art. 14. En effet, ce qui est le plus souvent contesté par les propriétaires d'établissements industriels,

c'est le principe de la subvention, c'est l'obligation de s'y soumettre, et c'est cependant ce qui est indispensable pour arriver à formuler *un abonnement*, c'est-à-dire une convention amiable entre les parties. Aussi voyons-nous que dans les 373 communes où des établissements industriels ont été appelés à fournir des subventions en 1841, il n'en est que 135 où ces subventions aient pu être réglées par voie d'abonnement. La nécessité d'un accord préalable entre les parties pour qu'un *abonnement* soit arrêté, se trouve formellement établie par l'ordonnance du 28 fév. 1843 (ministre des finances contre la commune de Torcy-le-Grand), ainsi conçue : « Vu le rapport à nous présenté par notre ministre des finances, tendant à ce qu'il nous plaise annuler, pour excès de pouvoir, un arrêté du préfet de la Seine-Inférieure, en date du 3 avril 1840, lequel a fixé, par abonnement, à la somme de 722 fr. 87 c. pour chacune des années 1839, 1840 et suivantes, la subvention de l'état pour la réparation de deux chemins vicinaux de la commune de Torcy-le-Grand, à raison de dégradations causées auxdits chemins par l'exploitation des bois de la forêt d'Euwy; considérant que, conformément à l'art. 14 de la loi du 21 mai 1836, il appartient au conseil de préfecture de régler les subventions qui peuvent être dues aux communes par les propriétaires ou exploiteurs de mines, carrières ou forêts, pour dégradations causées aux chemins vicinaux, lorsque ces chemins sont entretenus à l'état de viabilité; que ces subventions peuvent être, *du consentement des propriétaires ou exploitants* des mines, carrières ou forêts, converties en un abonnement dont le montant est déterminé par le préfet en conseil de préfecture; que, dans l'espèce, l'administration supérieure des forêts n'avait pas consenti à l'abonnement; que dès lors le préfet de la Seine-Inférieure a excédé ses pouvoirs. »

349. En résumé, l'art. 14 de la loi du 21 mai 1836 contient la déclaration d'un principe parfaitement juste, l'obligation pour les propriétaires ou exploitants d'établissements industriels, qui dégradent les chemins plus que tous les autres habitants, de contribuer plus que ceux-ci à l'entretien de ces chemins. Cet article a donné aux communes l'espérance qu'elles ne verraient pas leurs chemins constamment détruits, et les sacrifices de tous constamment perdus par l'effet de transports qui se font au profit d'un seul. Mais cette espérance, il faut le reconnaître, a été rendue illusoire par le grand nombre de conditions que la loi a attachées à l'exercice du droit des communes, par la presque impossibilité pour des maires de communes rurales de remplir une foule de formalités qui exigent des connaissances spéciales, et, par-dessus tout, une persistance que l'on ne peut attendre de fonctionnaires qui ne peuvent abandonner leurs affaires pour faire celles de la commune. Si donc la loi sur les chemins vicinaux venait à être révisée, nous pensons que cet article serait l'un de ceux qui auraient le plus besoin d'être modifiés, si le législateur veut qu'il ne reste pas une lettre morte.

SECT. 4. *Ressources départementales.*

350. Déjà, sous l'empire de la loi du 28 juillet 1824, un certain nombre de conseils généraux étaient dans l'usage de consacrer à l'amélioration des chemins vicinaux quelques fonds prélevés sur le produit des centimes facultatifs départementaux ; ces subventions étaient réparties, à titre d'encouragement, entre les communes qui faisaient le plus d'efforts pour la réparation de leurs chemins ; souvent même elles étaient attribuées spécialement à certaines lignes de chemins, dont l'importance n'était pas restreinte dans les limites communales.

351. La loi du 21 mai 1836 est venue régulariser et étendre cette intervention des conseils généraux, en leur permettant, par son art. 8, non-seulement d'accorder au service vicinal des subventions prises sur le produit des centimes facultatifs, mais encore d'imposer, pour accroître ces subventions, des centimes spéciaux, dont le maximum est fixé chaque année par la loi des finances. Jusqu'à présent, le maximum des centimes spéciaux départementaux a été fixé annuellement à cinq; il est présumable que ce taux restera longtemps le même.

352. Nous devons faire remarquer ici, en ce qui concerne les prélèvements sur le produit des centimes facultatifs, que la bonne volonté des conseils généraux se trouve entravée, non-seulement par les nombreuses et urgentes dépenses auxquelles ils doivent faire face sur ce produit, mais encore par l'effet d'une disposition introduite dans l'art. 17 de la loi du 10 mai 1838, sur l'administration départementale. Aux termes de cet article, les départements peuvent recevoir, pour certains

travaux d'arts d'intérêt départemental, des secours sur une portion du fonds commun réservée à cet effet, et connue sous le nom de *second fonds commun*; mais pour avoir droit à ces secours, il faut que les départements aient employé le produit total de leurs centimes facultatifs *à des dépenses autres que des dépenses spéciales*. La dépense du service vicinal étant naturellement rangée dans la catégorie des dépenses spéciales, puisque ce service a des ressources qui lui sont propres, il s'ensuit que les conseils généraux ne peuvent plus y rien affecter sur le produit de leurs centimes facultatifs, toutes les fois qu'ils demandent à participer au second fonds commun, et c'est le cas le plus fréquent; aussi les allocations sur les centimes facultatifs départementaux, en faveur du service vicinal, deviennent-elles plus rares chaque année.

353. Nous allons dire ce que ce service a reçu en 1841, sur les ressources que l'art. 8 de la loi du 21 mai 1836 permit aux conseils généraux de département d'y affecter.

Ce n'est que dans cinq départements qu'il a pu être opéré, en faveur du service vicinal, quelques prélèvements sur le produit des centimes facultatifs, et ces prélèvements ne se sont élevés, en total, qu'à 59,411 fr.; ils ont constamment décru depuis l'application de la disposition de la loi du 10 mai 1838, que nous avons fait connaître; cette ressource peut donc être considérée comme nulle. Celles que fournissent les centimes spéciaux, au contraire, s'accroissent chaque année, l'importance et l'utilité des travaux auxquels elles sont destinées étant de plus en plus appréciées.

Tous les départements ont voté des centimes spéciaux en 1841 : un seul s'est borné à voter 1 centime; 2 ont voté 2 c.; 1 a voté 2 c. et 25/100; 4 ont voté 2 c. et 50/100; 1 a voté 2 c. 70/100; 6 ont voté 3 c.; 1 a voté 3 c. et 30/100; 1 a voté 3 c. et 40/100; 1 a voté 3 c. et 50/100; 9 ont voté 4 c.; enfin, 59 départements ont atteint le maximum de 5 centimes. Le taux moyen des centimes votés par les conseils généraux est de 4 c. et 39/100, et leur produit s'est élevé à 10,177,831 fr.

En dehors des centimes facultatifs et des centimes spéciaux, 6 départements ont pu, en 1841, affecter au service vicinal des fonds provenant d'emprunts et d'impositions extraordinaires autorisés par des lois spéciales; ces allocations se sont élevées à 379,565 fr.

L'ensemble des ressources créées en 1841 par les conseils généraux, pour le service vicinal, est donc de 10,616,807 fr.; il forme environ les 20/100 de la masse générale des ressources.

Sect. 5. — *Ensemble des ressources.*

354. Nous avons fait connaître, en nous occupant de chacune des ressources applicables au service vicinal, ce qu'elles avaient produit en 1841; nous ne croyons pouvoir mieux faire pour en présenter l'ensemble, que de reproduire le tableau général consigné dans le rapport donné par le ministère de l'intérieur.

1° Prélèvements sur les revenus des des communes	Ordinaires	2,856,539 f.	4,599,046 f.
	Extraordinaires	1,742,507	
2° Prestation en nature	Fournie en nature	23,899,084 f.	29,432,106
	Acquittée en argent	5,533,022	
3° Centimes spéciaux communaux		7,042,289 f.	7,842,867
4° Impositions extraordinaires communales		800,578	
5° Ressources éventuelles	Cotisations des propriétés de l'État et de la Couronne	147,720 f.	844,725
	Subventions industrielles	132,182	
	Souscriptions volontaires	564,823	
6° Fonds départementaux	Centimes facultatifs	59,411	10,616,807
	Centimes spéciaux départem.	10,177,831	
	Emprunts et impos. extraord.	379,565	
		Total	53,335,551 f.

Chacune des ressources que nous venons d'énumérer entre dans la masse générale dans les proportions suivantes :

1° Revenus communaux	Ordinaires	5/100	8/100
	Extraordinaires	3/100	
2° Prestation en nature	Fournie en nature	45/100	55/100
	Acquittée en argent	10/100	

3° Centimes spéciaux communaux			13/100
4° Impositions extraordinaires communales			2/100
5° Ressources éventuelles			2/100
6° Fonds départementaux	Centimes facultatifs	1/100	20/100
	Centim. spéciaux départementaux.	18/100	
	Emprunts et impositions extraord.	1/100	

Les ressources destinées au service vicinal se subdivisent en trois grandes masses de dépenses, savoir: 1° les travaux d'amélioration et d'entretien des chemins vicinaux de petite communication; 2° les travaux de création et d'entretien des chemins vicinaux de grande communication; 3° les traitements et indemnités affectés au personnel chargé de diriger l'emploi des ressources. Cette répartition s'est opérée en 1840, ainsi qu'il suit :

1° Les chemins vicinaux de petite communication ont reçu	En prestat. fournies en nature	17,446,115 f.	27,568,884 f.
	En argent	10,122,769	
2° Les chemins vicinaux de grande communication ont reçu	En prestat. fournies en nature	6,452,969	23,746,624
	En argent	17,293,655	
3° Le personnel a reçu			2,030,043
		Total	53,345,551 f.

Cette répartition des ressources se trouve être dans les proportions suivantes :

1° Les chemins vicinaux de petite communication ont reçu	En prestations fournies en nature.	33/100	52/100
	En argent	19/100	
2° Les chemins vicinaux de grande communication ont reçu	En prestations fournies en nature.	12/100	44/100
	En argent	32/100	
3° Le personnel a reçu			4/100

SECT. 6. *Emploi des ressources.*

§ 1er. *Prestation en nature.*

355. Les chiffres que nous avons donnés dans un précédent paragraphe peuvent faire apprécier tout ce que présente d'importance le bon emploi de la prestation acquittée en nature ; mais ce n'est pas dans la valeur de 23,899,084 fr. portée aux rôles que nous devons chercher la véritable mesure de cette importance, car ce n'est pas en argent qu'est appliquée cette somme, c'est en journées de travail. Le nombre de ces journées est donc la seule base d'appréciation du moyen d'action donné à l'administration ; or, en admettant, ce qui est présumable, que la proportion des rachats, qui est de 19/100, porte à peu près également sur les différentes espèces de journées, on trouve que l'administration a pu dépenser en 1841, pour le service vicinal, de 11,100,678 journées d'hommes, de 8,793,911 journées d'animaux, et de 1,283,173 journées de voitures. On comprend quel puissant moyen d'action donne à l'administration l'emploi annuel d'une telle masse de journées de travail, et combien il importe que cet emploi soit fait d'une manière réelle et efficace. Amener le travail des prestations à produire ce que produirait le travail salarié, c'est là le but que l'administration doit avoir en vue. Nous allons dire ce qui a été fait pour atteindre ce but, quels sont les résultats obtenus, et quelles sont les difficultés qui entravent encore le bon emploi de la prestation en nature.

356. En principe, les maires ont le droit et le devoir de diriger et de surveiller l'emploi de la prestation en nature, comme tous les autres travaux communaux ; mais, en fait, il faut reconnaître qu'un bien petit nombre de ces fonctionnaires peuvent remplir d'une manière suffisante l'obligation qui leur est imposée. Forcés pour la plupart de consacrer leur temps et leurs soins à leurs propres affaires, à leurs occupations personnelles, il leur est bien difficile d'en distraire le temps nécessaire pour venir diriger les travaux de prestation. Ils le pourraient même, que bien rarement leur direction s'exercerait utilement, car la construction, la réparation des chemins exigent des connaissances spéciales que bien peu de maires peuvent avoir, et, on le sait, des travaux mal faits sont souvent plus nuisibles à la viabilité que ne le serait l'absence de tous travaux. C'était donc trop demander aux maires que de les charger de diriger personnellement les travaux des prestataires, et

c'est ce que le législateur a compris en permettant par l'art. 11 de la loi de nommer des agents-voyers, chargés, entre autres missions, de diriger les travaux de toute espèce sur les chemins vicinaux. L'emploi de la prestation en nature n'est pas la moindre partie de leurs obligations.

357. Ce fut d'abord en vue des chemins vicinaux de grande communication seulement que les préfets, d'accord avec les conseils généraux, instituèrent des agents-voyers. Ces chemins, qu'à raison de leur importance la loi a placés *sous l'autorité des préfets*, absorbèrent pendant les deux ou trois premières années tous les soins de l'administration; mais, dès l'origine, les maires se trouvèrent dispensés de la tâche pénible d'y diriger les travaux de prestation. Nous dirons plus tard comment s'exerce la mission des agents-voyers sur les chemins vicinaux de grande communication; nous nous bornerons ici à parler de l'emploi de la prestation sur les chemins vicinaux de petite communication, qui sont restés, comme dans l'ancienne législation, sous l'autorité et la direction des maires.

En se reportant au dernier rapport publié par le ministre de l'intérieur, on voit qu'en 1841 la prestation fournie en nature pour les chemins vicinaux de petite communication avait une valeur de 17,446,115 fr. : cette valeur était représentée par 9,682,457 journées d'hommes, 7,419,578 journées d'animaux, et 3,284,019 journées de charrois. Laissées à la seule direction des maires, ces immenses ressources ne produisaient, il faut le reconnaître, que de bien faibles résultats; nous en avons dit les principales causes. Nous ajouterons que telle était quelquefois l'inertie des fonctionnaires municipaux, que les journées de prestation restaient réellement sans emploi, et que des certificats de libération étaient délivrés aux prestataires pour des travaux qui n'avaient pas été exécutés.

358. De semblables abus, une semblable déperdition de ressources ne pouvaient être longtemps tolérés par l'administration supérieure; et, d'après les instructions données par le ministre de l'intérieur, les préfets se sont occupés, partout où les ressources locales le permettaient, d'organiser un service d'agents-voyers, spécialement chargés de diriger les travaux de réparation et d'entretien des chemins vicinaux de petite communication. Ces agents sont nommés par le préfet, comme le veut la loi; la quotité de leur traitement est fixée par le conseil général; mais, comme ils sont institués dans l'intérêt de travaux purement communaux, leur traitement, du moins pour une forte partie, est laissé à la charge des ressources applicables aux travaux des chemins vicinaux de petite communication. Ce prélèvement n'a rien que de parfaitement légal, car la loi, en permettant la création d'agents-voyers, a dit que *leur traitement serait prélevé sur les fonds affectés aux travaux.* Il est donc tout à fait rationnel que chacune des deux branches du service salarie, sur les fonds qui lui sont propres, les agents qui y sont spécialement attachés. Ce complément du personnel vicinal a été organisé dans quarante et quelques départements, et nous ne doutons pas que ce système ne s'étende chaque année. On comprendra partout que c'est une mauvaise économie que de laisser perdre plusieurs centaines de mille francs en prestations mal employées, pour épargner quelques milliers de francs que coûterait le traitement d'agents-voyers. Les maires ne sont d'ailleurs pas moins intéressés que le service même à cette institution d'un service spécial d'agents-voyers, puisqu'ils sont ainsi exonérés de la tâche si pénible, et souvent impossible pour eux, de diriger les travaux de prestation.

359. Dans les départements où des agents-voyers sont attachés au service des chemins vicinaux de petite communication, chacun d'eux a dans sa circonscription un certain nombre de communes. Avant l'ouverture des travaux, il parcourt ces communes successivement, et, d'après un itinéraire arrêté par le préfet ou le sous-préfet, il reconnaît, de concert avec le maire, l'état des chemins vicinaux, afin de déterminer ceux sur lesquels des travaux devront être faits dans le cours de la campagne; il prend connaissance du relevé des rôles de prestation, ainsi que du montant des ressources en argent, et, sur ces bases, prépare l'organisation des ateliers de prestataires, tant en journées d'hommes qu'en journées de charrois. Ce travail préliminaire terminé dans toutes les communes de sa circonscription, et l'époque des travaux arrivée, les prestataires sont convoqués par les maires; dans quelques départements même, cette convocation est faite par les agents-voyers qui remplissent les bulletins signés par le maire. A l'ouverture des travaux et conformément à

son itinéraire, l'agent-voyer se rend de nouveau dans chaque commune pour y prendre, sous l'autorité du maire, la direction des travaux de prestation. Il partage les prestataires en ateliers qu'il fait conduire par des piqueurs ou par quelques ouvriers salariés, plus habitués aux travaux de cette espèce; il surveille les travaux sur toute la ligne où ils s'étendent; il délivre aux prestataires les certificats de libération lorsqu'ils ont fourni les journées qu'ils devaient, ou il signale au maire, pour être astreints au payement en argent, les prestataires retardataires ou négligents. Lorsque les journées de prestation sont consommées dans une commune, il passe dans une autre, jusqu'à ce que les travaux soient terminés dans toute sa circonscription. Il en rend alors compte au sous-préfet ou au préfet, qui peuvent, s'ils le jugent utile, faire reconnaître par un agent-voyer supérieur si les travaux ont été bien et dûment exécutés.

360. Dans ce système, comme on voit, les maires sont exonérés de tout ce que la direction et la surveillance des travaux de prestation avaient pour eux de difficile et de pénible, et ils n'y prennent plus que la part qui convient à leur autorité. Ainsi, c'est d'accord avec eux et sous leur influence, que se désignent les chemins à réparer; c'est par eux, ou en leur nom, que se fait la convocation des prestataires; c'est sous leur contrôle que l'agent-voyer dirige les travaux; mais ils n'ont plus à assister à ces travaux que pour aplanir les difficultés administratives qui pourraient surgir, et c'est sur l'agent-voyer que retombent la surveillance matérielle et les mesures coercitives à prendre contre les prestataires qui ne remplissent pas leurs obligations. Aussi, les avantages de l'institution d'agents-voyers pour le service des chemins vicinaux de petite communication ont été bien promptement appréciés par les maires, qui se montrent partout empressés d'appuyer l'action de ces utiles auxiliaires de leur autorité.

361. Ce moyen est le seul, il faut le reconnaître, qui permette d'obtenir de la prestation en nature les résultats qu'on doit en attendre. De tous les rapports des préfets, il résulte que partout où l'emploi de la prestation est laissé sous la seule direction des maires, les travaux se font mal; les prestataires travaillent mollement; les certificats de libération se délivrent avec une facilité blâmable; et lorsqu'en définitive les journées portées au rôle ont été consommées, les résultats obtenus ne peuvent souvent pas être évalués à plus de la moitié, du quart même, de la valeur de ces journées. Quelquefois aussi les travaux sont dirigés d'une manière si peu intelligente, que la viabilité des chemins y perd plutôt qu'elle n'y gagne.

Dans les départements, au contraire, où des hommes spéciaux sont chargés de diriger les travaux de prestation, l'emploi de la prestation gagne graduellement jusqu'à approcher du travail salarié. Les journées sont utilement employées, et ne se perdent plus en fausses manœuvres; les prestataires sont astreints à remplir leurs obligations; les travaux dirigés avec intelligence améliorent réellement les chemins où ils se font. Il est des départements enfin où la prestation produit des résultats tels, que les maires ont demandé que le tarif de conversion en argent fût élevé, parce qu'ils ne le trouvaient plus en rapport avec le produit des journées employées, et qu'il ne leur paraissait pas équitable que quelques contribuables pussent se rédimer en argent pour une somme fort inférieure à la valeur des travaux effectués par d'autres.

362. On ne peut donc trop le répéter, et six années d'expérience l'ont démontré, la prestation en nature est un bon moyen de réparation et d'entretien des chemins vicinaux; partout où elle est bien dirigée par des hommes spéciaux capables de remplir leur mission, elle produit des résultats, sinon égaux à ceux que donnerait le travail salarié, du moins en approchant de plus en plus. Si dans un certain nombre de départements la prestation laisse encore beaucoup à désirer dans son emploi, si elle n'y donne que des résultats insignifiants et même mauvais, c'est parce que la direction en est laissée à des fonctionnaires qui n'ont ni le temps, ni les connaissances techniques, ni la fermeté et l'indépendance nécessaires pour diriger les prestataires. Et les résultats que donnerait un travail salarié ne seraient-ils pas les mêmes, si les ouvriers étaient envoyés sur les ateliers sans chefs, sans contrôle, sans direction? Il dépend donc de l'administration, il dépend des préfets, des conseils généraux, de faire produire à la prestation tout ce qu'on peut obtenir: il suffit de remettre la direction de son emploi à des agents capables, et la dépense de leur traitement sera, en définitive, une immense économie.

363. Ce que nous avons dit du bon emploi

de la prestation sur une partie des chemins vicinaux de petite communication s'applique, à plus forte raison, aux travaux des chemins de grande communication. Ces derniers sont placés par la loi sous l'autorité des préfets, dont les agents-voyers sont les délégués. Ces agents ont donc, de droit, la direction des travaux de prestation sur ces chemins. D'après les instructions qu'ils reçoivent du préfet, ils préparent l'organisation des ateliers, indiquent aux maires les jours où les travaux se feront, ainsi que le nombre de journées de différentes espèces qui devront être fournies chaque jour, dans la limite des obligations de la commune; ils dirigent les travaux des prestataires, et délivrent ou refusent les certificats de libération. Sur les chemins vicinaux de grande communication donc, on peut regarder l'emploi de la prestation en nature comme se faisant généralement d'une manière de plus en plus satisfaisante; s'il est encore quelques exceptions dans un petit nombre de départements, il faut les attribuer moins à des obstacles inhérents à la prestation, qu'à quelque vice dans l'organisation des travaux, ou bien encore à la difficulté de composer un personnel capable.

364. Nous avons à parler maintenant d'un mode d'emploi de la prestation qui, d'après les avantages qu'il présente, aurait paru devoir être adopté généralement, mais que des difficultés d'application entravent encore; c'est la conversion des journées en tâches, autorisée en ces termes par l'art. 4 de la loi du 21 mai 1836. « La prestation non rachetée en argent pourra être convertie en tâches, d'après les bases et évaluations de travaux préalablement fixées par le conseil municipal. »

Dans ce système, le prestataire dont les journées sont converties en tâches, n'est plus astreint à abandonner, à jour fixe, les travaux de son exploitation pour aller travailler sur les chemins; un délai de quinze jours, d'un mois, peut lui être accordé pour exécuter la tâche représentant ses journées. L'autorité n'a plus à exercer non plus la pénible et fastidieuse surveillance des travaux de prestation en journées; elle n'a plus, à l'expiration du délai fixé, qu'à reconnaître si les tâches ont été bien et dûment effectuées. Il y a donc, on le voit, avantage pour tous, et pourtant l'emploi de la prestation en tâches de travail n'a pas pris l'extension qu'elle paraissait devoir prendre. La cause en est, en partie, dans la difficulté que présente souvent le règlement équitable des tâches à imposer, mais plus encore dans la rédaction trop peu précise de la disposition que nous venons de citer, et dans l'insuffisance des règles qu'elle a posées pour l'application de ce système.

365. C'est aux conseils municipaux, comme on l'a vu, que la loi a laissé le soin *de fixer les bases et évaluations de travaux* qui doivent servir à la conversion des journées en tâches; mais elle n'a pas rendu obligatoire la rédaction de ce tarif de conversion, de sorte que, lorsque les conseils municipaux s'abstiennent, l'autorité supérieure est sans moyen de les obliger à les rédiger. Dans ces communes, par conséquent, la prestation ne peut être convertie en tâches.

366. Divers motifs ont porté le plus grand nombre des conseils municipaux à s'abstenir ou même à refuser de voter la conversion en tâches. Les uns comprenant mal la mesure et, n'en appréciant pas les avantages, ont craint de rendre la charge de la prestation plus pesante; ils ne voyaient dans la conversion du travail par journées en travail à la tâche, qu'un moyen donné à l'autorité supérieure d'exiger plus rigoureusement un emploi efficace du temps, et ils se sont laissé entièrement préoccuper par cette seule considération. Dans d'autres communes, un grand nombre aussi a été arrêté par la difficulté réelle d'établir des tarifs équitables, difficulté d'autant plus grande que les membres des conseils municipaux ont rarement les connaissances nécessaires pour apprécier des travaux de cette nature. En résumé, ce n'est que dans un assez petit nombre de départements que la conversion des journées en tâches a pris quelque extension.

Sur un autre point encore, la loi est restée insuffisante. En effet, on a vu des conseils municipaux voter des tarifs de conversion tellement bas, que leur admission eût été extrêmement défavorable au service vicinal, et eût fortement amoindri le produit des prestations. Dans ce cas, les préfets ont pu refuser de laisser exécuter ces tarifs, en vertu du principe général que toute délibération d'un conseil municipal a besoin d'approbation pour être exécutoire; mais ils n'ont pu obliger les conseils municipaux à rédiger un autre tarif, en sorte que, dans ces communes, la prestation est demeurée exigible en journées.

Enfin, en disant : *la prestation non rachetée en argent pourra être convertie en tâches*, la loi a laissé douteux le point de savoir si c'est là une simple faculté laissée au prestataire, ou bien si l'autorité peut rendre obligatoire pour lui la conversion en tâches des journées qu'il ne rachète pas. A la vérité, les instructions ministérielles ont bien dit que, lorsque le conseil municipal avait arrêté les bases de la conversion en tâches, et par conséquent approuvé cette conversion en principe, il appartenait au maire, pour les chemins vicinaux de petite communication, et au préfet, pour les chemins vicinaux de grande communication, de décider que la conversion aurait lieu ; mais il faut reconnaître qu'en l'absence d'un texte formel dans la loi, on pourrait être embarrassé pour rendre cette décision exécutoire.

La loi a donc évidemment besoin d'être complétée et rendue plus précise dans la disposition qui a pour objet la conversion du travail à la journée en travail à la tâche, et ce ne sera qu'alors que les prestataires, comme le service vicinal, trouveront dans cette mesure les avantages qu'elle promet.

367. Toutefois, comme nous l'avons dit, il est un certain nombre de départements où, même dans l'état insuffisant de la législation sur ce point, la conversion en tâches a été adoptée avec succès et avantage par beaucoup de communes. Dans d'autres localités, en assez grand nombre aussi, le travail se fait en tâches, notamment sur les chemins vicinaux de grande communication, sans que les conseils municipaux aient arrêté officiellement des tarifs de conversion. La transformation des journées en tâches s'opère alors par conventions amiables entre les prestataires et les agents-voyers. Ces exemples suffisent pour démontrer que le travail en tâches devra prendre une grande extension lorsque la loi en aura régularisé l'application.

368. Pour terminer ce qui a rapport à la prestation en nature, il nous reste à signaler quelques autres dispositions de la loi, sur lesquelles elle paraîtrait avoir également besoin d'être révisée.

En imposant aux contribuables l'obligation de faire connaître, dans un certain délai, s'ils ont l'intention de se libérer en nature ou en argent, et en déclarant qu'à défaut d'option dans le délai prescrit, la prestation sera, de droit, exigible en argent, le législateur a pu croire qu'il apportait un remède suffisant aux inconvénients qui résultaient, pour l'emploi de la prestation, de la faculté illimitée d'option laissée aux contribuables par la loi de 1824. L'expérience a démontré que cette disposition de la loi du 21 mai 1836 est encore insuffisante. Ainsi, dans un très-grand nombre de communes, on voit tous ou presque tous les prestataires déclarer qu'ils optent pour la libération en nature ; puis, quand arrive le moment des travaux et qu'ils reçoivent l'ordre de se rendre sur les ateliers, ils s'abstiennent d'y paraître. Leur cote à la vérité est alors déclarée exigible en argent, mais ce n'est là qu'une insuffisante compensation aux inconvénients qui résultent de cette manœuvre. En effet, à la vue des premières déclarations d'option, les maires et les agents-voyers ont préparé l'organisation des ateliers ; ils ont compté avoir à employer un certain nombre de journées de différentes espèces ; ils ont convoqué à jour fixe les chefs d'ateliers et les ouvriers en nombre nécessaire pour diriger les travaux ; puis, au moment de mettre la main à l'œuvre, la moitié, les trois quarts des prestataires manquent à l'appel ; les ateliers se trouvent désorganisés ; les dépenses en ouvriers auxiliaires sont à peu près perdues, et il faut renvoyer les travaux à une autre époque pour préparer leur exécution à prix d'argent.

369. Le fait que nous venons de signaler a pris dans certaines localités une assez grande extension, et il porte au service vicinal un préjudice assez notable pour que presque tous les conseils généraux de département et les préfets demandent chaque année que cet abus soit réprimé. En optant pour la libération en nature, quoiqu'ils n'aient pas l'intention de s'acquitter de cette manière, les contribuables ont en vue, d'abord, le désir de retarder le moment où ils devront s'acquitter en argent, puis l'espérance que le rôle de prestation ne sera pas mis à exécution. Lorsque cette espérance est détruite par la réquisition de se rendre aux ateliers, ils en sont quittes pour avoir à payer en argent la cote qu'ils ne fournissent pas en nature. L'autorité est sans moyens d'empêcher ces déclarations d'option mensongères ; aussi beaucoup de conseils généraux demandent-ils qu'elles soient frappées d'une pénalité, et que le contribuable qui, après avoir opté pour l'acquittement en nature, ne se rendra pas sur les ateliers, sans motifs légitimes, soit astreint, non plus simplement au payement de sa cote en argent, mais à payer le double de cette cote. Cette mesure

paraît en effet le seul moyen de prévenir les fâcheux effets que produit dans beaucoup de localités l'habitude des déclarations fautives.

370. La faculté d'opter a encore besoin d'être régularisée sur un autre point. Dans un assez grand nombre de communes, les cultivateurs imposés à la fois pour un certain nombre de journées d'hommes et de journées de charrois, déclarent l'intention d'acquitter les journées d'hommes en argent, et les journées de charrois, en nature. La loi ne donne pas à l'autorité la possibilité de s'opposer à ces déclarations scindées, et il en résulte cet inconvénient, qu'au moment des travaux, on a sur les ateliers beaucoup de moyens de transports et pas assez d'hommes pour ramasser les matériaux, charger et décharger les voitures. On est donc forcé de laisser sans emploi ou de renvoyer un nombre souvent considérable de ces voitures; les cotes se trouvent acquittées, puisque le contribuable a obtempéré à la réquisition, et cependant il n'a réellement pas fourni le travail de ses animaux. Il y a là une perte évidente pour le service, et pour la prévenir, il paraîtrait nécessaire que la loi disposât que les déclarations d'option seront indivisibles, c'est-à-dire que le contribuable doit déclarer, pour la totalité de sa cote, s'il entend l'acquitter en nature ou en argent.

371. Dans beaucoup de contrées, il existe une grande disproportion entre le nombre d'hommes et le nombre de moyens de transport qui peuvent être employés aux travaux de prestation. Partout, notamment où les matériaux sont abondants et à pied d'œuvre, la majeure partie des voitures reste forcément sans emploi, puisqu'on n'a pas de transports à faire. Il faut en conséquence laisser tomber des journées de charrois en non-valeurs, car on ne peut contraindre le contribuable à fournir que les journées pour lesquelles il est porté au rôle. De cet état de choses, il ne résulte pas seulement une réduction notable sur le montant des ressources que paraissait présenter le rôle de prestations, il en résulte encore une injustice réelle. En effet, le prestataire peu aisé qui n'est imposé que pour des journées d'hommes, acquitte sa cote intégralement parce que les bras peuvent toujours être employés; au contraire, le prestataire aisé, le propriétaire imposé pour des journées de charrois, est dispensé d'acquitter la plus forte portion de sa cote, parce que ses voitures ne trouvent pas à être employées. Il paraîtrait donc nécessaire que la loi permît la transformation obligée, soit en argent, soit au moins en journées d'hommes, des journées de voitures qui ne peuvent être utilisées. Il est contraire à la justice que le cultivateur dont les transports dégradent le plus les chemins puisse échapper à l'obligation de les réparer en proportion de ses moyens de transport, obligation que le législateur avait certainement voulu lui imposer.

Ce que nous avons dit plus haut sur l'importance des ressources qu'offre l'emploi de la prestation en nature, fait comprendre combien il est à désirer que la législation soit complétée sur les points que nous venons d'indiquer.

§ 2. — *Travaux à prix d'argent.*

372. Nous avons vu plus haut de quelle manière se fait l'emploi d'une portion considérable des ressources du service vicinal, la prestation fournie en nature qui en constitue à peu près les 45/100; nous avons à dire maintenant quelles sont les règles applicables à l'emploi des ressources en argent, qui, prélèvement fait des dépenses du personnel, forment à peu près les 51/100 de la masse.

Les ressources en argent attribuées au service des chemins vicinaux de petite communication en 1841, se sont élevées à 10,122,769 fr., qui forment à peu près les 36/100 de ce que reçoit cette branche du service; mais cette somme, inégalement répartie entre 37,000 communes, ne donne à la plupart d'entre elles que des allocations bien faibles. Afin de ne pas trop gêner l'action de l'autorité municipale, le ministre, dans son instruction du 24 juin 1836, a conseillé aux préfets de dispenser de la forme des adjudications l'emploi des sommes qui ne dépasseraient pas 200 ou 300 fr.; il a pensé qu'on trouverait difficilement des adjudicataires pour l'emploi de sommes aussi faibles; la plupart du temps même, il pourrait être nécessaire d'affecter ces sommes à favoriser le bon emploi de la prestation par l'adjonction aux prestataires de chefs d'ateliers et d'ouvriers salariés. Quant aux sommes supérieures à 300 fr., le ministre a décidé que l'emploi devrait toujours en être fait au moyen d'adjudications; mais comme il pourrait être difficile de faire des adjudications partielles par commune, il a conseillé de réunir dans une seule adjudication tous les travaux à faire dans un arrondissement, les travaux de chaque commune formant un lot distinct ; cette adjudication doit se faire à la sous-préfecture, en présence du maire, d'un conseiller municipal et du receveur municipal de chaque commune ; elle doit être soumise à l'approbation du préfet. Ces formes, comme on voit, sont une dérogation aux règles ordinaires en matière de travaux communaux, puisque, d'après ces règles, l'adjudication s'en fait par le maire ; mais les préfets pouvaient légalement imposer des formes particulières pour l'adjudication des travaux des chemins vicinaux, puisque l'art. 21 de la loi du 21 mai 1836 les charge, entre autres, *de statuer sur tout ce qui est relatif aux adjudications et à leur forme.* Ce mode, qui a été prescrit par tous les règlements généraux qu'ont rédigés les préfets, présente un double avantage : d'abord une plus grande masse de travaux à adjuger à la fois attire une plus grande concurrence, et donne par conséquent plus de chances de rabais ; ensuite il y a économie dans les frais d'affiches et autres. D'ailleurs, dans des cas exceptionnels et lorsque les travaux d'une seule commune présentent quelque importance, le préfet peut toujours autoriser le maire à procéder lui-même à l'adjudication.

Quant aux travaux à faire à prix d'argent sur les chemins vicinaux de grande communication, nous nous en occuperons dans le chapitre consacré spécialement à ces chemins.

373. Il nous reste à dire maintenant quelles sont les règles applicables aux contestations qui s'élèvent à l'occasion des travaux sur les chemins vicinaux en général, et à quelle autorité il appartient de statuer sur ces contestations.

La loi du 28 pluviôse an VIII, art. 4, a attribué aux conseils de préfecture le contentieux des travaux publics, c'est-à-dire le jugement des contestations entre l'administration et les entrepreneurs, sur le sens et l'exécution des clauses de leurs marchés, ainsi que celui des contestations entre les entrepreneurs et les particuliers pour torts et dommages causés aux propriétés de ces derniers par le fait de ces travaux ; mais la jurisprudence a longtemps varié sur la question de savoir si les travaux faits pour le compte des communes et les travaux des chemins vicinaux sont de ce nombre, si, disons-nous, ils rentraient ou non dans la compétence des conseils de préfecture.

374. Un décret du 30 janv. 1809 (Laforcade contre Lateulère) avait statué dans le sens de cette compétence. «Considérant que l'autorité administrative est seule compétente pour statuer sur les contestations qui peuvent naître à raison de la recherche et de la réparation de chemins vicinaux ; considérant que le sieur Lateulère n'a pu changer la compétence établie à cet égard par les lois, en consentant à faire juger la contestation par des arbitres ; art. 1er : Le conflit élevé par le préfet du département du Gers est confirmé ; en conséquence, la sentence arbitrale du 3 fév. 1808 est regardée comme non avenue. » Mais cette décision n'a pas fait jurisprudence, et un grand nombre de décrets et d'ordonnances que nous ne citerons pas, parce qu'ils ne sont pas spéciaux au service vicinal, ont déclaré que les contestations relatives aux travaux communaux rentraient dans les attributions des tribunaux ordinaires. Nous nous bornerons à rapporter les décisions rendues en vue de travaux vicinaux, en les plaçant par ordre chronologique, afin de faire apprécier les variations successives de la jurisprudence.

375. Une ordonnance du 18 avril 1816 (Rérolle contre commune de Moulins-en-Gilbert), rendue sur une contestation entre une commune et un particulier, a statué en ces termes : « Vu la requête tendante à l'annulation d'un arrêté du conseil de préfecture de la Nièvre, homologatif de l'arrêté du sous-préfet de Château-Chinon, portant qu'il n'y a pas lieu à délibérer sur la pétition du requérant, par laquelle il concluait à ce que la commune de Moulins-en-Gilbert fût tenue de faire les travaux nécessaires pour empêcher l'écroulement d'un mur qui était la propriété du requérant, et qui se trouve contiguë et parallèle au chemin vicinal allant à Luzy ; considérant qu'il s'agit dans l'espèce d'une question de dommages-intérêts, dont la connaissance appartient aux tribunaux.» Des décisions analogues ont été données par les deux ordonnances du 1er sept. 1819 (Piquegny contre commune de Lamarque), et du 29 déc. 1819 (Pernety).

Une ordonnance du 16 janvier 1822 (Hongre contre Delayen) a renvoyé aux tribunaux la connaissance d'une contestation relative au paiement de matériaux extraits pour la réparation d'un chemin vicinal : « Vu les lois du 28 pluviôse an VIII et 9 ventôse an XIII ; considérant qu'il ne s'agit dans l'espèce que du paiement des matériaux employés à la réparation d'un chemin vicinal, et que les contestations auxquelles peuvent donner lieu ces sortes d'affaires ne sont, par aucune loi, attribuées à l'autorité administrative. »

Une ordonnance du 31 juillet 1822 (Pugol contre Maurette-Timbor et Lafon) a statué en ces termes sur une contestation relative à des dommages causés à des particuliers. « Considérant qu'aux termes de l'art. 4 de la loi du 28 pluviôse an VIII, les conseils de préfecture sont compétents pour statuer sur les réclamations qui pourraient s'élever par suite de travaux publics et en matière de grande voirie ; mais que les difficultés relatives aux contestations occasionnées par les réparations faites sur des chemins communaux ne sont pas comprises dans l'exception portée par la loi ; que ces réparations ne peuvent être considérées comme des travaux publics, et ne dépendent pas de la grande voirie ; que les sieurs Maurette-Timbor et Lafon étaient uniquement chargés de la reconstruction d'un chemin vicinal ; que par conséquent ils sont justiciables des tribunaux ordinaires. »

376. Une année après, une ordonnance du 13 juillet 1825 (Bourguignon contre commune de Conges) admit, pour la première fois, la compétence du conseil de préfecture, à l'occasion des travaux d'un pont situé sur un chemin vicinal. « Sur la compétence ; considérant qu'il s'agit d'un pont destiné à la communication de plusieurs communes, et dont l'adjudication a été faite dans les formes prescrites pour les travaux publics ; art. 1er : La requête du sieur Bourguignon est rejetée. Art. 2 : L'arrêté du conseil de préfecture du département du Jura est confirmé. »

377. Cette ordonnance, toutefois, était motivée bien moins sur la nature des travaux que sur les formes de l'adjudication, et une autre du 2 avril 1828 (Saint-Didier contre commune de Lamure) a renvoyé aux tribunaux une demande en réparation de dommages : « En ce qui concerne les dommages causés à la propriété du sieur Saint-Didier par suite de l'élargissement dudit chemin vicinal ; considérant que les contestations relatives aux réparations des chemins vicinaux ne sont pas comprises dans l'exception d'attribution qui confère aux conseils de préfecture la connaissance des questions de grande voirie, et que dès lors c'était aux tribunaux à prononcer sur la demande en dommage formée par le sieur Saint-Didier. »

Une ordonnance du 18 février 1829 (commune d'Amayé), rendue entre une commune et des entrepreneurs, a statué en ces termes : « Vu les lois des 6 sept. 1790, 17 fév. 1803 (28 pluviôse an VIII), et l'arrêté du gouvernement du 25 oct. 1802 (3 brumaire an XI) ; vu les ordonnances royales des 16 janvier, 17 avril, 31 juillet et 4 sept. 1822 ; considérant qu'il s'agit dans l'espèce d'un marché passé entre une commune et deux entrepreneurs pour la réparation d'un chemin vicinal sur le territoire de ladite commune, et que les contestations auxquelles peuvent donner lieu ces sortes d'affaires sont du ressort des tribunaux. »

Une ordonnance du 31 déc. 1831 (Bernard et Lavèmes contre commune de Beaumont-le-Roger) a renvoyé aux tribunaux une contestation relative aux travaux d'un pont, mais qui n'avaient pas été adjugés dans la forme des adjudications de travaux publics. « Sur la compétence ; considérant que les devis et cahiers des charges des travaux du pont de l'Épinay ont été rédigés par ordre de l'administration municipale ; que l'adjudication a eu lieu par-devant le maire ; que les travaux ont été dirigés et surveillés par un architecte à ce désigné ; que le prix des travaux devait être entièrement acquitté sur les revenus de la commune, et que le pont était d'ailleurs établi sur une voie communale, d'où il suit que ladite adjudication ne constituait, par sa nature, qu'un marché ordinaire, dont l'exécution était soumise à la juridiction des tribunaux, et que les parties n'ont pu, par une convention privée contenue dans l'art. 9 de l'acte du 26 juin, déroger à l'ordre des juridictions ; art. 1er : L'arrêté du conseil de préfecture du département de l'Eure est annulé pour cause d'incompétence. Art. 2 : La cause et les parties sont renvoyées devant les tribunaux ordinaires. »

378. Mais plus récemment, le Conseil d'état a revendiqué pour la juridiction administrative la connaissance des contestations relatives aux travaux des chemins vicinaux projetés et adjugés dans la forme des travaux publics ; une ordonnance du 9 novemb. 1836 (François contre les communes de Premery et de Champlemy) est ainsi conçue : « *En ce qui touche la compétence* ; considérant que les travaux de construction de la route vicinale de Premery à Champlemy ont été faits dans un but d'utilité publique ; que les plans et devis de ces travaux exécutés aux frais du dé-

partement ont été approuvés par l'ingénieur en chef et par le préfet, en présence duquel il a été procédé à l'adjudication ; que des fonds ont été accordés par le département pour l'exécution de la susdite route, et que dès lors, aux termes de l'art. 4 de la loi du 28 pluviôse an VIII, les contestations auxquelles l'exécution et la réception desdits travaux peuvent donner lieu sont de la compétence administrative. »

Une autre ordonnance du 11 août 1841 (le préfet du Loiret contre Gaëtan) a reconnu la compétence du conseil de préfecture dans une contestation entre l'administration et l'entrepreneur des travaux d'un chemin vicinal de grande communication. Cette ordonnance est ainsi conçue : « Vu la requête et le mémoire à nous présentés par le préfet du département du Loiret, tendant à ce qu'il nous plaise annuler un arrêté du conseil de préfecture du département du Loiret, par lequel ledit conseil a réglé le reliquat dû au sieur Gaëtan, entrepreneur des travaux de construction du chemin vicinal de grande communication n° 28 ; vu les lois des 28 pluviôse an VIII, 21 mai 1836 et 10 mai 1838 ; considérant que les arrêtés par défaut rendus par les conseils de préfecture sont susceptibles d'opposition et peuvent nous être déférés directement ; que, dans l'espèce, le conseil de préfecture n'a visé aucune défense de l'administration ; que c'est dès lors par défaut contre elle que ledit conseil de préfecture a prononcé sur les réclamations du sieur Gaëtan, et qu'ainsi le recours à nous présenté par le préfet du Loiret n'est pas recevable ; art. 1er : La requête du préfet du Loiret est rejetée. Art. 2 : Le sieur Gaëtan est renvoyé devant l'administration, et, en cas de contestation, devant le conseil de préfecture, pour faire, s'il y a lieu, rectifier dans son décompte l'erreur matérielle qui y aurait été commise. »

Les travaux d'un pont sur un chemin vicinal ont également été déclarés *travaux publics* par l'ordonnance du 17 août 1841 (Thinnet contre la commune de Ruffey), ainsi conçue : « Considérant que le sieur Thinnet réclame le payement de travaux faits pour la construction d'un pont sur la Seille, aux frais de la commune de Ruffey, département du Jura ; que cet ouvrage d'art constitue un travail d'utilité publique, et que d'ailleurs il a été adjugé par le préfet avec publicité et concurrence ; qu'ainsi c'est au conseil de préfecture du département qu'il appartient de statuer sur les contestations qui peuvent s'élever à cet égard entre l'entrepreneur et la commune. »

379. Quoique ces trois dernières ordonnance soient les seules qui aient prononcé en faveur de la compétence administrative, on n'en doit pas moins les considérer comme destinées à faire jurisprudence. D'une part, elles ne sont contredites par aucune décision rendue en sens contraire depuis 1836 ; d'autre part, elles sont en concordance avec la jurisprudence adoptée par le Conseil d'état depuis quelques années, en matière de travaux communaux. Des ordonnances récentes ont déclaré *travaux publics* les constructions d'une église, d'une halle, d'une salle de spectacle, d'un hôtel de ville ; le même caractère ne serait certainement pas refusé aux travaux des chemins vicinaux qui ne se font pas dans l'intérêt individuel d'une commune, mais bien dans l'intérêt général de la viabilité.

380. L'autorité judiciaire elle-même a adopté cette jurisprudence, ainsi que cela résulte d'un arrêt de la Cour de cassation (ch. crim.) du 27 août 1839 (Brame contre les communes de Moucheaux, Humeries et autres) ainsi conçu : « Vu l'art. 2 du tit. 13 de la loi des 16-24 août 1790, la loi du 16 fructidor an III, et l'art. 4 de celle du 28 pluviôse an VIII ; attendu que si Brame, soit en première instance, soit en appel, n'a pas excipé de l'incompétence de l'autorité judiciaire ; si même devant la cour royale il a conclu à la confirmation du jugement qui avait statué au fond sur l'action des communes, l'incompétence dont il s'agit étant d'ordre public peut être proposée en tout état de cause, et même pour la première fois devant la Cour de cassation ; attendu que l'action des communes avait pour objet de faire déclarer Brame responsable du mauvais état de la route vicinale de Lille à Douai par Phalampin, et de faire constater préalablement s'il s'était conformé aux clauses de son marché et s'il l'avait exécuté convenablement ; attendu que les travaux de cette route avaient un but d'utilité publique, et ne se rattachaient pas uniquement aux besoins d'une propriété ; qu'ils intéressaient plusieurs communes et même le département du Nord, qui a supporté une partie notable des dépenses auxquelles ces travaux ont donné lieu ; que les plans et devis dressés par les ingénieurs du département avaient été approuvés par le ministre de l'intérieur ; que la confection et l'entretien de la

route dont il s'agit ont été l'objet d'une adjudication passée par le préfet du département du Nord avec toutes les formes prescrites pour l'adjudication des travaux publics; que l'exécution devait en être et en a été surveillée par les ingénieurs des ponts et chaussées, délégués à cet effet par l'autorité supérieure; qu'ainsi Brame, adjudicataire de ces travaux, était à cet égard entrepreneur de travaux publics; que dès lors, aux termes de l'art. 4 de la loi du 28 pluviôse an VIII, les difficultés qui s'élevaient sur le sens ou l'exécution des clauses du marché relatif à ces travaux étaient de la compétence administrative; attendu d'ailleurs que Brame soutenait qu'il était affranchi de toute responsabilité par l'expiration du délai de garantie déterminé dans le devis, et dérogatoire selon lui au droit commun; que cette exception avait été accueillie par le jugement de première instance dont Brame avait demandé la confirmation sur les motifs y énoncés; qu'il y avait donc lieu d'interpréter le devis, les actes indiqués comme actes de réception provisoire ou définitive, et les autres actes auxquels se référait ce devis; qu'une pareille interprétation n'était pas dans le domaine des tribunaux; qu'ainsi, en retenant la connaissance de l'action des communes, la cour royale de Douai a méconnu le principe de la séparation des pouvoirs judiciaire et administratif consacré par l'art. 13 du tit. 2 de la loi des 16-24 août 1790, et a expressément violé la loi du 16 fructidor an III et l'art. 4 de celle du 28 pluviôse an VIII; sans qu'il soit besoin de statuer sur les autres moyens, la Cour casse et annule. »

381. D'après cette concordance entre la jurisprudence du Conseil d'état et celle de la Cour de cassation, il est à penser que dorénavant la compétence en matière de travaux, et notamment pour ceux des chemins vicinaux, sera déterminée, non plus en considération de la question de savoir si les fonds qui y sont applicables sortent d'une caisse communale ou d'une caisse publique, mais bien en considération de l'intérêt public que peuvent avoir ces travaux. Nous ferons remarquer d'ailleurs que, quelque intérêt que puisse avoir l'administration à faire reconnaître et à maintenir la compétence des conseils de préfecture en matière de travaux communaux, notamment de ceux des chemins vicinaux, les administrateurs doivent s'abstenir d'insérer dans les cahiers des charges une clause qu'on y rencontre quelquefois, et qui porte que les contestations qui surviendront seront jugées par le conseil de préfecture. Les juridictions, on le sait, sont d'ordre public, et on ne peut y déroger par des conventions particulières. Si donc les travaux dont il s'agit sont de ceux qui rentrent dans la juridiction des conseils de préfecture, il est sans objet de le déclarer dans le cahier des charges. Si, au contraire, ces travaux sont de ceux pour lesquels les contestations ne seraient pas de la compétence des conseils de préfecture, cette compétence ne pourrait être établie par un article du cahier des charges. C'est, au surplus, ce qu'a rappelé le ministre de l'intérieur dans une circulaire du 9 juin 1838.

§ 3. — *Personnel.*

382. Après avoir donné à l'administration la possibilité de créer, pour la construction et l'entretien des chemins vicinaux, des ressources dont le chiffre annuel devait dépasser cinquante millions, le législateur devait aussi lui donner le bon et utile emploi de ces ressources; ce ne pouvait être que par l'organisation d'un personnel capable et nombreux. On en avait senti le besoin avant la loi du 21 mai 1836, dans les départements où l'administration faisait des efforts pour suppléer à l'insuffisance de la législation existante. Ainsi, dans quelques localités, les fonds départementaux et communaux destinés à l'amélioration des chemins appelés *routes non classées*, étaient employés sous la direction des ingénieurs des ponts et chaussées; plus souvent encore, le préfet faisait diriger cet emploi par des agents qu'il nommait et salariait pour ce service spécial, mais dont la mission, n'étant pas émanée de la loi, manquait de l'autorité et du caractère que la loi seule peut conférer.

Le législateur y a pourvu par l'art. 11 de la loi du 21 mai 1836, ainsi conçu :

« Le préfet pourra nommer des agents-voyers. Leur traitement sera fixé par le conseil général. Ce traitement sera prélevé sur les fonds affectés aux travaux. Les agents-voyers prêteront serment; ils auront le droit de constater les contraventions et délits et d'en dresser des procès-verbaux. »

383. Comme dans plusieurs autres dispositions de la loi, nous retrouvons ici la nécessité d'un accord préalable du préfet et du

conseil général, pour l'exercice des attributions qui leur sont respectivement dévolues. Le préfet nomme les agents-voyers, et c'est à ce magistrat seul que pouvait appartenir ce droit; mais une restriction implicite y est aussitôt apportée par la mission donnée au conseil général de fixer le traitement de ces agents. L'organisation de cette partie du service dépend donc, nous le répétons, du bon accord du préfet et du conseil général, et cet accord est d'autant plus facile à établir qu'il s'agit d'une mesure dont l'utilité, la nécessité sont facilement appréciées. En réservant au conseil général, d'ailleurs, la sanction effective de l'organisation du personnel par la fixation des traitements, le législateur a eu en vue, sans doute, non pas de défendre l'administration de l'entraînement qu'on lui suppose quelquefois à augmenter le nombre des emplois, mais de la mettre à l'abri de tout reproche sur ce point de la part des administrés. Le législateur s'est montré prudent, et en effet, si, en vertu de leur seul pouvoir et sans le concours des conseils généraux, les préfets eussent organisé, pour le service des chemins vicinaux, un personnel qui se compose aujourd'hui de plus de quinze cents agents et dont les traitements s'élèvent à plus de 1,900,000, il est présumable qu'on eût reproché à cette vaste organisation d'enlever aux travaux, en faveur du personnel, une aussi forte masse de ressources. L'intervention des conseils généraux dans la fixation des traitements a démontré aux localités, au contraire, que rien n'était fait à cet égard que ce qui était nécessaire, et il est plus d'un département où le cadre des agents-voyers emporte, en traitement, plus de 40,000 fr. par an, sans que la moindre observation soit faite sur cette organisation. Si donc, dans un bien petit nombre de départements, quelques difficultés ont pu naître de l'attribution donné aux conseils généraux par l'article de loi dont nous nous occupons, nous pensons qu'en général l'organisation du personnel y a trouvé des facilités plus grandes que si les préfets eussent été maîtres de fixer les traitements des agents-voyers. Il est évident toutefois que si le conseil général intervient indirectement dans l'organisation du personnel, il dépasserait la limite de ses attributions en y intervenant directement, en décidant, par exemple, qu'il y aura tel nombre d'agents-voyers, en fixant leurs résidences et déterminant leurs attributions. Ce sont là des questions d'exécution qui ne peuvent appartenir qu'au préfet : il ne peut être responsable de la marche du service que s'il conserve une action pleine et entière sur le choix et l'organisation du personnel.

384. Comme il importait cependant que ce choix ne pût porter que sur des hommes présentant des garanties spéciales d'aptitude et d'instruction, le ministre de l'intérieur, par une circulaire du 11 oct. 1836, a invité les préfets à ne nommer les agents voyers qu'après un examen subi devant une commission formée au chef-lieu de chaque département, examen dans lequel ils auront à justifier qu'ils possèdent les connaissances nécessaires pour remplir leur mission, et qui sont indiquées dans la circulaire. Il a pu être assez difficile, d'abord, de rencontrer, en assez grand nombre dans tous les départements, des hommes complétement aptes à remplir les fonctions que la loi venait de créer, et il a dû être nécessaire de donner à ces agents le temps de compléter les connaissances qu'on exigeait; mais cette difficulté a disparu graduellement, lorsqu'on a vu que les fonctions d'agent-voyer ouvraient une carrière assurée, suffisamment rétribuée, et qui même donnait, dans presque tous les départements, droit à une retraite. Des candidats se sont présentés en grand nombre, après avoir fait des études spéciales, et les hommes capables ne manquent plus aux emplois. Ainsi on trouve aujourd'hui dans leurs rangs, soit comme agents-voyers en chef, soit comme agents-voyers d'arrondissement, six anciens élèves de l'École polytechnique, deux anciens officiers d'armes spéciales, huit ingénieurs civils, quarante-neuf anciens architectes, cent quatre anciens géomètres du cadastre, quatorze élèves de l'école centrale des arts et manufactures, et soixante-deux anciens conducteurs des ponts et chaussées.

385. Les agents-voyers doivent, aux termes de la loi, prêter serment avant d'entrer en fonctions. La loi n'a pas dit devant quelle autorité le serment devait être prêté, mais le ministre de l'intérieur a pensé qu'il convenait que ce fût devant le tribunal de l'arrondissement dans lequel les fonctions seraient exercées. Il s'est fondé sur ce que ces agents n'auraient pas à rédiger des procès-verbaux sur les seules contraventions qui sont de la compétence des conseils de préfecture, c'est-

à-dire les anticipations sur le sol des chemins vicinaux; la loi les charge, en effet, de constater toutes contraventions et délits relatifs au service vicinal, et, par conséquent, des faits justiciables des tribunaux ordinaires.

386. Sur l'affirmation des procès-verbaux dressés par les agents-voyers, nous nous référons à ce que nous avons dit plus haut, n° 206. Quant à la valeur de ces procès-verbaux, il ne pouvait être douteux qu'ils ne feraient foi que jusqu'à preuve contraire; le droit de rédiger des procès-verbaux faisant foi jusqu'à inscription de faux, n'est donné par la loi que par exception, à certains fonctionnaires et dans certains cas. Il suffit donc que cette prérogative ne soit pas nommément accordée aux agents-voyers pour qu'ils ne puissent en jouir. Enfin, des termes mêmes de l'institution des agents-voyers, il résulte évidemment qu'ils n'ont qualité pour rédiger des procès-verbaux que sur les contraventions et délits commis *sur les chemins vicinaux, et en matière de chemins vicinaux*. Si quelques doutes avaient pu exister à cet égard, ils seraient dissipés par un arrêt de la Cour de cassation (ch. crim., veuve Jeannain), en date du 23 janvier 1841, ainsi conçu: « Attendu que le procès-verbal dressé à la charge de la veuve Jeannin, le 14 juillet dernier, ne pouvait faire foi par lui-même, jusqu'à preuve contraire, de la contravention qu'elle aurait commise sur *la place* de la commune d'Uckange, en y construisant, sans autorisation du maire, un mur de fosse à fumier, puisqu'il est l'ouvrage d'un *agent-voyer*, que l'art. 11 de la loi du 21 mai 1836 charge seulement de surveiller la réparation, et de veiller à la conservation des chemins vicinaux. »

387. Après avoir dit quelles sont les bases d'organisation du personnel posées par la loi, nous allons voir quelle application en a été faite par l'administration, et nous prendrons ces renseignements dans le dernier rapport publié par le ministre de l'intérieur sur le service vicinal en 1840.

Nous avons vu plus haut qu'avant la loi de 1836, les ingénieurs des ponts et chaussées avaient été chargés, dans quelques départements, de diriger l'emploi des fonds que les conseils généraux affectaient dès lors à l'amélioration de quelques chemins vicinaux importants. Il ne pouvait y avoir que de l'avantage à ce que cette mission continuât de leur être confiée, là où ils pourraient continuer à la remplir avec l'extension qu'y donnait la loi nouvelle. La nomination d'agents-voyers, en effet, était facultative pour les préfets, et rien dans la loi ne s'opposait à ce que le service vicinal fût dirigé par les ingénieurs des ponts et chaussées, lorsque leurs obligations spéciales le leur permettaient. C'est ce qu'a dit le ministre de l'intérieur dans son instruction du 24 juin 1836; mais ce n'est que dans un petit nombre de départements que l'administration a pu profiter, pour le service vicinal, du concours des ingénieurs des ponts et chaussées. Ils y intervenaient dans seize départements en 1837; ils n'y intervenaient plus que dans treize départements en 1841, et encore leur action était limitée, dans dix départements, aux seuls chemins vicinaux de grande communication.

388. Différentes causes paraissent avoir contribué à empêcher que le service vicinal fût remis, sur une plus grande échelle, aux ingénieurs des ponts et chaussées, dont le concours eût, à bien des égards, présenté tant de garanties. Le plus souvent, les travaux spéciaux dont ils sont chargés absorbaient tout leur temps, et ils n'auraient pu en distraire celui que devait exiger la direction du nouveau service; il fallait d'ailleurs, dans des vues d'économie et en raison des différences dans la destination des nouvelles voies publiques, consentir à modifier, pour leur tracé, pour leur construction, les règles précises que le corps des ponts et chaussées suit constamment pour la construction des routes; il fallait enfin s'astreindre à la tâche minutieuse et souvent difficile de diriger l'emploi de la prestation en nature, qui forme, comme on l'a vu plus haut, les quarante-cinq centièmes des ressources vicinales. Cette dernière considération, surtout, a dû engager beaucoup d'ingénieurs des ponts et chaussées à s'abstenir de se charger de la direction du service vicinal, et la preuve en est que, dans dix des treize départements où ils y interviennent, il a fallu organiser un service spécial d'agents-voyers pour les chemins vicinaux de petite communication.

389. Ce ne fut d'abord qu'en vue des travaux des grandes lignes vicinales que les préfets usèrent de la faculté que leur donnait l'art. 11 de la loi du 21 mai 1836; mais, ce premier besoin satisfait, on comprit qu'il était impossible de laisser se perdre, ou au

moins s'employer d'une manière défectueuse, la masse considérable de ressources affectées aux chemins vicinaux de petite communication. On étendit donc graduellement l'organisation du personnel jusqu'à ces dernières voies publiques, tantôt en prélevant les traitements sur les fonds départementaux, mais plus souvent en imposant cette dépense, en tout ou en partie, sur les fonds communaux réservés aux travaux des chemins vicinaux de petite communication. Dans soixante départements déjà, les deux branches du service vicinal se trouvent ainsi dirigées par des hommes spéciaux, et cette amélioration s'étendra chaque année, au fur et à mesure que les vrais intérêts des localités seront mieux compris.

390. L'organisation le plus généralement adoptée est celle-ci : Un agent-voyer en chef centralise et dirige tout le service vicinal du département sous les ordres du préfet ; un agent-voyer, dans chaque arrondissement, fait exécuter les ordres qu'il reçoit de l'agent-voyer en chef; enfin des agents-voyers cantonnaux, placés sous les ordres des agents-voyers d'arrondissement et du sous-préfet, dirigent spécialement les travaux des chemins vicinaux de petite communication.

Dans les soixante-treize départements où le service vicinal, est entre les mains d'agents-voyers, il n'en est plus que treize où il n'ait pas été institué d'agent-voyer en chef, et les avantages de la centralisation du service sont trop évidents pour que cette exception ne disparaisse pas promptement. On comprend, en effet, que, quelle que soit la sollicitude qu'accorde le préfet au service des chemins vicinaux, il est impossible qu'il surveille personnellement tous les détails de ce service ; il lui est donc indispensable d'être secondé par un agent qui l'éclaire par ses rapports et prépare ses décisions.

391. Le personnel des agents-voyers se composait, en 1841, de 61 agents-voyers en chef, 394 agents-voyers d'arrondissement, et 1,094 agents-voyers d'un ordre secondaire; ensemble 1,559 agents. Nous devons faire remarquer que, parmi ceux de la dernière catégorie, il en est beaucoup qui ne sont réellement, par leurs fonctions, que des conducteurs ou même des piqueurs, mais auxquels on a cru devoir donner le titre d'agent-voyer, afin qu'ils fussent aptes à rédiger des procès-verbaux.

392. Il nous reste à faire connaître les dépenses qu'entraîne le personnel considérable qui prend part à la direction du service vicinal.

Dans les treize départements où les ingénieurs des ponts et chaussées interviennent dans ce service, ils ont reçu, en 1841, des indemnités qui se sont élevées à 97,416 fr. Quant aux agents-voyers, l'ensemble de leurs traitements s'est monté à 1,932,627 fr., dont 1,797,987 fr. ont été prélevés sur les fonds votés par les conseils généraux, et 134,640 fr. sur les fonds communaux spécialement affectés aux travaux des chemins vicinaux de petite communication, attendu que les agents-voyers auxquels est attribuée cette somme sont exclusivement chargés des travaux de ces chemins. La masse totale de la dépense du personnel, tant pour les indemnités des ingénieurs que pour les traitements des agents-voyers, s'est donc élevée à 2,030,043 fr., et en rapprochant cette somme de la masse des ressources dont ces agents ont dirigé l'emploi, on trouve qu'elle est dans la proportion de 4 1/2 p. %, ce qui doit être considéré comme un taux très-modéré, si on le compare à d'autres services analogues, et si l'on se rappelle surtout que les prestations en nature, dont la direction exige une plus grande surveillance, entre pour plus d'un tiers dans les ressources employées.

Chap. 3. — *Dispositions spéciales aux chemins vicinaux de petite communication.*

Sect. 1re. — *Chemins vicinaux de petite communication.*

393. La loi du 21 mai 1836 a, sinon explicitement, du moins implicitement, divisé les chemins vicinaux en deux catégories; elle a désigné les uns sous le nom de chemins vicinaux de grande communication, et a tracé dans sa section 2 les règles qui leur sont spéciales; elle a laissé aux autres la dénomination primitive de chemins vicinaux, et c'est pour éviter toute ambiguïté que dans le langage administratif on a ajouté aussi à cette dénomination les mots *de petite communication.*

394. Nous avons rapporté dans notre premier chapitre toutes les dispositions de la législation ou de la jurisprudence, qui ont pour objet la reconnaissance des chemins vicinaux, ainsi que la conservation de leur sol. Dans notre second chapitre, nous avons réuni toutes

les règles relatives, soit à la création des ressources applicables à l'entretien des chemins vicinaux, soit à l'emploi de ces ressources. Tout ce que renferment ces deux chapitres s'applique à l'ensemble des chemins vicinaux, et par conséquent aux chemins vicinaux de petite communication. Ce serait faire un double emploi que de revenir sur ce que nous avons dit, et nous nous bornons ici à rechercher ce que la législation actuelle permet d'apporter d'améliorations à l'état des chemins vicinaux de petite communication.

395. D'après le dernier rapport publié par le ministre de l'intérieur sur le service vicinal, les chemins vicinaux de petite communication légalement reconnus étaient au nombre de 338,529, ayant ensemble un parcours total de 963,862 kilomètres, ce qui donnerait, en moyenne, pour chaque commune 9 chemins, présentant ensemble un développement d'environ 17 kilomètres; mais si, de ces moyennes générales, on passait à l'examen de ce qui a été constaté dans chaque département, on y remarquerait des différences si considérables, qu'il est difficile de les expliquer par le seul besoin des communications. Ainsi, il est tel département où, en moyenne, chaque commune n'a fait classer que quatre ou cinq chemins d'un développement d'environ 8 ou 9 kilomètres, tandis que dans d'autres départements chaque commune a fait classer, en moyenne, jusqu'à 36 chemins vicinaux, ayant ensemble environ 40 kilomètres de parcours. Sans doute, les différences que présentent les diverses contrées de la France, sous le rapport du sol et surtout du mode de culture, doivent apporter de grandes différences aussi dans le nombre des voies de communication; mais nous pensons, avec tous les hommes qui se sont occupés de cette matière, que, dans presque tous les départements, le nombre des chemins vicinaux est beaucoup au-dessus de ce que réclamaient les besoins réels des communications secondaires. Dans l'état actuel des choses, le sol qu'occupent les chemins vicinaux peut être estimé à environ 369,000 hectares; c'est approximativement 1/141 de la superficie totale du royaume, et il serait certainement possible de rendre à l'agriculture une portion notable du sol occupé par les chemins vicinaux; aussi les instructions données par le ministre de l'intérieur ont-elles souvent invité les préfets à réduire, autant que possible, le nombre de ces chemins.

396. Cette mesure ne serait pas moins impérieusement commandée par le besoin de proportionner les dépenses aux ressources.

Par l'effet des dispositions de la nouvelle législation, relatives aux chemins vicinaux de grande communication, une portion considérable des ressources créées est exclusivement affectée à cette catégorie de chemins. Cette portion peut, pour certaines communes, s'élever jusqu'aux 2/3 des ressources; en fait, les chemins vicinaux de petite communication n'ont reçu, en 1841, que les 51/100 de la masse des ressources. Il faut remarquer d'ailleurs que les prestations fournies en nature forment environ les 64/100 des ressources applicables à ces chemins, et nous avons vu plus haut combien l'emploi de la prestation en nature laissait encore à désirer là où, comme sur une grande partie des chemins vicinaux de petite communication, cet emploi se fait sous la seule direction des maires.

397. Les ressources affectées, en 1841, aux chemins vicinaux de petite communication se sont élevées à une valeur de 27,568,884 fr., dont 17,446,115 fr. en prestation en nature, et 10,122,769 fr. en argent. Si du rapprochement de ces chiffres nous formons une moyenne de ce qui a pu être affecté à chaque kilomètre de ces chemins, nous trouvons que cette moyenne n'est que de 47 fr., dont 30 fr. en journées de prestation et 17 fr. en argent. Or, on ne saurait évaluer à moins de 80 fr. par kilomètre la somme qu'il faudrait affecter annuellement, en moyenne, à l'entretien des chemins vicinaux de petite communication. On voit donc que, généralement, les ressources de cette branche du service sont bien au-dessous des besoins. Il est à remarquer toutefois qu'en descendant de cette moyenne générale à une appréciation semblable pour chaque département, on trouve des différences énormes. Ainsi, il est plusieurs départements où la moyenne de ce qui peut être affecté à chaque kilomètre de chemin vicinal de petite communication est de près de 200 fr., tandis que dans d'autres elle n'est que de 7 fr. On conçoit donc que dans les uns on peut non pas seulement entretenir, mais encore réparer, améliorer les voies de communication, tandis que dans les autres on ne peut presque rien faire. Cet état de choses est fâcheux sans doute, mais il faut reconnaître qu'il est à peu près sans remède, car la législation peut bien permettre de créer des ressources, mais elle

ne peut faire que ces ressources soient partout d'un produit égal.

398. L'insuffisance des ressources n'est d'ailleurs pas le seul obstacle qu'éprouve l'administration supérieure lorsqu'elle cherche à faire pénétrer jusqu'aux derniers rameaux du service vicinal l'action de la loi du 21 mai 1836; bien plus souvent encore elle est entravée par l'insuffisance de ses moyens d'action et de surveillance. Dans un grand nombre de départements, les agents-voyers ne peuvent s'occuper que des travaux des chemins vicinaux de grande communication, et ils ne peuvent donner aucune partie de leurs soins à diriger la réparation des chemins vicinaux de petite communication. Ces voies publiques, d'ailleurs, ont été laissées sous l'autorité des maires, qui, ainsi que nous l'avons dit précédemment, n'ont que bien rarement le temps, les connaissances spéciales, et surtout la force de volonté et l'indépendance d'action nécessaires pour diriger de semblables travaux, ceux de prestation surtout, qui les mettent en contact direct avec leurs administrés. Deux choses sont donc indispensables pour que les faibles ressources applicables aux chemins vicinaux de petite communication reçoivent partout un utile emploi; c'est que les travaux soient dirigés par des hommes spéciaux, et cela se peut par la seule volonté des préfets et des conseils généraux, puisque l'on peut organiser partout, comme on l'a fait déjà dans un certain nombre de départements, des agents-voyers attachés spécialement à cette branche du service; il faut ensuite que l'administration supérieure puisse exercer, à l'égard des chemins vicinaux de petite communication, une action plus forte que celle qui lui est aujourd'hui attribuée; cela ne peut se faire que par une modification à la législation.

399. Malgré les obstacles que nous venons de signaler, le service des chemins vicinaux de petite communication est en voie de progrès dans un assez grand nombre de départements, et le dernier rapport publié par le ministre de l'intérieur signale plus de trente départements où les améliorations obtenues sont remarquables; il est à penser que le nombre en augmentera chaque année. Dans l'état d'insuffisance des ressources applicables à cette branche du service, ce que l'administration supérieure doit faire, ce qu'elle fait autant que cela dépend d'elle, c'est d'engager les administrations locales à ne pas disséminer ces ressources sur tous les chemins, ce qui ne permet d'en améliorer aucun, mais au contraire, de porter les efforts de la commune sur les chemins les plus utiles. Malheureusement la voie du conseil est la seule qui puisse être ici employée, et trop souvent elle échoue contre les intérêts privés qui se combattent au sein des conseils municipaux. Le législateur a voulu au moins que ces intérêts ne pussent pas prévaloir entièrement lorsque leur fâcheuse action eût pu s'étendre au delà des limites de la commune, et il y a pourvu par l'art. 6 de la loi du 21 mai 1836, relatif aux chemins vicinaux de petite communication qui intéressent plusieurs communes. Nous allons examiner comment peut être faite l'application de cet article.

Sect. 2. — *Chemins vicinaux d'intérêt commun.*

400. L'entretien des chemins vicinaux est à la charge des communes sur le territoire desquelles ils sont situés : tel est le principe général qui résultait implicitement de la législation antérieure à 1824, et qui a été formellement consacré par l'art. 1er de la loi du 28 juillet 1824. Mais un chemin vicinal n'est pas toujours utile uniquement à la commune dont il traverse le territoire. D'autres communes le fréquentent et le dégradent par leurs transports; quelquefois même la commune dont le territoire est traversé par un chemin est celle qui en a le moins besoin, soit parce que cette voie de communication ne fait qu'effleurer son territoire, soit parce qu'elle se dirige vers un lieu où cette commune n'a pas l'habitude de porter ses produits. Dans ce cas, assez fréquent, on conçoit qu'il était injuste qu'une commune fût chargée seule de l'entretien, souvent fort onéreux, d'un chemin dont elle se servait peu, par le seul motif qu'il était situé sur son territoire; l'équité commandait que les communes qui avaient le plus d'intérêt à la bonne viabilité de ce chemin, et qui le dégradaient le plus, pussent être appelées à contribuer à son entretien.

401. Ce principe d'équité, l'administration a dû sans doute l'appliquer quelquefois avant même qu'il fût écrit dans la loi, parce qu'il est des choses d'une justice trop évidente pour n'être pas admises sans contestation, et que d'ailleurs, pendant bien des années, l'administration a participé de la puissance de vo-

lonté qu'avait le gouvernement qui la dirigeait. Lorsque cette volonté cessa de suffire à l'action administrative, on reconnut la nécessité d'introduire dans la législation une disposition obligatoire sur l'entretien des chemins vicinaux d'intérêt commun, et on inscrivit dans la loi du 28 juillet 1824 un article ainsi conçu :

« Art. 9. Lorsqu'un même chemin intéresse plusieurs communes, et en cas de discord entre elles sur les proportions de cet intérêt et des charges à supporter, ou en cas de refus de subvenir auxdites charges, le préfet prononce, en conseil de préfecture, sur la délibération des conseils municipaux, assistés des plus imposés ainsi qu'il est dit à l'art. 5.»

402. L'intention du législateur était évidente. Il voulait que l'administration supérieure fût armée du pouvoir nécessaire pour faire cesser de fâcheux conflits entre deux communes ayant un même intérêt et, par conséquent, l'obligation de contribuer aux mêmes charges; mais cet article est resté à peu près une lettre morte entre les mains de l'administration, parce que, comme la plupart des dispositions de la loi du 28 juillet 1824, il était dépourvu de sanction. Ainsi le préfet pouvait bien appeler les conseils municipaux des différentes communes intéressées en commun à l'entretien d'un chemin à délibérer sur la part que chacune d'elles devait prendre dans cette charge ; il pouvait bien, en cas de discord entre elles ou en cas de refus, prononcer en conseil de préfecture, et déclarer que telle commune contribuerait à l'entretien pour un quart, telle autre pour un tiers; mais là se bornait son pouvoir, car la loi du 28 juillet 1824, pas plus que les précédentes, ne donnait au préfet le droit d'imposer d'office les communes qui se refuseraient à acquitter la part de dépenses mises à leur charge. Sans doute, lorsque ces communes avaient dans leurs ressources ordinaires le moyen de subvenir à la dépense mise à leur charge, le préfet pouvait inscrire d'office leur quote-part au budget communal ; mais c'est là, on le sait, un cas extrêmement rare, puisque plus des neuf dixièmes des communes sont dépourvues de ressources. L'entretien des chemins vicinaux ne pouvait donc se faire qu'au moyen de prestations en nature et de centimes extraordinaires, et, comme nous l'avons dit, la loi du 28 juillet 1824 ne donnait pas au préfet le droit d'imposer d'office les communes qui refusaient de s'imposer ces charges.

403. La loi du 21 mai 1836 est venue, sur ce point comme sur beaucoup d'autres, relever l'administration de la fâcheuse impuissance dans laquelle elle avait été laissée jusqu'alors. L'article 6 de cette loi est ainsi conçu :

«Art. 6. Lorsqu'un chemin vicinal intéresse plusieurs communes, le préfet, sur l'avis des conseils municipaux, désignera les communes qui devront concourir à sa construction ou à son entretien, et fixera la proportion dans laquelle chacune d'elles y contribuera. »

404. Faisons d'abord remarquer les différences de rédaction que présentent cet article et l'article 9 de la loi du 23 juillet 1824.

En premier lieu, le préfet n'est plus obligé d'attendre pour intervenir qu'il y ait *discord* déclaré entre les communes; son action est le principe général sur la matière, et l'initiative lui appartient ; il doit entendre les conseils municipaux, mais ces conseils ne sont plus astreints à s'adjoindre les plus imposés, adjonction que la prudence conseille et que la loi commande, lorsqu'il s'agit de dépenses extraordinaires et facultatives, mais qui est sans objet lorsqu'il s'agit de dépenses ordinaires et obligatoires; le préfet n'est plus astreint à prononcer *en conseil de préfecture*; enfin, ce ne sont plus les seules dépenses d'entretien qui peuvent être réparties entre les communes intéressées, ce sont même les dépenses *de construction*, et il le fallait pour que l'administration ne fût pas sans force dans les cas, rares sans doute, mais qui se présentent quelquefois, où il faut remplacer un chemin mal tracé par une voie nouvelle.

405. Mais ce qui constitue la différence principale entre cet article et celui qu'il remplace, c'est qu'il n'est plus dépourvu de sanction, c'est qu'il participe du pouvoir coercitif si heureusement confié à l'administration supérieure. Ainsi, lorsque le préfet, sur l'avis des conseils municipaux, a fixé la proportion dans laquelle les différentes communes doivent contribuer à l'entretien d'un chemin d'intérêt commun, si ces communes, ou l'une d'elles, refusaient de pourvoir à l'acquittement de leur quote-part, le préfet pourrait les contraindre. La commune récalcitrante a-t-elle dans ses revenus ordinaires le moyen de pourvoir à cette dépense, le préfet a le droit de l'inscrire d'office au budget ou d'en provoquer l'inscription par ordonnance du roi,

selon les cas, ainsi que nous l'avons exposé plus haut, car il s'agit d'une dépense obligatoire; la commune n'a-t-elle pas de ressources ordinaires suffisantes et est-elle obligée de recourir à la prestation en nature et aux centimes spéciaux, le préfet peut, sur le refus du conseil municipal, imposer la commune d'office, en vertu de l'art. 5 de la loi, car il s'agit de l'entretien ou de la construction d'un chemin vicinal. Il est entendu toutefois que cette imposition d'office ne peut, dans aucun cas, dépasser les limites du maximum posé par la loi. Ainsi, le préfet ne pourrait exiger des communes de pourvoir à la dépense d'un chemin d'intérêt commun, si déjà elles votaient et employaient pour d'autres chemins vicinaux le maximum de leurs prestations et de leurs centimes. Le principe qui domine toutes les règles sur la dépense des chemins vicinaux, le principe qui est écrit à côté du droit de coërcition donné au préfet, c'est que, pour l'ensemble du service vicinal, chemins vicinaux de petite communication, chemins vicinaux d'intérêt commun, chemins vicinaux de grande communication, on ne peut, aux communes qui n'ont pas de revenus ordinaires suffisants, demander de fournir à ce service plus que les trois journées de prestation et les cinq centimes spéciaux déterminés comme maximum dans l'art. 2 de la loi du 21 mai 1836.

406. Nous terminerons sur ce point en disant que les arrêtés des préfets pour l'application de l'art. 6 de la loi précitée, étant pris dans la limite de leur compétence, ne peuvent être attaqués que devant le ministre de l'intérieur. Ce principe avait été rappelé dans une ordonnance du 22 oct. 1830 (commune de Montlebon) ainsi conçue : « considérant que les arrêtés pris par les préfets en conseil de préfecture, en vertu de l'art. 9 de la loi du 28 juillet 1824, ne peuvent être attaqués directement devant nous par la voie contentieuse. » Bien qu'il s'agisse, dans cette ordonnance, d'un acte fait sous l'empire de la législation précédente, il y a évidemment même raison de décider, quant aux arrêtés pris en exécution de l'art. 6 de la loi du 21 mai 1836.

407. L'art. 6 de la loi du 21 mai 1836 donne donc aux préfets le pouvoir nécessaire pour que l'application de ses dispositions puisse être faite d'une manière efficace; mais si ce pouvoir est étendu, l'administration doit y voir un motif de plus pour n'en user que lorsque l'intérêt du service vicinal le commande. C'est ce que le ministre de l'intérieur a dit aux préfets, à l'occasion de cet article de la loi, dans son instruction du 24 juin 1836. Il fait remarquer « qu'il est bien peu de chemins qui ne servent qu'à la seule commune sur le territoire de laquelle ils sont situés ; que presque tous servent aussi, plus ou moins, aux communes environnantes ; que si donc on devait toujours les appeler à concourir à la réparation de ces chemins parce qu'elles s'en servent quelquefois, tous les chemins de chaque commune devraient bientôt être entretenus au moyen du concours de deux ou trois communes voisines, et réciproquement; que, pour appliquer la disposition nouvelle, il ne suffit pas qu'une commune se serve quelquefois d'un chemin situé sur le territoire d'une autre commune ; qu'il faut que ce chemin soit pour elle un moyen habituel et indispensable de communication, et qu'elle le dégrade assez pour qu'il soit juste de l'appeler à contribuer à son entretien. »

408. Cette interprétation de la loi, tout en restreignant son application aux cas où elle doit réellement avoir lieu, a cependant laissé à l'action des préfets assez de liberté pour que dans un certain nombre de départements on ait tiré un utile parti de cet article. Dans plusieurs, on a fait un choix des chemins vicinaux les plus importants après ceux de grande communication, et on en a fait un supplément à ceux de cette dernière catégorie, sous le nom de chemins d'intérêt commun. Les efforts des communes se sont ainsi trouvés associés, d'isolés qu'ils étaient. L'administration, en faisant centraliser les ressources dans l'une des caisses communales de l'agglomération, a pu se réserver la direction de travaux qui n'appartenaient plus de droit à aucun des maires en particulier : en un mot, on a appliqué à ces chemins les règles principales créées par la loi pour les chemins vicinaux de grande communication, et cette mesure a été généralement sanctionnée par l'assentiment des localités intéressées.

409. Quelques préfets, en petit nombre à la vérité, ont pensé que l'attribution qui leur avait été conférée par l'art. 6 de la loi du 21 mai 1836, avait été modifiée par les art. 6 et 41 de la loi du 10 mai 1838 sur l'administration départementale, qui appellent les conseils d'arrondissement et de département

à donner leur avis sur les difficultés élevées relativement à la répartition de la dépense des travaux intéressant plusieurs communes. Ces magistrats pensaient qu'ils ne pouvaient plus aujourd'hui désigner les communes qui devraient concourir à la dépense d'un chemin vicinal d'intérêt commun, sans avoir préalablement pris l'avis des conseils d'arrondissement et de département. C'était une erreur que le ministre de l'intérieur a relevée toutes les fois qu'elle est venue à sa connaissance. Il a rappelé qu'il est de principe que les lois générales ne dérogent pas aux lois spéciales, à moins que cette dérogation ne soit formellement exprimée; que la loi du 21 mai 1836 est une loi spéciale aux chemins vicinaux; que celle du 10 mai 1838 est une loi générale, et que les art. 6 et 41 de cette dernière n'expriment aucune dérogation à ce qui avait été réglé par la législation sur les chemins vicinaux; que les travaux d'intérêt commun sur lesquels les conseils d'arrondissement et de département sont appelés à délibérer, sont autres que ceux des chemins vicinaux, notamment les constructions ou réparations d'églises, de presbytères, de maisons d'école. On comprend d'ailleurs tout ce que le service vicinal éprouverait d'entraves si, à chaque réclamation que ferait surgir l'application de l'art. 6 de la loi du 21 mai 1836, le préfet était obligé de surseoir et d'attendre, souvent plusieurs mois, la réunion annuelle des conseils généraux. C'est aux chemins vicinaux de grande communication qu'est réservée l'intervention de ces assemblées, ainsi que nous allons le voir dans le chapitre suivant.

CHAP. 4. — *Dispositions spéciales aux chemins vicinaux de grande communication.*

SECT. 1re. *Mesures relatives au classement.*

§ 1er. — *Définition.*

410. La loi du 21 mai 1836 a créé la dénomination de *chemins vicinaux de grande communication,* mais elle n'a pas créé le système de ces voies publiques; elle n'a fait que consacrer ce qui se pratiquait déjà dans un certain nombre de départements; elle n'a fait que régulariser à cet égard l'action de l'administration, que préciser les ressources qui pouvaient être affectées à ces chemins. L'un des principaux défauts de la législation précédente, c'était l'isolement dans lequel elle avait laissé les communes, quant à l'amélioration des chemins vicinaux; telle commune, par exemple, mettait en bon état de viabilité un chemin qui lui était nécessaire pour se rendre au marché voisin, et, à l'extrémité de son territoire, ce même chemin était laissé, par la commune limitrophe, dans un état complet de dégradation. On avait compris depuis longtemps ce qu'avait de fâcheux un semblable état de choses, et dans un assez grand nombre de départements on avait cherché à suppléer à l'insuffisance de la législation; on avait, pour y parvenir, étendu, dépassé peut-être l'application de l'art. 9 de la loi du 28 juillet 1824, relatif aux chemins vicinaux intéressant plusieurs communes. Ainsi, dix, douze communes avaient-elles intérêt à l'amélioration d'une ligne de chemins vicinaux situés sur leurs territoires, et qui devait les mettre en communication avec le chef-lieu du canton, avec un lieu de marché, avec une route royale ou départementale, ou avec un port sur une rivière, le préfet appelait ces communes à mettre en commun les ressources qu'elles pouvaient consacrer à l'amélioration de cette ligne; elles étaient aidées, encouragées dans leurs efforts par des subventions que le conseil général autorisait le préfet à accorder sur les fonds départementaux, et bientôt se trouvait établie une voie de communication qui offrait à ces communes de nouveaux, d'importants débouchés. Dans 50 départements déjà, ce système avait été adopté avant la loi du 21 mai 1836, et les chemins vicinaux de grande communication y existaient en fait sous les noms divers de *chemins cantonnaux, chemins d'arrondissements routes non classées.*

411. Pour consolider ce que l'administration avait fait, pour étendre les bienfaits de ce système à tous les départements du royaume, le législateur n'eut qu'à convertir en règles les enseignements de la pratique; il n'eut qu'à dire à quelle autorité appartiendrait le choix des lignes vicinales qu'il convenait d'élever au rang de chemins vicinaux de grande communication, qu'à donner la désignation des communes qui devraient concourir à la dépense de ces lignes et régler la répartition des subventions; pour compléter le système enfin, il n'eut qu'à déclarer applicable aux chemins vicinaux de grande communication l'action coërcitive donnée à l'administration. C'est ce qu'a fait le législateur par le titre 2 de la loi du 21 mai 1836, dont nous allons développer les dispositions.

412. Faisons remarquer, d'abord, que la dénomination de chemin vicinal de grande communication ne fait pas perdre aux voies publiques qui la reçoivent le caractère légal de chemin vicinal qu'elles avaient préalablement reçu. C'est ce qu'a dit le ministre de l'intérieur dans un paragraphe de son instruction du 24 juin 1836, que nous croyons devoir reproduire ici, parce que d'autres termes pourraient n'avoir pas la même précision. « Ils restent chemins vicinaux, » est-il dit dans ce paragraphe ; « ils en conservent tous les privilèges ; ils sont imprescriptibles; la répression des usurpations reste dévolue à la juridiction des conseils de préfecture ; le sol de ces chemins continue d'appartenir aux communes; les communes demeurent chargées de pourvoir à leur entretien, au moins en partie. Les fonds départementaux qu'il est permis d'y affecter viennent à la décharge des communes, non pas comme dépenses départementales directes, mais seulement comme secours, comme subvention. Les travaux qui se font sur ces chemins sont donc des travaux communaux et non point des travaux départementaux; seulement, il a paru nécessaire de placer ces travaux sous l'autorité immédiate et directe du préfet, parce qu'ils sont faits en vue d'un intérêt plus étendu que le simple intérêt d'une seule commune, et qu'il était indispensable de confier à une autorité centrale l'exécution de mesures qui embrassent plusieurs communes. »

§ 2. — *Classement.*

413. « Les chemins vicinaux, » dit le premier paragraphe de l'art. 7 de la loi du 21 mai 1836, « peuvent, selon leur importance, être déclarés chemins vicinaux de grande communication par le conseil général, sur l'avis des conseils municipaux, des conseils d'arrondissement, et sur la proposition du préfet. »

En donnant aux conseils généraux de département, et non pas à l'autorité administrative, le droit de *classer* les chemins vicinaux de grande communication, la législation a procédé, on a pu le remarquer, dans un ordre inverse de ce qui a été réglé, par une autre loi, pour les routes départementales. Pour ces dernières, en effet, le conseil général *propose* le classement ; c'est le roi, comme administrateur suprême, qui *prononce* ce classement. Cette inversion dans les attributions, en matière de voies publiques, n'est cependant qu'apparente; car la désignation des chemins vicinaux de grande communication ne fait point passer ces voies publiques dans une classe autre que celle dont elles faisaient partie, et ne les soustrait pas à la législation sous laquelle elles se trouvaient, comme cela a lieu lorsqu'un chemin est déclaré route départementale. Le conseil général est seulement appelé à désigner les chemins vicinaux qui, en raison de leur importance, peuvent recevoir des subventions sur les fonds départementaux; il était rationnel qu'il fût chargé de cette désignation.

414. La décision du conseil général doit d'ailleurs être précédée de formalités propres à donner la garantie qu'elle sera conforme aux intérêts des localités. Ainsi, la loi veut que toutes les communes intéressées aient été entendues sur le projet de classement par l'organe de leurs conseils municipaux. Les conseils d'arrondissement doivent également donner leur avis; enfin, sur le vu de ces diverses délibérations, l'initiative de la proposition du classement appartient au préfet. La loi ne soumet la délibération du conseil général à aucune approbation préalable ; elle est donc exécutoire de plein droit, et ne pourrait même être attaquée devant le ministre de l'intérieur, à qui le droit de révision n'a pas été attribué ; mais, si le conseil général classait un chemin vicinal de grande communication sans que toutes ces formes eussent été observées, sa délibération pourrait être annulée pour violation de la loi. Cette disposition n'a pas été écrite, à la vérité, dans la loi du 21 mai 1836, mais elle est l'application du principe que toute décision administrative peut être déférée au roi en son Conseil d'état, pour excès de pouvoir ou violation de la loi.

415. Une première application de ce principe avait été faite implicitement par l'ordonnance du 3 mai 1839 (commune de Montgaroult), ainsi conçue : « Vu la loi du 21 mai 1836, celle du 10 mai 1838; *en ce qui touche la déclaration de grande vicinalité du chemin* *n°* 15, considérant que la délibération du conseil général du département de l'Orne, qui a déclaré chemin de grande communication le chemin d'Argentan à Condé-sur-Noireau, a été prise dans la limite de ses pouvoirs et après l'accomplissement des formalités prescrites par l'art. 7 de la loi du 21 mai 1836; et qu'au fond elle ne peut être attaquée de-

vant nous, en notre Conseil d'état, par la voie contentieuse. » Une seconde ordonnance du 19 février 1840 (ville de Saint-Étienne) a reconnu le principe d'une manière plus formelle; elle est ainsi conçue : «Vu le décret des 7-14 octobre 1790; vu l'art. 7 de la loi du 21 mai 1836; *en ce qui touche la délibération du conseil général de la Loire*; considérant que l'art. 7 de la loi ci-dessus visée a prescrit, comme condition nécessaire, que les chemins vicinaux ne pourraient être déclarés de grande communication par les conseils généraux, que sur l'avis des conseils municipaux, des conseils d'arrondissement, et sur la proposition des préfets; que, sur les mêmes avis et propositions les conseils généraux doivent déterminer la direction de chaque chemin vicinal de grande communication, et désigner les communes qui doivent contribuer à sa construction ou à son entretien, et que lesdits conseils généraux ne peuvent, sans excéder leurs pouvoirs, prononcer le classement des chemins lorsque les formalités ci-dessus rappelées n'ont point été observées; considérant que, dans l'espèce, il résulte de l'instruction que le conseil municipal de la ville de Saint-Étienne n'a pas été appelé à donner son avis, soit sur le projet d'établissement, soit sur la direction du chemin vicinal de grande communication de Saint-Étienne à Saint-Just, soit enfin sur le concours des communes qui doivent contribuer à sa construction ou à son entretien. — Art. 1er. La délibération du conseil général du département de la Loire, du 27 avril 1836, est annulée. »

416. Ces deux ordonnances sont les seules qui aient été rendues sur la matière; mais plusieurs fois des communes, sans se pourvoir devant le Conseil d'état, ont signalé au ministre de l'intérieur l'omission de quelques-unes des formalités substantielles du classement d'un chemin vicinal de grande communication. Dans ces cas, le ministre a invité le préfet à surseoir à toute mesure d'exécution de la délibération du conseil général, à remplir, en ce qui concerne l'administration, les formalités qui avaient été omises, et à provoquer une nouvelle délibération du conseil général à la plus prochaine session. Cette marche était la seule, en effet, qui pût être tracée dans ces circonstances, car, d'un côté, le ministre n'aurait pas eu qualité pour se pourvoir en annulation de la délibération, au nom des communes qui négligeaient de recourir à ce moyen; d'un autre côté, l'administration ne devait pas compromettre sa responsabilité en donnant force exécutoire à une délibération qui manquait notoirement des conditions qui pouvaient seules la rendre légale.

417. En donnant aux préfets des instructions sur le classement des chemins vicinaux de grande communication, le ministre de l'intérieur a plusieurs fois invité ces magistrats à restreindre dans de justes limites leurs propositions de classement. Il a fait remarquer que l'adoption d'un trop grand nombre de lignes vicinales entraînerait une dissémination de ressources qui nuirait aux travaux. Rien ne motivait, rien ne rendait nécessaire le classement simultané de tous les chemins vicinaux de grande communication, et il paraissait préférable de n'en classer d'abord qu'un certain nombre, en rapport avec les fonds de subvention qui pourraient y être affectés, sauf à opérer de nouveaux classements au fur et à mesure de l'achèvement des lignes entreprises les premières.

418. Ces conseils furent entendus dans un certain nombre de départements, et on n'y opéra de classements que dans les proportions des ressources; quelquefois même, le préfet n'en proposa que sur l'engagement des communes de fournir, dans un certain nombre d'années, les ressources nécessaires aux travaux. Mais, dans un grand nombre d'autres départements, il fut difficile de résister à l'entraînement des localités, qui semblaient croire que le seul classement d'un chemin vicinal de grande communication allait leur donner à l'instant les moyens de construire cette ligne. Dès la première session dans laquelle les conseils généraux eurent à s'occuper de cette mesure, celle de 1836, ils classèrent 1568 chemins vicinaux de grande communication ayant ensemble un parcours de 34,932 kilom. (1). Depuis, de nouveaux classements ont été prononcés chaque année, et après la session des conseils généraux de 1841, le nombre des

(1) Nous devons faire remarquer que tous les chiffres relatifs aux chemins vicinaux de grande communication ne s'appliquent qu'à quatre-vingt-cinq départements, celui d'Indre-et-Loire n'en ayant classé aucun, parce que l'achèvement de ses routes départementales absorbait toutes ses ressources.

grandes lignes vicinales classées était de 2,485, et leur parcours de 52,975 kilomètres.

419. Différentes considérations ont déterminé un classement aussi étendu. Dans quelques départements, on a cru utile de déterminer, dès le premier moment, le réseau entier des chemins vicinaux de grande communication, afin que les différents cantons pussent connaître immédiatement ce qu'ils avaient à attendre de la nouvelle législation ; là, le classement n'était, pour la plupart des lignes, qu'une déclaration de principes. Dans d'autres départements, le classement n'avait pour objet que de placer certaines lignes sous l'autorité du préfet, qui pouvait alors diriger l'emploi des ressources communales, et il était arrêté, de concert entre le préfet et le conseil général, qu'aucune subvention départementale ne serait attribuée à ces lignes qu'après l'achèvement de celles qui avaient été classées les premières. Ailleurs enfin, on avait eu vue de ne pas laisser perdre les ressources qu'on pouvait demander aux communes, et qui, sans le classement, eussent été employées, souvent sans avantage réel, sur les chemins vicinaux de petite communication.

Il est à remarquer, d'ailleurs, qu'un classement trop étendu de chemins vicinaux de grande communication ne présente pas, au même degré, les inconvénients qu'aurait un classement trop étendu de routes départetales. Pour celles-ci, en effet, les fonds que le département peut affecter à leur construction ont des limites restreintes, et dès lors, il y a un désavantage réel à partager ces ressources entre un grand nombre de routes. Pour les chemins vicinaux de grande communication, au contraire, la décision qui les classe crée virtuellement, en dehors des fonds départementaux, une forte partie des ressources qui leur sont applicables ; ce sont les contingents des communes qui s'élèvent généralement de la moitié aux deux tiers de la dépense.

420. Quoi qu'il en soit, il faut reconnaître que, dans plus d'un département, il y a eu exagération dans le classement des grandes lignes vicinales, car il en est où, de la comparaison des ressources avec les dépenses, il résulte que les chemins classés ne seront achevés que dans vingt ans et plus. Il est donc à regretter, selon nous, que la loi ait laissé aux conseils généraux un droit illimité de classement, et qu'elle n'ait pas donné à l'administration centrale la faculté de s'opposer à un entraînement dont les préfets et les conseils généraux ne pouvaient pas toujours se défendre.

421. Sur un autre point encore, une fâcheuse lacune est à regretter dans la loi, en matière de classement ; souvent un chemin vicinal de grande communication ne s'étend pas sur le territoire du seul département où il prend naissance, et il doit, pour avoir toute son utilité, se réunir à une autre ligne située sur le département limitrophe. Le ministre, dans son instruction du 24 juin 1836, a bien prescrit aux préfets de se concerter entre eux dans ce cas, et, s'ils ne pouvaient se mettre d'accord, de lui en référer avant de soumettre leurs propositions aux conseils généraux. Mais cet avis a été plus d'une fois perdu de vue ; des conflits se sont élevés entre les conseils généraux sans qu'une autorité supérieure tînt de la loi le droit de les faire cesser, et, dans plus d'une circonstance, des dépenses considérables ont été faites, presque en pure perte, sur un chemin qui, à la limite du département, se trouvait sans issue. Il paraît donc indispensable que la loi soit modifiée à cet égard.

§ 3. — *Déclassement.*

422. La loi du 21 mai 1836, après avoir tracé les formes du classement des chemins vicinaux de grande communication, a omis de parler du déclassement de ces chemins, et cependant cette mesure pouvait être nécessaire dans certains départements, où une trop grande extension avait été donnée à la désignation des lignes vicinales. Des circonstances locales pouvaient rendre cette mesure nécessaire également dans d'autres départements. Ainsi, les dépenses à faire pour la construction, trop légèrement évaluées d'abord, pouvaient se trouver, en définitive, hors de toute proportion avec les ressources que pourraient fournir les communes attachées à la ligne, ce qui laisserait retomber une charge trop considérable sur les fonds départementaux ; ailleurs, un classement n'avait été prononcé que sur des promesses de concours faites par des communes et des particuliers, et la réalisation de ces promesses ne pouvant être obtenue, il devenait nécessaire de déclasser la ligne, ne fût-ce que pour prouver que de semblables engagements devaient toujours être sérieux.

423. Dans le silence de la loi sur les formes du déclassement, le ministre pensa qu'il y avait lieu de suivre celles qui avaient été adoptées pour le classement. Il prescrivit donc,

dans son instruction, de consulter sur cette mesure les conseils municipaux des communes intéressées, ainsi que les conseils d'arrondissement: et ce n'était qu'après avoir pesé ces avis que le préfet devait proposer le déclassement au conseil général. Un certain nombre de chemins vicinaux de grande communication ont été déclassés déjà dans plusieurs départements, et cette mesure n'a été l'objet d'aucun recours; la légalité n'en est donc pas contestée.

§ 4. — *Direction et tracé.*

424. La fixation de la direction que doit suivre une voie publique est le complément du classement, et cette fixation devait, pour les chemins vicinaux de grande communication, être dévolue aux conseils généraux comme annexe de l'attribution du classement; ce ne devait pas être d'ailleurs la partie la moins difficile de leur mission. Ici, en effet, s'ouvre la lutte des intérêts privés; chaque commune, chaque hameau placé à proximité de la direction qui peut être adoptée, insiste pour que la ligne traverse non-seulement le territoire, mais même le groupe de maisons qui constitue le village. Les débats sont toujours fort animés, parce qu'en effet c'est toujours un très-grand avantage que de posséder un nouveau moyen de communication. Le législateur a donc voulu que tous les intérêts fussent mûrement pesés, et, en donnant aux conseils généraux le droit de *déterminer la direction de chaque chemin vicinal de grande communication*, il a voulu qu'il ne fût prononcé à cet égard qu'avec les mêmes garanties que pour le classement, c'est-à-dire l'avis des conseils municipaux et d'arrondissement et la proposition du préfet.

425. Il restait à préciser la valeur des mots un peu vagues, il faut le reconnaître, dont s'était servi le législateur, *déterminer la direction*. La plupart du temps, le classement d'un chemin vicinal de grande communication précède l'étude de la ligne par les hommes de l'art, étude longue et difficile, et qui ne doit pas être entreprise au hasard de perdre un temps susceptible d'être utilement employé. Il était donc évident que, dans la plupart des cas, le conseil général ne pourrait déterminer la direction d'une grande ligne vicinale que par la fixation de ses points extrêmes, et tout au plus des principaux points de passage. Quant aux détails du parcours de la ligne, ils ne pouvaient être fixés qu'après l'étude du tracé sur le terrain; c'était là un détail d'exécution qui rentrait dans le domaine de l'administration. C'est ainsi, en effet, que le ministre a expliqué cette partie de la loi dans son instruction du 24 juin 1836, et cette interprétation n'a donné lieu, que nous sachions, à aucune difficulté sérieuse.

426. Quelques doutes ont été élevés sur la question de savoir si, pour la fixation de la direction d'un chemin vicinal de grande communication, l'initiative du préfet était, comme pour le classement, tellement absolue que le conseil général ne pût adopter une direction autre que celle proposée par le préfet.

En fait et dans la pratique, la solution de cette question a peu d'importance, car, dans tout ce qui a rapport au service vicinal surtout, les intérêts de l'administration ne peuvent être autres que ceux des localités que représentent les membres du conseil général, et le plus parfait accord ne peut manquer de régner entre le préfet qui propose et le conseil général qui statue; mais, pour résoudre la question comme principe, il faut, nous le pensons, examiner l'étendue et les effets de la dissidence qui pourrait se manifester.

Le préfet, par exemple, a proposé le classement d'une ligne allant de tel point à tel point; le conseil général ne pourrait évidemment classer un chemin allant de l'un de ces points à un autre que celui désigné par le préfet, car il s'agirait là d'un chemin autre que celui proposé; d'ailleurs les communes n'auraient pas été consultées, pas plus que le conseil d'arrondissement sur cette nouvelle direction, et la décision du conseil général se trouverait ainsi viciée. Mais si le conseil général maintient la ligne vicinale entre les deux points extrêmes proposés par le préfet, et qu'il modifie seulement la direction en ce qu'il la fera passer par telle commune, par tel village, plutôt que par tel autre, nous pensons que le conseil général n'aura pas outrepassé ses pouvoirs; nous supposons ici, toutefois, que les communes que pourrait affecter cette modification dans le tracé auront été entendues, car rien ne peut se faire légalement sans ce préalable.

427. Le ministre a également conseillé aux préfets de s'attacher autant que possible à suivre, pour la direction des lignes vicinales, les chemins vicinaux déjà existants, afin d'évi-

ter la dépense quelquefois considérable du terrain à acquérir pour un nouveau tracé. Ce conseil n'a pu, dans la pratique, être suivi que dans un certain nombre de départements. Dans beaucoup d'autres, le tracé actuel des chemins vicinaux était tellement vicieux', coupé de courbes si brusques et de rampes si rapides, qu'il était impossible de le conserver, lorsqu'il s'agissait d'établir une voie publique sur laquelle la circulation devait devenir plus active. Souvent aussi les chemins vicinaux actuels étaient tellement encaissés par l'effet d'une longue dégradation, qu'il devait en coûter plus pour les réparer que pour les établir sur un nouveau terrain. Aussi, d'après les renseignements recueillis et publiés par le ministère de l'intérieur, le parcours des chemins vicinaux de grande communication dont il a fallu changer l'assiette, est à peu près des 3/5 du développement total de ces lignes.

428. Quant à la fixation de la largeur des chemins vicinaux de grande communication, c'est aux préfets que la loi en a laissé le soin. Ce n'est que l'application à ces chemins de l'attribution donnée à ces magistrats, comme nous avons vu plus haut, par l'art. 15 de la loi; les chemins vicinaux de grande communication n'étant en principe que des chemins vicinaux, il n'y avait pas de motif pour déroger à la règle tracée pour la fixation de la largeur et la détermination des limites. Dans des vues d'économie, le ministre de l'intérieur a conseillé aux préfets de ne pas dépasser la largeur de huit mètres, non compris les fossés; c'est en général celle que les préfets ont fixée dans leurs règlements.

429. Dans beaucoup de départements, les terrains qui ont dû être ainsi occupés pour l'élargissement et même pour la rectification ou le redressement des grandes lignes vicinales, ont été obtenus gratuitement, soit que les propriétaires en aient fait l'abandon, soit qu'on ait pu opérer l'échange des parties de chemins qui étaient délaissées par la nouvelle direction. Ce résultat, d'une très-grande importance, est dû le plus souvent au bon esprit des populations et à la saine appréciation de leurs véritables intérêts; il avait été préparé d'ailleurs par le principe qu'avait posé le ministre de l'intérieur dans son instruction du 24 juin 1836, savoir : que si quelques indemnités étaient à payer, ce serait aux communes à y pourvoir, et que jamais les fonds départementaux ne devaient être appliqués à l'achat des terrains. Ce principe était la conséquence de celui que le sol des chemins vicinaux de grande communication restait la propriété des communes sur le territoire desquelles ils sont situés, comme s'il s'agissait de chemins vicinaux de petite communication. Ce n'est que dans quelques cas exceptionnels que le ministre a autorisé une dérogation à cette règle, lorsque notamment la commune était absolument sans moyens de pourvoir à cette dépense, et que, faute de pouvoir solder le prix des terrains, l'établissement des chemins serait impossible.

430. Pour terminer ce qui a rapport à la direction des chemins vicinaux de grande communication, nous ferons remarquer que, pour la fixer, l'administration doit souvent s'écarter des règles usitées relativement aux voies publiques d'un ordre plus élevé. Pour les routes royales, par exemple, on a en vue le plus souvent les points extrêmes de la ligne, et le besoin de favoriser une circulation rapide détermine ordinairement le choix de la direction la plus courte, sans qu'il soit toujours possible de prendre en considération les intérêts des localités intermédiaires. Les chemins vicinaux de grande communication, au contraire, étant principalement destinés aux besoins de l'agriculture et du petit roulage, l'administration s'attache moins à abréger les distances qu'à vivifier le plus grand nombre possible de localités intermédiaires. Il arrive donc fréquemment qu'au lieu de chercher la ligne la plus courte entre les points extrêmes, l'administration se détermine à infléchir la direction du chemin, pour qu'il puisse ouvrir des débouchés à des localités que la ligne directe eût laissées de côté.

SECT. 2. — *Mesures relatives à la création des ressources.*

§ 1er. — *Désignation des communes intéressées.*

431. Les fonds départementaux, ainsi que nous l'avons dit plus haut, ne doivent contribuer que comme subvention à la dépense des chemins vicinaux de grande communication; c'est aux communes qu'incombe la majeure partie de cette dépense, et l'art. 7 de la loi du 21 mai 1836 confie encore au conseil général la désignation des communes qui doivent y contribuer. Cette désignation est d'ailleurs

subordonnée à l'accomplissement des formalités que nous avons vu prescrites pour le classement des grandes lignes vicinales.

432. Aucune règle n'a été et ne pouvait en effet être tracée par la loi pour le choix qu'avait à faire le conseil général; mais, de ce silence même de la loi, il résulte incontestablement que les communes dont le territoire est traversé par un chemin vicinal de grande communication, ne sont pas les seules qui puissent être appelées à concourir à la dépense de ce chemin. S'il n'en était pas ainsi, en effet, il eût été inutile que le conseil général fût chargé de la *désignation des communes*, car bien évidemment les communes sur le territoire desquelles un chemin est situé doivent, par cela seul, être appelées à contribuer à son entretien; il faut donc bien que la désignation à faire par le conseil général puisse porter sur des communes autres que celles traversées. Cela est d'ailleurs parfaitement équitable, car, ainsi que l'a fait remarquer le ministre de l'intérieur dans son instruction du 24 juin 1836, « un chemin vicinal de grande communication doit servir de débouché non-seulement aux communes qu'il traverse, mais encore à des communes situées à droite et à gauche, quelquefois même à une assez grande distance, mais qui peuvent pousser des embranchements sur cette ligne principale. » Quelques contestations se sont élevées sur cette interprétation de la loi, mais aucune n'a été suivie jusqu'au Conseil d'état, où elles eussent certainement échoué.

C'est donc la seule appréciation de l'avantage que peut trouver telle ou telle commune à l'amélioration d'un chemin vicinal de grande communication, qui doit guider le préfet dans ses propositions, et le conseil général dans ses décisions, sur la désignation des communes qui doivent contribuer à la dépense. C'est ce qui a été compris partout, car sur 20,187 communes qui, d'après le dernier rapport du ministre de l'intérieur, avaient été appelées à concourir à la construction ou à l'entretien des grandes lignes vicinales, il en est 6,592, c'est-à-dire près d'un tiers, dont le territoire n'est pas traversé par ces lignes. Ajoutons que la désignation des communes ne peut pas se faire d'une manière générale pour tout le département. Chaque chemin vicinal de grande communication forme une spécialité de dépenses comme d'intérêts; l'association des communes doit donc être groupée par ligne. Il va sans dire, du reste, qu'il est des communes qui peuvent être déclarées intéressées à plusieurs lignes, si elles les fréquentent; mais, dans ce cas même, leurs obligations à l'égard de chaque ligne sont établies d'une manière distincte; ces obligations ne peuvent d'ailleurs, dans leur ensemble, dépasser les limites posées par la loi.

433. Quelque soin que mettent l'administration et le conseil général dans le choix des communes intéressées, des erreurs peuvent être commises et reconnues. Il appartient alors au préfet de les signaler au conseil général, et à cette assemblée de les réparer, soit qu'il s'agisse de l'inscription de nouvelles communes sur la liste de celles intéressées, soit qu'il s'agisse d'éliminer de cette liste quelques communes, qui ne peuvent réellement tirer aucun avantage de la ligne vicinale à laquelle elles avaient été attachées. Dans ce dernier cas toutefois, il faut évidemment, avant que la radiation soit prononcée, que toutes les communes faisant partie de l'association aient été entendues; l'élimination d'une commune, en effet, tend à augmenter la dépense à la charge de chacune des autres; celles-ci doivent donc être admises à contredire les demandes en radiation.

434. On a demandé, relativement à la désignation des communes intéressées, jusqu'à quel point le conseil général était lié par le droit d'initiative du préfet, et si, par exemple, le conseil pouvait désigner, comme devant contribuer à la dépense, des communes qui ne se trouveraient pas comprises dans la proposition faite par le préfet. Pour résoudre cette question, il faut se reporter aux formalités que la loi prescrit pour arriver à la désignation des communes, et à ce qui se pratique à cet égard.

Le préfet qui a en vue le classement d'un chemin vicinal de grande communication consulte, comme le veut la loi, les communes qu'il croit intéressées à l'établissement de cette ligne, et généralement il donne une grande extension à ce premier degré d'instruction, afin de n'omettre aucune des communes qui pourraient être appelées à contribuer. Lorsque ensuite, et après avoir pris l'avis du conseil d'arrondissement, le préfet propose au conseil général de désigner telles et telles communes, le conseil peut évidemment écarter quelques-unes des communes comprises dans la proposition du préfet; il peut également, ce nous semble, se servir des éléments de l'instruction qui a été faite pour y choisir quelques-unes des communes que le préfet n'a pas formellement proposées. Sans cela, en effet, la *proposition* du préfet se trouverait convertie en *décision*. Il faut cependant que les communes que le conseil général croirait devoir ajouter à celles proposées, fussent du nombre de celles qui ont été consultées. Si elles ne l'avaient pas été, le conseil général ne pourrait qu'inviter le préfet à les entendre, et il serait statué à la session suivante.

§ 2. — *Fixation des contingents des communes.*

435. Le conseil général, comme nous venons de le voir, désigne les communes qui doivent contribuer à la dépense de chaque chemin vicinal de grande communication; mais toutes les communes associées à une même ligne n'en tirent pas un égal avantage, et leur degré d'intérêt peut varier, soit en raison de la longueur du parcours de la ligne sur leur territoire, si elle le traverse, soit en raison de leur distance de cette ligne, si leur territoire n'est pas traversé, soit enfin en raison de l'importance des débouchés que leur ouvre cette voie de communication. Le degré d'intérêt des différentes communes peut même varier, d'année en année, par l'effet de diverses circonstances. Il n'eût pas été juste que toutes les communes associées à une ligne vicinale contribuassent aux dépenses, également et pour une quotité toujours la même; c'est ce que le législateur a prévu, en disant dans le troisième paragraphe de l'art. 8 de la loi du 21 mai 1836, qu'il y avait lieu de *déterminer annuellement les proportions dans lesquelles chaque commune doit concourir à l'entretien de la ligne vicinale dont elle dépend*. De ces termes de la loi, ressort évidemment la double conséquence que les contingents des différentes communes attachées à une même ligne vicinale peuvent n'être pas égaux, car le législateur ne se serait pas servi du mot de *proportion*; et enfin que ces contingents peuvent varier d'une année à l'autre.

436. C'est le préfet que la loi charge de fixer annuellement le contingent des communes, et le conseil général ne doit intervenir ni directement ni indirectement dans cette attribution. Cette règle a paru assez importante à maintenir pour que, dans une circonstance où elle avait été perdue de vue, le ministre de l'intérieur ait cru devoir provoquer l'annulation de la délibération irrégulièrement prise par un conseil général. Cette ordonnance, rendue à la date du 26 avril 1839, est ainsi conçue : « Louis-Philippe, etc., sur le rapport de notre ministre secrétaire d'état au département de l'intérieur; vu la délibération prise par le conseil général du département du Jura, dans sa séance du 1er sept. 1838, et ainsi conçue :

Le conseil général adopte les résolutions suivantes : 1° Les communes contribueront proportionnellement et solidairement aux frais de confection des lignes et au payement des indemnités de terrains ; 2° Dans le règlement de l'indemnité, les communaux occupés ne pourront être pris en déduction de la part contributive de la commune à qui appartiennent ces propriétés ; 3° Quant aux subventions particulières par concession de terrains, elles viendront en déduction du contingent de la commune, à moins que le concédant n'ait exprimé le contraire ;

« L'art. 7 de la loi du 21 mai 1836 ; l'art. 14 du 22 juin 1833, ainsi conçu : *Tout acte ou toute délibération d'un conseil général relatifs à des objets qui ne sont pas légalement compris dans ses attributions, sont nuls et de nul effet; la nullité en sera prononcée par ordonnance du roi ;*

» Considérant que, dans les résolutions ci-dessus visées, le conseil général du département du Jura a réglementé les charges que devaient supporter les communes pour les chemins vicinaux de grande communication, tandis que la fixation de ces charges est placée par la loi dans les attributions du préfet;

Nous avons ordonné et ordonnons ce qui suit :

Art. 1er. La délibération ci-dessus visée du conseil général du département du Jura est et demeure annulée. »

437. La mission donnée au préfet est d'autant plus délicate que la loi n'a fixé et ne pouvait fixer aucune base à la décision qu'il doit prendre. C'est donc, comme l'a dit le ministre dans ses instructions, le seul intérêt des communes qui doit guider les préfets dans la répartition des dépenses de chaque ligne vicinale. Sans doute les ressources des communes peuvent, jusqu'à un certain point, être prises en considération ; mais il ne serait cependant pas juste, on le comprend facilement, de

demander beaucoup à une commune, par le motif qu'elle est dans une bonne situation financière, tandis qu'une autre commune, beaucoup plus intéressée à l'établissement et à l'entretien du chemin, ne serait imposée qu'à un faible contingent, parce qu'elle aurait peu de ressources. C'est donc sur une appréciation d'intérêts que le préfet doit baser ses décisions; son droit à cet égard n'est cependant pas illimité, et des bornes y ont été mises par le quatrième paragraphe de l'art. 8 de la loi du 21 mai 1836, ainsi conçu : « Les communes acquitteront la portion des dépenses mises à leur charge, au moyen de leurs revenus ordinaires et, en cas d'insuffisance, au moyen de deux journées de prestation sur les trois autorisées par l'art. 2, et des deux tiers des centimes votés par le conseil municipal, en vertu du même article. »

438. Ici, comme on voit, se trouve reproduite la division des communes en deux catégories, selon qu'elles peuvent ou ne peuvent pas pourvoir aux dépenses du service vicinal sur leurs revenus ordinaires. C'est la répétition de ce qu'a statué à cet égard l'art. 2 de la loi, et nous ne reviendrons pas sur ce que nous avons dit plus haut sur la limite des obligations imposées aux communes de l'une et de l'autre catégorie. Nous nous bornerons à rappeler que, pour les communes dont les revenus peuvent faire face à la dépense, les limites du maximum des journées et des centimes ne sont pas obligatoires; ce principe s'applique aux contingents exigibles pour les chemins vicinaux de grande communication.

Lors donc qu'une commune peut acquitter sur ses revenus ordinaires les contingents qu'il y aurait lieu de lui demander, le préfet n'est pas tenu de restreindre ce contingent dans la limite de la valeur de deux journées de prestation et des deux tiers de cinq centimes. C'est l'application à cette partie du service vicinal du principe que nous avons développé plus haut, au chap. 2, paragr. 2. Lorsque, au contraire, il s'agit de fixer le contingent des communes dont les revenus ordinaires ne suffisent pas à la dépense, et qui sont obligées d'y suppléer par le vote de journées de prestation et de centimes spéciaux, le contingent à exiger de ces communes ne peut, dans aucun cas et sous aucun prétexte, dépasser deux journées de prestation et les deux tiers de cinq centimes, soit trois centimes et un tiers. Si ces communes négligeaient ou refusaient de voter leur contingent dans ces limites, le préfet pourrait y suppléer en établissant une imposition d'office, car l'art. 9 de la loi a dit que les dispositions de l'art. 5 étaient applicables aux chemins vicinaux de grande communication. Mais l'imposition d'office devrait être restreinte dans les limites posées par l'art 8. Nous ajouterons que les contingents, qu'ils aient été votés par les conseils municipaux ou imposés d'office par le préfet, ne peuvent, sous aucun prétexte, être détournés de la ligne vicinale dont dépendent les communes qui les ont fournis, chaque ligne formant une spécialité qui a seule droit aux ressources qui lui sont propres.

439. Disons maintenant comment il est procédé, d'après les instructions données par le ministre de l'intérieur, à la fixation annuelle des contingents des communes dans les dépenses des chemins vicinaux de grande communication.

Tous les ans, avant l'époque de la session que tiennent les conseils municipaux au mois de mai, le préfet se fait rendre compte, par les agents-voyers, du montant des dépenses de construction ou d'entretien qui sont à faire sur chaque chemin vicinal de grande communication pendant le cours de l'année suivante. Par les recherches préalables qu'il a faites sur le degré d'intérêt que chaque commune attachée à la ligne peut avoir à la construction ou à l'entretien de cette ligne, le préfet doit avoir assis son opinion sur la proportion dans laquelle chaque commune doit être appelée à contribuer à la dépense. Il répartit alors la dépense à faire entre les communes, dans les proportions qu'il a fixées. Si cette fixation ne dépasse pas ce que les communes peuvent fournir sur leurs revenus ordinaires, ou si, pour les communes dont les revenus sont insuffisants, la fixation ne dépasse pas le montant de la valeur de deux journées de prestation et de trois centimes et un tiers, le contingent peut légalement demeurer tel qu'il a été fixé. Si, au contraire, le contingent provisoirement établi se trouvait dépasser, pour quelques communes, les limites légales assignées par la loi, il y aurait nécessité de le réduire, et par suite de réduire aussi l'importance des travaux à faire dans le cours de l'exercice auquel se rapportent les ressources à réaliser.

440. Lorsque le contingent de la commune est définitivement fixé, le préfet le fait con-

naître au maire avant la session du conseil municipal, afin que le conseil puisse voter les ressources nécessaires pour fournir ce contingent. Le conseil municipal peut, aux termes de la loi, acquitter les dépenses mises à la charge de la commune, au moyen des revenus ordinaires, s'ils suffisent; si ces revenus sont insuffisants, il peut se libérer au moyen du vote de deux journées de prestation, si ce vote est nécessaire, ou du vote de centimes spéciaux jusqu'à concurrence de trois centimes et un tiers, si cette quotité est nécessaire, ou enfin par l'une et l'autre de ces deux ressources, s'il y a nécessité d'y recourir. Dans le cas où le conseil municipal refuserait de voter les ressources nécessaires, le préfet pourrait y suppléer par une imposition d'office, dans les limites que nous venons de faire connaître. Il ne serait pas nécessaire qu'il fît précéder l'établissement de l'imposition d'office d'une nouvelle mise en demeure, cette formalité se trouvant suffisamment remplie par la notification faite au conseil municipal du contingent mis à la charge de la commune.

441. Les décisions que prennent les préfets pour fixer les contingents des communes sont susceptibles de recours comme tous les actes administratifs, et c'est devant le ministre de l'intérieur que ce recours doit être porté. Il s'agit en effet de décisions prises dans la limite des attributions des préfets, et, comme nous l'avons fait remarquer précédemment, on ne peut se pourvoir directement devant le roi en son conseil d'état contre les arrêtés de préfets que pour cause d'incompétence ou d'excès de pouvoirs. Quant au recours contre les décisions ministérielles qui auraient approuvé les arrêtés de préfets portant fixation de contingents communaux, il serait rejeté, attendu qu'il s'agit d'une décision sur une matière administrative qui n'est pas de nature à être attaquée par la voie contentieuse; c'est ainsi qu'il a été prononcé par ordonnance du 9 juin 1843 (ville de Vire), ainsi conçue : «Vu la loi du 21 mai 1836; vu la loi du 18 juillet 1837; considérant qu'aux termes des art. 1 et 7 de la loi du 21 mai 1836, les chemins vicinaux de grande communication sont à la charge des communes; qu'aux termes de l'art. 30 de la loi du 18 juillet 1837, sont obligatoires les dépenses mises à la charge des communes par une disposition de lois; qu'ainsi la part contributive régulièrement mise à la charge de la commune de Vire, pour les frais d'établissement du chemin vicinal de grande communication de Vire à Tissy par Pontfarcy, était une dépense obligatoire; considérant qu'aux termes des art. 33 et 39 de la loi du 18 juillet 1837, c'est aux préfets qu'il appartient de régler définitivement les budgets des communes, et d'y inscrire d'office les allocations nécessaires pour payer les dépenses obligatoires: qu'ainsi, en inscrivant d'office une dépense obligatoire au budget de la commune de Vire par ses arrêtés des 6 fév. et 18 mars 1841, le préfet du département du Calvados n'a pas excédé les limites de ses pouvoirs; que, dès lors, lesdits arrêtés sont des actes administratifs qui ne sauraient nous être déférés par la voie contentieuse; d'où il suit qu'il y a lieu de rejeter le recours dirigé contre la décision de notre ministre de l'intérieur du 17 août 1841, laquelle s'est bornée à confirmer les arrêtés précités du préfet du département du Calvados; — Art. 1er. La requête de la commune de Vire est rejetée. »

442. Nous terminerons ce qui a rapport aux contingents communaux en faisant connaître, d'après le dernier rapport publié par le ministre de l'intérieur, quelle est l'importance des charges que le service des chemins vicinaux de grande communication a fait peser sur les communes en 1841.

Sur les 37,053 communes qui composent le royaume, 20,157, c'est-à-dire plus de la moitié, ont été déclarées intéressées à un ou plusieurs chemins vicinaux de grande communication; mais, par suite de la marche des travaux, 18,985 seulement ont été appelées en 1841 à fournir effectivement leurs contingents. Ces communes ont fourni, savoir: en prestations en nature, une valeur, d'après les tarifs de conversion, de 6,452,969 fr., et en argent, provenant d'allocations sur les revenus ordinaires, de centimes spéciaux et de prestations rachetées, 8,293,698 fr.; le total des contingents communaux s'est donc élevé à 14,746,667 f.; c'est environ les 35/100 de ce que les communes réalisent pour l'ensemble du service vicinal. Il est à remarquer, toutefois, que la prestation fournie en nature entre dans les contingents communaux applicables aux chemins vicinaux de grande communication pour une proportion beaucoup moins considérable; en effet, ces contingents emportent environ les 47/100 des ressources communales en argent, tandis qu'ils n'enlèvent qu'environ les 27/100 des prestations fournies en nature.

§ 3. — *Offres de concours.*

443. Les avantages que présente l'établissement d'un chemin vicinal de grande communication sont souvent assez évidents et assez bien compris pour que le concours des communes dans les dépenses de construction et d'entretien ne se bornent pas au vote des contingents qui peuvent leur être légalement demandés. Quelquefois, des communes offrent d'appliquer à la ligne qui les intéresse la portion de leurs journées de prestation et de leurs centimes spéciaux qui était restée affectée à leurs chemins vicinaux de petite communication, et elles le peuvent évidemment lorsque ces chemins n'exigent pas de réparations actuelles; plus souvent encore, elles offrent, pour hâter la construction de la ligne vicinale, soit le produit de centimes extraordinaires, soit des allocations sur des ressources extraordinaires, telles que coupes de bois, ventes de terrains communaux, etc. Enfin, il arrive aussi que des particuliers dont les propriétés doivent augmenter de valeur par la création d'un nouveau moyen de communication, offrent de concourir à la dépense par forme de souscription volontaire.

444. C'est au préfet que l'art. 7 de la loi du 21 mai 1836 donne le droit de statuer sur ces offres, et cela devait être, car il y eût eu de graves inconvénients à ajourner jusqu'à la session du conseil général l'acceptation d'offres qu'il importe souvent de faire réaliser à l'instant même. Ce n'est d'ailleurs pas une chose de pure forme que la décision à prendre sur ces offres de concours, car fort souvent elles ne sont faites que sous certaines conditions ayant pour objet, soit de hâter l'époque de l'achèvement des travaux, soit d'obtenir quelques modifications dans le tracé, ou même dans la direction de la ligne. Le préfet doit donc, avant d'accepter les offres qui lui sont faites, examiner si les conditions auxquelles elles sont subordonnées peuvent être admises. Quant au tracé, ou à la direction notamment, il doit s'assurer si l'intérêt général de la communication n'est pas opposé aux intérêts privés qui ont déterminé les offres. Si même la direction de la ligne devait être changée, il n'appartiendrait plus au préfet d'accepter les conditions et par conséquent les offres, car il n'aurait pas le droit de modifier la décision préalablement prise par le conseil général pour déterminer la direction du chemin vicinal de grande communication; il faudrait dans ce cas en référer au conseil général. On voit donc que très-souvent l'acceptation des offres de concours doit donner lieu à un examen approfondi, avant qu'il puisse y être statué.

445. Lorsqu'il est reconnu que ces offres peuvent être acceptées, il importe que la réalisation en soit assurée. Il serait fâcheux, en effet, que, sur une offre de concours trop facilement admise, l'administration fît entreprendre des travaux qu'elle n'aurait pas ensuite le moyen de solder, si les engagements pris envers elle n'étaient pas remplis. Le ministre a donc recommandé, dans son instruction du 24 juin 1836, que les offres des communes fussent toujours constatées par des délibérations des conseils municipaux auxquelles le préfet donne la sanction de son approbation, pour qu'elles ne puissent être légèrement rapportées; si d'ailleurs il s'agissait d'impositions extraordinaires, elles devraient être votées avec le concours des plus imposés, et soumises à l'homologation royale. Les offres, dans ce dernier cas, ne sont donc définitivement acceptées que lorsque l'ordonnance est rendue. Quant aux offres faites par des particuliers ou associations de particuliers, le montant doit en être versé dans une caisse publique aussitôt après l'acceptation, ou au moins le préfet doit faire souscrire des engagements valables, dont l'exécution puisse être poursuivie au besoin. Ce dernier moyen ne doit même être admis qu'avec réserve, car la rentrée des souscriptions ne peut être poursuivie que par la voie civile, et il est toujours fâcheux d'être obligé de recourir à cette voie, lente et dispendieuse.

446. Il est quelques départements où un grand nombre de chemins vicinaux de grande communication n'ont été classés qu'en vue et sous la condition de la réalisation de semblables offres de concours. L'ouverture d'une ligne vicinale peut, par exemple, offrir de grands avantages à un certain nombre de communes, et elles en demandent le classement; le préfet leur annonce qu'il ne proposera le classement au conseil général que si les communes et les particuliers intéressés s'engagent à concourir à la dépense pour la moitié, souvent même pour les deux tiers. Lorsque l'accomplissement de cette condition est assuré, le préfet fait remplir les formalités préalables au classement, et il le propose au conseil général. On comprend tout ce que

ce système a d'avantageux pour le service vicinal et ce qu'il présente de facilité à l'administration. Il faut reconnaître toutefois qu'il n'est praticable, d'une manière générale, que dans les départements où les communes sont riches, et où il règne assez d'aisance pour que les particuliers puissent faire des sacrifices actuels, en vue d'un avantage à venir.

447. Il arrive quelquefois que le projet de classement d'un chemin vicinal de grande communication fait naître une lutte d'intérêts opposés entre les communes, les unes demandant qu'il suive telle direction, et les autres telle autre direction. Ces luttes se résolvent souvent en offres de concours que les communes élèvent autant qu'elles le peuvent, afin de déterminer la préférence de l'administration. Il est tout naturel que, pour le choix de la direction à adopter, le préfet et le conseil général prennent en considération l'importance des offres de concours faites de part et d'autre; nous croyons toutefois que ce motif ne doit pas être le seul qui détermine le choix de l'administration. Les chemins vicinaux de grande communication, en effet, ne doivent pas être établis uniquement en vue des intérêts de telle commune, ou de telle association de communes; ils sont souvent projetés par des considérations d'intérêt général, qui ne permettraient pas que leur direction fût changée pour profiter de quelques offres de concours plus considérables. Nous ajouterons qu'en s'attachant trop à l'importance des offres pour déterminer la direction des lignes vicinales, l'administration pourrait sacrifier les intérêts de localités qui n'auraient pas la possibilité de lutter avec telles autres, et qui ont cependant d'autant plus de droits à être appuyées qu'elles sont plus dépourvues de ressources. Le système de la concurrence dans les offres de concours a donc des avantages, mais il ne doit pas être poussé trop loin si on ne veut être entraîné au delà des bornes de la justice.

448. Il nous reste à parler d'un mode particulier d'offres de concours à l'égard duquel l'administration a éprouvé quelque hésitation dans la marche à suivre.

Pour hâter l'achèvement d'une ligne vicinale, des particuliers offrent de faire l'avance des fonds nécessaires; quelquefois même, ils renoncent à toute demande d'intérêts pour ces avances, et ils se bornent à stipuler qu'ils seront remboursés dans tel nombre d'années. Ces offres sont certainement avantageuses, surtout lorsque les particuliers n'exigent pas l'intérêt de leurs fonds; mais une difficulté grave s'est présentée quant à la garantie du remboursement. Le préfet ne peut en effet garantir ce remboursement sur le fonds des subventions départementales, car le vote de ces subventions est facultatif pour le conseil général, et ce vote ne peut être lié à l'avance par l'engagement qu'aurait pris le préfet. Le conseil général lui-même ne pourrait garantir le remboursement d'une semblable dette sur le produit des centimes spéciaux qu'il vote annuellement, car ce vote est encore subordonné à l'autorisation que doit donner chaque année la loi des finances. Les centimes spéciaux départementaux ne forment donc, pour le service vicinal, qu'une ressource éventuelle; et si son allocation permanente est grandement présumable, elle n'est cependant pas assez certaine pour servir de gage à un emprunt, puisque la seule volonté du conseil général ne suffit pas pour réaliser cette ressource. Les préfets ne pourraient pas valablement non plus stipuler au nom des communes, et donner les ressources communales pour gage du prêt proposé; ces ressources, d'ailleurs, seraient souvent insuffisantes.

449. Il importait de lever ces difficultés de forme, qui pourraient priver l'administration de l'avantage des offres qui lui étaient faites. Les principes sur lesquels est basé le système des chemins vicinaux de grande communication ont guidé le ministre de l'intérieur dans les instructions qu'il avait à donner. En effet, puisque ces chemins ne changent pas de caractère par la nouvelle dénomination qu'ils reçoivent, puisqu'ils restent chemins vicinaux, et que, comme tels, les travaux qui s'y font sont des travaux communaux et non pas des travaux départementaux; puisque, enfin, les dépenses à y faire sont à la charge des communes, et non à celle du département qui n'y intervient que par forme de subvention ou de secours, le ministre de l'intérieur, après avoir pris l'avis du Conseil d'état, a pensé que les offres d'avances de fonds faites par des particuliers pour les travaux des chemins vicinaux de grande communication, devaient être considérées comme faites aux communes attachées à la ligne vicinale, et qu'elles devaient être acceptées par ces communes ou par l'une d'elles, qui en garantirait le remboursement comme pour tout autre emprunt communal. Cette ga-

rantie ne serait d'ailleurs que nominale, dans la plupart des cas ; rien n'empêcherait en effet que, chaque année, le préfet affectât au remboursement de la créance les subventions qu'il pourrait donner à cette ligne sur les centimes spéciaux départementaux que le conseil général serait probablement autorisé à voter, et que, probablement aussi, il voterait. Le préfet pourrait également affecter au remboursement de l'emprunt la portion des contingents communaux de cette ligne, qui seraient annuellement imposés.

Il est plusieurs départements déjà, où l'application de ce système a donné à l'administration la possibilité de terminer rapidement les travaux de construction de plusieurs lignes vicinales importantes.

§ 4. — *Subventions départementales.*

450. Nous avons dit plus haut que, plusieurs années avant la promulgation de la loi du 21 mai 1836, un assez grand nombre de conseils généraux étaient dans l'usage d'affecter des fonds à l'amélioration des chemins vicinaux les plus importants, ceux qui ont reçu le nom de *chemins vicinaux de grande communication*. L'art. 8 de la loi précitée a sanctionné cet usage en permettant que des subventions fussent affectées à ce service, soit sur le produit des centimes facultatifs ordinaires, soit sur le produit de centimes spéciaux qui pourraient être votés dans les limites annuellement fixées par les lois de finances. Nous ne reviendrons pas sur ce que nous avons dit du vote de ces ressources, et nous ne nous occuperons ici que de la répartition des subventions.

451. Faisons remarquer, d'abord, que ce n'est pas *aux communes* que doivent être accordées ces subventions. La loi dit que « *les chemins vicinaux de grande communication* pourront recevoir des subventions sur les fonds départementaux. » C'est donc à l'ensemble de la ligne vicinale, considérée comme une spécialité, que doivent être accordées les subventions.

452. La répartition des subventions départementales entre les lignes vicinales a été placée par la loi dans les attributions du préfet, qui doit faire cette répartition, *en ayant égard aux ressources, aux sacrifices et aux besoins des communes*. L'administration seule, en effet, pouvait être chargée de cette répartition, dont les éléments, essentiellement variables, n'auraient pas toujours pu être réunis pour la session du conseil général ; souvent d'ailleurs, il y a lieu de modifier, en cours d'exécution des travaux, un premier projet de répartition, en raison de circonstances qui n'avaient pu être prévues. Il fallait donc que l'action du préfet fût libre à cet égard. Le vœu de la loi n'avait pas été tout d'abord parfaitement compris, et quelques conseils généraux, en votant les fonds qu'ils croyaient devoir affecter au service des chemins vicinaux de grande communication, avaient fixé la quotité de ce qui pourrait être accordé à chaque ligne vicinale ; mais le ministre de l'intérieur n'a pas manqué de s'opposer à ce qu'il regardait, avec raison, comme un empiétement sur les attributions du préfet, et, dans le règlement des budgets départementaux, il a fait disparaître la spécialité des crédits par ligne qu'avaient proposée les conseils généraux : il a même, dans une circulaire spéciale du 18 février 1839, rappelé quelle est, en matière de chemins vicinaux de grande communication, la limite des attributions respectives des préfets et des conseils généraux.

453. Nous aurions peu de choses à dire sur les considérations qui doivent guider le préfet dans la répartition des subventions entre les diverses lignes vicinales. Ainsi que l'a exprimé le ministre de l'intérieur dans son instruction du 24 juin 1836, « les bases de cette répartition se trouvent dans les termes mêmes de la loi, *en ayant égard aux ressources, aux sacrifices et aux besoins des communes*. Rien ne pourrait être ajouté à ces mots pour en faire comprendre l'esprit et la portée. Il s'agit ici non-seulement d'une appréciation tirée de chiffres, il s'agit encore d'une appréciation morale de la bonne volonté, du zèle et des efforts des communes. » Il va sans dire que l'importance plus ou moins grande de chaque ligne vicinale doit être également une circonstance déterminante dans la répartition des subventions.

454. Enfin, comme l'affectation de subventions départementales aux chemins vicinaux de grande communication est purement facultative, il n'est pas indispensable que toutes les lignes y participent à la fois. Il est même plusieurs départements où, d'accord entre le préfet et le conseil général, il a été décidé qu'un certain nombre seulement de lignes vicinales auraient part, d'abord, à ces subventions, et que les autres n'y participeraient

qu'après l'achèvement des premières. C'est un moyen de prévenir le fâcheux effet de la trop grande dissémination des fonds départementaux.

§ 5. — *Centralisation des ressources.*

455. L'art. 9 de la loi du 21 mai 1836 a placé les chemins vicinaux de grande communication *sous l'autorité des préfets*; à ces magistrats seuls appartient donc le droit de diriger, d'ordonner l'emploi des ressources de toute nature applicables à chaque ligne. Il fallait que les ressources fournies par les communes fussent constamment à la disposition des préfets, sans qu'il fût nécessaire de recourir à l'intervention des maires pour le mandatement des dépenses. Il devenait ainsi indispensable que la portion de ces ressources qui serait fournie en argent, fût centralisée dans une caisse sur laquelle les préfets pussent exercer directement leur autorité et leur action.

456. Le ministre de l'intérieur avait pensé que cette centralisation pourrait facilement être opérée dans les mains du receveur général du département, qui encaisserait les contingents communaux en argent, en ouvrant un crédit spécial à chaque ligne vicinale; il avait donc tracé cette règle dans son instruction du 24 juin 1836, et il avait ajouté que le préfet devrait en agir de même à l'égard des subventions départementales applicables à chaque ligne. Mais ce mode de centralisation a paru présenter quelques inconvénients sous le rapport de la comptabilité. On a pensé que l'emploi de ressources aussi considérables que celles qui pouvaient être affectées aux chemins vicinaux de grande communication, devait être soumis au contrôle institué pour les autres branches de dépenses publiques, et cette opinion peut être justifiée par l'importance du chiffre des ressources annuelles. Ce chiffre dépasse en effet vingt millions par an, et en 1841, il s'est composé ainsi qu'il suit :

Prestations fournies en nature			6,452,969	23,746,624 f.
Argent.	Communes	8,924,108	17,293,655	
	Départements	8,369,547		

Il a donc été réglé, d'accord entre les ministres de l'intérieur et des finances, que les ressources communales en argent affectées aux chemins vicinaux de grande communication seraient rattachées *pour ordre* à la comptabilité départementale. Ces ressources sont inscrites en recette et en dépense aux budgets départementaux, par appréciation et en un seul article; comme il ne s'agit d'ailleurs que d'une mesure d'ordre, les conseils généraux n'ont point à délibérer sur l'emploi de ces ressources communales, les attributions du préfet restant entières à cet égard. Il est entendu également que ce système de centralisation ne change rien à l'affectation spéciale à chaque ligne des ressources communales propres à cette ligne. Quant à la disponibilité des fonds, elle est soumise aux mêmes règles que pour les fonds départementaux, c'est-à-dire que le préfet ne peut mandater les dépenses que lorsqu'il a reçu du ministre des ordonnances de délégation. Les formes de la comptabilité départementale sont également appliquées aux fonds non employés dans le cours de l'exercice auquel ils appartiennent.

457. La comptabilité du service des chemins vicinaux de grande communication a gagné sans doute à l'application de ces règles nouvelles, mais on ne peut se dissimuler que la rapidité des travaux peut quelquefois en éprouver des obstacles. La nécessité, pour solder des entrepreneurs ou des travaux en régie, d'attendre des ordonnances de délégation, qui ne se délivrent qu'à des époques fixes, peut gêner le service; il en est de même des règles relatives au report des fonds non employés dans le cours de l'exercice, et les administrations municipales ont souvent témoigné le regret que des travaux ne pussent se faire, quoique les ressources fussent réalisées depuis plusieurs mois. C'est là un inconvénient inséparable, peut-être, de nos formes de comptabilité publique, qui présentent d'ailleurs des garanties propres à en balancer les inconvénients.

SECT. 3. — *Mesures relatives aux travaux.*

§ 1er. — *Emploi des ressources.*

458. Les ressources applicables aux chemins vicinaux de grande communication sont de deux espèces : les prestations en nature, qui y entrent pour environ 27/100, et les ressources en argent, tant communales que départementales, qui y entrent pour environ 73/100.

Nous avons peu de choses à dire ici sur l'emploi des prestations en nature, et nous ne pouvons que nous référer, en grande partie, à ce que nous avons dit sur ce sujet dans notre chapitre 2. Nous ajouterons seulement que, sur les grandes lignes vicinales, l'emploi de la prestation, dirigé exclusivement par les agents-voyers, gagne chaque jour dans ses résultats. Il est déjà plusieurs départements où la journée de prestation approche en travaux de ceux qu'on pourrait obtenir d'ouvriers salariés; il en est un plus grand nombre, où la valeur du travail obtenu est supérieure à l'évaluation qu'y donne le tarif de conversion ; il y a donc, dans ce cas, avantage à employer les journées en nature.

459. Le système de la conversion en tâches s'étend graduellement. Généralement c'est en fournitures et transports de matériaux que sont établies les tâches, parce que c'est en effet la manière dont il est le plus facile de constater leur accomplissement. Dans un petit nombre de départements, on a même transformé les tâches individuelles des prestataires en tâches communales. L'agent-voyer, sous l'autorité du préfet, indique au maire l'étendue et la nature des travaux représentant la valeur du contingent assigné à la commune en prestations, et il en prépare et en dirige l'application. Quand les travaux sont terminés, l'agent-voyer en fait la reconnaissance, et s'il en résulte que tous les travaux sont effectués, la commune est libérée; s'il y a déficit dans la masse des travaux, le maire est invité à faire compléter les travaux ou à en faire verser la valeur en argent. On comprend, d'ailleurs, que ce système ne peut être appliqué que par un accord volontaire, car quelque facilité qu'il offre à l'administration supérieure et à l'administration municipale, il ne trouverait peut-être pas sa sanction obligatoire dans les termes de la loi, qui ont fait de la prestation en nature une obligation personnelle et non pas une obligation communale. En principe donc, lorsque l'administration municipale a mis à la disposition du préfet le nombre de prestataires nécessaires pour acquitter les deux journées que la commune peut être tenue de fournir, la commune se trouve libérée, sans qu'on puisse lui imputer le défaut d'activité et de zèle des prestataires. C'est au préfet, par l'entremise des agents-voyers, à veiller à ce que les prestataires accomplissent effectivement les obligations personnelles que la loi leur impose, sauf à ce que le certificat de libération leur soit refusé, s'il y a lieu, et par suite leur cote ou portion de cote exigée en argent.

460. Nous ferons remarquer d'ailleurs que le préfet n'est pas astreint à faire employer la prestation en nature sur le territoire même de la commune à laquelle appartiennent les prestataires ; cette limitation, que rien ne commande dans la loi, serait tout à fait contraire à l'esprit du système des chemins vicinaux de grande communication. Puisque, comme nous l'avons dit plus haut, le conseil général peut déclarer intéressées à une ligne vicinale des communes dont le territoire n'est pas traversé par cette ligne, il faut bien que les prestataires de cette commune puissent être appelés à porter leurs journées hors du territoire communal. On comprend toutefois qu'il y a des limites nécessaires à cette faculté d'appeler les prestataires à sortir de leur commune; c'est la considération de la distance qu'ils auraient à parcourir pour se rendre sur les ateliers. En effet, le temps employé à aller et venir doit nécessairement être compté au prestataire comme s'il était employé aux travaux ; or, si plusieurs heures devaient être ainsi distraites de la journée à fournir, il y aurait perte évidente pour le service. Aussi, dans la pratique l'administration favorise-t-elle, par quelques concessions la conversion en argent des journées de prestation qu'une commune devrait fournir hors de son territoire, et fort souvent les prestataires préfèrent racheter leur travail en argent.

461. Quant à l'emploi des ressources en argent, quelle que soit leur origine, le ministre de l'intérieur a prescrit aux préfets, dans son instruction du 24 juin 1836, de se rapprocher autant que possible des formes usitées pour les travaux des ponts et chaussées. Il a fortement déconseillé l'emploi par voie de régie, qui est une source d'abus souvent impossibles à réprimer; ce moyen ne peut être admis, en général, que pour les ouvriers salariés qu'il est nécessaire d'adjoindre aux ateliers de prestataires. Les agents-voyers doivent donc rédiger des projets, plans et devis, qui sont soumis à l'approbation du préfet et qui donnent lieu à des adjudications publiques, dans les formes de celles qui ont lieu pour les travaux des routes. Lorsque l'adjudication se fait au chef-lieu du département,

le ministre a prescrit d'y appeler, outre le conseil de préfecture et l'agent-voyer en chef, deux membres du conseil général, dont l'assistance paraît convenable en raison de l'influence que le conseil général exerce sur le service des chemins vicinaux de grande communication. Si l'adjudication se fait dans un chef-lieu de sous-préfecture, le sous-préfet doit être assisté d'un membre du conseil général, d'un membre du conseil d'arrondissement et de l'agent-voyer; l'adjudication doit dans ce cas être soumise à l'approbation du préfet, sous l'autorité duquel, seul, est placé tout ce qui a rapport au service des lignes vicinales.

Les travaux faits sont reçus par les agents-voyers d'arrondissement, sous le contrôle de l'agent-voyer en chef, là où il en existe, et sous l'approbation du préfet.

462. Faisons remarquer, en terminant, qu'aucune limite n'a été posée jusqu'à présent au droit des préfets d'ordonner et de diriger les travaux qui se font à prix d'argent sur les chemins vicinaux de grande communication, et cependant ces travaux ont souvent une valeur considérable, puisqu'il est tels départements où les ressources en argent, applicables à cette partie du service, dépassent quatre et cinq cent mille francs. On a pensé sans doute que la loi, en disant dans son art. 16 « que les travaux d'ouverture et de redressement des chemins vicinaux seront autorisés par arrêté des préfets, » avait affranchi les préfets du contrôle établi par d'autres lois pour les travaux communaux, les travaux départementaux et ceux même des routes départementales. Ainsi, pour ces dernières, aucun projet ne peut être exécuté sans avoir été examiné par le conseil des ponts et chaussées, et approuvé par le ministre des travaux publics; quant aux travaux des communes, ils doivent, aux termes de l'art. 45 de la loi du 18 juillet 1837, être soumis à l'approbation du ministre de l'intérieur lorsqu'ils excèdent une dépense de trente mille francs; la même règle a été appliquée par l'art. 32 de la loi du 10 mai 1838, pour les travaux départementaux dont la valeur dépasse cinquante mille francs. Or, les travaux qui se font sur une seule ligne vicinale de grande communication excèdent souvent ces chiffres, et cependant ils ne sont soumis à aucun contrôle de la part de l'administration centrale. Peut-être cette partie de la loi serait-elle modifiée, si le gouvernement se déterminait à en revoir quelques articles, car, lorsqu'on a cru devoir astreindre la réalisation des ressources aux règles rigoureuses de la comptabilité publique, est-il logique de laisser employer annuellement plus de vingt millions sans aucun des moyens de contrôle imposés aux travaux départementaux et communaux, sans même que le ministre de l'intérieur ait la faculté d'envoyer un inspecteur reconnaître la marche du service vicinal dans tel ou tel département?

§ 2. — *Action des préfets.*

463. Nous avons vu, dans les paragraphes précédents, quelle était la part d'autorité dévolue aux préfets sur les chemins vicinaux de grande communication, par l'art. 9 de la loi du 21 mai 1836, soit en ce qui concerne la réalisation des ressources qui y sont affectées, soit en ce qui concerne l'emploi de ces ressources. Il nous reste à parler de quelques autres attributions que la jurisprudence du Conseil d'état et de la Cour de cassation a successivement reconnues appartenir aux préfets, par application du même article de la loi du 21 mai 1836.

464. Lorsque, dans notre chapitre 1er, nous nous sommes occupé du classement des chemins vicinaux de petite communication et des alignements sur ces chemins, nous avons fait remarquer que le Conseil d'état et la Cour de cassation faisaient toujours distinction entre les chemins et les rues des bourgs et villages, et qu'ils considéraient les voies publiques de cette dernière catégorie comme faisant partie de la voirie urbaine, et non pas de la voirie vicinale. Il résultait implicitement de cette distinction que si les préfets pouvaient, en vertu de l'article 21 de la loi du 21 mai 1836, *statuer sur tout ce qui est relatif aux alignements et aux autorisations de construire le long des chemins*, et s'ils pouvaient, par conséquent, se réserver le droit de donner eux-mêmes et directement les alignements le long des chemins vicinaux de grande communication, ce droit n'avait d'application que pour la partie de ces voies publiques située en rase campagne, mais qu'il s'arrêtait à la limite de l'agglomération de maisons qui forment un village. Il en résultait encore que la viabilité des rues des villages ne pouvait être entretenue au moyen des ressources créées par

la loi du 21 mai 1836, car ces ressources étaient créées pour l'entretien des *chemins vicinaux*, et non des voies publiques faisant partie de la voirie urbaine. On conçoit tout ce que ces règles avaient de fâcheux pour le service des chemins vicinaux de grande communication, puisque chaque village que traversaient ces chemins formait ainsi une véritable lacune, soit quant à l'entretien, soit quant aux alignements.

De nombreuses réclamations ayant surgi à cet égard, et toutes ayant pour objet de faire reconnaître que le système des chemins vicinaux de grande communication établi par la législation nouvelle, devait nécessairement faire modifier les règles précédemment posées, le ministre de l'intérieur crut devoir consulter sur ce point le Conseil d'état, qui a répondu par un avis en date du 25 janvier 1837, ainsi conçu :

« Le Conseil d'état, qui a entendu le rapport du comité de l'intérieur sur la question de savoir s'il y a lieu de considérer les rues des villages comme faisant partie des chemins vicinaux dont ils sont la prolongation,

» Vu la loi des 16-24 août 1790 sur les attributions conférées aux corps municipaux ;

» Les art. 6, 7 et 8 de la loi du 9 ventôse an XIII ;

» Les lois des 28 juillet 1824 et 21 mai 1836 sur les chemins vicinaux ;

» Considérant que par la loi de 1836 il n'a pas été apporté de changement aux anciens règlements de voirie concernant les simples chemins vicinaux, mais qu'il n'en est pas de même à l'égard des nouvelles lignes vicinales classées sous le nom de *chemins vicinaux de grande communication*, lesquelles, aux termes de la sect. 2 de la loi du 21 mai 1836, sont régies par des dispositions qui leur sont propres ;

» Qu'à la différence des chemins vicinaux, les lignes de grande communication offrent un intérêt à la fois départemental et communal :

» Qu'en effet, d'après l'art. 7 de ladite loi, ces sortes de lignes vicinales ne peuvent être déclarées *chemins vicinaux de grande communication* que par le conseil général du département, qui en détermine la direction et désigne les communes qui doivent contribuer à leur construction et à leur entretien : que le préfet en fixe la largeur et les limites, et détermine annuellement la proportion dans laquelle chaque commune doit concourir à l'entretien de la ligne vicinale dont elle dépend ;

» Qu'aux termes de l'art. 8, ces chemins vicinaux reçoivent des subventions sur les fonds départementaux ;

» Qu'aux termes de l'art. 9, les chemins vicinaux de grande communication sont placés sous l'autorité du préfet ;

» Considérant qu'il résulte de ces dispositions que, par la loi de 1836, l'action départementale et préfectorale a été substituée à l'action purement municipale, en ce qui concerne les chemins vicinaux de grande communication, *sans exception des rues qui en font partie ;*

» Que, s'il en était autrement, il pourrait se trouver, sur ces grandes lignes vicinales, autant de lacunes qu'il s'y trouverait de communes intermédiaires, puisque les intérêts particuliers de chacune d'elles ne tendent pas toujours au but commun ; que, souvent même, ces intérêts sont opposés entre eux, ou contraires à l'intérêt départemental ;

» Que, pour ce motif, l'esprit et le texte de la loi de 1836 ont eu pour but de placer l'action dans les mains du préfet, pour neutraliser la résistance d'un intérêt municipal mal entendu ;

» Considérant que les anciennes dispositions des lois et règlements antérieurs ne sont pas applicables à des lignes vicinales qui n'avaient pas encore l'importance et le caractère départemental, que la loi de 1836 s'est proposé de leur donner ;

» Est d'avis :

» Que les rues qui sont la prolongation des chemins vicinaux de grande communication, dans la traverse des communes, doivent être considérées comme faisant partie intégrante desdits chemins, et être soumises aux règles qui leur sont applicables. »

Cet avis, adopté par le ministre de l'intérieur, fait règle aujourd'hui pour la partie du service des chemins vicinaux de grande communication à laquelle il s'applique, et il n'est pas à notre connaissance que son application ait donné lieu à aucune difficulté. A la vérité, le Conseil d'état n'a pas été appelé, depuis cet avis, à prononcer par la voie contentieuse sur des anticipations commises sur une *rue* faisant traverse d'un chemin vicinal de grande communication, anticipations qui, aux termes de l'avis précité, rentreraient dans la compétence des conseils de préfecture, et non dans celle des tribunaux ordinaires, comme en matière de voirie urbaine. Dans tous les cas, cet avis aura toujours eu, pour le service des grandes lignes vicinales, l'avantage de permettre l'application, à l'amélioration des traverses des villages, des ressources applicables aux travaux des chemins vicinaux de grande communication.

465. Les actions de diverses natures à intenter ou à défendre, dans l'intérêt des grandes lignes vicinales, ont été également reconnues appartenir aux préfets. Ainsi, dans une circonstance où il s'agissait de poursuivre la réalisation d'une offre de concours faite par un particulier, le conseil général avait cru devoir autoriser le préfet à exercer la poursuite, ce qui tendait à faire supposer que l'autorisation du conseil général était nécessaire et aurait pu être refusée. Pour ne pas laisser établir un précédent contraire aux principes, le ministre crut devoir provoquer l'annulation de la délibération du conseil général, et cette annulation fut prononcée par une ordonnance royale du 9 septembre 1838, insérée au *Bulletin des Lois*, et ainsi conçue :

« Louis-Philippe, etc. ; sur le rapport de notre ministre secrétaire d'état au département de l'intérieur ;

» Vu l'art. 14 de la loi du 22 juin 1833, les art. 4, 6 et 36 de la loi du 10 mai 1838, et les art. 7 et 9 de la loi du 21 mai 1836 ;

» La délibération prise par le conseil général du département de l'Indre, dans sa séance du 26 août dernier, et par laquelle le conseil autorise le préfet du département à faire les poursuites nécessaires pour obtenir l'exécution des engagements pris par feu le baron de Villeneuve, de fournir des terrains et une somme de 4,000 francs pour concourir à la construction d'un chemin vicinal de grande communication, offre faite en vertu de l'art. 7 de la loi du 21 mai 1836 ;

» Considérant qu'il n'était pas dans les attributions du conseil général de donner au préfet l'autorisation dont il s'agit ;

» Nous avons ordonné et ordonnons ce qui suit :

» Art. 1er. La délibération ci-dessus visée du conseil général du département de l'Indre est et demeure annulée. »

466. Pour prévenir le retour de semblables erreurs, le ministre de l'intérieur a tracé, dans une circulaire du 18 février 1839, la marche qui devait être suivie par les préfets, lorsqu'il y aurait lieu de soutenir des actions dans l'intérêt d'un chemin vicinal de grande communication. « Aucun des termes de la loi du 21 mai 1836, dit le ministre, aucun des corrollaires qu'on peut en déduire, ne permet de considérer les chemins vicinaux de grande communication comme placés au rang des *propriétés départementales* : dès lors, il est évident que le conseil général n'a pas à intervenir dans les *actions* auxquelles donneront lieu les litiges ayant ces chemins pour objet. Ce serait à tort que vous appelleriez le conseil général à autoriser ces actions, ou même à en déclarer l'opportunité, car le conseil général n'a à intervenir que dans les actions à intenter ou à soutenir au nom du département, et les chemins vicinaux de grande communication, je le répète, ne sont pas la propriété des départements. Les litiges que font naître les intérêts des chemins vicinaux de grande communication donnent donc ouverture à des actions purement communales. On comprend, toutefois, que ces actions ne puissent pas être suivies par les maires ; en effet, il y a ici une agrégation de communes ayant un intérêt commun à l'établissement ou à l'entretien d'un chemin vicinal de grande communication, et, par conséquent, un intérêt commun dans les actions à exercer à l'occasion de ces chemins. D'un autre côté, les chemins vicinaux de grande communication sont placés, par l'art. 9 de la loi du 21 mai 1836, sous l'autorité du préfet. Par l'effet de cette attribution, le préfet centralise, pour ces contestations, les pouvoirs qui, selon les règles habituelles, appartiendraient à chacun des maires des communes intéressées à la ligne vicinale. Comme, cependant, l'intervention du préfet ne saurait relever les communes de l'état de minorité dans lequel elles se trouvent pour toutes les actions qui doivent être exercées dans leur intérêt, et comme, attendu cet état de minorité, les actions des communes ne peuvent être exercées qu'après l'autorisation du conseil de préfecture, le préfet doit se faire autoriser par ce conseil toutes les fois qu'il a à exercer, devant l'autorité judiciaire, une action née de difficultés survenues à l'occasion des intérêts communaux collectifs, qui ont pour objet un chemin vicinal de grande communication.

» Je n'ai sans doute pas besoin de faire remarquer, ajoute le ministre, que ce que je viens de dire ne s'applique pas à la répression des usurpations sur le sol de ces chemins. Il ne s'agit ici que d'une contravention ; elle ne donne pas lieu à une action civile; elle est constatée par les fonctionnaires ou agents ayant droit d'en verbaliser ; elle doit être, comme pour les chemins vicinaux de petite communication, portée devant le conseil de préfecture, en vertu de l'art. 8 de la loi du 9 ventôse an XIII. Il se pourrait, à la vérité, que de cette poursuite il résultât ensuite une action civile, car la répression de la contravention constatée est tout à fait indépendante de la question de propriété que soulèverait le particulier contre lequel il aurait été rédigé procès-verbal. Conformément à la jurisprudence constante du Conseil d'état, le conseil de préfecture statuerait sur la contravention, et s'il la reconnaissait constante, il ordonnerait la réintégration du sol enlevé au chemin. Ce jugement n'ôterait pas à la partie la faculté de faire reconnaître, par les tribunaux ordinaires, son droit de propriété, lequel se résoudrait alors en une indemnité; mais cette action ne serait plus du nombre de celles qui devraient être soutenues par le préfet dans un intérêt collectif : elle serait soutenue par le maire de la commune sur le territoire de laquelle le chemin est situé, puisque chaque commune reste propriétaire, sur son territoire, du sol des chemins vicinaux de grande communication. Il n'y a lieu, en un mot, à l'exercice de l'action du préfet que pour les intérêts collectifs des chemins, ceux qui ne pourraient être exercés en particulier par chacun des maires des communes intéressées. »

467. Dans une autre circonstance, où il s'agissait de contestations avec un entrepreneur des travaux d'un chemin vicinal de grande communication, une ordonnance royale du 11 août 1841 (le préfet du Loiret contre Gaëtan) a reconnu implicitement que l'action pouvait être soutenue par le préfet, au nom du département, après avis des communes intéressées; cette ordonnance est ainsi conçue : « Vu la requête sommaire et le mémoire ampliatif à nous présentés par le préfet du département du Loiret, agissant d'urgence, aux termes de l'art 36 de la loi du 10 mai 1838, dans l'intérêt dudit département, et plus spécialement dans l'intérêt des communes de Lorris et Beauchamp ; ladite requête et ledit mémoire tendant à ce qu'il nous plaise annuler un arrêté du conseil de préfecture du département du Loiret, en date du 31 décembre 1838, par lequel ledit conseil a réglé à la somme de 2,769 f. 58 c. le reliquat dû au sieur Gaëtan, entrepreneur des travaux de construction du chemin vicinal de grande communication n° 28 de Pithiviers à Gien ; *en ce qui touche le recours du préfet du département du Loiret* ; considérant que les arrêtés par défaut rendus par les conseils de préfecture sont susceptibles d'opposition et ne peuvent nous être déférés directement ; que, dans l'espèce, le conseil de préfecture du département du Loiret n'a visé aucune défense de l'administration ; que c'est, dès lors, par défaut contre elle que ledit conseil a prononcé sur les réclamations du sieur Gaëtan, et qu'ainsi, le recours à nous présenté par le préfet du département du Loiret n'est pas recevable. » Le rejet de la requête présentée par le préfet n'est pas motivé, comme on voit, sur le défaut de qualité de ce magistrat, mais seulement sur cette circonstance que l'arrêté du conseil de préfecture, contre lequel il s'était pourvu, était susceptible d'opposition comme n'ayant pas été rendu contradictoirement.

468. Enfin, en matière d'expropriation des terrains nécessaires pour l'ouverture ou le redressement des chemins vicinaux, bien que cette expropriation ne soit poursuivie que dans l'intérêt des communes, bien que le prix des terrains doive être soldé par les communes, cependant les tribunaux et la Cour de cassation ont toujours, depuis la loi du 21 mai 1836, admis le préfet à poursuivre l'expropriation.

On peut donc dire que le préfet a qualité pour exercer généralement toutes les actions qui ont pour objet les intérêts collectifs groupés sur les chemins vicinaux de grande communication.

APPENDICE — *Des chemins ruraux.*

469. Après avoir traité de tout ce qui a rapport aux chemins vicinaux, il nous paraît indispensable de dire quelques mots *des chemins qui ne sont pas vicinaux*, de ceux dont l'administration nous paraît avoir bien indiqué le caractère en leur donnant le nom de *chemins ruraux*.

Les chemins ruraux sont des voies publiques, car nul n'en revendique la propriété à titre privé ; il en est en grand nombre , sans doute, qui pourraient être supprimés sans inconvénient, et dont le sol pourrait être rendu à l'agriculture : mais il en est beaucoup aussi dont la conservation est indispensable, parce qu'ils donnent accès à une fontaine publique, à un abreuvoir, à un paturage communal, ou qu'ils sont nécessaires à l'exploitation de différents cantons de terres arables. Cette catégorie de voies publiques est, d'ailleurs, devenue beaucoup plus considérable depuis que l'obligation, pour les communes, d'entretenir les chemins vicinaux a déterminé l'administration à reviser les classements anciennement faits. Il est telle commune, en effet, où le relevé général des chemins publics en présentait deux cents, et où cependant quinze ou vingt seulement ont été déclarés chemins vicinaux. Les autres se trouvent ainsi virtuellement rangés dans la classe des chemins ruraux.

470. L'autorité administrative ne pourrait rester étrangère au régime de voies publiques aussi nombreuses; elle doit surveiller et protéger cette partie de la propriété communale, et dans une circulaire du 16 novembre 1839, basée sur un avis du Conseil d'état, le ministre de l'intérieur a retracé les principales règles applicables à la reconnaissance et à la conservation des chemins ruraux.

En exécution de cette circulaire, il a dû être formé, dans chaque commune du royaume, un état général de tous les chemins ruraux appartenant à la commune, sans en excepter même les simples sentiers. Cet état a dû être déposé pendant un mois à la mairie; avis de ce dépôt a été donné par la voie ordinaire des publications, afin que tous les intéressés pussent venir en prendre connaissance et réclamer, soit contre les omissions qu'ils remarqueraient, soit contre l'inscription au tableau de chemins dont ils prétendraient avoir la propriété à titre privé. A l'expiration du délai de dépôt, le tableau et les réclamations auxquelles il aurait donné lieu ont dû être soumis au conseil municipal, qui a donné son avis sur la nécessité ou l'utilité de chacun des chemins ruraux portés au tableau, et sur la possibilité d'en supprimer une partie pour en vendre le sol au profit de la commune. Si des particuliers ont élevé des réclamations tendantes à établir leurs droits à la propriété de quelques-uns des chemins portés sur le tableau, le conseil municipal examine ces réclamations; il les admet, s'il les regarde comme fondés; dans le cas, au contraire, où il les croirait mal fondées, et où il lui paraîtrait y avoir lieu de soutenir les prétentions de la commune à la propriété du sol de ces chemins, le conseil municipal demanderait l'autorisation de défendre contre le réclamant, et il serait sursis sur l'inscription du chemin au tableau jusqu'à l'issue du procès qui s'engagerait. Il y a ici une notable différence avec la manière dont il est procédé en matière de chemins vicinaux. Pour le classement de ceux-ci, en effet, comme nous l'avons vu précédemment, le préfet n'a pas à s'arrêter devant les exceptions de propriété, puisqu'aux termes de l'art. 15 de la loi du 21 mai 1836, l'arrêté de classement transfère la propriété du sol du chemin à la commune, sauf indemnité au propriétaire, s'il y a lieu; mais cette loi n'ayant statué que pour les chemins vicinaux, il s'ensuit que les contestations sur la propriété des chemins ruraux doivent être vidées avant que ces chemins puissent être définitivement déclarés voies publiques.

471. Il est inutile, sans doute, de dire que c'est devant les tribunaux civils que doivent être portées les contestations relatives à la propriété du sol des chemins ruraux; il est de principe, en effet, que ces tribunaux sont seuls compétents sur toutes les questions de propriété. Mais la jurisprudence a varié sur la question de savoir si, pendant le litige, l'autorité administrative avait, comme pour les chemins vicinaux, le droit de maintenir provisoirement le public en jouissance du passage sur le chemin rural, dont la propriété était contestée à la commune. Un décret du 18 août 1811 (Robin contre Hamelin) avait reconnu ce droit à l'administration; il est ainsi conçu : « Vu la requête du sieur Louis Robin, tendante à ce qu'il nous plaise annuler un arrêté du conseil de préfecture de l'Indre, du 21 septembre 1807, lequel maintient, comme chemin appartenant au public, un passage à travers les prés des Porchons, appartenant à la pupille dudit sieur Robin; considérant qu'il s'agit de savoir si les prés des Porchons sont ou non grevés d'un droit de passage pour le service des forges et du public; que le sieur Robin prétend qu'il n'existe sur lesdits prés aucune servitude de cette espèce fondée en titre ou sur la prescription, et que cette question de servitude est entièrement du ressort des tribunaux; que néanmoins l'autorité administrative pouvait et devait maintenir le

passage provisoirement et jusqu'à la décision des tribunaux. Art. 1er : L'arrêté du conseil de préfecture du département de l'Indre, en date du 21 sept. 1807, est maintenu quant à la jouissance provisoire du droit de passage sur les prés des Porchons. » Une ordonnance du 27 mai 1816 (Lantin contre la commune de Bey) a adopté un système contraire; elle est ainsi conçue : « Vu la requête tendante à l'annulation d'un arrêté du préfet du département de Saône-et-Loire, par lequel il a décidé que ledit sieur Lantin ferait combler le fossé qu'il a fait ouvrir à l'entrée d'un chemin en litige entre lui et la commune de Bey; considérant que le requérant affirme que le chemin susmentionné est établi sur sa propriété, et qu'il ne doit pas cette servitude; considérant qu'il résulte de cette contestation une question de propriété, qui est du ressort des tribunaux. Art. 1er : L'arrêté du préfet du département de Saône-et-Loire, du 22 avril 1815, est annulé, et les parties sont renvoyées devant les tribunaux ordinaires. » Il a été statué dans le même sens par une autre ordonnance du 18 mai 1818 (Morlé contre Zermicelle), et nous n'en connaissons aucune dans un sens contraire. Il nous paraît donc suffisamment établi que, lorsque la propriété d'un chemin rural est contestée entre la commune et un particulier, l'autorité administrative n'a pas le droit de maintenir provisoirement le passage; il ne peut, en effet, y avoir un grand dommage pour le public dans l'interruption du passage; car si le chemin eût été d'une grande utilité, il eût été indubitablement porté sur le tableau des chemins vicinaux.

472. Les chemins ruraux sont souvent très-étroits, et on a demandé si l'autorité avait le droit de les faire élargir.

Si les propriétaires riverains consentent à cet élargissement, il ne peut sans doute y avoir aucune difficulté; mais s'ils ne consentent pas à céder les parcelles de terrains nécessaires, nous ne pensons pas qu'on puisse les y contraindre. On ne pourrait procéder, en effet, en vertu de la loi du 21 mai 1836, qui n'est applicable qu'aux chemins vicinaux; il faudrait donc recourir à la loi du 3 mai 1841 sur l'expropriation pour cause d'utilité publique; mais comment pourrait-on invoquer l'*utilité publique*, relativement à un chemin qui n'a pas été jugé d'une utilité communale assez grande pour qu'il fût déclaré vicinal?

Si les chemins ruraux ne peuvent être élargis que par accord amiable avec les propriétaires riverains, ils doivent au moins être maintenus dans leur largeur actuelle, et il est du devoir de l'autorité administrative de provoquer la répression des anticipations commises sur le sol de ces chemins. Ce n'est pas devant le conseil de préfecture que cette répression doit être poursuivie : des ordonnances nombreuses, que nous avons citées plus haut, établissent positivement que ces conseils ne sont compétents que relativement aux anticipations commises *sur les chemins vicinaux*. C'est donc aux tribunaux de simple police que doivent être déférés les procès-verbaux, constatant des anticipations sur le sol des chemins vicinaux, et ces tribunaux ne manqueront pas de faire application du parag. 11 de l'art. 479 du Code pénal, qui condamne à une amende de 11 à 15 fr. *ceux qui auront usurpé sur la largeur des chemins publics*.

473. Les dégradations commises sur les chemins ruraux, enlèvement de pierres, de terre, de gazon, tout ce qui tend enfin à nuire à la commodité du passage, doivent également être poursuivies devant les mêmes tribunaux, par application du même article du Code pénal.

474. Nous devons faire remarquer ici que les agents-voyers n'auraient pas qualité pour constater les anticipations ou autres contraventions commises sur le sol des chemins ruraux. Ces agents n'ont été institués, par la loi du 21 mai 1836, qu'en vue des chemins vicinaux, et nous avons vu plus haut la Cour de cassation, par un arrêt du 23 janvier 1841, refuser d'admettre un procès-verbal d'agent-voyer rédigé en matière de voirie urbaine, *attendu que l'art. 11 de la loi du 21 mai 1836 les charge seulement de surveiller la réparation et la conservation des chemins vicinaux*. Il ne nous paraît donc pas douteux que les tribunaux refuseraient également qualité aux agents-voyers pour constater les contraventions relatives aux chemins ruraux; les procès-verbaux sur ces derniers faits doivent donc être rédigés par les maires, adjoints ou gardes champêtres.

475. Les maires doivent également défendre la liberté du passage sur les chemins ruraux contre un autre genre d'obstacles; c'est celui résultant de l'anticipation des haies et des arbres plantés le long de ces chemins. Le droit et le devoir des maires, à cet égard, ne saurait être douteux, car il résulte des dispositions de la loi des 16-21 août 1790, qui autorise ces fonc-

tionnaires à prendre les mesures nécessaires *pour assurer la sûreté et la commodité du passage sur les voies publiques.* A la vérité, les maires ne pourraient pas régler la distance du bord des chemins ruraux à laquelle les haies et les arbres doivent être plantés, ainsi que cela peut être fait pour les chemins vicinaux, en vertu de la loi du 21 mai 1836 ; mais si d'anciens règlements ou même des usages existaient sur cette matière, les maires auraient le droit de les faire exécuter. Dans tous les cas, si les racines des plantations faites le long des chemins ruraux anticipent sur le sol de ces chemins, de manière à gêner la circulation, ou même à restreindre graduellement la largeur de ces voies publiques, les maires peuvent et doivent prendre un arrêté pour ordonner le recépage de ces racines; de même, si le branchage des haies ou des arbres, en s'avançant au-dessus des chemins ruraux, fait obstacle au libre passage des voitures, les maires doivent en ordonner l'élagage. Le refus d'obtempérer à ces arrêtés serait constaté par procès-verbal, et déféré au tribunal de simple police.

476. Après avoir donné ces indications sur la conservation et la police des chemins ruraux, le ministre de l'intérieur, dans la circulaire que nous analysons, examine la question de l'entretien de la viabilité de ces voies publiques, et cet examen le conduit à une solution presque entièrement négative. En effet, les ressources créées par la loi du 21 mai 1836, prestations en nature et centimes spéciaux, sont exclusivement affectées à la réparation et à l'entretien des chemins vicinaux, et aucune partie de ces ressources ne pourrait être détournée de cette destination pour être employée sur des chemins autres que les chemins vicinaux. Il n'est qu'un seul cas où l'administration municipale pourrait faire quelque chose pour l'entretien des chemins ruraux ; c'est celui où une commune peut entretenir ses chemins vicinaux sur ses seuls revenus, sans avoir recours aux prestations ni aux centimes spéciaux, et où, toutes les dépenses obligatoires assurées, le conseil municipal voudrait affecter quelques fonds à l'entretien des chemins ruraux; mais ce cas sera bien rare, puisque, ainsi que nous l'avons vu précédemment, il n'y a pas neuf cents communes en France qui puissent assurer, sur leurs seuls revenus, l'entretien des chemins vicinaux. Presque partout les communes sont donc dans l'impossibilité de rien faire pour la réparation des chemins ruraux. Cela est fâcheux, sans doute; mais nous ferons remarquer, à cet égard, que si un chemin rural venait à acquérir assez d'importance pour que son entretien à l'état de viabilité constante fût indispensable, ou seulement utile aux intérêts de la commune, on pourrait, en remplissant les formalités voulues, le porter dans la catégorie des chemins vicinaux; ce qui permettrait alors de pourvoir à son entretien sur les ressources créées par la loi du 21 mai 1836.

477. On a demandé si, au moins, l'administration n'aurait pas le droit de mettre l'entretien des chemins ruraux à la charge des sections de communes, ou plutôt des propriétaires auxquels ces chemins sont nécessaires pour l'exploitation de leurs terres ou le transport de leurs récoltes. L'absence de toute disposition légale sur laquelle s'appuierait cette obligation, ainsi que le fait remarquer la circulaire ministérielle, sert de réponse à cette question. La loi du 21 mai 1836 a mis la réparation et l'entretien des chemins vicinaux à la charge des communes, et a voulu qu'en cas d'insuffisance des revenus communaux, cette charge fût imposée directement aux citoyens, au moyen de prestations en nature et de centimes spéciaux jusqu'à un maximum fixé; mais il n'existe aucune loi qui permette d'imposer aux citoyens, d'une manière obligatoire, l'entretien et la réparation des chemins non déclarés vicinaux, c'est-à-dire des chemins ruraux. Il est à désirer, sans doute, que les particuliers, qui ont intérêt au bon état de ces chemins, se déterminent volontairement à améliorer ces voies publiques, en s'entendant entre eux à cet effet; mais l'autorité ne peut intervenir, ni pour prescrire l'entretien, ni même pour rédiger ou rendre exécutoires les rôles des contributions volontaires, en nature ou en argent, que les propriétaires intéressés consentiraient à s'imposer.

En résumé, comme on voit, l'action de l'autorité administrative, en ce qui concerne les chemins ruraux, n'est à peu près que préventive, c'est-à-dire qu'elle a pour objet de les défendre contre les anticipations et les dégradations, et de faire disparaître les obstacles qui seraient de nature à gêner *la sûreté et la commodité du passage sur ces voies publiques.*

Herman.

Paris. — Imprimerie de Ve Dondey-Dupré, rue Saint-Louis, 46, au Marais.

www.ingramcontent.com/pod-product-compliance
Ingram Content Group UK Ltd.
Pitfield, Milton Keynes, MK11 3LW, UK
UKHW021148260726
13994UKWH00001B/342